새로운 한국사 길잡이 下

제3판 한국사연구입문

한국사연구회 편

지식산업사

새로운 한국사 길잡이 下

제3판 한국사연구입문

초판 제 1쇄 발행 2008. 2. 15.
초판 제14쇄 발행 2021. 3. 3.

엮은이 한국사연구회
펴낸이 김경희
펴낸곳 (주)지식산업사
본사 • 10881, 경기도 파주시 광인사길53(문발동 520-12)
전화 (031) 955-4226~7 팩스 (031) 955-4228
서울사무소 • 03044, 서울시 종로구 자하문로6길 18-7(통의동 35-18)
전화 (02) 734-1978, 1958 팩스 (02) 720-7900
영문문패 www.jisik.co.kr
전자우편 jsp@jisik.co.kr
등록번호 1-363
등록날짜 1969. 5. 8.

책값은 뒤표지에 있습니다.

ISBN 978-89-423-1107-1 93910
ISBN 978-89-423-0053-2 (전2권)

이 책에 대한 문의는
지식산업사로 연락해 주시길 바랍니다.

차 례

下

근대 I

근대Ⅱ

현 대

차 례

上

원시 · 고대

고려시대

조선시대

근대 I

근대사회성격론

서구 열강의 침략과 동아시아 각국의 개항

척사와 개화

근대화 운동의 전개 : 갑신정변과 갑오개혁

농민들의 개혁운동

대한제국의 수립과 정치 변동

계몽운동과 의병전쟁

불평등조약체제와 경제 정책의 추이

상공업의 변화와 농업의 변동

신문물의 도입과 사회변화

의식과 학문, 교육의 변화

근대사회성격론

하원호(성균관대 동아시아학술원)

머리말

근대 동아시아사회는 서구의 침략과 동아시아 내부의 상호관계 속에 재편되면서 근대로 이행해 갔다. 그 과정에서 일본은 제국주의, 중국은 반식민지, 한국은 식민지가 되었다. 그 원인에 대한 연구는 오랜 논쟁이고, 이 문제를 삼국의 내재적 발전단계의 차이에서 찾는 것은 특히 일본학계의 오래된 전통이다. 식민사학의 정체성론도 여기에 기원한다. 그러나 중국과 한국의 역사학이 발전하면서 내재적 비교에서는 거의 차이를 찾을 수 없게 되었고. 현재는 세계사적 환경에서 찾는 것이 일반적이다.

월러스타인의 세계체제론에 따르면 한 국가의 자본주의적 발전은 그 나라 안에서만 설명할 수 없다고 한다. 곧 세계자본주의체제의 성립은 편입의 역사라는 것이다. 따라서 자본주의 세계체제는 편입시킨 쪽과 당하는 쪽 사이에 서열이 설 수밖에 없는데 핵심과 주변 · 반주변

(半周邊)이 자본주의 세계경제가 갖는 지리적 계층구조이다. 백여 년 전 동아시아는 모두 핵심이 될 수 없었지만, 한국과 중국이 주변이었던 반면 일본은 반주변이었고 그래서 제국주의로의 길이 가능하게 되었다고 한다. 동아시아의 역사 자체가 수동적이라는 결론인데, 물론 동아시아 각국은 내부의 자주적 근대화 노력과 민중적 변혁을 통해 근대를 수용해 갔다.

동아시아 각국은 근대로 편입 과정에서 상호 대립과 갈등을 겪었다. 특히 한국은 서구보다는 중국과 일본의 외압에 직면하게 된다. 따라서 한국 근대사회의 이해를 위해서는 세계사적 규정성만큼이나 동아시아 내부 국가들 사이의 관계에 깊은 이해가 필요하다. 뿐만 아니라 각국의 근대화 과정은 서로 영향을 주었다. 특히 중국과 일본의 근대화 과정은 한국의 근대화에 모델로써 수용되었을 뿐 아니라 이들의 근대화 과정은 한국에 가해 온 외압의 성격과도 직접 관련이 있다. 동아시아 근대 이행 과정의 세계사적 규정성과 국제관계, 그리고 근대화 과정에 대한 비교를 통해 근대 한국사회의 변동을 이해하는 것은 여전히 한국 역사학의 과제로 남아 있다. 그리고 한국 근대사회의 이해를 위한 출발점이 되는 근대 기점 문제는 최근 들어 논의가 거의 없는 실정이다. 기점 논의가 결론이 났다기보다는 아직 논쟁이 더 진행되지 못한 때문이기도 하다. 그래서 여기서는 그동안의 근대 기점 논의를 정리함으로써 한국 근대사회의 이해에 도움이 되고자 한다.

1. 세계체제로의 편입과 동아시아 국제질서 변동

지리상의 발견으로 동방항로가 개척된 뒤 아시아로의 진출을 활발히 해 온 서구제국은 산업혁명 이후 더욱 적극적으로 해외진출을 추진

했다. 산업혁명과 그에 따른 자본주의의 급속한 성장은 축적된 잉여자본의 방출을 해외에서 구하게 되었고 원료공급지와 상품의 시장이 절실히 요구되었던 것이다. 이들은 당시 동아시아 최대의 시장이었던 중국을 아편전쟁으로 굴복시킨 뒤 1842년 남경조약으로 5개 항구를 개항했다. 일본은 1858년 미일통상조약으로 개항되고, 한국은 서구의 통상 요구와 무력적 침략에 쇄국으로 대처하다가 1876년 일본에 의해 개항이 되었다. 그 결과 동아시아 삼국은 그 이전에는 볼 수 없었던 격렬한 사회적 변동을 겪으면서 근대로 이행되어 갔다. 물론 이 과정은 단순히 수동적 역사의 전개는 아니었고, 삼국 모두 전통사회의 사회적 모순과 외압을 극복하려는 내부의 자주적 근대화 노력과 변혁의 과정을 거쳤다.

동아시아사회의 근대로의 재편을 강요한 외압의 구조는 삼국에 가해 온 외압의 시기적 변화에 주목할 필요가 있다. 1842년의 남경조약에서, 1858년의 미일수호통상조약, 1876년의 조일수호통상조약에 이르는 시기의 세계사적 환경은 각국의 근대화 과정에서 자주적 근대화의 가능성 여부와 관련이 있다.

우선 서구 여러 나라들이 가진 사회적 모순의 문제를 지적할 수 있다. 1848년 프랑스의 2월 혁명은 독일의 3월 혁명으로 번져 갔다. 더구나 1857년에는 금융공황이 일어나 노동운동이 격렬해지기 시작했다. 1864년에는 노동자의 국제조직, 제1차 인터내셔널이 결성되었다. 미국의 경우에도 1861년에서 1865년까지의 남북전쟁으로 내전에 돌입하게 된다. 내부적 모순이 격화되면서 이 시기 서구의 동아시아에서의 외압은 상대적으로 느슨하게 되었다. 또한 서구 여러 나라들 사이에도 상호 대립과 분쟁이 격화되었는데, 1853년 크리미아전쟁이 그것이다. 러시아의 남하를 우려한 영국과 프랑스가 터키를 편들어 러시아에 선전포고를 함으로써 크리미아반도를 싸움터로 한 전쟁이 1856년까지 벌어지게 된다. 동아시아에 영향을 미친 서구 여러 나라들 가운데 여기에 참전하지 않은 나라는 미국뿐이었다. 뿐만 아니라 동아시아 내부 민중의 항쟁도 지적할 수 있다. 1851년에 일어난 중국의 태평천국의 난은 1864년까지 지속되었다. 1856년 애로 호 사건을 계기로 일어난 제2차 아편전쟁에서는 서구 여러 나라가 동아시아 민중과 직접 대면해 탄압하고 있었다.

이 과정에서 중국은 내란과 외환 속에 적극적으로 자주적 근대화를 추진하기에는 힘이 부쳤던 반면, 일본은 이 같은 세계사적 환경 속에서 상대적으로 외압의 강도가 낮아지면서 개항에서 메이지유신에 이르기까지 외압과의 대립보다는 내부의 갈등을 극복하는 속에서 체제개편을 거치게 된다. 메이지유신으로 체제를 정비한 일본이 한국에 운요 호 사건을 일으키면서 1876년 한국을 개항하게 되었다.

자본주의적 성장이 미숙하던 일본에 의해 개항되었던 사실은 세계자본주의체제 속에도 한국에 가해진 외압이 어느 식민지국가보다 더욱 폭력성을 띠게 된 원인이 되었다. 개항 이후 한국에 직접적으로 외압을 가해 온 외세는 서구열강이라기보다는 일본과 중국이었다. 두 나라는 이미 서구열강의 제국주의적 침략을 받으며 근대로의 급속한 이행을 추구하고 있었으므로 국제적 · 국내적 위기가 가중되고 있었다. 이들은 서구열강에 의해 강요된 자국 내의 사회적 모순을 일정하게 조선사회에 전이함으로써 자국의 자본주의 발전에 밑거름으로 삼고자 했다. 그러나 이미 제국주의 단계로 진입했던 서구열강과는 달리 두 나라는 자본주의의 발달이 늦어 아직은 자본의 원시적 축적 단계에 있었으므로 순연한 경제적 침략보다는 주로 정치적 · 군사적 외압을 통하여 조선을 지배하려고 했고, 경제적 외압도 이러한 폭력적 성격을 배경으로 했다. 그러므로 조선은 서구제국주의를 배경으로 한 중 · 일의 원시적 축적형의 외압에 직면하여 '이중의 외압'을 받고 있었다.

따라서 한국은 조선후기 이래의 사회적 발전을 가로막고 있던 전근대적 사회체제의 질곡에, 개항 이후 폭력적 외압을 받음으로써 세계자본주의체제 안에서도 가장 모순이 첨예한 국가가 되었다.

한국과 일본의 조약은 전근대 사대교린의 국가 관계와는 다른, 근대적 국가들 사이의 조약이었다. 이 시기 조선은 중국과의 전근대적 조공체제의 유제(遺制)와 1880년대 이후 서구열강과도 조약을 맺음으로써 새로운 근대적 국제관계의 성립이라는 이중적 국제관계에 처하게 된다. 이를 흔히 양절체제(兩截體制)라 부른다. 개항 이후 전근대적 '화이질서(華夷秩序)'는 '만국공법질서(萬國公法秩序)'로 전환하게 되지만, 여전히 중국과의 관계는 '조청상민수륙무역장정'의 전문에 명기된 대로 중국이 종주국의 위치를 가진다. 근대로의 역사적 진행 과정에서도 전근대 조공체제의 유제가 존재하고 있었던 것이다. 이 같은 역사적 조건 때문에 일본학계는 청일전쟁으로 일본이 중국 중심의 중화질서를 붕괴시켰다고 본다. 즉, 청일전쟁은 동아시아의 국제질서를 근대적으로 재편하고 동아시아의 근대 이행을 가속화시킨 전쟁이라는 것이다.

물론 청일전쟁으로 국제질서는 재편된다. 한국을 둘러싼 중국과 일본의 경쟁에서 일본이 우위를 차지하고 급속히 제국주의의 길로 나아가는 반면, 배상금문제로 중국의 근대화 과정은 지난한 길을 걷게 된다. 한국 역시 식민지화의 길을 가속화했다. 하지만 일본학계의 결론을 그대로 받아들이기는 곤란하다. 이미 17세기 도쿠가와막부 이후 조공체제에서 이탈한 일본이 조공체제의 외부에서 화이질서를 무너뜨렸다는 식으로 근대 동아시아에서의 일본의 역할을 강조하는 것이 일본학계의 견해이다. 일본학계에서는 삼국의 개항 이후를 아시아의 '교섭의 시대'로 규정하면서 이 시기에도 중화(中華)라는 원리를 바탕으로 이뤄지는 조공과 책봉관계로 말미암아 조공국은 하나의 독립국가로서 주권을 가질 수 없다고 주장했다. 그 논리적 근거로서 19세기 후반 청국과 조선의 관계를 들어 설명하고 있는데 즉, "동아시아세계에서 조선은 '영역국가', '주권국가'의 의미에서가 아니라 황제에 대한 조공국으로서의 국(國)"이라고 표현한다. 이 같은 주장은 역사적 사실과는 다르지만 일본학계에서 일반적으로 받아들여지고 있고, 한국학계의 일각에서도 일본학계의 조공체제론이 수용되기도 한다.

그러나 전통적 조공체제에서 베트남은 19세기 후반에 이탈했고, 한국만이 조공체제 안에 남았는데 한국의 경우에도 이미 종래의 조공체제로 중국과의 관계를 설명할 수 없다. 1883년 중국이 조청상민수륙무역장정에서 한국의 종주국을 자처하고 나선 것은 종래 내정과 외치가 자주적인 화이질서 속의 국제관계가 아니었다. 특히 1885년 원세개가 한국에 감국(監國)으로 온 이후의 내정간섭은 종래의 조공체제에 가탁한 근대적 식민지배의 기도였다. 실제로 원세개 역시 영국의 이집트 지배와 같은 방식을 조선에도 적용하려 했다. 따라서 관념적 화이질서의 재편은 있었을지라도 한국을 화이질서에서 해방시켰다는 의미에서의 국제질서의 재편이라고 볼 수는 없다. 동아시아의 국제질서 재편 과정에서 청일전쟁은 한국을 근대적 식민화하려는 중국과 일본의 충돌이었던 것이다.

2. 동아시아 각국의 근대화 과정

19세기 후반에 들어 동아시아의 한·중·일 삼국은 서구열강의 침략을 받으면서 근대로 이행되고 있었다. 서구문명의 충격은 전통사회 전반에 변화를 강요했고, 삼국은 근대로의 이행을 위한 새로운 사유체계가 필요했다. 그러나 전통을 근본적으로 단절하고 서구의 근대를 받아들인다는 것은 현실세계에서는 불가능했고, 전통의 연속선 위에서 근대를 수용하는 새로운 인식론이 요구되었다.

중국의 '중체서용(中體西用)', 한국의 '동도서기(東道西器)', 일본의 '화혼양재(和魂洋才)'가 바로 그것이다. 전통사회의 도덕이나 사회체제를 각기 체·도·혼으로 설정하고, 서구의 근대문명을 용·기·재로 하여 전통사회에 근대 서구문명을 접목하는 논리였다. 그러나 이 근대화 사상은 삼국 상호 간 유사성을 띠면서도 각기 고유한 역사적 조건과 관련해 내적 논리에서 차이가 있었고, 시기적으로 논리의 변화 과정도 각기 다르게 진행되었다.

아편전쟁에서 참패 이후 중국의 서양에 대한 인식은 크게 달라졌고, 서양의 기선이나 대포의 제작기술을 배우자는 해방론(海防論)이 나왔다. 해방론은 중학(中學)에 대한 독자적 서학(西學)의 영역을 인정한 것은 아니어서 본격적 의미의 중체서용론은 아니었다. 1860년대 양무운동이 전개되는 초기만 해도 여전히 해방론의 연장선 위에 있었다.

1860년대 후반에 이르러 양무파(洋務派)들은 서구의 근대문물을 만들게 된 자연과학을 받아들이게 되었다. 자연과학과 기술이 중상주의적 부국강병의 방법으로서 인식되자 정주학파(程朱學派) 관료인 왜인(倭仁) 일파는 유교적 윤리와 정체(政體)를 고수하는 수구적 청의론(淸議論)으로 이에 반발하게 되었다. 양무파는 '서용(西用)'의 실용적 측면을 받아들여 서학이란 독자적 학문체계를 중국과 서양의 보편적 공리로 수용하고 그 도입을 촉진할 필요에서 중체서용론을 주장했다.

1870~80년대의 양무운동은 서구의 자본주의적 생산력을 수용하기 위해 근대적 상공업제도를 도입하고 있었다. 그런데 1880년대에는 서양의 과학기술만이 아니라 정치제도와 인문사상까지 중체서용의 내용에 포함되기 시작했고, 1880년대 후반에는 서구의 정치체제를 수용하고자 하는 초기변법론이 나타났다. 초기변법론자들은 의회 중심의 행

정 개편을 주장하고 있었다는 점에서 양무파의 서양 기술문명 수용의 한계를 넘어서고 있었다. 그러나 이들은 근본적 개혁을 통한 정치체제의 개선이 아니라 의회라는 서양의 부분적 제도를 분리해 중국의 정치제도에 결합시키려 했다는 점에서 청일전쟁 이후의 무술변법파(戊戌變法派)와 달랐다. 이들의 정치제도 개선은 여전히 '서용(西用)' 의 범주에 있었다.

청일전쟁 패배 후 급진 변법파는 서양의 정치제도를 도입해 중국 정체(政體)를 개혁하려 했다. 초기변법파가 의회나 선거라는 제도를 군민(君民) 결합에 이용하는 수준이었던 반면, 무술변법파는 민권이나 헌법을 주로 거론했다. 민권이나 헌법은 중국의 전통적 전제정치에 대한 견제나 도전을 뜻하는 것이어서 이들의 변법은 '중체' 에 대한 침해를 가져오게 되는 결과를 가져왔고, 그 때문에 보수파의 격렬한 반대에 부딪혀 성공할 수 없었다.

강유위(康有爲)를 비롯한 구술변법파에 의한 구체제의 위기는 보수파로 하여금 중체서용론의 내용을 재구성하게 했다. 1898년에 발표된 장지동(張之洞)의 《권학편(勸學篇)》은 이 시기만이 아니라 일반적으로 중체서용론의 대표적인 저술로 꼽힌다. 하지만 장지동의 경우 '중체' 는 유교적 윤리와 정체였고, 그의 중체서용론은 '중체' 를 개혁하려는 무술변법파의 기성체제 도전에 대한 반론이었다.

따라서 양무운동 단계의 중체서용론은 서학의 도입 자체를 반대하는 청의론에 대항해 서양의 근대적 생산력을 받아들이려는 '서용' 에 강조점이 있어 근대화 과정의 사상으로 기능했지만, 변법운동 당시의 중체서용론은 '중체' 를 지키려는 보수적 논리로 전락하고 말았던 것이다.

대원군 정권은 아편전쟁 이후 열강의 정치적 경제적 침략에 시달리던 중국의 처지를 고려해서라도 외세의 침략은 경계하지 않을 수 없었다. 이 시기에 이르면 중국으로부터 위원(魏源)의 《해국도지(海國圖志)》 등의 책이 들어와 지식인에게 널리 읽혀졌다. 그런데 대원군 정권기의 초기개화사상은 해방론이 주조를 이루고 있었다. 중국에서 들어온 책이 대부분 해방론을 다룬 것이었고, 대표적 초기개화사상가인 박규수도 북학사상을 토대로 국내의 해방론과 중국의 해방사상을 절충 수용하면서 서양세력의 침략에 대한 대응방안을 모색하고 있었다.

하지만 여전히 전통적 화이관을 견지하고 있던 척화론자들과는 달리 박규수는 화이관에서 벗어나고 있었다. 그는 서법(西法)과 동교(東敎)를 대비적으로 사고하고, 그 동교가 장차 서양으로 스며들어 서양인까지 교화할 수 있으리라 기대했던 것이다. 이렇듯 동교의 손상 없이 서법의 수용을 인정하려 했다는 점에서 박규수는 동도서기론의 실마리를 열어 간 인물이었다.

강화도조약 이후 국제정세와 외국의 근대문물에 대한 이해가 높아지면서 부국강병의 개화정책이 국가적 정책으로 수용되어 갔다. 하지만 서학의 도입을 반대한 유생을 비롯한 척사론자들은 개화정책에 격렬하게 반발하게 되고 이를 극복하기 위한 논리가 필요했다. 동도서기론(東道西器論)이 그것이다. 동도서기론은 서양의 근대적 생산력을 받아들이기는 하지만 서기로 말미암아 동도가 침해 받을 수는 없다고 하였다.

그런데 임오군란 이후 중국군대가 들어오면서 조선의 내정 간섭을 시작하자 김옥균 등 변법개화파는 중국으로부터 정치·문화적으로 독립을 주장했다. 중국의 압력이 가중되어 가고 민씨 척족들이 중국과 연계 속에 변법개화파를 권력의 핵심에서 밀어내기 시작하면서 이 주장은 더욱 강화되었고, 변법개화파는 정치적으로 중국의 보호 속에서 동도서기론을 주장하는 시무개화파와 분리되면서 1884년 갑신정변을 일으켰다.

이들의 사상적 지향은 중국의 변법운동론과 유사한 측면이 많다. 중국 변법운동과 갑신정변 주도세력의 지향이 비슷했던 점은 무엇보다 개혁의 모델이 같았기 때문이다. 둘 다 모두 근대국가의 정치제도와 경제제도의 모델을 일본의 메이지유신에서 구했다. 김옥균은 일본의 근대국가로의 발전근거를 '변법'에서 찾았다. 그는 《치도약론(治道略論)》(1882)에서 "또 들으니 일본이 변법한 이후로 모든 것을 경장했다(又聞日本 自變法以來 更張萬端)"고 한다. 이 변법은 메이지유신을 의미하고 구체적으로는 근대적 정치체제, 곧 입헌군주제로의 개혁을 지적하는 것이다.

변법개화파의 경우 '동도'에 대한 언급이 거의 없지만 메이지유신과 같은 정치체제의 개혁까지 지향하였기에 이 단계에서의 '동도'에 대한 침해를 용인하는 결과를 가져온다. 김옥균을 비롯한 변법개화파들은 일본의 영향을 받음으로써 동도에 대한 집착이 상대적으로 적을 수밖에 없었다.

갑신정변 실패 이후 동도서기론자들은 오히려 유교적 근본주의에 집착해 개화나 개혁에 소극적인 태도를 보였다. 이것은 동도서기론이 처음부터 전통적 · 유교적 사고에서 벗어나지 못했음을 의미하는 것이기도 하지만, 한편으로는 개화가 일반화해 가는 역사적 추세와 관련해 동도서기론자들이 '서기' 수용보다는 '동도' 보전의 논리로 후퇴하지 않을 수 없었던 상황을 드러내는 것이다.

동도서기의 논리는 대한제국의 광무개혁에서 변형된 형태로 나타났다. 광무개혁의 '구본신참(舊本新參)'은 논리적으로 동도서기론의 연장선 위에 있었다. 그런데 전통적 정치체제에 도전하는 독립협회 등의 의회설립운동이 일어나자 대한제국은 독립협회를 해산하고 전제황권을 오히려 강화했다. 광무개혁은 정치체제에 관한 한 전통적 '동도'에 집착했고, 그 결과 개혁의 주체를 황실로 한정시킴으로써 식민지화로의 길을 막을 수 없었던 것이다.

일본의 화혼양재론의 단초로 인정되는 사꾸마(佐久間象山)의 '동양도덕(東洋道德), 서양예(西洋藝)' 란 개념은 1850년대에 이르러 양이파(攘夷派)와 개국파(開國派)가 분열하는 상황에서 형성되었다. 병학(兵學)의 대가이자 주자학의 신봉자인 사꾸마는 서양과의 기술격차가 분명해짐에 따라 양이를 실현하기 위한 한 방법으로서 서양의 장점을 적극적으로 수용해야 한다는 생각을 하게 된 것이다. 그러나 동양도덕·서양예술론은 유교, 그 가운데서도 주자학의 논리를 근본적으로 벗어나지 못한 것이었다.

일본의 개국론은 요시다(吉田松陰)의 '화혼양재론(和魂洋才論)' 에 이르러 일본적인 특색이 많이 가미되었다. 그는 사꾸마의 영향을 받아 서양의 과학기술, 특히 무기와 군대조직의 수용을 주장하지만, 한편으로는 유교의 경학(經學)을 중시하지 않음으로써 성현의 가르침을 옹호해야 할 대상으로 생각하지 않았다. 그 대신 신도사상(神道思想)을 핵심으로 하는 후기수호학(後期水戶學)과의 접촉을 통해 존왕심(尊王心)을 확립하고 막부 타도의 행로를 열어 갔다. 원래 일본 고대의 '화혼(和魂)' 은 중국으로부터 들어온 선진 중국문물에 대비되는 일본인의 심성, 삶을 영위해 나가는 데 지혜와 능력 등을 의미하는 것으로서 천황과 결부된 정치적인 의미로 사용되지 않다가 근세 국학자들에 의해 처음으로 천황의 만세일계의 정치전통 속에서 '화혼' 을 찾고자 하는 움직임이 태동했다. 이 영향 아래 유교적 이념과 사회체제를 '중체' 나 '동도' 로 보는 중국과 한국과는 달리 요시다는 천황제를 정점으로 하는 '화혼' 의 개념을 일본 근대화사상에 접목시켜 '화혼양재' 의 개념을 정립했던 것이다.

그런데 메이지유신 이후 일본에서는 중국과 한국과는 달리 '동도' 에 대한 집착이나 '양재' 의 수용에 대한 저항은 거의 찾아보기 어렵다. 문제는 '화혼'의 정립 과정이었다. 이미 막부 타도 뒤에 허수아비나 다름없던 천황(天皇)의 왕정복고는 정치체제에서 커다란 갈등 없이 입헌군주제를 수용하게 했다. 따라서 정치체제 면에서 변법은 '화혼'과는 무관한 논리일 수밖에 없었다. 오히려 '화혼'은 전통에 가탁해 일본의 근대 국민국가를 형성하는 중요한 요소 가운데 하나였다.

이같은 '화혼' 논리의 연장선 위에서 1890년 교육칙어(敎育勅語)에서는 천황에 대한 '충'을 강조한 '충효일본론(忠孝一本論)'의 형태로 단일화해 국체론(國體論)으로서의 '화혼'론을 성립시키고 있었다. 이 단계의 화혼양재론은 이미 '양재'의 수용이 문제가 아니라 근대 국민국가의 내적 통합을 위해 '화혼'이 강조되었을 뿐이다. 그러므로 일본의 '화혼양재'는 메이지시대를 거치면서 한·중과는 달리 '양재'의 수용은 전혀 사회적 문제가 되지 않고 천황제에 충성하는 '화혼'의 논리만이 남게 되어 근대 일본의 군국주의 체제를 가능하게 한 사상으로 운용되었던 것이다.

중국의 중체서용론과 한국의 동도서기론은 유교적 사회규범과 전제적 정치체제인 '중체'나 '동도'를 전제로 한 '서용'과 '서기'의 수용이다. 물론 초기에는 서학의 수용을 목적으로 한 역사적 순기능을 가진 것이었지만, 서양의 근대적 생산력의 수용이 일반화하고 정치체제의 변용을 요구하는 변법으로 발전하게 되면 오히려 동도에 집착하는 보수적 사상으로 변질되었다. 한국의 경우 '구본신참'을 내세우면서 대한제국이 전제황권을 오히려 강화했던 것은 근대화의 과정에서 정치체제의 근대화를 수용하기가 얼마나 어려웠던가를 잘 보여 주는 예이다.

일본 '화혼양재'의 초기적 형태는 한·중과 다를 바 없었지만, 메이지 유신 이후 입헌군주제가 수립되고 '양재'의 수용에 사회적 갈등이 거의 없었던 시기의 '화혼양재'는 정치체제의 문제와는 무관했고, 오히려 '화혼' 은 일본의 근대국가 수립의 기초가 되었던 것이다. 그 과정에서 천황제를 중심으로 한 '화혼' 은 일본의 근대 군국주의체제를 구성하는 바탕이 되었고 현재의 일본 사회의 보수성을 대표하는 논리이기도 하다.

동도서기론과 중체서용론, 화혼양재론은 각기 시기에 따라 차별성은 있지만 일정하게 유교적 근본주의 · 도덕중심주의의 영향 아래 논리를 전개하고, 서양 과학기술의 수용을 중심으로 하여 부분적으로 근대 및 서양에로의 추향(趨向)을 보인다는 점에서 일치한다. 물론 각국의 문화적 배경에 따라 발전 과정은 다르다. 하지만 삼국의 개화사상을 이해하고자 할 때, 유교문명이라는 동양사회의 특정한 문화 · 사상적 배경을 도외시할 수 없다. 근대와 전근대, 서양과 동양이 교착하는 상황에서 동양적 유교문명이 낳은 전형적인 논리인 것이다. 그래서 세계에 대한 동아시아의 문화적 유사성을 보여 주기도 한다. 반면에 그 변용 과정은 동아시아 내부의 각기 다른 역사전개의 차이점을 보여 주는 것이기도 하다.

3. 한국사회의 근대 기점

1990년대 이후 한국사회의 근대 기점 논의는 1860년대설, 1876년설, 1894년설로 나누어진다. 1860년대설은 북한의 시기 구분과 궤를 같이하는 것으로 1860년대가 근대사회를 지향하는 반침략과 반봉건운동의 결합이 맹아적으로나마 출현한 때이고, 자본주의적 생산관계의 진전과 더불어 정치 · 사회적으로도 민족사체제가 성립되는 시점이라고 보았다. 우리 역사발전의 주요 경험이었던 반침략투쟁과 반봉건투쟁에 주목해야 한다고 주장한 것이다. 1876년설은 봉건권력의 타도와 부르주아권력의 수립이라는 정치적 상부구조의 이행에서 한국근대사의 기점을 찾기 어렵고, 내재적으로 성장해 오던 자본주의적 관계의 급속한 확대와 왜곡되는 계기로서의 외부로부터의 압력에 주목해야 한다고 보고 근대 민족국가 수립운동의 출발점이 되었던 1876년의 개항을 근대사의 기점으로 설정했다. 1894년설은 전형적인 사회구성체론의 입장에서 1894년의 갑오개혁을 근대의 기점으로 삼았다. 자본주의적 생산양식만이 아니라, 자본주의적 생산양식과 그에 조응하는 상부구조의 통일로서의 자본주의 사회구성체가 출발하는 것이 곧 근대의 기점이 된다는 것이다. 갑오개혁과 그 이후 조선사회에서는 부르주아 국가권력 또는 그러한 지향을 갖는 국가권력의 지배 아래 본원적 축적이 급속히 진행되면서 자본주의적 생산양식이 형성되는 추세가 확립되었다고 보았다.

민족문제를 중요시하는 쪽은 반침략 · 반봉건 투쟁의 시작에 근대의 기점을 두고, 제국주의의 규정성을 우선하는 쪽은 개항이라는 역사적 조건에, 그리고 더 근대적 사회체제의 성립을 기준으로 하는 쪽은 갑오개혁에 기점을 설정했다. 이 논쟁에서 주목할 점은 '제국주의의 규정성' 과 '자주적 근대화의 가능성' 이라는 문제이다. 양자 가운데 어느 것을 우선할 것인가 하는 인식의 강도에서는 학자에 따라 상호 차이가 있지만, 식민지라는 역사적 경험을 거친 우리의 특수성에 비추어 단순히 '근대=자본주의생산양식의 성립' 이라는 고전적 규정만으로 논의를 한정하기 어렵고, 이와 더불어 위의 두 가지가 우리 근대의 기점 논의에서는 주요한 쟁점이 된다는 데 대체로 동의를 하고 있다.

정치사나 사상사에서 '개화기' 로 불리는 19세기 후반에서 20세기 초의 시기를, 경제사에서는 '개항기' 로 일컫는 학자도 많다. 일반적으로 개화기로 부를 때는 '문명개화' 곧 근대화의 시기라는 의미를 가지고, 학자에 따라서는 조선 측의 주체적 대응을 부각한다는 의도에서 이 용어를 사용하기도 한다. 이와 달리 '개항=세계자본주의 시장으로의 편입'이라는 객관적 조건을 중요시하는 입장에서는 '개항기'로 부른다. 사회적 변용은 이미 조선후기이래로 진행되어 왔지만 개항이 가져온 새로운 역사적 조건은 종래의 일국사적 발전만으로 설명하기 어렵게 만들고, 외압의 충격은 전근대사회의 해체 현상을 가속화했다. 물론 시기적으로 개항이 바로 자본주의사회의 성립을 뜻하는 것은 아니다. 그러나 불평등조약에 바탕을 둔 국가 간 교역은 조선의 경제구조를 세계시장과의 관련 속에서 분석하지 않는 한 무의미하게 만들고 나아가 한국사회의 자본주의적 변혁을 추동한 것도 사실이다.

그리고 '자주적 근대화의 가능성' 문제도 기본적으로는 이 시대의 역사적 조건, 곧 세계자본주의로의 편입을 주체적으로 받아들여 내적 변화를 이루려는 변혁의 과정에서 출발한다. 따라서 학자들 사이에 관점의 차이는 있지만 개항을 전후로 근대적 변혁의 과정을 거친다는 사실에는 동의하는 것이고 근대 기점도 시기적으로 개항 전후에 초점이 맞추어지게 된 것이다.

맺음말

한국의 근대는 세계체제로의 편입과 함께 주어진 것이었다. 개항 이후 외압과 대립 속에서 자주적 근대화를 모색하지만, 세계사적 규정성과 동아시아 세계 내부의 국제질서 변화에 대한 이해 없이는 한국 근대사회의 변동을 설명하기 어렵다. 따라서 내적 변화에 대한 연구의 축적만이 아니라 세계사적 환경에 대한 깊이 있는 이해가 필요하다. 한국사회의 근대적 변용은 전통과 외부의 충격 속에서 진행되어 왔다. 그 형태는 동아시아 전통의 보편성이 가져온 유사성과 관련이 있지만,

중 · 일과는 다른 사회적 조건에 따라 다르게 진행되어 왔다. 이 같은 동아시아 내부의 근대적 변용에 대한 비교는 한국 사회의 근대 이행 과정을 이해하는 데 도움이 된다. 중 · 일의 근대화는 한국의 근대화 과정에 도입되거나 한국에 가해 온 외압의 성격과도 직접적으로 관련이 있기 때문이다.

19세기 후반 이후 20세기에 이르기까지 동아시아 사회는 전 세계에서도 유래를 찾기 어려운 격렬한 분쟁과 대립의 역사를 겪었다. 이 같은 과정은 현재 동아시아 사회의 역사적 유산으로 남아 있고, 동아시아사회는 19세기 후반 이후의 갈등과 분쟁의 역사를 극복하고 화해와 공존의 장으로 나아가야 하는 과제를 안고 있다. 그래서 국가 간 대립을 바탕으로 하는 그 동안의 역사관에 대해 깊은 반성이 필요하다. 교류와 협력의 시대인 오늘의 현실은 세계시민으로서 상호 이해에 뿌리를 둔 새로운 역사관의 창출을 요구하고 있는 것이다.

근대의 기점 논쟁은 단순히 외압의 역사적 조건과 한국사회의 내적 발전을 대립된 관점으로 놓아서는 결론을 얻기 어렵다. 세계사적 규정성과 동아시아 내부의 사회적 변동을 바탕으로 해야 할 뿐만 아니라 한국사회의 자주적 근대화의 노력 역시 함께 고려해야 한다. 근대가 세계체제 편입 과정에서 수동적으로 주어진 것은 사실이지만, 외압에 대응하는 한국사회 내부의 자주적 근대화 노력과 민중의 변혁적 움직임은 우리의 근대를 규정하기 때문이다. 현재 한국사학계는 '이행의 문제' 와 같은 거대담론에 치여 그 동안 제대로 보이지 않던 인민의 일상을 역사화하려는 시도를 하고 있다. 이 같은 시도는 새로운 충격이지만, 역사를 구조적으로 읽는 데는 역시 한계가 있다. 인간의 구체적 삶을 통해 한국 근대사회의 변화를 조망하는 연구는 여전히 과제로 남아 있다.

■ 참고문헌

구선희, 《한국근대 대청정책연구》, 혜안, 1999.

金敬泰, 〈韓國近代史의 起點과 時期區分問題〉, 《國史館論叢》 50, 1993.

민두기, 〈중체서용론고〉, 《중국의 전통과 근대》, 평민서당, 1979.

孫炯富, 〈박규수의 熱河使行(1861)과 對西洋外交論의 성립〉, 《전남사학》 3, 1989.

趙璣濬, 〈經濟史에서 보는 韓國近現代史問題〉, 《國史館論叢》 50, 1993.

조병한, 〈19세기 중국 개혁운동에서의 '中體西用'〉, 《동아시아역사연구》 2, 1999.

하원호, 《한국근대 경제사연구》, 신서원, 1997.

한국근현대사회연구회, 《한국근대 개화사상과 개화운동》, 신서원, 1998.

한국역사연구회, 〈한국근대의 시작은 언제인가〉, 《역사와 현실》 9, 1993.

梶村秀樹, 〈동아시아 지역에 있어서 帝國主義體制로의 移行〉, 《開發途上經濟の研究》, 世界社, 1981 ; 《韓國近代經濟史研究》, 사계절, 1983, 번역 수록.

浜下武志, 〈近代東アジア國際體系〉, 平野健一郎 編, 《地域システムと國際關係》 講座現代アジア 4, 東京大 出版會, 1994.

서구 열강의 침략과 동아시아 각국의 개항

최덕수(고려대 한국사학과)

머리말

19세기 이전 동아시아 세계의 서구와의 교역은 매우 제한된 지역에서, 허가받은 소수의 상인들만이 가능하였다. 19세기 중엽에 접어들면서 영국을 비롯한 서구 자본주의 열강은 동아시아 시장의 개방을 적극적으로 모색하였다. 서구의 동아시아 진출 과정에서 드러나는 모습의 일반적인 특징은 발달된 과학 기술이 뒷받침되어 개발한 우수한 무기를 동원하여 국가 권력이 전면에 나섰던 점이라 할 것이다.

이들의 무력행사에 굴복하여, 중국은 1842년에 영국과 남경조약을, 일본은 미국과 미일화친조약(1854년)을 맺었다. 조선에 대한 자본주의 열강의 개방요구도 또한 중국이나 일본시장과 마찬가지로 거의 같은 시기에 시도되었다. 비서구 사회에 대한 팽창정책을 편 경험을 바탕으로 프랑스와 미국은 각기 1866년과 1871년 포함과 상륙부대를 앞세워 수도 깊숙이까지 군사적 정찰을 감행하고 군사적 요충지인 강화도를 점령한 다음 개방을 요구하였다. 이 두 차례의 전쟁에서 조선은 다수의 사상자가 발생한 것을 포함하여 왕실의 보물을 약탈당하는 피해가 발생했음에도 끝내 이들의 요구를 거부하였다.

서구 열강의 문호개방 요구를 끝까지 거부하였던 조선을 우회적으로 자본주의 시장체제에 편입시켰던 세력은 동일 문명권의 인접국가 일본이었다. 그러나 조선은 일본과 조일수호조규 체결(1876)로 자본주의 시장체제에 우회적으로 편입된 뒤에도 서구 자본주의 국가에 대한 개방은 계속 거부하였다. 조일수호조규 체결로부터 6년이 지난 뒤 비로소 구미자본주의 열강에 국내 시장을 개방하였던 것이다.

개항에 관한 기존연구는 개항의 역사적 의의에 대한 검토와 아울러 개항이 밖으로부터의 압력(외압)으로 이루어졌다는 시각을 비판하면서, 우리 사회 내부의 자발적 요인에 주목하였다. 그래서 1860년대 말 박규수 · 오경석 등 선각적 인물들의 개항에 대한 인식의 확산과 그들의 역할을 적극적으로 평가하였다. 그러나 내재적 요인, 곧 박규수 등 정부 내 개항론자의 영향으로 조약을 체결하였다면, 중국이나 일본과 달리 기존의 개항반대정책을 왜 고수하였는가, 그리고 왜 1882년 임오군란을 거친 뒤에야 비로소 서구 자본주의 열강에 시장을 개방하기 시작하였던가 하는 점에 대해 충분히 설명할 수 없었다.

이와 같은 점을 염두에 두고 최근 관련 연구는 조선의 개방이 가지는 역사적 의미와 실체에 대해 좀 더 넓은 시각에서 접근하고 있다. 다시 말해 동아시아 인접국의 개방과정을 비교 · 검토하여 조선이 만났던 외압의 공통점과 차이점을 검토하는 한편, 국내 개항론의 형성과정과 아울러 조선정부의 정책결정과정을 주도한 고종과 그 측근세력의 구실에 대해서도 주목하고 있다. 곧 고종을 중심으로한 집권세력들이 개항 반대세력들의 저항을 어떤 논리로 어떻게 물리력을 동원하여 제압하면서 정책전환을 이루었는가, 그리고 이를 뒷받침하는 이념적 바탕은 어떤 계기로 형성하였는가 하는 점 등이다. 이 글은 조선의 개항이 가지는 세계사적 의의에 유념하면서 그동안의 논쟁과정에서 얻었던 성과를 소개하고 앞으로의 연구 방향에 대해 짧게 언급하였다.

1. 19세기 중엽의 동아시아정세와 중국 · 일본의 개항

1840년 7월, 영국 해군은 그때까지 서구의 대중국 교역 창구였던 광주(廣州)항을 봉쇄하였다. 중국이 영국 상인의 아편 밀무역을 금지조치한 데 대항한 군사력 동원이었다. 이에 앞서 4월 7일 영국 하원은 중국 정부에 대해 보복 조처를 취하기 위한 파병안을 통과시켰다. 영국 정부의 군대파견 요청안은 5월 12일 상원에서도 동의를 얻었고, 이에 따라 편성된 원정군이 6월에 속속 현지에 도착하였다. 4,000여 명의 병력과 대포 약 540문을 탑재한 대소 군함 16척과 그에 맞먹는 지원함대로 구성된 영국군은 그해 7월 광주항 봉쇄작전 뒤 북상 중에 연안의 주요 방어시설을 파괴하면서 북경에 접근하였다. 이에 대하여 중국정부는 1841년 1월 정식으로 선전포고를 선언하고 전쟁에 돌입하였다. 그러나 최신 무기를 탑재한 영국 해군의 포격에 정해(定海) 영파(寧波) 그리고 상해(上海) 등 주요항의 방비선은 잇달아 무너지고 말았다. 결국 이듬해 8월 중국은 패전국이 되어 강화조약을 체결하였다(남경조약).

전문 13조로 된 남경조약은 연해지역의 주요항구 5개를 개방하고, 개항하는 5개 항에 영사주둔과 영사재판권을 인정하였고, 최혜국대우조항도 포함하고 있었다. 또 5개 항에는 언제나 영국 군함 1척이 정박할 수 있는 권리도 포함되어 있었다. 아편 밀무역이 직접적인 원인이 되었던 전쟁을 종결시키는 조약이었는데, 아편 문제에 대해서는 전혀 언급이 없었다. 정치적으로는 중국의 국가 주권을, 경제적으로는 국내 시장을 침해하는 규정들로 채워져 있었다.

영국의 뒤를 이어 다른 국가들도 이와 유사한 내용의 통상조약을 체결하였다. 1844년 중국은 미국과 망하조약(望廈條約)을, 프랑스와 황포조약(黃埔條約)을 각기 체결하였고 광동 · 상해 · 영파 · 복주(福州) · 하문(廈門)을 차례로 개방하였다. 한편 일본에 대한 개방 압력은, 시장 규모로 보아 일본에 견주어 10배(당시 인구비례)가 넘는 광대한 중국 시장에 영국과 프랑스 등이 집중하고 있는 동안, 신흥자본주의 국가 미국이 나서서 추진하였다.

1853년 6월 3일 저녁, 동경만의 입구에 미국의 견일대사 페리(1794~1858)가 이끄는 함대가 닻을 내렸다. 4척의 군함 가운데 2척은 증기선이었고, 기함 사스케바나호는 2,540톤이나 되어 전함으로는 당시 세계 최대 · 최신의 함정이었다. 당시 일본이 보유한 가장 큰 선박이 100톤 전후였고, 아편전쟁 당시 중국의 전선이 50~60톤에 지나지 않았으며, 인도 동쪽 해역의 영국 해군이 보유한 군함도 대체로 1,000톤 전후였다. 페리가 이끄는 "黑船" 함대의 위용은 타의 추종을 불허하는 것이었다.

1848년 미국 캘리포니아지역에서 금광이 개발되면서 매년 수천 명의 중국인이 상해 등지에서 캘리포니아로 이주하고 있었고, 산업혁명기에 조명용 고래기름을 채취하기 위해 다수의 포경선이 일본 근해에서 조업을 진행하고 있었다. 미국은 태평양을 횡단하여 중국에 이르는 항로가 절실하였던 것이다. 특히 일본에 대해서는 일차적으로 통상과 보급, 조난승무원의 구조 등이 요구되고 있었다.

페리는 미국 대통령의 서한을 막부가 접수할 것을 요구하였고, 막부는 6일 뒤 서한 접수를 수용하였다. 막부가 미국의 요구를 받아들인 배경은 다음과 같은 것이었다. 첫째, 네덜란드 국왕의 충고, 둘째, 아편전쟁을 겪은 패전국 중국의 선례, 그리고 바다로 둘러싸인 일본 군사력의 실상 등이었다.

네덜란드는 에도시대 초기부터 아주 간단한 해외정보를 막부 측에 제공해왔으며, 특히 아편전쟁 중이던 1842년부터는 막부 측의 요구로 꽤 상세한 해외정보를 매년 제공하였다.

페리가 일본을 방문하기 전해인 1852년의 보고서에는 페리가 일본에 파견되는 사실과 일행의 목적이 통상, 저탄소 확보 등에 있음을 알리고 페리 일행이 무기를 탑재한 사실도 알리고 있다. 1853년의 보고서에는 페리함대 12척의 배 이름, 톤 수, 함포 수, 승조원 수, 선장 이름 등이 정확히 기재되었고, 인도 동쪽에 자리 잡고 있었던 세계 최강 대영제국의 군함 18척의 제원이 비교 제시되어 있었다.

페리는 이듬해 1월 중순, 7척의 군함을 거느리고 이번에는 처음부터 동경만 깊숙이 가나자와(金澤)까지 진출하여 정박한 뒤 회담을 요구하였다. 1854년 2월 10일부터 3월 3일까지 4차의 정식회담을 거쳐 조약이 체결되었다. 12조로 구성된 미일화친조약은 식수와 석탄 등의 공급과 표류민의 구조와 보호, 시모타(下田)와 하코다테(函館) 등 2개항의 개항, 영사주재, 편무적 최혜국대우 등이었다.

협상에서 일본은 미국 측의 인명보호 조항을 수용하는 대신 교역 부문은 거부하였다. 미국은 일본의 요구를 받아들여 이를 강요하지 않았다. 미국으로서는 일본에 견주어 열 배나 큰 시장인 중국시장 진출이 당면한 과제였기 때문이었다. 이와 같이 19세기 중엽 동아시아지역에서 자본주의 열강의 시장개방 요구는 압도적인 무력을 배경으로 전개되었고, 이로써 화이질서(華夷秩序)로 대변되는 전통적인 중화적 세계질서가 근대 서구 자본주의 국가들의 도전을 받아 해체되기 시작했다.

2. 조선의 개방과 세계자본주의

18세기 중엽 이후 영국 · 프랑스 · 러시아 등은 조선 연안에 자주 나타나 항로 등을 조사하였다. 그 가운데 최초로 통상을 요구한 경우는 1832년 6월 영국의 동인도회사 소속 상선 로드 암허스트(Lord Amherst) 호의 내항이었다. 로오드 암허스트호가 조선에 대하여 통상을 요구하였던 1832년은 영국정부가 동인도회사의 대중국 무역독점권을 폐지하는 대신 임의무역을 통하여 중국시장의 개방을 본격적으로 추진하던 시기였다. 이와 같은 사실은 영국을 비롯한 서구 산업자본주의 세력이 동아시아지역에서 전개하였던 시장 개방 압력의 대상에 조선도 예외 없이 포함되었음을 보여주는 것이다.

그러나 실제 조선에 대해 서구 국가의 개방 압력은 1866년부터 1871년을 전후한 시기에 집중되었다. 1866년 7월 24일 제너럴셔먼호가 홍수로 강물이 불어난 것을 틈타 평양 시내까지 거슬러 올라왔다가 격침당한 사건, 같은 해 9월의 병인양요, 1868년 3월 셔먼호 선원이 생존해 있다고 믿었던 미 군함 셰난도어호의 대동강 진입 시도, 같은 해 4월 오페르트 일당의 남연군묘 도굴사건, 그리고 1871년 4월 미국의 아시아함대의 조선원정으로 이어지는 일련의 사태가 그것이다.

대체로 중국 · 일본과 견주어 서구 열강의 조선에 대한 개방 요구가 늦어졌던 외부적 원인으로는 크게 세 가지를 지적할 수 있다. 첫째 시장규모가 중국 · 일본과 견주어 작았다는 점이다. 인구비례로 보면 중국은 조선의 20배, 일본은 2배에 이르렀다. 곧, 서구 열강은 조선보다 규모가 큰 중국 · 일본의 시장 선점에 몰두하고 있었던 것이다. 두 번째로는 태평양 횡단 항로로부터 거리를 두고 있었던 조선의 지정학적 요인이다. 더욱이 19세기 중엽 이후 선박건조 기술의 발달 등으로 조선은 중국과 일본을 연결하는 중간 기착지로서의 기능이 한층 축소되었다. 세 번째 원인으로는 1850년대 중반 이후 미국을 제외한 영국·프랑스 등 강국들이 유럽 내의 전쟁과, 이미 확보한 해외 식민지의 안정적인 확보에 주력하였다는 사실이다.

제너럴셔먼호가 대동강에서 평양 군민의 공격으로 불타 버린 이후 미국 정부는 곧바로 아시아함대 사령부에 명령하여 1867년 1월 군함 와츄세트호를, 1868년 셰난도어호를 파견하여 사건을 조사하도록 하였다. 그리고 한편으로는 생존자 구출작전을 시도하였으나 성과를 거두지 못하였다. 결국 미 국무부는 주중 미국공사의 요청을 받아들여 대규모의 군사력을 동원하여 조선에 대해 자국인의 생명보호와 통상을 요구하기로 하였다. 결국 미국 함대는 1871년 3월 27일 나가사키를 출항하여 4월 3일 남양만에 도착한 이후 수로를 측량하며 강화도에 접근하였다.

기함 콜로라도호를 비롯한 3척의 호위함, 2척의 포함에 1,230명의 병력과 85문의 대포를 실어 편성한 미국의 조선원정대 규모는 미국이 남북전쟁 이후 최대로 동원한 군사력과 맞먹었고, 이들은 나가사키항 근해에서 합동훈련을 마쳤고, 훈련을 진행하는 동안 일본정부와 열강으로부터 조선원정에 필요한 정보를 확보하였다.

작전은 예상대로 진행되었다. 4월 23일 총공세를 시작한 미군은 초지진에 상륙하였다. 이들은 우세한 함포의 지원사격으로 강화도 방어시설의 핵심인 덕진진과 광성보 등 조선군의 진지를 초토화한 뒤 이를 점령하였다. 전투에서 조선 측은 어재연 이하 350명이 전사하고 다수의 부상자가 발생하였다. 이와 달리 미군 측은 전사 3명 부상 10명이었다. 조선군이 완패한 이유는 간단하다. 초지진, 덕진진, 그리고 광성보 포대에 배치된 조선군이 보유한 대포의 사정거리가 700보였던 데 견주어 미 함포의 사정거리는 그 두 배를 넘었다. 막강한 화력을 동원하여 상륙한 지 48시간만에 조선군을 제압한 미군은 그동안의 무력시위로 조선 측이 그들의 요구를 수용할 것으로 판단하고 강화도에서 철수하였다.

그러나 조선정부의 대응은 미국 측의 예상과는 전혀 다른 방향으로 전개되었다. 전투에서 막강한 화력 앞에 방비시설과 최정예부대가 궤멸된 시점에 오히려 개방 거부를 더욱 분명히 하였다. 바로 조선정부는 전국의 군현에 척화비(斥和碑)를 세우도록 지시한 것이다. 알려진 바와 같이 척화비에는 "서양 오랑캐의 침략에 맞서 싸우지 않는 것은 곧 화의를 주장하는 것이며, 화의를 주장하는 것은, 곧 나라를 파는 것이다(洋夷侵犯 非戰則和 主和賣國 戒我萬年子孫 丙寅作 辛未立)"라는 내용이 담겨 있다. 이 척화비는 끝부분에 기록된 바와 같이 병인양요를 겪은 뒤 준비되었다가 신미양요 직후 건립되었다. 조선정부는 5년을 주기로 최강의 군사력을 보유한 프랑스, 그리고 미국과 전쟁을 치른 뒤에도 오히려 기존정책을 고수할 것을 내외에 분명히 하였다.

동아시아의 이웃나라였던 중국과 일본이 각기 조선보다 20여 년 앞서 전투와 무력시위에 굴복하여 자국시장을 개방한 사실과 견주면 조선정부의 이와 같은 태도는 당시의 세계정세와 동아시아의 상황에 비추어 볼 때 대단히 예외적이었다. 그리하여 조선은 1870년대 중반까지 지구상에서 자본주의 시장권에 공식적으로 편입되지 않았던 유일한 지역이 되었다.

3. 고종의 친정과 대외정책의 변화

1868년 12월, 쓰시마번으로부터 왕정복고를 알리는 외교문서가 도착하였는데, 문서의 내용과 형식이 종전과 달랐다. 특히 문제가 되었던 부분은 쓰시마 영주의 직함이 다른 점, '조신(朝臣)' · '황(皇)' ·

'칙(勅)' 등 일본왕을 황제의 예로 전제한 용어, 그리고 종래 일본 측의 요구로 무역과 외교에 사용하였던 확인 인장을 자의적으로 변경하여 사용한 점 등이었다.

조선정부는 기존의 조일외교, 곧 교린관계를 일방적으로 변경하는 외교문서의 수리를 거부하였다. 메이지유신 이후 조일수호조규 체결까지 양국외교의 가장 중요한 걸림돌이었던 이른바 '서계(書契)문제'가 발생한 것이다. 이 문제는 국내외 정세변화에 따라 때로는 외교적 분쟁의 핵심부분이 달라질 때도 있었지만 대체로 위와 같은 점을 둘러싸고 진행되었다.

조선정부의 서계접수 거부에 대해 1873년 일본정부 안에서는 무력을 배경으로 조선문제 해결을 주장하는 이른바 '정한론'이 떠올랐다. 대조선정책과 맞물려 메이지정부 안에서 형성되었던 정한파와 내치파의 정치적 갈등은 1873년 이른바 '메이지 6년 정변'이라는 메이지유신 이후 최대의 정변으로 비화하면서 결말을 맺었다.

정한론을 둘러싼 메이지정부의 분열이 있은 지 약 한 달 뒤, 조선에서도 집권세력이 교체되는 정치적 변동이 있었다. 고종은 1873년 10월 최익현(崔益鉉)을 승정원 동부승지로 임명하였는데, 최익현은 동부승지를 사직하는 상소에서, 대원군의 치세 전반에 대해 총체적으로 비판하면서 대원군의 하야와 고종의 친정을 요구하였다. 최익현의 상소를 둘러싸고 그를 처벌하자는 움직임이 있었으나 결과적으로 최익현의 상소 이후 한 달여 만에 조정 안 대원군 지지 세력이 축출되었다.

고종이 대원군 지지 세력의 반발에도 아랑곳하지 않고 권력기반의 확보에 매진했던 배경으로는 연행사행의 보고를 통한 대외정세 변화에 대한 인식을 들 수 있다. 특히 중국 황제의 친정은 그의 집권 의지를 굳히는 데 중요한 배경이었다. 고종은 친정 직후 암행어사를 각지에 파견하여 부패한 관료의 척결에 주력하였다. 이 과정에서 대원군의 심복으로 종래 조일외교를 담당하였던 경상도관찰사와 동래부 대일외교담당관리 등이 전원 교체되고 왜학훈도(倭學訓導) 안동준은 사형에 처해졌다. 또한 고종과 우의정 박규수 등은 일본 외교문서에 대하여 일단 접수한 뒤 검토할 것을 주장함으로써 일본과 관계 개선을 추진하여, 1875년 초에는 일본정부에서 파견한 관리가 동래부에서 정식으로 교섭을 시작하기에 이르렀다. 따라서 위와 같은 고종 친정 직후 이루어진 국내 부패관료 제거는 대외정책의 변화와 긴밀히 연관되어 있음을 알 수 있다. 그러나 조선정부의 집권층 내부에는 여전히 개방 반대론이 우세하였다.

조선의 정세 변화를 주시하였던 일본정부는 그들이 서구의 무력시위에 굴복하여 개방하였던 경험을 조선에 적용하기로 최종 결정하였다. 이들은 결국 1875년 9월 초지진에 접근하던 일본 함정에 대한 조선군의 포격을 빌미로 무력시위를 전개했다. 1876년 1월 일본정부는 군함 8척과 해병대를 파견하여 교섭을 요구하였고 교섭이 결렬될 경우에 대비하여 추가로 파견할 군대를 나가사키에 대기시켰다. 이에 대해 조선정부는 신헌과 윤자승을 전권대신과 부관으로 임명하여 강화도에서 교섭하도록 명하였고 강위, 오경석 등이 이에 참가하였다.

전권대신 신헌은 병인 · 신미 두 차례의 전쟁에서 공을 세운 인물이었고, 박규수의 추천을 받아 신헌을 수행하여 교섭에 참여한 오경석 · 강위 등은 비교적 조선정부 안에서 개항에 적극적이었던 인물들이었다. 신헌은 일본 측이 제시하였던 조약문안의 일부 내용에 대해 수정안을 제시한 뒤 2월 3일 조약안을 확정하였다.

조선정부는 일본의 강압적인 요구로 말미암아 일본과의 외교관계를 복원하였다고 평가할 수 있을 것이다. 그리고 여기에는 중국의 권고도 작용하고 있었다. 교섭이 진행되는 동안 일본과의 외교관계 회복을 반대하는 세력, 곧 척사파는 개항 반대운동을 전개하였다. 척사파의 대표적인 인물이었던 최익현은 "오늘의 일본은 곧 서양과 같아서 일본과 맺는 조약은 곧 양이, 곧 서양과의 통교를 의미하는 것" 이라며 반대하였다. 그러나 고종은 일본과 서양을 분리하고 조약 체결을 단지 일본과 옛 우호를 회복하는 차원임을 강조하여 최익현을 유배시킴으로써 조약체결에 대한 반대 움직임을 봉쇄하였다. 앞에서 말한 바와 같이 최익현은 고종 친정의 결정적 계기를 제공한 인물이었다. 고종은 바로 그러한 최익현마저도 유배 보내면서 조약체결을 강행하고 왜와 양을 분리하여 자신의 입장을 옹호하였다.

조약 체결 뒤 조선은 대외적인 상황 변화의 실체를 파악하기 위해 일본에 사신을 파견하였다. 이를테면 1차 수신사를 1876년에 파견하였고, 이후 4년이라는 세월이 흐른 뒤 1880년에 2차 수신사를 파견하였다. 여기에는 1879년까지 전개된 영의정 이유원과 중국 이홍장 사이의 서신 교환을 통한 국제정세 파악도 작용하였다. 2차 수신사가 돌아온 뒤 조선정부는 삼군부를 폐지하고 통리기무아문을 설치하여 대외개방에 따른 정부의 기구개편을 일단 완성하였다. 1881년 1월 조선정부는 통리기무아문에 12사를 설치하고 시원임대신(時原任大臣)으로 하여금 겸임케 하여 개혁정책을 추진하는 한편 개혁정책의 기틀을 마련하기 위해 일본에 조사시찰단을 파견하였고, 중국에도 또한 군기제조 학습을 위한 영선사를 보냈다. 실로 1881년은 개항 이후 암중모색하고 있었던 조선정부의 개혁정책이 실체를 드러낸 시기였다.

대표적인 사례가 2차 수신사 김홍집이 주일청국외교관과 교류하여 국내에 들여온 《조선책략》을 둘러싼 대립과 갈등이 그것이다. 조선의 대외정책에서 최우선 과제로, 남하하는 러시아의 방어책으로 설정하고 이를 위해 친중국(親中國) · 결일본(結日本) · 연미국(聯美國)을 권고하였던 것이다. 《조선책략》은 당시 중국의 양무파 정권의 조선정책이었다. 조선정부가 묘당회의에서 낸 결론은 이를 지지하는 것이었다.

그러나 재야에서는 광범위한 저항이 나타났다. 〈영남만인소〉가 대표적이었다.

〈영남만인소〉를 비롯한 전국적인 반발에도 조선정부의 개방에 대한 의지는 변하지 않았다. 그 결과 조선은 1882년 4월 6일 미국과 수호통상조약을 체결하였다. 그러나 미국과 수호통상조약을 체결한 지 2개월 뒤 서울에서 무위 · 장어영의 군인들이 급료체불과 변질된 양곡이 지급된 것을 계기로 집권세력에 대한 무장시위를 전개하였다. 구식군인들이 일으킨 반란(임오군란)은 곧 서울의 빈민층으로 확산되었고, 고종은 대원군의 복권을 통해 이를 수습하였다. 대원군의 재집권은 일시 개혁정책의 중단을 초래하였다.

그런데 임오군란 시기 조선문제를 둘러싼 중국의 일본정책은, 1874년의 타이완 침공, 1875년 운양호사건, 1879년 오키나와(琉球) 병합 시기의 그것과는 사뭇 다른 것이었다. 이전 시기와 달리 즉각적으로 대규모의 군사를 동원하여 조선 문제에 개입하였다. 한편 임오군란이 발발했던 시기 일본 국내 정치 상황은 유신 이후의 정책추진 과정에서 국내 정치세력 사이의 갈등이 심화되었던 시기였다. 조선에서 일어난 임오군란 소식을 접한 일본정부는 언론을 통해 조선 내의 반개항운동을 대규모 반일 폭동으로 선전함으로써 국민들의 관심을 밖으로 돌리는 데 이용하였다. 조선에 군대를 동원함과 동시에 국내적으로는 계엄령과 징발령 을 발동함으로써 반정부 세력에 대한 통제를 제도적으로 완성하였다.

서울 장안에 약 3,000명의 중국군과 1,500여 명의 일본군이 행군하는 가운데 조선정부는 서구 자본주의 열강에 대한 개방정책을 확고히 하였다. 고종은 교서를 내려 신미양요 이후 전국에 세웠던 척화비를 뽑아 없애도록 지시하였다. 고종은 먼저 "최근 세계의 대세는 춘추전국시대를 방불케 하는 시대이며 국제법을 바탕으로 각국은 부국강병을 추구하는 상황"이라고 지적하고, 조선도 이와 같은 시대를 맞이하여 일본과 수호조규를 체결하였음을 지적하였다. 그는 일본과 조약 체결 이후, 국내에서는 척화론에 바탕을 두고 반대도 있었지만 그와 같은 염려는 기우에 지나지 않았다고 평가하고, 이를 바탕으로 서양과 교섭할 것임을 공개적으로 천명했다. 적어도 표면적으로는 척화비의 척결로 조선정부는 대외정책에서 명분과 실질의 일체를 이루었다고 평가할 수 있을 것이다.

맺음말

앞에서 살펴본 바와 같이 조선의 개항 과정을 중국, 일본과 견주어 보면 다음과 같은 차이점이 나타난다. 첫째 서구자본주의 세력의 개방 압력을 조선 또한 중국 · 일본과 비슷한 시기에 접했으나, 중국과 일본이 각기 1840~50년대 초반 개방한 상황에 비하여 조선은 1870년대 중반까지 개방을 거부하고 있었던 점, 둘째 프랑스와 미국이 강력한 군사력으로 수도에서 불과 100리 안의 군사적 요충지를 점령했던 직후 더욱 강하게 개방 거부를 대내외적으로 선언했던 점, 셋째 조선의 개항과정은 서양자본주의 국가와 불평등조약 관계에 있었던 일본을 고리로 단계적으로 추진되었던 점 등이다. 다시 말하면 중국과 일본은 최초로 서구자본주의 국가와 불평등조약을 체결한 후 뒤이어 같은 내용의 조약을 각국에게 허용한 것과 달리 조선은 일본의 무력시위에 굴복하여 조약을 체결한 뒤에도 6년이 지난 시점에서야 비로소 미국과 통상조약을 체결함으로써 자본주의 시장체제에 공식적으로 편입되었던 것이다.

개항에 대한 기존연구는 개항의 배경으로 조선 후기 실학으로부터 이어지는 국내 개항론의 형성과 개항론자의 정치적 역할을 적극적으로 평가하였다. 그러나 개항과정을 이른바 자율론의 입장에서 내재적 요인에 무게를 두면 위에서 언급한 조선의 개항과정에 나타난 특수한 점에 대해 설명하기가 쉽지 않다.

이른바 서계문제에서도 드러난 바와 같이 개항반대론은 집권관료들과 재야지식인 뿐만 아니라 민중 차원에서 광범위하게 자리 잡고 있었다. 이러한 조야의 개방반대론에 변화가 나타나기 시작한 것은 고종 친정을 전후한 시기부터였다. 고종은 친정을 계기로 서계문제에 대해 접수한 다음 검토할 것을 주장하였다. 이에 따라 실제 조일양국 관료간의 교섭이 진행되었고, 운양호 사건의 처리과정에서도 고종을 비롯한 소수 집권층은 매우 신속하게 조약 체결 요구를 수용하였다. 당시 재야의 '왜양일체론' 에 근거한 개항 반대 주장에 대해 고종은 일본과 조약체결은 '구호중수(舊好重修)' 차원에서 진행하는 것이며 '왜' 와 '양' 이 같지 않다고 주장함으로써 조약 체결을 정당화하였다. 그 뒤 6년이 지난 시점에서 미국은 천주교가 아닌 기독교 국가, 영토적 침략 위협 없이 통상만을 추구하는 국가라는 점을 근거로 조약체결을 추진하였다. 1870년대 중반까지 서구자본주의 시장체제에 편입되지 않았던 조선이 전면적으로 대외정책 전환을 선언한 것은 개항반대 세력의 정변이 중국의 군사적 간섭에 의해 진압되고, 일본도 서울에 군대를 파병하였던 상황에서 이루어진 것이었다.

대외적인 정책의 전환은 국내정치의 연장선에서 나타나는 것이다. 세계자본주의 체제 아래 한 나라의 대내외정책 추진 과정은 다양한 요인이 결합되어 나타난다. 조선이 세계자본주의 체제에 편입하는 과정에 대한 연구는 좁게는 동아시아, 넓게는 세계자본주의 차원의 수준에서 관련국가의 대내외 상황을 고려하여 분석이 추진되어야 할 것이다.

■ 참고문헌

田保橋潔,《近代日鮮關係の硏究》, 朝鮮總督府 中樞院, 1940.

李瑄根,《韓國史(最近世篇)》, 乙酉文化社, 1961.

朴日根,《近代韓美外交史》, 博友社, 1968.

金源模,《近代韓美交涉史》, 弘盛社, 1979 ; 철학과현실사, 1992.

董德模,《韓國의 開國과 國際關係》, 서울대 출판부, 1980.

朴日根,《美國의 開國政策과 韓美外交關係》, 一潮閣, 1981.

韓國史硏究協議會,《韓美修交 100年史》, 1982.

宋炳基,《近代韓中關係史硏究》, 一潮閣, 1984.

韓國史硏究協議會,《韓英修交 100年史》, 1984.

韓國史硏究會,《韓國近代社會와 帝國主義》, 三知院, 1985.

權錫奉,《淸末 對朝鮮政策史硏究》, 一潮閣 , 1986.

김기정, 〈19세기 후반기 제국주의와 동아시아〉, 한국역사연구회,《1894년 농민전쟁 연구》 3, 역사비평사, 1993.

James B. Palais, Politics and Policy in Traditional Korea, Camblidge, Mass : Harvard University Press, 1975 ; 李勛相 譯,《傳統韓國의 政治와 政策》, 신원문화사, 1993.

金榮作, 〈韓 · 中 · 日 三國의 開國에 관한 比較硏究〉,《東北亞》 1, 1995.

구대열,《한국국제관계사 연구》 1, 역사비평사, 1995.

안외순, 〈開港前 韓 · 日關係와 對日政策 -1864~1873년을 중심으로-〉,《東方學》 2, 1996.

요시노 마코토(吉野誠), 한철호 譯,《동아시아 속의 한일 2천년사》, 책과 함께, 1995.

孫炯富,《朴珪壽의 開化思想硏究》, 一潮閣, 1997.

安鍾哲, 〈親政前後 高宗의 對外觀과 對日政策〉,《韓國史論》 40, 서울대 국사학과,

1998.

우철구, 《19世紀 列强과 韓半島》, 法文社, 1999.

권혁수, 《19世紀末 韓中 關係史 硏究》, 백산자료원, 2000.

김용구, 《세계관충돌과 한말외교사 1866~1882》, 문학과지성사, 2001.

연갑수, 《대원군집권기 부국강병정책 연구》, 서울대 출판부, 2001.

金旼奎, 〈近代 東아시아 國際秩序의 變容과 朝鮮 -'條規體制'의 成立과 瓦解-〉, 韓國史硏究會, 《韓國史의 國際環境과 民族文化》, 景仁文化社, 2003.

최덕수, 《개항과 조일관계》, 고려대 출판부, 2004.

김명호, 《초기 한미관계의 재조명》, 역사비평사, 2005.

송병기, 《한국, 미국과의 첫만남》, 고즈윈, 2005.

이헌주, 〈姜瑋의 開國論 硏究〉, 고려대 박사논문, 2005.

김기혁, 《근대 한·중·일관계사》, 연세대 출판부, 2007.

척사와 개화

권오영(한국학중앙연구원)

머리말

19세기 조선사회는 왕조체제의 점진적인 해체와 더불어 새로운 전환의 시대에 직면하였다. 특정 가문의 세도정치가 지배하던 현실에서도 새로운 변화를 예견했던 진보적 관료나 개명 지식인들은 자신의 학문과 사상의 체계를 새롭게 마련하였다. 정약용(丁若鏞)과 최한기(崔漢綺)는 성리학을 비판하고 경전에 대한 창의적인 해석으로 미래의 세계와 새로운 사상체계를 제시하였고, 최제우(崔濟愚)는 서학에 대응하여 인간중심의 새로운 종교인 동학을 제창하였다. 뿐만 아니라 김정희(金正喜)는 새로운 예술세계를 개척하여 조선의 독자적인 예술혼을 빚어내고 있었다.

이러한 지식인들의 활동은 안팎으로 어려운 국면에 처해 있는 조선사회의 절박한 위기를 타개하려고 했던 몸부림이었다. 세도정권 아래에서 이루어진 재야의 진보적 학문과 사상경향은 하루아침에 이루어진 것이 아니라 17세기 이후 성리학에 대한 비판적 탐구와 서학과 북학의 수용으로 새로운 학풍이 형성·발전해 온 결과였다. 그러나 성리학계에는 19세기에 서양 세력의 동양 진출에 대응하여 오히려 성리학의 이론이 더욱 교조화하는 경향이 나타났다. 성리학자들은 정통(正統)과 이단(異端)의 이분법적 구도에 바탕을 두고 외세를 배척하는 운동을 전개하였다.

그와 달리 개항 이후 개명지식인들은 성리학을 극복하고 조선 후기에 형성된 새로운 학풍을 계승하고 서구의 사조를 적극 받아들여 국가가 처한 위기를 타개해 나가는 데 유용한 개화사상을 형성하였다. 개화사상의 형성시기에 대해서는 1850년대부터 1860년대에 형성되었다는 설과 1870년대에 형성되었다는 설이 있다. 박규수(朴珪壽) 등의 문하에서 개화사상을 학습한 김옥균(金玉均)·박영효(朴泳孝) 등 청년지식인들은 개항 이후 개화운동을 전개하였다.

한편 1880년대 초에 척사와 개화의 중간 지점에서 우리의 윤리도덕을 지키면서 서양의 과학기술을 받아들이자는 이른바 동도서기론(東道西器論)이 제기되어 임오군란 전후에 크게 성행하였다. 이처럼 19세기 중반 이후의 조선사회는 새로운 세계질서에 접하여 외압으로부터 자주를 지키고 외세로부터 독립을 취하려는 다양한 운동이 일어났다.

1. 척사운동

17세기 중반에 동아시아 국제질서에서 명(明)·청(淸)교체가 이루어지자 이후 조선에서는 청을 치자는 북벌론이 일어났다. 그러나 북경을 다녀오는 사신을 통해 청조의 학술과 문화가 우수하다는 것을 점차 깨닫게 되어 18세기 후반에는 홍대용(洪大容)·박지원(朴趾源) 등 북학파를 중심으로 북벌론에서 북학론으로 선회하였다. 당시 북학에는 서학도 포함되어 있었으나 천주교와 분리하여 서학을 받아들이는 경우에는 그리 문제가 되지 않았다.

그런데 19세기 초 노론 벽파의 남인에 대한 정치적, 사상적 탄압과 더불어 서학은 그 존립기반을 상실해 갔다. 더구나 1839년과 1866년에 정부 주도의 대대적인 천주교 박해가 일어났다. 그리고 재야에서는 1835년 무렵 이항로(李恒老)에 의해 척사(斥邪)사상이 형성되기 시작하여 1839년 이후에는 그 이론적 정립이 이루어졌고, 그 뒤 김평묵(金平默) 등 제자들이 더욱 척사이론을 정비하여 나갔다. 그리하여 1866년 병인양요를 겪자 이항로와 기정진(奇正鎭) 등은 서양의 종교적, 문화적 전파뿐만 아니라 경제적 침탈에 대한 위기의식을 강하게 느끼면서 구체적인 척사운동의 형태를 띠게 된다.

우선 병인양요가 일어나자 호남의 유학자 기정진은 척사소를 올렸다. 그는 서양의 경제적 침략의 역사적 실체를 예리하게 간파하고 안으로 국방력을 강화하여 조선의 문화를 지키면서, 서양의 경제적 침략을 막자는 주장을 하였다. 또한 경기도의 유학자 이항로는 서양 물품이 백성의 일상생활에 아무런 도움을 주지 못하는 것이라 주장하고, 서양의 재화(財貨)는 손으로 생산되는 공산품으로써 하루의 계획으로도 남는 것임에 견주어 조선의 재화는 토지에서 생산되는 농산물로써 일년의 계획으로도 부족한 것인데 부족한 것으로써 남아돌아가는 것을 교역한다면 국가의 경제는 파탄을 면치 못할 것이라고 주장하였다.

이항로는 1866년 병인양요 때의 국론(國論)을 서양을 물리치자고 주장하는 주전론과 서양과 화친하자는 강화론으로 파악하고 주전론을 주장하였다. 그는 주전론 가운데에서도 서울을 지키면서 전쟁을 하자는 설과 서울을 떠나 다른 지역에서 실력을 기르자는 두 가지 설이 있다고 하면서, 자신은 서울을 지키면서 전쟁을 하자는 전수설을 지지하여 국론을 통일시키려 하였다. 기정진과 이항로는 프랑스의 군사적 침략에 대항하여 주전론을 주장하여 흥선대원군의 해외통상 반대정책을 강력히 뒷받침하였다. 이런 상황에서 1871년 신미양요가 일어나자 대원군은 '서양 오랑캐가 침범하는데 싸우지 않는다면 화친하는 것이요 화친을 주장함은 나라를 팔아먹는 것이니 나의 만년자손에게 경계하노라' 라는 문구를 비(碑)에 새겨 전국의 고을마다 세우게 하였다.

1876년 초 일본의 강요로 불평등조약인 이른바 강화도조약이 체결되자 이항로의 제자 최익현(崔益鉉)은 개항에 직면하여 도끼를 메고 대궐에 나아가 척사소를 올려 일본과의 조약을 반대하였다. 최익현은 일본이 서양의 앞잡이로서 깊이 연계되어 있으며 일본인이 양복을 입고 서양 대포를 사용하고 서양 선박을 타고 있는 점 등을 들어 일본과 서양이 한통속이라는 명백한 증거로 제시하였다.

그런데 개항 당시까지만 해도 척사운동은 지역성과 당파성을 크게 벗어나지 못하였다. 이항로의 우뚝한 제자인 김평묵은 외부로부터 침입해 들어오는 일본이나 서양세력을 '양적(洋賊)' 으로 규정하고 있을 뿐 아니라 국내의 실세한 정치세력을 또 다른 '양적' 으로 파악하기도 하였다. 그러다가 1881년의 척사운동에 이르면 경기 · 강원 · 경상 · 충청 · 전라의 5도 유생이 연대하여 반외세의 공동투쟁을 전개하는 등 지역성과 당파성이 많이 극복되었다.

경상도를 비롯한 전국 유생들의 척사운동은 대원군과 그를 지지하는 남인세력을 고무하였다. 이러한 척사운동의 분위기를 이용하여 1881년 8월 안기영(安驥泳) 등이 고종을 폐위하고 대원군의 서자 이재선(李載先)을 추대하려던 사건이 일어났다. 이 사건은 1881년의 척사운동의 연장선 위에서 고무받은 안기영 등의 대원군 지지세력이 일으킨 대원군 재집권 쿠데타였으나 실패하였다. 이 쿠데타를 계기로 고종과 민씨척족세력은 대원군의 정치세력을 제거하고 척사운동을 어느 정도 와해시킬 수 있었다.

그런데 1882년 6월 5일 임오군란이 일어나자 대원군은 군인과 민중들을 이용하여 재집권을 도모하였다. 그러나 곧이어 청군의 개입에 따라 군란이 진압되고 대원군은 청국으로 납치, 이송되어 버리자 군인을 포함한 도시하층민들의 정치적 요구는 외세에 짓눌려버렸다.

임오군란으로 공사관이 불타는 등 치명타를 입은 일본은 사후조치로 조선에 조약체결과 배상을 요구하면서 전국 고을에 건립된 척사의 상징물인 척화비(斥和碑)를 철거하라고 요구했다. 이것은 일본이 조선의 척사운동의 기세를 완전히 꺾어 버리겠다는 의도를 보인 것이었다. 그러나 이제 조선 정부도 개화정책의 추진의 필요성을 절감하고, 전국 고을에 세웠던 척화비를 1882년 8월 5일에 모두 철거함으로써 척사운동은 그 막을 내렸다.

조선사회 자체의 체제정비와 외세의 침략을 물리치려고 했던 척사운동은, 의병운동으로 이어지는 우리나라 근대 민족운동의 원류의 하나로 이해된다. 그러나 일부 연구자들은 척사운동을 국제정세에 무지했던 유학자들의 보수반동적인 운동으로 비판하기도 한다.

2. 동도서기론

조선과 중국, 일본은 각기 19세기에 서구의 도전에 직면하여 자신들의 정신을 지키면서 서구의 과학기술을 받아들이려고 하였다. 이른바 중국의 중체서용(中體西用), 일본의 화혼양재(和魂洋才), 조선의 동도서기의 논리가 바로 그것이다. 따라서 이러한 논리는 외부의 문화적 충격이 강할 때면 어느 시기든 나타날 수 있는 것들이었다.

1880년대 초 동도서기론은 조선지식인들이 서구자본주의 열강의 침략에 대응하기 위한 방법의 하나로 제창한 논리였다. 즉 우리의 전통 윤리와 도덕〔東道〕을 유지하면서 서양의 과학기술〔西器〕을 받아들여 부국강병을 이룩하려는 것이 그 주요 목표였다.

동도서기론이 상소의 형태로 공식적으로 표현된 것은 1881년 곽기락(郭基洛)에 의해서였다. 그는 기계의 제조법이나 농업 · 임업에 관한 책으로 우리에게 이익이 된다면 가려서 사용하기를 주장하였다. 그는 서양 사람이 싫다고 하여 서양의 좋은 법제까지도 아울러 배척할 필요는 없다고 하면서 부국강병을 위하여 서양의 도덕과 기술을 분리하여 도덕은 배제하고 기술은 적극적으로 받아들일 것을 주장하였다.

그런데 당시 동도서기론을 편 인물은 현직 관료를 비롯하여 전직 관료 · 재야유생 · 무과합격자 등 그 계층이 아주 다양하였다. 특히 김윤식(金允植) · 신기선(申箕善) · 곽기락 등은 사상 형성기에 주로 성리학에 깊이 잠심(潛心)하다가 관료로 진출하여 서기의 필요성을 절감하고 동도서기론으로 사상적 전환을 하였다.

이러한 동도서기론은 1884년 갑신정변에 이르기까지 적어도 서양의 앞선 과학기술을 받아들여 부국강병을 이루려는 목표는 김옥균 · 박영효 등의 개화파와 같은 노선을 취하였다. 물론 김윤식 · 신기선 등 동도서기론자와 김옥균 · 박영효 등의 개화파와의 차이는 분명 있었다. 즉 전자는 동양의 유교윤리와 전제군주제를 굳게 지키기를 주장하면서도 서양의 과학기술인 서기만을 수용하려고 한 데 견주어, 후자는 서양의 법제뿐만 아니라 기독교를 포함하는 종교나 사상의 부문에 이르기까지도 인정하고 받아들이려고 하였다.

한편 동도서기론자들이 동도에 강한 집착을 갖고 있었으므로 척사론자와 같은 보조를 취한 것 같지만 사실은 첨예한 대립과 갈등을 겪었다. 척사론자들은 동도서기론의 논리적 약점을 예리하게 간파하고 있었던 것이다. 곧 그들은 서기를 받아들이면 서도도 반드시 함께 따라 들어온다고 생각하였다.

서기를 수용하려는 조선 정부의 노력은 1881년 일본에 파견된 조사시찰단(朝士視察團)과 그 이듬해 청국 톈진(天津)에 파견된 영선사(領選使) 일행을 통해 더욱 구체화하였다. 그러나 조사시찰단이 파견된 시기에 영남에서는 개화정책을 비판하고 미국과의 조약을 반대하는 대규모의 척사운동을 추진하고 있었다. 그래서 정부에서는 일본에 파견하는 '조사(朝士)'를 '동래부암행어사(東萊府暗行御史)'라는 직함으로 비밀리에 보냈다.

한편 김윤식의 인솔로 톈진에 머물고 있던 기술유학생은 새로운 과학기술을 학습하고 있었다. 김윤식은 톈진에서 1882년 6월에 국내에서 임오군란이 발생하였다는 소식을 들었다. 이에 그는 잠시 귀국하여 8월 5일 고종의 교서(敎書)를 대신 지어 정부가 동도서기론을 앞장서 추진하겠다는 의지를 천명하였다. 그 교서에서 "저들의 교(敎)는 사특하니 마땅히 음탕한 소리나 치장한 여자를 멀리하듯이 해야 하지만, 저들의 기(器)는 이로우니 진실로 이용후생을 할 수 있다면 농업·양잠·의약·병기·배·수레의 제도는 무엇을 꺼려서 피하겠는가. 그 교는 배척하되 그 기는 본받는 것이 진실로 병행하여 거스르지 않는 것이다"라고 하였다. 고종이 백성들에게 내린 이 교서는 동도서기론의 확산에 결정적인 구실을 하였다. 이 같이 정부가 앞장서서 동도서기의 필요성을 표명하자 이후 재야의 유생들도 다수가 동도서기론을 주장하게 되었다.

동도서기론자들은 한결같이 서양의 과학기술과 농업·의약·상업·광업 등 여러 분야에 걸쳐 우리보다 우수한 부문은 수용해야 된다는 주장을 폈다. 그런데 동도서기론자의 상소에서는 그들이 동도보다는 서기에 더 관심을 두었다. 그 이유는 바로 1880년대 초 조선의 현실이 무엇보다도 서기를 하루 빨리 수용하여 부국강병을 이룩하려는 열망이 강하였기 때문이었다.

그렇지만 동도서기론자들이 동도를 결코 소홀히 생각하고 있었던 것은 아니었다. 윤선학(尹善學)은 오륜은 천지에 통하고 만고에 걸쳐 변하지 않는 이치로 도(道)가 된 것이고, 수레나 배, 군기와 농기 등은 백성에게 편리하고 나라에 이로운 것으로 기(器)가 되는 것이라고 하면서 자신이 변화시키고자 하는 것은 기이지 도가 아니라고 하였다. 그는 도를 군신 · 부자 · 부부 · 붕우 · 장유의 윤리로 보고, 대신 기는 수레나 배, 군기 · 농기 · 전선 등 백성과 국가에 이익이 되는 것으로 이해하였다. 윤선학은 동양의 도를 지켜 나가는 한편, 서양 과학기술의 측면을 하루빨리 배워 부국강병의 나라를 만들기를 바랐다.

그러나 동도를 지키면서 서기를 수용한다는 동도서기론에는 논리적 한계가 분명히 있었다. 왜냐하면 동도서기론자들이 받아들이고자 하는 서기 속에는 이미 서도가 내재하여 있었던 것이다. 동양의 기술 속에 동양의 정신이 들어 있듯이, 동양의 정신을 지키면서도 서양 과학기술의 이면에 숨어 있는 서양의 정신도 인정하고 함께 살펴야 했던 것이다.

3. 개화운동

19세기 초에 신유박해로 이가환(李家煥) · 정약용 등 진보적 지식인들은 정치적, 사상적 탄압을 받아 처형되거나 유배에 처해졌다. 1805년 북학을 대표하던 박지원과 박제가(朴齊家)도 세상을 떠났다. 세도정치로 암담한 정치적 현실 아래서도 몇몇 선각자들은 근대지향적이거나 근대적인 사상으로 조선이 처한 위기의 현실을 타개하려고 하였다. 정약용은 주자학적 학문관과 세계관을 극복하고 경전의 주요 개념을 새롭게 해석하여 경세학적 유학을 표방하였다. 최한기는 평생 서울에서 학문활동을 하면서 평화로운 문명세계를 갈망하며 동서의 학문과 사상의 회통을 주장하였다. 그는 이미 동도서기론의 차원을 넘어 세계문명의 소통을 부르짖고 있었다.

오경석(吳慶錫) · 유홍기(劉鴻基) · 박규수 등은 개화사상의 비조로 널리 알려져 있다. 역관 오경석은 여러 차례 북경에 가서 세계지리와 다양한 정보가 담긴 《해국도지(海國圖志)》·《영환지략(瀛環志略)》 등 새로운 서적을 다수 구입하여 학습하였다. 아울러 오경석은 이러한 신서적을 친구 유홍기에게 전해 주어 세계정세에 대한 바른 인식을 갖게 하였다. 박지원의 손자인 박규수는 1860년대 말 사랑방에 김옥균 등 청년지식인들을 모아 놓고 《연암집(燕巖集)》을 강론하여 조선의 지배신분인 양반에 대한 비판적 인식을 갖게 하였다. 또한 그는 지구의를 돌리면서 "오늘날 중국이 어디에 있는가. 저쪽으로 돌리면 아메리카가 중국이 되고 이쪽으로 돌리면 조선이 중국이 되어 어느 나라든 한가운데로 돌리면 중국이 된다. 오늘날 어디에 정해진 중국이 있단 말인가"라고 하면서 청년지식인들의 뇌리에 박혀있던 중화중심적 사고의 전환을 가져오게 하였다.

1811년 관서지방에서 일어난 농민봉기를 시작으로 민중의 자각이 서서히 일어나고 있었다. 그리하여 1862년에는 경상도 단성의 농민봉기에 이어 전국 곳곳에서 민중의 저항운동이 일어났다. 1868년의 병인양요와 1871년의 신미양요에 이어 일본의 강요로 이루어진 1876년의 개항은 전국의 민심을 더욱 동요하게 만들었다. 개항 이후 개화의 흐름이 더욱 확산되어 가자 먼저 재야 유생층이 반정부와 반외세를 표방하는 운동을 전개하였다. 또한 서울의 도시하층민들의 저항운동도 일어났다. 곧 1882년에 임오군란이 일어나 이제 군인과 민중들이 일본의 침략에 반대하는 운동을 전개하였다.

그런데 개항 이후 개화의 필요성에 대한 인식이 점차 확산되어 나갔다. 사실 이 같이 개항 이후 개화운동이 전개될 수 있는 토대는 이미 대원군집권기에 어느 정도 마련되었다. 대원군은 대외적으로는 해외통상 반대정책을 표방했으나 대내적으로는 과단성 있는 개혁을 단행하였다. 그는 유생들이 선현을 제사하고 강학하는 활동 근거지인 사당과 서원을 47개만 남기고 모두 훼철하였고 그동안 온갖 특권을 누려오던 양반에게도 호포(戶布)를 징수하게 하였다. 이로써 유생들의 근거지가 붕괴되었고 조선의 지배신분층인 양반의 특권이 많이 감소되었다.

1880년대에는 정부 주도로 개화정책이 추진되어 나갔다. 이러한 개화정책에는 개항 이전부터 성장해 온 개화파 세력이 있었기 때문에 가능하였다. 그런데 1882년 임오군란 뒤 개화파 내부에서는 김윤식 · 어윤중(魚允中) 등 온건개화파와 김옥균 · 박영효 등의 급진개화파가 갈라져 두 정파 사이에 정치적 대립이 뚜렷하게 드러났다. 조선사회의 점진적 개혁을 바랐던 김윤식 · 김홍집(金弘集) · 어윤중 등은 서양의 기술을 받아들이되 종교와 사상은 우리 것을 고수하기를 바랐다. 이들은 청국과의 전통적 관계를 존중하면서 청국의 양무운동(洋務運動)을 점진적 개혁의 모델로 삼았다. 그와 달리 김옥균 · 박영효 · 홍영식(洪英植) 등 급진개화파는 일본의 메이지유신을 모델로 하여 서양의 과학기술은 물론, 사상과 제도의 부문까지도 받아들여 전통적인 사회체제를 개혁해야 한다고 주장하였다.

급진개화파는 김옥균 · 박영효 · 서광범(徐光範) 등 주로 서양과 일본의 앞선 문화를 수용하려고 했던 한 무리의 정치가들로 자주적 개혁을 부르짖었다. 김옥균 등은 청국과의 종속적인 사대관계를 청산하고 조선의 완전한 자주권 확립을 지향하였다. 김옥균은 장차 자기의 조국이 외국에게 침탈당할 일대 위기에 직면하여 '대경장(大更張)'을 통하여 정부를 개혁할 필요가 있다고 역설하였다. 개화파가 정변 당시에 입안한 〈갑신정강(甲申政綱)〉은 중국과의 전통적 사대관계를 끊고 조선이 자주독립국가임을 공포한 것으로, 대체로 근대 민주주의로의 지향성을 지닌 개혁안들을 담고 있었다.

또한 개화파는 민권(民權)을 부국과 강병에 연결지어 설명하였다. 박영효는 개화를 통하여 조선의 부국강병과 대외적 독립을 달성할 것을 주장하였다. 그는 당시 국제정세가 약육강식에 따라 이루어지고 있음을 분명하게 인식하고, 이러한 정세 속에서는 가령 '만국공법(萬國公法)'이나 '공의(公義)'가 있다고 하더라도 자립 자존의 힘이 없으면 국가의 독립을 유지할 수 없다고 인식하였다. 그는 부국강병을 이루고자 한다면 만국과 대치해야 하며, 군권(君權)을 줄이지 않고는 백성들로 하여금 응분의 자유를 누리게 할 수 없다고 보고, 나라의 부국강병을 도모하기 위해서는 군권을 축소하고 민권을 확장하지 않으면 안 된다고 생각하였다.

그러나 1880년대의 개화운동은 아직도 소수 양반 출신과 중인 출신의 일부 청년 지식인들 중심으로 전개되었다. 그러다가 1890년대 후반부터는 구국계몽을 표방한 개화의 흐름이 대세를 이루어 개명지식인뿐만 아니라 도시의 일부 백성들도 개화사상을 체득하고 개화운동에 참여하였다.

맺음말

19세기 조선은 왕조체제의 동요와 외세의 침략이라는 일대 위기에 처해 있었다. 당시 지식인과 민중들은 이 위기를 극복하기 위해 다양한 노력을 기울였다. 우선 외세의 침략에 가장 강하게 저항했던 척사운동은 정통과 이단을 구분하는 성리학적 이념에 바탕을 두고 있었다. 이 척사운동은 후일 의병운동으로 발전함으로써 근대 민족운동의 하나의 중요한 사상적 흐름을 형성하였다.

1880년대 초 조선 지식인들이 서구자본주의 열강의 침략에 대응하기 위한 방법으로 제창한 동도서기론은 우리의 윤리와 도덕을 유지하면서 서양의 과학기술을 받아들여 부국강병을 이룩하려고 하였다. 이들은 조선의 부국강병을 위하여 서양의 도덕과 기술을 분리하여 도덕은 배제하고 기술은 적극적으로 받아들일 것을 주장하였다. 동도서기론은 적어도 서양의 앞선 과학기술을 받아들여 부국강병을 이루려는 목표에서는 김옥균 · 박영효 등의 개화파와도 같은 노선을 취하였다.

개화사상에 바탕을 둔 개화운동은 조선사회의 지배이념인 성리학을 극복하고 조선 후기에 대두한 새로운 학풍인 서학과 북학의 영향을 받아 형성된 근대지향적인 정치운동이었다. 개화파는 청으로부터 완전한 자주 독립과 민권의 확장 등을 확보하기 위해 개화운동을 전개하였다. 개화파의 개화운동이 갑신정변을 통해 청으로부터 완전자주독립을 추구했고, 근대 민주주의를 지향하는 개혁안을 제시하여 그 뒤 구체적으로 추진되어 나갔다고 보면 우리 역사에서 민주제를 지향한 민족독립운동의 출발이었다고 할 수 있다.

개항 전후 유생들이 전개한 척사운동과 개항 이후 개명지식인들의 개화운동은 서로 대립과 갈등을 보이면서도 우리 민족의 자주와 독립을 위해 분투하였다. 그러다가 19세기 말에 열강의 이권 침탈과 일제의 침략에 저항하면서 구국의 공통된 방안을 상호 모색하면서 융화하여 나가 장차 3 · 1운동에 이르러 온 민족이 하나가 되어 대동단결하는 통합된 모습을 보여주었다.

■ 참고문헌

韓沽劤, 〈開港當時의 危機意識과 開化思想〉, 《韓國史研究》 2, 1968.

李光麟, 《韓國開化史研究》, 一潮閣, 1969.

崔昌圭, 〈斥邪論과 그 性格〉, 《한국사》 16, 국사편찬위원회, 1975.

李離和, 〈斥邪衛正論의 批判的 檢討-華西 李恒老의 所論을 中心으로-〉, 《韓國史研究》 18, 한국사연구회, 1977.

陳德奎, 〈斥邪衛正論의 民族主義的 批判意識〉, 《韓國文化研究論叢》 31, 1978.

李光麟, 《韓國開化思想研究》, 一潮閣, 1979.

宋炳基, 〈辛巳斥邪運動研究〉, 《史學研究》 37, 1984.

姜在彦 著, 鄭昌烈 譯, 《韓國의 開化思想》, 比峰出版社, 1981.

愼鏞廈, 《韓國近代社會思想史研究》, 一志社, 1987.

김영작, 《한말 내셔널리즘연구》, 청계연구소, 1989.

李光麟, 《開化派와 開化思想 研究》, 一潮閣, 1989.

李完宰, 《初期開化思想研究》, 民族文化社, 1989.

한국근현대사회연구회, 《한국근대 개화사상과 개화운동》, 신서원, 1998.

국사편찬위원회, 《한국사》 38-개화와 수구의 갈등, 1999.

吳瑛燮, 《華西學派의 思想과 民族運動》, 國學資料院, 1999.

姜大德, 《華西 李恒老의 時代認識》, 신서원, 2001.

권오영, 《조선후기 유림의 사상과 활동》, 돌베개, 2003.

朴性淳, 《朝鮮後期 華西 李恒老의 衛正斥邪思想》, 景仁文化社, 2003.

정재식, 《한국유교와 서구문명의 충돌》, 연세대 출판부, 2004.

노대환, 《동도서기론 형성 과정 연구》, 일지사, 2005.

旗田巍, 〈近代における朝鮮人の日本觀-衛正斥邪論を中心にして-〉, 《思想》 520, 1967.

근대화 운동의 전개 : 갑신정변과 갑오개혁

왕현종(연세대 사학과)

머리말

1876년 일본과 수호통상조약을 체결한 조선은 1882년부터 미국, 영국 등 서양 열강에게도 문호를 개방하였다. 이를 계기로 조선은 종래 청과의 전통적인 조공체제에서 벗어나 서양 제국주의 열강과 근대 외교관계를 수립하였다. 이후 조선 지배를 둘러싼 경쟁이 점차 격화하였다. 1882년 이후로 청과 일의 간섭을 불러일으켰고, 마침내 군사적 충돌로 나아가 청일전쟁의 발단이 되었다. 일본은 청일전쟁에서 승리하여 19세기 말 동아시아 정치 지형을 크게 변화시키고 있었다.

이 시기 조선왕조의 일부 집권관료층과 개화파 지식인들은 내부적으로 근대국가체제로 전환하려는 개혁운동을 일으켰다. 이른바 '갑신정변'과 '갑오개혁'이 그것이었다. 이 사건은 당시 상황에서 충격적이고 획기적인 사건이었기 때문에 그동안 다양한 평가를 받아왔다. 이는 조선사회 발전을 바탕으로 하여 일어난 사건임은 틀림없으나 일본이라는 외세의 영향 아래 이루어진 것이기도 하였다.

초기 연구에서는 조선 정부의 무능과 부패를 비판하는 한편, 일제의 침략과 식민지 근대화를 긍정적으로 이해하려는 타율적인 평가가 이루어졌다. 그렇지만 1960년대 이후 한국 근대사의 비판적인 연구가 진행되면서 개혁운동을 본격적으로 재평가하기 시작했다. 우선 개화파의 형성과정을 설명하여 갑신정변을 재해석했으며, 갑오개혁도 자율적인 개혁이라는 발상이 제기되었다. 물론 이는 조선후기 내재적 발전상과 관련시켜 주체적 근대의 모색이라는 시각에서 나온 것이었다. 1980년대 후반 이후에는 위로부터 근대화 운동이 갖는 계급적 한계나 일본 종속 문제가 재검토되기도 하였다. 최근에는 한국 근대국민국가의 형성이라는 시각이 제기되어 갑신정변과 갑오개혁 연구가 새로운 단계로 나아가고 있다.

1. 1880년대 전반 근대화의 추진과 1884년 갑신정변의 발발

1880년대에 들어 조선정부는 근대 문물의 수용 정책을 본격적으로 추진하기 시작했다. 1880년 6월 일본에 2차 수신사로 파견된 김홍집은 당시 일본 주재 청나라 외교관으로부터 《조선책략》을 가져왔다. 조선정부는 서양과 교류 확대를 주장한 이 책의 주장을 받아들여 외교정책의 일대 전환을 모색하였다. 1881년 4월 일본에 대규모 조사시찰단을 보내 메이지 유신의 성과를 자세히 조사하게 하였다. 시찰단의 조사활동은 근대 개혁에 대한 피상적인 제도 관찰에 그치고 있었지만, 향후 개화 정책의 방향 모색에 큰 영향을 끼쳤다. 1881년 9월 중국에는 영선사를 파견하여 중국의 선진 군사기술을 배우고 서양 여러 나라와의 수교에 대한 정보를 얻어오게 하였다. 이러한 조치에 이어 1881년 12월 의정부 밑에 청의 제도를 모방하여 통리기무아문을 새로 설치하고 통상과 문물의 수용을 전담하는 12개의 기구를 두었다. 이는 개항통상을 주도할 관리 양성과 대응 정책을 마련하기 위해서였다. 이어 1882년 10월 감생청을 설치하여 재정 경감과 의정부 관리 교체 등 국가기구 개혁을 추진했다.

조선정부는 1882년 4월부터 미국을 비롯하여 영국, 프랑스, 독일, 러시아 등 서양 여러 나라와 수호통상조약을 체결하였다. 당시 고종과 집권관료층은 청국의 후원 아래 외국 세력을 끌어들여 한반도에 열강 사이의 세력 균형을 이루려고 하였다. 그러나 부산, 원산 개항에 이어 인천 개항이 이어지자 수도인 서울에 커다란 경제적 영향을 미치기 시작했다. 개화정책의 반발로 임오군란이 일어나 1882년 6월 정부가 일시 전복되는 사태를 맞이하였다.

조선정부는 청의 개입을 요청하였고, 곧이어 청은 군대를 파견하여 조선 내정에 간섭하기 시작했다. 청은 종래 조공체제 아래의 속방을 내세우며 조선 문제에 간섭했다. 이 사건은 이후 국내 정치세력의 분열과 갈등을 가져오는 계기가 되었다. 당시에는 민씨 정권과 타협하면서 조선사회를 점진적으로 개혁하려는 온건 개화론이 있었지만, 개화파 세력들은 이제 더 이상 개혁의 과제를 미룰 수 없다고 판단하였다. 이들은 일본의 메이지 유신과 같이 급격한 개혁을 하지 않으면 국가의 자주와 독립이 위태롭다고 판단하였다. 그래서 이들은 1884년 봄부터 민씨 정권을 전복하고 무장 정변을 준비하기 시작했다. 마침 조선에 주둔했던 청군이 베트남을 둘러싼 청불전쟁 때문에 일부 병력을 철수한 상태였다. 일본도 청에 대한 열세를 극복하고 조선의 지배권을 확보하고자 하는 의도에서 개입하려고 하였다. 이러한 상황을 이용하여 김옥균 등 개화파의 주도세력이 정변을 일으키게 된 것이다.

갑신정변을 일으킨 주모자들을 흔히 '급진개화파', 또는 '변법적 개화파'로 부르고 있다. 초기 연구에서는 급진개화파가 1882년 임오군란을 전후하여 본격적으로 형성되었다고 보았다. 갑신정변은 청일 양국 사이의 대립과 모순을 이용하려고 하였으나 일본침략자들에게 이용당한 실패한 정변으로 본 것이다. 북한 학계에서는 이미 1950년대 중반부터 김옥균의 재평가가 이루어졌다. 개항 이전에 북학사상이 개화사상으로 전개되었음에 주목하였고, 정강 분석을 통하여 개화사상의 부르주아성을 증명하려고 했다. 또한 정변 과정에서 개화파의 주도적 역할을 강조하였다. 종합적 결론은 《김옥균》(1964)에 집약되었다. 이러한 관점과 내용은 우리 학계의 논의에 일정한 영향을 미쳤다.

1970년대에 들어 개화사상, 개화파의 형성과 활동에서 내재적 측면을 강조하였다. 당시 한국사회의 화두였던 근대화 운동의 선구로서 근대부르주아운동의 측면을 부각시켰다. 우선 갑신정변의 개혁사상이 개화사상의 연원임을 주목하였다. 또한 개화사상은 실학사상을 계승 발전시킨 것이며, 그것은 개항 이전에 김옥균이 유대치, 오경석 문하에 들어가 지도를 받으면서 이루어졌다고 보았다. 그런데 개화사상의 형성 시기를 특정 시점으로 확정하는 데는 이론(異論)이 많았다. 오경석이 청국에 역관으로 다녀오면서 다수의 서양서를 들여옴으로써 형성되었다는 1850년대 설, 개화사상의 단계적 발전을 중시하면서 개항통상의 필요성을 제시하였다는 1860년대 설, 갑신정변이 일어나기 10년 전부터 충의계(忠義契)를 중심으로 개화당이 형성되었다는 1874년 설 등이 제기되었다. 이러한 다양한 견해에도 불구하고 개화파의 사상 형성 시기를 가능한 한 올려 잡으려는 경향이 많았다. 왜냐하면 정변의 개혁사상이 일본의 개입으로 급작스럽게 만들어진 것이 아니라 개항 이전에 이미 내적으로 충분히 준비되었다는 점을 부각시켜야 했기 때문이다.

갑신정변을 일으킨 주모자들은 흔히 '급진개화파', 또는 '변법적 개화파'로 부르고 있다. 이들 개화파의 정치적 결사 형성은 1870년대 중반으로 올라간다. 이는 갑신정변 발발 10년 전인 1874년에 정치결사로 충의계를 결성했다는 증언에 주목했기 때문이다. 최근에는 다시 1882년 설에 주목하고 있다. 김옥균이 일본을 방문하여 메이지 유신의 성과를 보고 온 후에야 개화파가 하나의 정치세력으로 결집했다는 점을 강조하기 때문이다. 이는 개항 이전에 개화파 정치집단이 이미 형성되기 어려웠다고 판단하고 아무래도 조사시찰단의 파견 이후로 보아야 한다는 것이었다.

2. 갑신정변의 이념과 근대 부르주아 개혁론

1884년 10월 17일 김옥균, 박영효, 홍영식 등 개화파들은 우정국 낙성기념 축하연을 이용하여 민씨 정권을 제거하고 새로운 정권을 수립하였다. 새 정권에는 민씨 계열의 관료를 제외하고 종실 및 온건개화파를 포괄하되 김옥균 등 정변주도세력이 중심을 이루고 있었다. 신정부는 14개조의 정강을 선포하였는데 김옥균의 저술인 《갑신일록》에 담겨져 있다. 이 저술의 신빙성을 의심하는 비판도 있었으며, 14개 정강 이외에도 다수의 개혁조항을 추가하여 논의하기도 하였다. 지금까지 '정강'이라고 불렀던 것은 단지 개화당의 개혁정책선언이라는 측면을 강조한 것이지만, 엄연히 신정부의 정책으로 공포되었으므로 앞으로는 '정령(政令)'으로 고쳐 불러야 한다는 주장도 제기되었다.

정강의 구체적인 내용을 살펴보면, 1조 "대원군을 근일 내로 환국시키는 동시에 청국에 대한 조공 허례를 폐지한다"는 조항은 자주적인 대외관계를 선언한 것이다. 2조에서는 문벌을 폐지하고 인민평등의 권리를 제정한 점을 주목하였다. 다른 조항에서는 봉건적인 가렴주구와 근대적인 부강발전을 위해 지조법의 개혁과 환곡제도의 폐지, 호조의 재정 관리를 강조했으며, 혜상공국의 폐지를 통해 자유로운 상공업의 발전을 도모하는 조처였다고 평가하였다. 13 · 14조에서 의정부와 육조를 중심으로 하되 의정소 회의를 통해 주요 정책을 결정하도록 한 것은 정변 주도 세력들이 근대적인 내각 제도를 수립하려고 한 것으로 해석하였다. 그리하여 갑신정변은 "전제 군주권에 근본적인 제한을 가하고 입헌 군주제의 초기 형태인 입법권과 행정권을 가진 내각 제도를 창설"하였으며 근대 정치체제의 수립을 지향한 것으로 평가했다.

갑신정변의 성격에 대해서는 일반적으로 급진개화파가 주도한 부르주아 개혁이라는 점에 일치하고 있다. 갑신정변은 1970년대부터 한국 근대화의 선구라는 점을 높이 평가하였지만, 1980년 이후에는 외세의존적 성격과 민중 배제의 측면을 비판하였다. 최근에는 다양한 관점에 제기되었다. 당시 청국이 간섭 정책을 더욱 강화하였으므로 김옥균의 반청 정책은 정당성을 가진다는 주장이나, 개화파세력이 입헌군주제처럼 군주권을 제한하려고 하여 고종의 자주적 근대화를 방해했다는 설명이 그러한 예이다.

그런데 종래 갑신정변의 주도세력과 이념 분석에는 몇 가지 문제가 있었다. 우선 1880년대 후반에 나오는 갑신정변 주도세력들의 저작을 통해서 역으로 추적했다는 한계가 있다. 이들 저작은 정변 이후에 일정한 반성과 개혁 구상의 심화를 통해 이루어진 것으로 보아야 하기 때문이다. 실제 정강의 조항에는 국민 주권이나 의회제 등을 포함한 근대국가 개혁의 개념이 직접 사용된 것은 아니었다. 이처럼 갑신정강의 조항을 확대 해석하여 근대국가의 구상으로 환치하는 것은 매우 제한하여 사용되어야 한다.

또한 북한학계에서는 궁정 쿠데타를 통해 폭력적으로 정권을 획득했다는 점을 강조하여 '부르주아 혁명'으로 보는 견해가 1970년대부터 제기되었다. 이는 김옥균 등이 청 · 일 양국 간의 모순과 갈등, 청국세력에 의존하고 있는 조선통치세력들과 일본과의 갈등을 유리하게 이용하면서 정변을 무력으로 준비했다고 높이 평가했기 때문이다. 갑신정변의 주체성을 강조하기 위한 것이었지만, 이는 일본의 개입보다 개화파의 주도적인 역량을 지나치게 강조한 것이었다.

따라서 갑신정변의 평가는 일본의 침략을 제대로 읽어 내지 못한 미완의 부르주아 개혁이었다는 사실관계에서 벗어나지 말아야 한다. 갑신정변은 '3일 천하', 실제 26시간에 불과했다. 실패의 원인은 사회경제적 토대와 혁명 역량이 부족했다는 점 이외에도 인민대중의 사회 개혁 요구를 반영하거나 동원하지 못했다는 점, 그리고 침략세력인 일본에 의존하고 있었다는 점이었다. 그러므로 향후 연구에서는 1880년대 근대 개혁의 초기 운동이라는 제한성에 주의하면서 갑신정변이 가진 개혁 구상의 특성과 한계를 함께 파악해야 할 것이다.

3. 1880년대 후반 국제 관계 변화와 근대국가 개혁론의 제기

1880년대 후반 조선정부는 여러 가지 개혁사업을 추진하였다. 1885년 신설된 내무부(內務府)는 근대화 사업을 총괄하는 체계를 갖추고 새로운 권력기구로 활동해 나갔다. 이 기구의 설치는 고종과 집권세력이 국정 주도권을 장악하기 위한 것이었다. 그렇지만 내무부는 종래 누적된 조세와 재정제도의 폐단을 시정하지 못한 채 외형적인 근대 문물의 수입에만 치우쳤다. 그 결과 사회적 모순은 심화하였고 농민들의 불만이 폭발하여 여러 지역의 민란으로 확산되기에 이르렀다.

이 시기 조선을 둘러싼 대외적 변화에서 초점이 되는 사건은 1882년 이후 청의 내정 간섭과 1885년 4월 영국의 거문도 점령사건이었다. 국제 열강의 첨예한 갈등을 피하기 위한 방법으로 조선 중립화 논의가 본격화하기도 하였다. 최근 연구에서는 데니의 청한론(淸韓論), 부들러와 유길준의 중립화론 등을 주목하였다. 당시 유길준은 청국이 조선을 속국으로 해석하는 경향을 비판하고 당시 국제관계를 '양절체제(兩截體制)'라는 용어로 파악했다. 그는 조선이 비록 청국과 조공관계에 있더라도 외국과의 교섭이나 자주권을 행사할 수 있는 독립자주국의 영역에 속해 있다고 주장했다. 그는 청의 내정 간섭을 배제하고 독자적인 조선국가의 위상을 높이고자 하였다고 보았다.

이 시기 사상적 변화에 대해서는 '동도서기(東道西器)'론이 확산되었으며, 서양의 근대 정치제도를 비롯한 서양 사상을 수용하고 있다는 점을 부각하였다. 당시 《한성주보》나 각종 상소문을 통해 입헌군주제, 공화제의 논란에서부터 자본주의 경제, 기독교의 수용 등에 이르기까지 검토되었다. 분석의 잣대로는 서구의 근대를 누가 얼마나 수용하고 있었는가를 기준으로 했다. 반면에 외래 사상을 수용하기 위한 전통적인 사상 기반이나 서양에 대한 제한된 이해 등은 소홀하게 취급됐다.

최근에는 개화사상은 일본이나 서구의 사상이 그대로 대체된 것이 아니라 이를 주체적으로 변용시켜 받아들인 것이라는 주장이 제기되었다. 종래에는 동도서기와 문명개화의 차이점에만 주목했는데, 이제 서구 이념의 수용 구조에 주목한 것이었다. 이런 관점에서 1880년대 말에 본격적으로 제기되는 국가체제 개혁사상을 주목하였다. 박영효의 〈상소문〉, 유길준의 《서유견문》, 김윤식의 〈16사의(私議)〉에 대한 재해석이 이루어졌다. 이들은 공통적으로 전제군주권을 제한하고 군주와 민이 정치에 참여하는 '군민공치(君民共治)'의 정체 수립을 지향하고 있었다. 군민공치란 서구의 입헌군주제를 번역한 말이었지만, 본래의 뜻과는 크게 달랐다. 일반 국민의 정치 참여를 보장하는 의회의 설치에 대해 부정적으로 생각하고 있었다. 여기서 국민의 정치 참여는 민의 공직 취임, 인재의 관료 등용을 주장하고 있을 뿐이었다. 그래서 이들은 삼권 분립을 통한 근대국가의 수립을 지향하면서도 군주권을 제한시키면서 행정권을 독점적으로 장악하려고 하였다. 이들의 구상은 서구 근대의 일방적 수용이 아니라 조선의 상황에 바탕을 둔 주체적 수용이라고 할 수 있다. 이들은 1894년 조선의 혁명적 상황에 직면하여 근대국가체제 개혁운동을 전개해 나가게 된다. 이것이 갑오개혁의 내적 계기였다.

4. 1894년 갑오개혁과 근대국가 개혁의 과제

1894년이 되자 농민전쟁이 일어났다. 농민군은 부패 권력의 청산과 사회 개혁을 기치에 내걸고 반란을 일으켰다. 일본은 이를 기회로 삼아 조선의 내정 개혁을 제기하며 청과의 전쟁을 도모하였다. 일본은 결국 1894년 6월 21일 경복궁을 불법적으로 점령하고 정권을 강제로 교체시켰으며, 청일전쟁을 도발했다. 갑오개혁은 이런 상황에서 이루어졌다. 출발부터 조선의 개혁 관료들이 주체적으로 개혁 정권을 수립한 것은 아니었다.

갑오개혁은 흔히 1894년 하반기에 군국기무처가 개혁을 주도했던 것을 말한다. 그렇지만 갑오개혁은 이후에도 계속되어 신임 주한일본공사 파견 이후 2차 개혁과 을미사변을 거쳐 아관파천 시기까지 진행되었다. 그래서 갑오개혁의 시기는 크게 4시기로 나누어 볼 수 있다. 1기(군국기무처 개혁기, 1894.6.21.~11.20., 이하 음력 기준), 2기(주한 일본공사 이노우에 가오루〔井上馨〕의 간섭과 김홍집 · 박영효 연립내각기,

1894.11.21.~1895. 윤5.14.), 3기(고종 친정 강화기, 혹은 주도권 강화기 및 개혁방향 논쟁기, 윤 5.15.~8.19.), 4기(을미사변 뒤 3차 개혁기, 1895.8.20.~12.28.)라고 할 수 있다. 종전까지는 '갑오경장' 이라는 표현을 주로 사용해 왔는데, 근자에는 '갑오개혁' 이라는 용어가 많이 사용되고 있다.

갑오개혁에 관한 연구는 초기부터 일본 제국주의 연구의 연장선상에서 이루어졌다. 갑오정권은 친일매판정권이고 형식적인 근대개혁을 추진하였으나 그나마 실행되지도 못한 채 실패로 돌아갔다고 평가하였다. 1960년대 이후 민족운동의 발전과 근대민족국가의 수립이라는 문제가 대두되면서 갑오개혁은 재평가되기 시작했다.

1970년대 중반에는 갑오개혁의 타율성론을 비판하며 '제한적인 자율성론' 을 제기하였다. 일제가 청일전쟁에 몰두하느라고 군국기무처 개혁이 이루어진 1기에는 조선내정에 소극적으로 간섭했다는 논리를 내세웠다. 북한학계에서는 갑오개혁 주도세력의 주체성을 한층 강조하였다. 그래서 일본의 경복궁 점령사건과 군국기무처의 성립을 분리하여 보았다. 갑오개혁의 담당자들이 권력관계의 공백 속에서 '일시적 균형' 이라는 조건을 이용하여 정치무대의 전면에 등장하였다고 보았다. 그런데 북한 학계에서는 1기만 갑오개혁 시기로 보고 2기 이후는 제외시키고 있다. 홍범 14조 등 일본의 간섭과 박영효 등 친일분자들의 활동이 강화된 시기를 갑오개혁에서 제외시켰다. 이렇게 갑오개혁의 전개를 전후로 분리시켜 이해하려는 것은 문제가 있었다. 왜냐하면 2기 이후 정치세력과 개혁 내용의 변화를 파악하지 못하는 결과를 낳기 때문이다.

갑오개혁의 주도세력에 대해서는 군국기무처 시기 회의원들을 주목하였다. 이들 가운데는 서자와 같이 한미한 가문 출신도 많았으며 다양한 관료층이 참여했다고 보았다. 이들을 갑오개화파이거나 조선정부의 주도적 관료, 소수의 양심적이며 선진적인 관료집단 등으로 부르고 있다. 북한학계에서는 이를 '혁신관료' 라는 용어로 통칭하고 있다. 주도세력의 혁신성을 강조하기 위한 것이다. 그런데 이는 갑오개혁에 참여한 다양한 관료와 계층에 대해서 포괄하기는 어려운 개념이라고 할 수 있다.

갑오개혁의 내용에 대해서는 근대 정치제도의 개혁, 자본주의 경제질서 수립, 국민의 재편성 등으로 나누어 볼 수 있다. 우선 정치개혁은 1기 군국기무처를 중심으로, 2기에는 내각관제를 중심으로 추진되었다. 그래서 내각관제와 재판소와 중추원 등 형식적인 삼권분립체제를 이루었다. 정치기구에서 개혁관료 중심으로 의결·집행권의 강화가 이루어진 반면, 전제 군주권은 크게 제한되었다. 이러한 제도개혁은 고종과 명성왕후의 커다란 반발을 받았다.

갑오개혁 정부는 근대국가의 제도개혁과 관련해서 중앙집권적 중앙정부 개혁과 동시에, 23부제와 향회조규를 실시하여 지방자치적인 제도를 도입하였다. 자본주의 경제 질서를 도입하기 위해 각종 봉건 경제규제와 특권을 폐지하여 국내 상업 발달을 도모하였다. 그렇지만 갑오개혁정부는 화폐제도의 개악을 받아들였고 가혹한 조건의 차관을 허용하였으며 불평등한 조약을 개정하지 않음으로써 일제의 경제적 침략에 제대로 대응하지 못했다. 더구나 일제는 산업기반 시설인 철도, 전신, 항만의 건설 등에 개입하여 종속된 산업구조로 만들려고 하였다.

사회개혁의 측면에서는 1894년 농민전쟁에서 제기된 사회경제적 개혁요구를 대부분 수용하면서 이루어졌다. 특히 종래 사회신분제의 폐단을 시정하기 위해 신분적 차별을 폐지하고 노비를 전면 해방시킴으로써 백성들을 동일한 국민으로 편성하였다. 그런데 갑오개혁의 주도세력들은 위로부터 개혁을 선호하고 있었고, 당시 농민들의 요구였던 지주제의 해체나 농민적 토지소유의 실현을 받아들이지 않았다. 더욱이 1894년 9월 중순 이후 농민군의 재봉기에 맞서 일본 군사력에 의존하여 탄압하였다. 갑오개혁 정부는 수만의 농민군을 함부로 죽이거나 반란죄로 처형함으로써 내부의 혁명 역량을 말살시키고 말았다.

한편 1895년 8월 일본은 삼국간섭 뒤 내정간섭을 강화하기 위해 명성왕후 암살이라는 전대미문의 사건을 저질렀다. 이후 갑오개혁 정부는 이를 무마하면서 '대조선제국'으로의 국호 개정과 칭제건원 정책을 추진하였으나 역시 내외의 반대에 부딪쳤다. 결국 고종과 측근 관료들이 아관파천을 감행함으로써 갑오 정권은 붕괴되었다.

갑오개혁은 전반적으로 종래 전통적인 봉건국가의 틀 안에서 운영상의 모순을 제거하려는 것이 아니라 조선왕조국가를 근대국가체제로 전환시켜 나가려는 제도개혁을 시행한 것으로 평가되고 있다. 그럼에도 갑오개혁의 주체세력들은 정권 성립의 타율성과 주체적 정치역량 부족으로 말미암아 근대국가의 개혁을 완수하지는 못하였다. 이후 개혁 과제는 대한제국으로 넘어가게 되었다.

맺음말

19세기 후반 한국 근대국가의 형성과정에서 갑신정변과 갑오개혁의 위치는 매우 중요하다. 1884년 갑신정변은 미수에 그친 정변이었지만 향후 개혁의 방향을 제시해 주었다. 갑오개혁은 내적으로는 조선왕조 체제의 제반 개혁을 통하여 근대국가의 제도 수립에 크게 기여했다. 이로 말미암아 조선사회는 객관적으로 근대사회로 전환되었다. 갑오개혁은 철저히 전통 파괴적이었다. 노비가 해방되고 신분제가 폐지되었으며, 양반의 지배질서와 유교적 전통은 전복되기 시작했다. 심지어 단발령을 비롯한 사회 관습까지도 뒤바뀌었다. 이로 말미암아 조선사회는 객관적으로 근대사회로 전환되었다. 하지만 갑오개혁에서는 근대국가의 제도화에 그쳤고, 군주권의 위상 정립과 더불어 민법, 형법 등 근대법전 제정에까지 이르지는 못했다.

또한 갑오개혁은 당시 청일전쟁과 불가분의 관계에 있었다. 1894년과 1895년에 걸쳐 청일전쟁이 진행되는 가운데, 갑오개혁 정부는 일본 제국주의의 정치·군사적 침략에 저항하지 못하고 종속화하는 위기를 겪었다. 더구나 이들은 외세를 끌어들여 1894년 농민전쟁을 탄압하면서까지 근대 개혁을 수행하려고 하였다. 결과는 개혁을 완성하지도 못했고 민족의 분열을 초래하였다. 이는 갑오개혁의 주체세력이 민족 내부의 계급 대립을 해소하고 외세의 간섭을 배제할 수 있는 방안을 준비하지 못했기 때문이다. 그러므로 앞으로 갑신·갑오개혁기 근대개혁운동을 새롭게 해명하기 위해서는 한편으로 입헌국가의 수립이라는 근대국민국가의 시각을 도입해야 하지만, 다른 한편으로 한국민족주의의 형성이론을 수립하려는 노력이 병행되어야 할 것이다.

■ 참고문헌

田保橋潔, 〈近代朝鮮に於ける政治的改革〉, 《近代朝鮮史研究》, 조선총독부 조선사편수회, 1944.

사회과학원 역사연구소 편, 《김옥균》, 사회과학원출판사, 1964(역사비평사, 1990, 재출간).

中塚明, 《日清戰爭の 研究》, 青木書店, 1968.

이광린, 《한국개화사연구》, 일조각, 1969.

——, 《개화당연구》, 일조각, 1973.

이광린, 《한국개화사상연구》, 일조각, 1979.

姜在彦, 《韓國の開化思想》, 岩波書店, 1973 ; 《한국의 개화사상》, 비봉출판사, 1981.

김용섭, 〈갑신 · 갑오개혁기 개화파의 농업론〉, 《동방학지》 15, 1974(《한국근대농업사연구》, 일조각, 1982, 재수록).

유영익, 〈갑오경장을 위요한 일본의 대한정책〉, 《역사학보》 65, 1975(《갑오경장연구》, 일조각, 1990, 재수록).

사회과학원, 《조선전사(13~14)》, 과학백과사전출판사, 1980.

朴宗根, 《日清戰爭と朝鮮》, 青木書店, 1982 ; 《청일전쟁과 조선》, 일조각, 1989.

한국역사연구회 편, 《1894년 농민전쟁연구(3)》, 역사비평사, 1993.

1884년 정령 연구반, 〈1884년 정변의 '정령(政令)' 에 대하여〉, 《역사와 현실》 30, 한국역사연구회, 1998.

김봉렬, 《유길준 개화사상의 연구》, 경남대 출판부, 1998.

한철호, 《친미개화파연구》, 국학자료원, 1998

구선희, 《한국근대 대청정책사연구》, 혜안, 1999.

허동현, 《근대한일관계사연구》, 국학자료원, 2000.

이태진, 《고종시대의 재조명》, 태학사, 2000.

신용하, 《초기 개화사상과 갑신정변연구》, 지식산업사, 2000.

왕현종, 《한국 근대국가의 형성과 갑오개혁》, 역사비평사, 2003.

박은숙, 《갑신정변》, 역사비평사, 2006.

농민들의 개혁운동

양상현(울산대 역사문화학과)

머리말

한국사에서 19세기 중엽은 큰 변동기였다. 이 시기에 한국사회는 안으로는 중세 사회체제의 동요에서 말미암은 새로운 변화에 대응해야 했고, 밖으로는 서구 자본주의 열강의 문호개방 압력에 대응하지 않으면 안 되었다. 1876년 개항은 한국사회를 세계 자본주의체제에 편입시켰으며 이로 말미암아 세계자본주의체제의 변화는 한국사회의 전개과정에 큰 영향을 끼치게 되었다. 1897년 고종은 대한제국을 세우고, 황제가 주도하는 위로부터의 개혁정책(광무개혁)을 추진해 나갔다.

이에 각 사회세력들은 자신이 처해 있던 계급적 처지에서 당시의 모순을 인식하고 그들 나름대로 해결방식을 모색해 가고 있었다. 농민들도 조선 사회체제를 극복하고 새로운 사회체제를 만들어 가려고 노력하였다. 이들의 갈망은 농민항쟁으로 표출되었다. 각 사회세력들은 사회 모순의 극복 방향과 외세에 대한 대응 방식을 둘러싸고 서로 대립하였다. 1894년은 이러한 대립이 첨예하게 드러난 시기였다.

1894년 농민전쟁 연구는 그동안 많은 성과를 거두었고, 논쟁점도 드러나고 있다. 주요 쟁점에는 동학과 농민전쟁과의 연관문제, 농민전쟁의 주체문제, 그리고 농민군의 지향 등이 있고, 세부적으로는 집강소의 성격, '토지평균분작' 조항과 관련한 논란 등이 있다. 한편, 농민전쟁 이후 대한제국 시기의 농민운동에 대한 연구는 1980년 이전에는 단편적인 운동 사례에 대한 연구에 그쳤고, 연구의 양도 미미하였다. 그러나 1980년 초반 이후에는 '민중적 변혁운동'의 관점에서 이 시기의 농민운동을 조명하기 시작하면서 새로운 연구들이 나타났다. 이 글에서는 이러한 논쟁점을 염두에 두고 19세기 중엽부터 대한제국 시기까지 농민 개혁운동의 전체 흐름을 조망하고자 한다.

1. 1894년 이전의 농민운동

1862년 농민항쟁(임술민란)부터 1894년 농민전쟁까지의 기간은 조선후기 이래의 봉건모순이 더욱 심화하고, 개항 통상으로 말미암아 민족모순이 새로 추가되는 시기였다. 이 기간에 군현 단위의 농민항쟁이 여러 곳에서 일어났다. 항쟁은 1888년부터 1893년까지 집중적으로 벌어졌으며, 1893년 한 해에만 65건의 농민항쟁이 발생하였다.

개항 이후 곡물의 대일 수출이 활발해지자 곡물가격이 올라가 지주경영에 큰 이익을 가져다 주었고 지주제가 확대될 수 있는 기회를 제공하여 토지소유를 둘러싼 모순이 심화하였다. 지주들은 몰락농민의 토지를 헐값으로 매입하거나 각종 불법적인 방법을 동원하여 소유토지를 확대하기도 하였다. 봉건적인 세금이 토지에 집중적으로 부과되자 이를 소작인에게 전가하여 갔다. 이로 말미암아 일반 농민층, 특히 영세빈농층은 몰락하였다. 소작인들은 지주에 맞서 항조운동을 벌였고, 농촌에서 쫓겨난 많은 농민들은 도시로 모여들어 도시빈민이 되거나 유민이 되었고, 화적이 되기도 하였다.

이 시기 농민들은 19세기 이래 축적된 항쟁 경험을 바탕으로 각자 처한 사회 · 경제적 조건에 따라 항쟁을 펼쳤다. 그러나 항쟁 동원조직이 향촌 안의 면리(面里) 조직에 한정되었기 때문에 아무리 항쟁주체의 조직이 치밀하고, 항쟁과정이 격렬해도 군현 단위의 국지성을 벗어날 수 없었다. 이러한 농민항쟁의 전개과정이나 조직 동원, 투쟁조직의 성격은 대체로 1862년 농민항쟁과 그다지 큰 차이가 없었다.

당시 변란적 성격의 이필제난도 발생하였다. 이필제난은 군현 단위의 농민항쟁에서 1894년 농민전쟁으로 이어지는 농민항쟁의 발전과정에서 중간 자리에 있었다. 이필제는 1869년부터 1871년에 걸쳐 진천 · 진주 · 영해 · 문경 등지에서 잇달아 변란을 기도하였다. 이러한 양상은 봉건체제의 모순과 외세 침략에 대한 위기감으로 이단사상을 수용하던 변란세력의 활동범위가 더욱 광범위해지고 있음을 보여준다. 이필제는 영해에서 이 지역의 동학 조직과 힘을 이용하여 변란을 기도하였다. 이필제난은 군현 단위에 머물렀던 일반 농민항쟁의 한계를 뛰어넘어 군현 단위를 벗어난 지역적 조직망을 갖춤으로써 농민전쟁으로 발전할 수 있는 조직적 전망을 가질 수 있었다. 이러한 과정을 통해 변란은 농민들과 결합하여 반봉건, 반외세를 목표로 하는 농민전쟁으로 나아갈 수 있었다.

2. 동학사상의 전개와 발전

19세기 중엽 최제우가 창시한 동학사상은 반봉건적이고 반침략적인 성격을 띠고 있었다. 이 동학사상과 농민전쟁의 관계에 대한 견해는 '동학운동론', '절충론', '농민전쟁론'이 있다. 동학운동론은, 동학사상이 혁명의 원리이며 동학사상과 동학조직 없이는 농민전쟁이 있을 수 없다는 견해이다. 농민전쟁론은, 동학사상은 종교이념일 뿐이고, 전쟁의 이념은 농민들의 계급적 이익을 바탕으로 창출된 것이라고 보아 동학사상과 농민전쟁의 관련성을 부정한다. 절충론은, 동학사상 그 자체로는 전쟁의 원리가 될 수 없고, 다만 혁명 사상이 될 수 있는 가능성만을 지니고 있었다고 보고 있다. 그러나 농민전쟁론과 절충론 모두 군현을 뛰어넘는 농민의 연대과정에서 동학의 포접조직이 중요한 구실을 했다는 점은 인정하고 있다.

동학의 반봉건사상은 후천개벽론과 시천주사상에서 드러나고 있다. 최제우는 당시 사회를 강하게 비판하며, 결국 이 사회가 끝나고 새로운 사회가 올 것이라는 '후천개벽론'을 주장하였다. 후천의 시대에는 빈부의 문제가 해결되고 나라가 태평하고, 백성이 편안해질 것이라고 하였다. 그러나 최제우는 이러한 후천개벽의 시대가 인간의 노력이나 행동으로 찾을 수 있는 것이 아니라, 기존의 사회 질서가 끝나고 새로운 시대가 도래하는 것이 자연적으로 정해져 있는 운수에 따라 이루어진다〔無爲而化〕고 주장하였다. 구시대가 끝나는 것도 그 운이 다했기 때문이고, 후천개벽의 새시대가 다가오는 것도 천운이 돌아왔기 때문이라는 것이다. 당시 동학이 조선사회를 혼란으로 보고 이를 부정하고 지양하고자 하였다는 점에서는 어느 정도 반봉건성이 인정되지만 봉건적 조선사회를 극복할 실질적이고 구체적인 대응방안을 제시하지 못한 것은 동학의 약점이었다.

한편, 최제우는 사람이 곧 하늘이고, 사람마다 하늘을 모시고 있다는 '시천주(侍天主)' 사상에 바탕을 둔 평등사상을 주장하였다. 모든 사람이 같은 하늘을 지니고 있으므로 사람을 차별대우하거나 불평등하게 보아서는 안 된다고 하였다. 시천주 사상은 유교적 신분관과 명분론을 바탕으로 신분적 차별을 당연시했던 당시 사회에 대한 강한 비판이면서 인간평등을 바탕으로 하는 새로운 사회 윤리 체계를 널리 퍼뜨린 원동력이 되었다.

동학의 반침략사상은 보국안민에서 드러나고 있다. 최제우는 서양세력이 중국을 침략하고, 천주교〔서학〕가 조선에 들어와 전파되는 당시 상황을 위기로 파악하고, 중국과 조선을 중화로 보고 서양세력을 양이(洋夷)로 보는 화이적 세계관에 입각하여, 서양세력의 침략에 대응하려고 하였다. 이때 혼란에 빠진 나라와 도탄에서 허덕이는 백성들을 구할 방도로 제시한 것이 보국안민이었고, 보국안민의 방책으로 제시한 것이 동학의 창도였다. 서양의 물리적 우월성을 동학 주문을 외거나 목검을 쥐고 칼노래〔劍歌〕를 부르는 등의 정신적 측면으로 제압할 수 있다고 보았다. 이처럼 동학의 보국안민은 사상적 관념성과 정치적 공동성(空洞性)으로 말미암아 반침략사상으로서 한계를 안고 있었다.

3. 1894년 농민전쟁의 전개와 지향

농민전쟁은 주체세력인 지도자와 주도층이 주도하고, 광범위한 계층이 참가하여 벌어진 항쟁이었다. 농민전쟁의 지도자는 동학의 접주층과 변혁지향적 지식층이었다. 이들의 사회신분은 하층양반, 서얼층이었고 평민도 있었다. 경제적으로는 전봉준과 같이 빈한한 선비도 있었지만, 대체로 중소지주나 요호부농층이었다. 농민전쟁의 주도층에 대해서는 '부농(요호)' 주도론과 '빈농주도론'이 대립하고 있다. 부농주도론은 부르주아적 지향성을 지닌 부농이 아래로부터 농민적이고 혁명적인 근대화의 길을 농민전쟁을 통해 표출하였다고 주장하고 있다. 빈농주도론은 개항 이후 부농이 변혁주체가 될 가능성은 봉건적, 민족적 위기 속에서 왜소화할 수밖에 없었다고 보고, 당시 민중의 대부분을 차지하는 빈농이 전쟁을 주도했다고 보고 있다. 농민전쟁의 참가층은 사회적으로는 평민 · 천민층이었고, 경제적으로는 영세농민 · 영세상인 · 영세 수공업자층, 농촌노동자들이었다.

1894년 농민전쟁은 1893년 농민전쟁 준비단계 → 1894년 1, 2월의 고부봉기 단계 → 3, 4월의 1차 봉기 단계 → 5, 6월의 전주화약과 7, 8월의 집강소 설치 단계 → 9월 이후의 2차 봉기의 순서대로 전개되었다. 동학 교세가 확대되자 동학의 상층 간부세력들은 동학을 합법화하려는 활동을 전개하였다. 그러나 동학 남접 지도자 가운데는 동학의 조직을 농민봉기와 결합하여 반봉건, 반침략투쟁을 펼치려고 시도하였다. 1893년 3월에 열린 보은과 금구 집회에서는 이러한 지향이 드러나고 있었다. 특히 전봉준 등은 금구 집회에 참가한 농민을 동원하여 서울에 올라가 탐관오리를 축출할 계획을 세웠으나 역량 부족으로 성공하지 못하였다.

금구 집회 이후 남접 지도자들은 동학대중을 이끌고 세력을 키워 나가면서 기회를 엿보고 있었다. 이때 고부지역에서 농민봉기의 조건이 성숙되자, 전봉준을 비롯한 고부 일대의 남접 지도자들은 1893년 11월 말 고부봉기를 발화점으로 하여 전주성을 거쳐 서울로 곧바로 향한다는 행동방침을 결정하고 봉기를 준비하기 시작하였다. 고부봉기는 성공하였지만 신임군수의 회유책과 안핵사의 폭압이 교차하는 혼란 속에서 봉기의 확산이 주춤하다가 무장(茂長)에서 다른 봉기를 준비하던 전봉준은 다시 농민군을 일으켜 고부 관아를 점령하고 백산(白山)으로 진출하였다. 이어 전라도 일대의 농민들이 백산으로 모이면서 농민군은 새로 부대를 편성하고, 전봉준을 대장으로, 김개남과 손화중을 부대장으로 뽑았다. 이들은 서울로 진격하여 탐관오리를 타도하고, 외래

침략자들을 내쫓을 것을 행동목표로 내걸었다.

농민군은 황토현에서 전주감영군을 격파한 뒤 남진하여 정읍, 흥덕, 고창, 무장, 영광, 함평 등을 공략하였다. 이어 북상을 개시하여 장성에서 초토사 홍계훈이 이끄는 중앙군의 선발부대를 물리쳤다. 이후 농민군은 빠른 속도로 올라가 정읍, 태인, 금구를 거쳐 전주성에 무혈입성하였다. 놀란 정부는 청에 구원병을 요청하였고, 청이 군대를 파견하자 일본 또한 군대를 보내 청일 양국군이 조선에서 대립하게 되었다. 이러한 상황에서 농민군은 정부군과 전주에서 화약(和約)을 맺었다. 외국군의 조선 주둔 구실을 없애 민족 위기를 극복하려는 시도였다. 전주화약으로 농민군이 해산하였으나 정부의 약속 이행은 지지부진하였다. 이에 농민군 지도부는 전라도 각 군에 집강소를 설치하고 직접 개혁에 착수하였다. 그 뒤 전라감사 김학진이 집강소를 공식적으로 인정하자 농민군은 집강소를 통하여 지방행정을 실질적으로 시행해 갔다. 집강소의 성격과 관련하여 '농민군의 자치적 행정기관'으로 보려는 기존의 견해에 대해 전봉준과 김가진의 타협 아래 꾸려진 것으로, 기존 행정체계를 통해 폐정개혁 요구를 합법적으로 반영하던 조직이었다는 견해가 제기되고 있다. 그런데 집강소를 치안 유지를 위한 조직으로 보면서도 폐정개혁을 추진한 조직체로 따로 포접 연합체로 이루어진 농민군의 도소(都所)가 있었다는 주장이 제기되어 논란을 빚고 있다.

한편, 1894년 9월 무렵부터 일본이 왕궁을 점령하고, 조선에 대한 내정간섭을 강화하자 농민군은 또다시 대규모 전쟁을 준비하기 시작하였다. 농민군 지도부는 반침략 항일투쟁을 위해 각계각층이 거병할 것을 촉구하면서 동학의 중앙간부들에게도 참가해 줄 것을 요청하였다. 우여곡절 끝에 동학의 상층간부들이 호응하자 남접과 북접의 연합부대가 꾸려지게 되었다. 북상을 개시한 20여만 명의 농민군 대부대는 공주에서 정부군과 일본군 연합부대와 대치하였다. 그러나 일본군의 우세한 화력 앞에 농민군은 견디지 못하고 후퇴에 후퇴를 거듭하였다. 후퇴하는 농민군을 양반유생과 이서층으로 조직된 민보군이 공격하기도 하였다. 전봉준 · 김개남 · 손화중 등 주요 지도자들이 체포된 것을 마지막으로 농민군의 주력은 괴멸되었다. 한편, 경상 · 경기 · 강원 · 황해 등 여러 지역에서도 농민군의 저항이 있었지만 일본군의 화력에 밀려 패배하였다. 이로써 1년간 지속되었던 농민전쟁은 큰 희생을 치른 채 실패로 끝나고 말았다.

농민전쟁을 통해 드러난 농민군의 경제적 · 사회적 · 정치적 지향은 무엇이었을까. 먼저 경제적 지향을 살펴보면, 농민군은 삼정(전정 · 군정 · 환곡)의 개혁을 요구하였다. 이는 집권층과 지방관이 벌이는 가혹한 수탈에서 벗어나고자 하는 농민층의 요구를 반영한 것이었다. 요호부민층은 수탈로부터 벗어나 더욱 성장하고자 했고, 영세 농민들도 수탈에서 벗어나 소생산농민으로서 자립할 수 있는 길을 찾고자 하였다. 그러나 농민군은 중세적 수취체제 그 자체에 대한 거부를 요구하지는 못하였다. 농민군은 상업문제와 관련하여 영세소상인의 상업활동에 방해가 되었던 봉건관료층의 수탈, 도고의 활동, 보부상 · 외국상인들이 저지르는 행상권 위협 철폐를 주장하였다. 외국상인이 높은 값으로 쌀을 구입하는 것을 금지할 것을 요구함으로써 쌀값 폭등으로 어려움에 처한 빈농층과 농업노동자층의 요구를 반영하였다. 토지문제에 대한 농민군의 지향점은 당시 시점에서는 분명하지 않았다. 폐정개혁안에 '평균분작(平均分作)' 조항이 언급되고 있지만 이 조항의 신빙성과 관련하여 논란이 있고, 이 조항이 소유권을 거론한 것인지 아니면 경작권을 거론한 것인지에 대해서도 의견이 분분하다. 이 문제에 대한 농민군 지도부의 견해도 드러난 것이 없다.

농민군의 사회적 지향은 특히 집강소 시기에 잘 드러나고 있었는데,

그것은 중세적 신분제의 폐지, 농민적 자치의 실현으로 정리할 수 있다. 신분제 폐지운동은 횡포한 양반, 유림에 대한 응징과 천민계층의 신분해방운동으로 나타났다. 농민적 자치의 지향은 양반지배층의 향약, 유회 등 기존의 지배기구들을 부정한 것, 집강소를 통해 폐정개혁 활동을 전개한 것 등으로 나타났다. 농민군의 정치적 지향은 1차 봉기 단계와 2차 봉기 단계로 구분하여 살펴볼 수 있다. 1차 봉기 당시 농민군은 민씨척족 세력의 축출, 대원군의 섭정 복귀와 대원군에 위한 개혁정치를 요구하고 있었다. 그러나 2차 봉기 단계에서는 대원군 개인에 의지하기보다는 비상개혁추진기구를 매개로 한 연합정권을 모색한 것으로 평가된다.

이러한 농민군의 정치 · 사회 · 경제적 지향이 반봉건 근대화와 반침략 자주화의 실현을 통한 근대민족국가의 수립에 있었다는 것은 논란의 여지가 없다. 다만 농민군이 지향한 '근대화' 의 성격을 자본주의적인 것으로 볼 것인가 아닌가로 의견이 나뉘고 있다. 물론 부르주아세력이 목적의식을 가지고 이끄는 지도가 없었던 농민전쟁이 비자본주의적인 근대화를 추구했을지도 모른다고 상상할 수도 있겠지만, 아직 노동자계급이 민족해방운동을 지도할 만한 세력으로 성장하지 못한 조건에서는 이들의 투쟁은 어디까지나 부르주아민족운동의 한계를 벗어날 수 없을 것이고, 따라서 이들의 지향도 객관적으로는 자본주의적 근대사회로 가는 길을 여는 것이었다고 할 수 있다.

4. 대한제국기 농민운동

1894년 농민전쟁 이후 농촌의 현실에서 말미암은 모순에 저항하여 생산적 토대를 바탕으로 한 농민운동이 전개되었고, 동학당 · 영학당 · 남학당 등과 같이 독자적인 조직적 기반을 바탕으로 목적의식을 가지고 전개된 조직운동도 있었다.

생산적 토대를 바탕으로 한 농민운동은 항조 · 항세운동의 성격을 가지는 것이 대부분이었다. 항조운동은 부농층이 주도하던 이전의 운동과는 달리 집단적 · 민란적 양상을 띠었고, 중농 이하 빈농층이 주도하였다. 항조운동은 왕실의 재정 기반이었던 궁방전과 역둔토에서 많이 일어났다. 이들 토지에서는 내장원의 소유권 강화와 소작료 인상에 반대하는 운동이 자주 발생하였다. 전라도 북부 연해지역에서는 균전수도(均田收賭) 문제를 둘러싸고 대규모 항조운동이 장기간 펼쳐졌다.

그러나 이 시기에도 항조보다는 항세운동이 농민항쟁의 주류를 이루었다. 항세운동은 조세 수취 담당자의 부정행위, 화폐제도 문란에 따른 조세 부과의 불평등, 각종 명목의 잡세 수탈을 원인으로 하여 일어나고 있었다. 항세운동이 지역 내 천주교 세력의 폐단에 대한 저항과 짝을 이루면서 대규모 봉기로 바뀐 것으로 1901년 제주도 농민항쟁이 있었다. 이 항쟁을 보는 입장에는 천주교에 대한 반감〔敎難〕으로 보는 견해와 민란으로 보는 견해가 대립하고 있다.

농민전쟁에 참여했던 농민군 잔여세력을 중심으로 농민전쟁의 정신을 계승하려고 조직한 것이 동학당과 영학당이었고, 따로 남학을 내세운 남학당이 있었다. 동학당은 개화와 친일로 방향전환을 한 동학교단과 결별하고 독자적인 운동을 모색하였다. 황해도에서 일어난 백낙희 · 김형진 · 김창수(김구)의 봉기와 1900년 무렵 임종현 · 원용일 등의 봉기는 강렬한 반외세운동이었다. 1900년 소백산맥 지역의 이관동 · 서정만 세력은 남접세력의 정신을 계승하여 반외세 운동을 펼친 대표적인 사례이다. 이들은 강한 반외세적 성격을 나타내는 한편, 반봉건 · 반개화의 성격을 보여주어 동학의병 성격을 띠었다. 당시 동학농민운동의 참가층은 물론 주체세력은 대부분 평민 출신으로 계급적으로 보면 빈농층이나 반(半)프롤레타리아층이었다. 소백산맥 지역에서는 봉기를 위해 군사조직을 꾸리기도 하였다.

영학당 운동은 1898년 흥덕 농민항쟁과 1899년 고부 · 흥덕 · 무장 · 고창에서 무력봉기로 전개하였다. 이들은 동학이면서도 명분으로는 동학과 대립되는 영학을 제기하였다. 당시 동학은 철저한 탄압을 받고 있었지만, 서학이나 영학과 같은 서양종교는 치외법권적 보호를 받고 있었기 때문이다. 영학당의 주요 조직 지역은 전라도였다. 영학당 조직의 확대에 이용된 조직도 계조직과 동학의 포접조직이었다.

영학당의 지원 아래 일어난 항쟁으로, 먼저 1898년 흥덕 농민항쟁이 있다. 이 항쟁은 군수의 부정에 저항한 반봉건적 성격을 지니고 있었다. 이 항쟁의 지도층은 영학회장 이화삼, 이전의 동학 접주였던 이이선 등이었고, 참가층은 빈농층이었다. 영학당은 1899년 봄, 균전문제로 전주 등지에서 농민항쟁이 일어나자 이를 배경으로 다시 활동을 개시하였다. 이 운동의 주동자는 최익서 · 김문행 · 김여중 등으로 손화중 포의 잔존세력이 주동이 되어 김개남 포의 잔존세력과 연대하고, 북접 교단의 진보파를 끌어들였다. 이들은 동학의 대접주 · 접주 · 두목 등으로 활동했던 자들이었다. 이들은 무력봉기하여 전라도 지방을 차지하고, 개항장인 목포를 공격하고, 이를 바탕으로 서울로 진출하여 새로운 사회와 정권을 수립하려고 하였다. 그러나 고부 · 흥덕 · 무장에서는 무기를 획득하였지만 고창을 공격하다가 실패함으로써 본격적인 무력봉기는 시도되지 못하고 말았다. 영학당의 이념과 지향은 일본으로 쌀 수출 반대, 보국안민 등의 주장에서 보이듯이 반제국주의적 성격을 지니고 있었으며, 반봉건적인 성격을 밑바닥에 깔고 있었다.

남학당 운동은 1898년 제주농민항쟁으로 대표된다. 남학은 동학과 비슷한 시기인 1860년대에 충청도와 전라도 일대에 주로 유포된 종교로서, 후천세계와 무량낙원의 개벽 사상을 기치로 내걸고 있었다.

1894년 농민전쟁이 일어났을 때 남학교도 수천 명이 남학 운동을 펼치기도 했다. 1898년 남학당의 방성칠 등 제주도 화전민 수백 명은 화전세(火田稅) · 호포의 과다 징수, 환곡 폐단 등의 시정을 요구하며 민란을 일으켰다. 이 운동의 조직적 기반은 남학당 조직과 좌수 · 동장 등 향촌조직과 농민조직이었다. 남학당은 제주성을 점령한 뒤 제주도에 독자적인 국가를 건설하려고 시도하였다. 그러나 독립국가건설 구상은 추상적이고 복고적인 형태로 나타났을 뿐 근대지향적인 내용이나 구체적인 정치적 실현 방안으로는 발전하지 못한 채 실패하고 말았다.

맺음말

지금까지 19세기 중엽에서 20세기 초에 걸친 농민들의 개혁운동을 살펴보았다. 이 시기 농민 개혁운동에 대한 연구는 대부분 1894년 농민전쟁 연구에 집중하여 왔고, 1862년 농민항쟁에서 1894년 농민전쟁 사이의 농민운동과 1894년 농민전쟁 이후 전개된 농민운동에 대한 연구가 단편적으로 이루어져 왔다. 이 시기 농민 개혁운동 연구를 한 단계 진전시키기 위해서는 다음의 과제들을 적극적으로 검토해야 할 것이다.

첫째, 이 시기 개혁운동을 어떤 성격으로 자리매김할 것인가에 대한 논의가 활성화해야 할 것이다. 1894년 농민전쟁에 대한 역사적 성격 규정에 대해서도 여러 가지 견해가 제시만 되었지 본격적인 논의는 이루어지지 못한 채 정체되고 말았다. 이제 정리가 필요한 단계에 이른 것 같다. 논의의 활성화를 위해서라면 다른 나라의 경험을 가지고 구체적인 비교사적인 검토도 진지하게 해야 할 것이다.

둘째, 이 시기 개혁운동의 주체였던 농민들이 처해 있었던 객관적 조건과 주관적 의식수준, 지향에 대한 세밀한 검토가 필요하다. 이때 성급한 외연 확대로 일반화를 시도하기보다는 농민들의 삶의 공간에 뿌리를 둔 구체적 분석을 선행해야 할 것이다.

셋째, 농민운동의 흐름과 이 운동과 조직 · 사상적 측면에서 관계를 맺으려고 시도하고 있었던 동학 · 영학 · 남학 등의 흐름과의 연관 관계에 대한 검토가 필요하다. 이를 처음부터 '농민운동사' 의 흐름과 '동학운동사' 의 흐름으로 나누어서 파악할 것인지 아니면 농민운동의 자기발전 과정에서 필요했던 조직 · 사상적 요구에 부응해서 등장한 '상부구조' 로 이해할 것인지를 구명해야 할 것이다.

■ 참고문헌

동학농민혁명기념사업회,《동학농민혁명과 사회변동》, 한울, 1993.

신용하,《동학과 갑오농민전쟁연구》, 일조각, 1993.

우 윤,《전봉준과 갑오농민전쟁》, 창작과 비평사, 1993.

역사학연구소,《농민전쟁 100년의 인식과 쟁점》, 거름, 1994.

이이화,《동학농민전쟁 인물열전》, 한겨레신문사, 1994.

유영익,《동학농민봉기와 갑오경장》, 일조각, 1998.

노용필,《『동학사』와 집강소 연구》, 국학자료원, 2001.

배항섭,《조선후기 민중운동과 동학농민전쟁의 발발》, 경인문화사, 2002.

이영호,《동학과 농민전쟁》, 혜안, 2004.

박명규,〈동학사상의 종교적 전승과 사회운동〉,《사회와 역사》 제7권, 한국사회사학회, 1987.

백승철, 〈개항 이후(1876-1893) 농민항쟁의 전개와 지향〉, 《1894년 농민전쟁연구 2》, 역사비평사, 1992.

이윤상, 〈대한제국기 농민운동의 성격〉, 《1894년 농민전쟁 연구 2》, 역사비평사, 1992.

우 윤, 〈동학사상의 정치 · 사회적 성격〉, 《1894년 농민전쟁연구 3》, 역사비평사, 1993.

박맹수, 〈동학사상의 성립과 사상적 특성〉, 《근현대사강좌》 제5호, 한국현대사연구회, 1994.

고석규, 〈집강소기 농민군의 활동〉, 《1894년 농민전쟁 연구 4》, 역사비평사, 1995.

김인걸, 〈1894년 농민전쟁의 1차 봉기〉, 《1894년 농민전쟁 연구 4》, 역사비평사, 1995.

서영희, 〈1894년 농민전쟁의 2차 봉기〉, 《1894년 농민전쟁 연구 4》, 역사비평사, 1995.

고석규, 〈1894년 농민전쟁〉, 《한국역사입문 3-근대 · 현대편》, 풀빛, 1996.

양상현, 〈대한제국기의 민중운동〉, 《한국역사입문 3-근대 · 현대편》, 풀빛, 1996.

박찬승, 〈1894년 농민전쟁의 주체와 농민군의 지향〉, 《1894년 농민전쟁 연구 5》, 역사비평사, 1997.

대한제국의 수립과 정치 변동

주진오(상명대 역사콘텐츠학과)

머리말

1897년 대한제국의 수립은 오랫동안 중국의 속방에 머물러 있던 조선이 '독립' 된 주권국가를 선포한 획기적 사건이었다. 그러나 제국은 겨우 10년 만에 보호국으로 전락하였고 마침내 1910년에는 식민지가 되었다. 이런 길을 걸었던 대한제국에 대해서 부패하고 무능했던 중세 왕조국가라는 주장에서부터 근대적 국민국가라는 주장까지 다양한 견해가 있다.

식민사학의 입장에서 대한제국은 부패하고 무능한 국가로서 식민지로 전락할 수밖에 없는 대상이었고, 이는 해방 이후 한국 역사학이 개화파의 활동을 중심으로 한국근대정치사를 구성하기 시작한 이래 부정적인 인식으로 이어졌다. 특히 독립협회에 대한 본격적인 연구가 시작되면서 대한제국은 또한 친로수구파 정부로서 근대개혁운동의 걸림돌로 이해되었다. 개화파의 개혁노선을 계승한 독립협회가 민족 · 민주 · 민권을 이룩하고자 개혁운동을 주도하였으나, 대한제국은 외세와 결탁하여 이들을 탄압함으로써 개혁을 무산시킨 수구세력으로 규정되었다.

이러한 대한제국에 대한 부정적 역사상에 대한 최초의 문제제기는 1970년의 '광무개혁 논쟁'이었다. 여기서 대한제국의 개혁성을 인정해야 한다는 광무개혁론자들은, 농민들이 주도했던 개혁운동이 실패로 돌아간 뒤 일부 실학을 계승한 세력들이 대한제국의 개혁사업에 참여하여 구본신참에 바탕을 둔 자주적 근대화를 추진하였다고 보았다. 그런데 당시의 논쟁은 구체적인 근거에 바탕을 두고 진행하지 못한 채 종료되었다는 아쉬움을 남겼다.

한편, 이 논쟁의 문제의식을 바탕으로 독립협회의 의의를 부정하거나 또는 인정하면서도 그들이 가지고 있었던 문제점에 대해서 분석을 가하는 연구들이 나타났다. 대한제국은 단순한 친로수구파 정권이 아니라 비록 한계를 지니고 있었지만 근대 국민국가를 지향하였다는 점을 인정한 것이다. 이미 1990년대부터 대한제국을 중세 국가에서 벗어나 절대왕정을 지향한 과도기적 근대 국민국가로 보는 시각이 제시되었으며, 이는 최근 연구에서 확인되고 있다. 물론 대한제국이 제국을 유지할 수 있는 정치력과 군사력을 제대로 갖춘 국가가 아니라는 점은 분명하지만 그러한 국가를 만들기 위한 노력을 전개했던 국가라는 점은 확실하게 평가받아야 할 부분이다.

그런데 1990년대 중반 여기서 한걸음 더 나아가 대한제국과 고종을 근대개혁의 주체로 강조하는 연구가 제기되었다. 이 연구는 고종의 개혁이념을 정조의 민국이념의 계승으로 강조하면서 대한제국의 역사적 의미를 확대평가하고 반대로 개화파의 노력에 대해서는 친일이라고 규정해 버리는 이분법적 논리를 가지고 있었다. 이에 대해서 역사학계 내부에서도 대한제국이 수행했던 개혁사업의 결과가 민에 대한 수탈

강화를 가져온 점과 고종의 구실을 과대평가한 점에 대해 비판적 논의들이 나왔다.

마지막으로 최근 경제사학계의 식민지근대화론의 입장에서 대한제국을 부정하는 논의가 진행되고 있다. 이들은 대한제국에 대해 근대국가로서의 가능성을 부인하고 실질적인 근대화는 식민지로부터 시작되었다고 주장한다. 심지어 당시의 근대 국가 만들기를 주도하는 자리에 있었던 고종을 성리학적 도학군주로 평가하는 무리를 범하기도 했다.

하지만 이들의 주장과 달리, 오늘날의 한국사학계는 내재적 발전론을 고수하고 있는 것이 아니라, 비록 성공하지는 못했지만 대한제국을 전후하여 근대국가를 수립하기 위한 노력이 전개되고 있었음을 인정한 가운데, 그 과정에서 나타난 갈등과 혼란까지도 하나의 과정으로 인정하고 있다. 결국 대한제국은 황제권 중심의 근대 국민국가 수립을 위하여 노력하였던 점은 인정해야 하며 그 실패의 원인을 반드시 고종의 무능함에서 찾을 것만이 아니라 그렇게 될 수밖에 없도록 만들어 간 당시 관료들의 문제도 함께 지적해야 한다는 것이다.

1. 대한제국의 수립과 이념

1895년 명성왕후를 시해한 사건은 당시 정부 안의 반일 세력을 제거하는 쿠데타이기도 했으나, 러시아와 미국 공사관에 피신해 있던 정동구락부와 근왕세력은 1896년 2월 고종을 러시아 공사관으로 피신시켜 정권을 장악하였다. 그러나 개혁의 지속여부를 둘러싼 양 세력 사이의 권력투쟁의 결과 일단 정동구락부 세력이 승리하고 갑오개혁의 성과를 부분적으로 계승하면서 점진적 근대화 정책을 추진하였다. 근왕파로서 아관파천의 실질적 주역이었던 이범진을 주미공사로 좌천시키고, 단발령을 폐기하지 않고 편한 대로 시행토록 한 것과 의정부라는 명칭으로는 복귀하되 내용적으로는 내각제의 모습을 유지하는 것이 대표적 사례였다.

그런데 아관파천으로 말미암아 결정적으로 유리한 정세를 맞이한 러시아는, 그때만 해도 극동함대와 시베리아 철도가 부설되기 이전이어서 일본과 정면충돌을 원하지 않고 있었다. 따라서 일본군의 주둔을 인정하는 등 타협으로 일본과 공존을 추진하였다. 조선 왕실은 민영환과 윤치호를 러시아의 니콜라이 2세 대관식에 축하사절로 파견하여 러시아의 지원을 요청하였다. 그 내용은 군사교관 · 재정고문의 파견, 차관의 제공과 군사적 보호 등이었다. 그러나 일본과의 정면대립을 피하려고 했던 러시아 정부는 일본 측과 러시아 우위를 바탕으로 한 공동보호에 합의하였다. 실제로는 러시아의 병력은 파견하지 않은 상태에서 일본의 주둔권을 인정함으로써 일본에게 오히려 유리한 협상이었다. 러 · 일 사이의 세력균형이 이루어짐에 따라 조선 왕실은 상대적으로 외세의 압력으로부터 자유로운 상황을 맞이하였다. 물론 왕권의 제약을 바탕으로 한 국가체제를 지향하였던 세력이 아관파천의 소용돌이 속에서 살해되고 망명함으로써 고종에 대한 견제세력이 부재하였던 국내적 요인도 큰 구실을 하였다. 정국 운영에서 고종은 여러 세력을 조정하면서 주도권을 회복한 것이다.

이러한 상황에서 1897년 2월 고종은 러시아 공사관에서 나와 경운궁으로 환궁하였다. 그리고 보수와 개혁세력이 함께 참여하는 교전소(校典所)를 설치하였다. 갑오개혁 이후 여러 신식 법제가 뿌리를 내리지 못하고 구 법제와 혼동된 상태로 있는 현실을 고쳐 보려는 노력이었다. 그런데 대한제국 운영에서 일반적으로 '구본신참(舊本新參)'을 원칙으로 했다고 알려져 있으나, 아관파천 이후 대한제국에서 갑오개혁기의 신제가 전면 부정되고 옛 제도로 복귀한 예는 별로 없었다. 오히려 절충과 참작이 강조되어 '신본구참(新本舊參)'의 원칙으로 운영되었다고 보는 것이 맞을 것이다. 고종은 칭제나 독립협회 해산 등 주요 사안에 대해 광범위한 국민적 여론이 필요할 때마다 유생 층의 상소를 유도하여 정치적으로 이용하면서도, 그들이 주장하는 향약의 실시, 과거제의 부활 등 구제도로 복귀를 요구하는 것은 받아들이지 않았다.

한편 근왕세력들은 칭제건원을 추진하였는데, 이를 처음 제안한 것은 홍종우였다. 그런데 이미 유길준 등이 황제즉위식을 추진한 바 있었고, 개화파들이 중국 연호대신 개국기년을 사용하거나 대군주(大君主) 칭호를 쓰는 등 청의 속방에서 벗어났다는 것을 알리기 위해 노력하였다. 개화파들이 추진한 칭제건원(稱帝建元)은 고종의 의사가 반영된 것은 아니었으나 이번에는 적극적으로 여론을 형성하여 마침내 1897년 8월 이미 사용 중이었던 건양(建陽) 연호를 광무(光武)로 고치고 10월에는 원구단(또는 환구단)에서 황제즉위식을 거행하였으며 대한제국이라는 국호를 쓰기 시작했다. 이어서 청과 대등한 관계에서 근대적 조약을 체결하고 상주 외교사절을 파견하고자 노력하였다. 이제 더 이상 청의 속방이 아니라는 점을 확인시키기 위한 시도였다. 청은 이에 대해 계속해서 무시하려는 태도를 보였으나 마침내 1899년에는 한청수호조약을 체결할 수밖에 없었다.

대한제국의 수립을 반대한 것은 최익현 · 유인석을 비롯한 보수 유생층에 국한되어 커다란 저항을 받지 않았다. 일본을 비롯한 외세도 이를 승인함으로써 대한제국은 독립주권국가로서 자리잡게 되었다. 하지만 온전히 자신의 힘으로 쟁취한 제국의 선포가 아니었기 때문에 이제 어떻게 독립국으로서 존립할 수 있을지 방안을 모색해야 했고 이를 둘러싼 격렬한 논쟁과 갈등을 겪게 되었다.

2. 독립협회와 만민공동회

독립협회는 1896년 6월 독립문 건립추진위원회의 성격을 가지면서 창립되었는데, 크게 네 시기로 나누어 활동하였다. 1기는 개혁파 관료들의 사교 모임, 2기는 토론회를 중심으로 한 계몽운동 단체, 3기는 개혁운동기, 4기는 정치운동기로 나눌 수 있다.

독립협회의 창립을 주도한 세력은 구미세력과 왕실을 연계해 주고 있었던 정동구락부 세력이었다. 그들은 갑오개혁을 총체적으로 부정하기보다는 그 개혁의 성과 가운데 상당 부분을 계승하는 처지에 있었다. 이들은 보수적 근왕세력과 권력을 분점하면서 개혁세력의 결집을 추구하였다. 이들은 조선이 독립한 것을 기념한다는 명목으로 독립문의 건립과 독립공원의 조성사업을 추진하였다. 이를 위해서 고종의 허가를 얻어 외부에서 공식적으로 독립협회를 창립하였다.

창립기의 독립협회 임원진은 모두 정부 관료로서 회장 안경수와 위원장을 비롯하여 대신 및 협판 급의 위원과 국장 급의 간사원으로 구성되었다. 아이디어를 제공한 서재필은 고문을 맡았다. 이때 독립문 건립 보조금을 낸 사람은 모두 회원이 될 수 있었다. 독립협회는 정기 집회를 갖기도 하였으나 이는 임원들만의 사교모임의 형태였다.

이러한 독립협회의 성격을 바꿔 계몽운동 단체로 발전시켜 간 것은 윤치호였다. 독립관은 이제 독립협회의 토론장으로 탈바꿈하여 매주 1회 토론회를 개최하게 되었다. 윤치호가 토론회를 개최하려고 했던 것은 계몽적인 주제를, 주로 관료들로 구성되어 있었던 회원들에게 공유시키고, 연설을 통해 훈련의 기회로 삼기 위함이었다.

독립협회는 러시아의 조선진출이 가시화하자 만민공동회(萬民共同會)를 개최하여 이에 반대하는 운동을 전개하고 이어서 국내문제에 개입하여 개혁운동으로 전환하였다. 이 시기가 되면서 고급관료들은 차층 이탈하였으며 중인들의 참여가 높아지고 갑오개혁 이후 설립되었던 신식학교와 외국 유학생의 비중이 급격히 늘어나는 모습을 보였다. 개혁운동의 세대교체 현상도 나타난 것이다.

그런데 개혁운동의 방향을 둘러싸고 내부에 이견이 나타났다. 하나는 기존의 권력체계를 그대로 인정하는 가운데 관료들의 불법행위를 공개적으로 비판하며 내정개혁을 주장하는 개혁운동 노선이며, 다른 하나는 고종을 축출하고 망명자들과 결합하여 권력을 장악하려는 권력장악운동 노선이었다. 이때 윤치호를 비롯한 독립협회의 지도부는 황제권 및 정부와의 타협을 통한 개혁운동 노선을 추진하였다. 정부 대신들과 함께 종로에서 관민공동회(官民共同會)를 열고 헌의육조(獻議六條)를 결의한 것은 이 노선에 따른 것이었다.

그러나 권력장악운동 세력들은 만민공동회를 이용해 독립협회 운동의 폭력화를 주도했으며, 황제와 독립협회의 타협을 방해하였다. 고종 또한 처음에는 독립협회와 타협을 추구하였으나 독립협회가 공화제를 추진하고 있다는 무고와, 실제로 독립협회에 침투한 망명자 세력에 위기감을 느껴 탄압으로 돌아섰다. 그 결과 독립협회 지도부는 폭력사태로 발전하는 것을 통제하지 못했고 정부와 만민공동회의 정면충돌이 계속되었다. 그러는 가운데 타협책으로 구성된 중추원에서 의정부 대신을 추천하고 그 가운데 박영효를 포함시킴으로써 만민공동회는 강제 해산되었다. 독립협회가 직접적으로 해산명령을 받은 것은 아니지만 이로써 활동은 불가능하게 되었다.

독립협회가 구상하고 있었던 근대국가 건설론은 기본적으로 갑오개혁의 비자주적 · 급진적 개혁에 대한 비판 위에서 성립한 것이었다. 따라서 자주적인 입장에서 현실을 점진적으로 변화시켜 나간다고 하는 것이 이념적 기반이 되었다. 독립협회는 조선이 청의 속방에서 벗어나 독립국이 되었음을 강조하면서 자강을 통해 독립국으로 유지되어야

함을 주장하였는데, 이를 위해서 열강의 세력균형을 통한 '독립' 론을 제시하였다. 한편 황제권 중심의 정치체제를 구상하였는데, 황제권이 모든 정치문제에 직접 권한을 행사하는 것을 의미하기보다는 국권의 상징, 근대화의 상징으로, 나아가 국민적 통합의 구심점으로 삼으려는 것이었다. 그리고 독립협회는 지주층을 중심으로 한 자본주의 경제체제의 수립을 지향하면서 상업적 농업으로 농업생산력을 발전시킨다는 것을 바탕으로 한 산업진흥론을 강조하였으며 대외적으로는 자유무역주의에 바탕을 둔 개방경제론을 내세웠다. 결국 독립협회가 지향한 것은 만국공법체제 아래 근대국민국가로 존립해 나가기 위하여 국민을 형성해야 한다는 점이었다.

이들의 구상은 대한제국의 정책과 근본적인 차이가 있는 것은 아니었으며 상호협조와 보완이 가능했다고 할 수 있으나, 자신을 폐위시키고 권력을 장악하려는 박영효 지지세력에 대하여 위기의식을 느낀 고종은 만민공동회를 해산하였다. 고종은 내정개혁을 위한 정치구조 개편운동이나 계몽운동에 대해서는 긍정적으로 평가하면서도 황제권을 위협하는 세력에 대해서는 단호한 조치를 내렸다.

3. 대한제국의 정치운영과 주도세력

독립협회의 해산 이후 대한제국은 고종의 주도 아래 황제권 중심의 근대 국민국가를 추진하였다. 우선 1898년 6월 〈의정부차대규칙(議政府次對規則)〉에 따라 전통적인 차대가 부활함으로써 황제가 각부 사무에 대해서도 구체적으로 간여할 수 있는 직할체제가 이루어졌다. 이제 정부 업무에 대한 황제의 실질적인 장악이 가능해져, 의정부는 이제 각부대신들의 연합체일 뿐, 국정 전체를 통할하는 행정부로서의 위상은 상실하게 되었다.

반면에 황제권의 위상은 1899년 8월 반포한 〈대한국국제(大韓國國制)〉에서 '무한군권(無限君權)'으로 명시화하였다. 이로써 전제군주권을 천명함과 아울러, 막연히 '전제'로 표현되어 온 황제권의 내용도 근대적으로 명문화하였다. 이는 비록 황제의 권리만이 나열되어 있다는 한계에도 불구하고 황제권을 법적으로 명문화했다는 점에서 의의가 있다.

고종은 독립협회 해산 이후 일단 독립협회 진압에 공로가 큰 보수파 대신들과 측근세력 중심으로 정부를 구성하였다. 이어서 몇 차례 정치적 사건을 거치면서 신기선·조병식 등 보수파 대신들이 차츰 실세하고, 서자나 무과 출신 등 신분적으로 제약이 있었던 세력들이 충성심을 매개로 권력의 핵심으로 떠올랐다.

이 당시 고종이 가장 염려하였던 것은 일본에 망명한 세력들이 국내세력들과 연계하여 황제권에 도전하는 것이었다. 이를 방지하고자 일본정부에 망명자의 전원 송환을 요구하였으며 그들과 내통할 우려가 있는 의화군과 이준용을 소환하려고 하였다. 그러나 일본 측은 그들이 훗날 이용가치가 있을 것으로 판단하여 거부하였다. 그 뒤로 고종의 권력기반은 차츰 측근세력들에 의존함으로써 축소되어 갔다. 그런데 고종의 측근세력은 정치적 이념으로 결집된 정치세력이 아니었기 때문에 그들 내부에는 치열한 충성경쟁과 내부갈등이 내포되어 있었다. 다시 말해 이들에게는 같은 하위계층 출신으로서의 횡적인 연대 같은 것은 존재하지 않았고, 오로지 황제와 수직적인, 그러면서도 사적인 연관 관계만 존재하였다.

한편 강화된 황제권의 실현장치로서 궁내부(宮內府)의 확대는 괄목할 만한 것이었다. 궁내부는 갑오개혁 당시 개화파가 군주권을 제한하고자 설치하였으나, 대한제국 성립 이후에는 황제권의 위상 강화와 함께 의정부를 압도할 만큼 방대한 기구로 확대되었고 이는 1880년 이후 고종이 꾸준하게 추진해 온 내무부 체제의 연장선이라고 할 수 있다. 말하자면, 궁내부는 단지 황실업무만을 수행하는 것이 아니라 각종 근대화 사업을 추진하기 위한 기구였던 것이다. 이때 궁내부 사무는 황제의 최측근인 내장원경 이용익이 장악했고, 내장원은 이 시기에 강화한 전제왕권을 배경으로 인삼 전매회사인 삼정사와 인공양잠소 등 많은 회사를 설립·운영하였고 내장원 산하기관인 서북철도국, 철도원은 민간의 철도회사와 공동으로 철도부설을 꾀하기도 하였다. 그 밖에도 근대적 화폐제도를 도입하려는 노력을 주도하였고 중앙은행설립을 추진하였다. 그러나 이러한 노력을 실현하기 위해서는 자금이 부족하였고 이를 메우고자 차관교섭을 진행하였으나 그때마다 일본의 방해공작 때문에 실현하지 못하였다.

한편 고종은 1898년 6월부터 육군을 증설하고 해군제를 도입하며 친위 각대 편제를 개정하는 등 일련의 군비강화 작업을 시작하였으며 7월에는 무관학교를 창설하였다. 이러한 군비증강 사업은 국방력 강화뿐 아니라 대내적으로 황제의 친위세력을 보강하려는 의도로 추진되었으며, 1899년 6월 창설된 원수부가 그 중심이 되었다. 고종은 이후 계속적인 군비증강 추진과 함께, 1903년 3월 15일 징병제 실시를 위한 조칙을 발표하는 등 궁극적으로 상비군 창설을 목표로 하였다.

맺음말

사실 대한제국의 존립은 당시의 세계사적 조건을 고려할 때 대단히 어려운 과제였다. 특히 대륙진출을 추구하는 일본의 성장은 심각한 위협이었다. 따라서 이를 막으려는 노력이 대한제국 기간에 꾸준하게 추구되었다. 일본을 견제할 수 있는 세력으로서 사실상 유일한 국가는 러시아였으나 그들의 극동정책에서는 만주가 우선이었고 대한제국은 그 아래였다. 따라서 미온적 태도로 일관하거나 때로 개입을 하더라도 정작 대한제국이 바라는 수준이 아니었으며 일본과 야합하여 대한제국의 분할을 모색하거나 또는 타협을 추구하였다.

그러는 가운데 추진하였던 중립화정책도 기본적인 자위력의 부족과 당사국인 러시아와 일본의 반대, 영국과 미국 등의 무관심 때문에 성공하지 못했다. 그러한 배경에는 영일동맹과 가쓰라-태프트 밀약이 있었다는 것을 당시로서는 알 수 없었다. 결국 러일전쟁이 끝난 뒤 러시아마저 일본의 '자유행동권'을 승인함에 따라 조선은 보호국이 되었고 마침내 식민지로 전락한 것이다. 대한제국이 주권국가로서 존립할 수 있는 유일한 근거였던 열강 사이의 세력균형이 사라짐에 따른 결과였다.

식민지화를 막으려고 전개하였던 고종의 필사적인 외교노력은 물론 대내적인 개혁정책도 좌절하였다. 우선 측근세력을 중심으로 진행되는 정치운영은 비록 신분적 제약에서 탈피한 새로운 정치세력을 육성했다는 의미를 가지면서도 명확한 정치이념보다는 황제에 대한 충성심을 매개로 결합한 것으로서 개명관료 세력은 물론 보수세력의 지지마저도 끌어들이지 못했다. 결정적으로 독립협회의 해산은 정치적 견제세력의 부재를 가져와 권력의 탄력성을 약화시켰다. 게다가 부국강병을 이룩한다는 목표로 진행했던 개혁사업은 필연적으로 민중들에 대한 수탈을 가중시켰다.

대한제국이 식민지로 전락하게 된 최대의 책임은 당연히 고종에게 있다. 고종을 근대 지향의 개명군주로 파악하고 대한제국을 절대왕정으로서 황제권 중심의 근대 국민국가를 지향한 국가로 평가한다는 것이, 곧 고종과 대한제국이 올바른 방향을 향해 나갔으나 외세와 친일파의 개입으로 말미암아 식민지로 전락한 것이라는 일부의 평가와 동일한 것은 아니다. 다만 고종의 노력과 개혁과 주권수립을 위해 노력했던 과정은 인정해야 하며, 그렇게 했을 때 당시의 역사적 흐름을 더욱 합리적으로 이해할 수 있을 것이기 때문이다.

■ 참고문헌

김도형, 《대한제국기의 정치사상연구》, 지식산업사, 1994.

김용섭, 《한국근대농업사연구》, 일조각, 1975.

서영희, 《대한제국 정치사 연구》, 서울대 출판부, 2003.

신용하, 《독립협회 연구》, 일조각, 1976.

오영섭, 《고종황제와 한말의병》, 선인, 2007.

이태진, 《고종시대의 재조명》, 태학사, 2000.

교수신문사 편, 《고종황제 역사청문회》, 푸른역사, 2005.

한철호, 《친미개화파연구》, 국학자료원, 1998.

森山茂德, 김세민 역, 《근대한일관계사연구》, 현음사, 1994.

강만길, 〈대한제국의 성격〉, 《창작과 비평》 여름호, 창작과 비평사, 1978.

김세민, 〈고종시대 만국공법 인식 연구〉, 강원대 박사논문, 2000.

도면회, 〈황제권 중심 국민국가 체제의 수립과 좌절〉, 《역사와 현실》 50, 한국역사연구회, 2003.

서진교, 〈대한제국기 고종의 황제권 강화정책 연구〉, 서강대 박사논문, 1997.

신용하, 〈광무개혁론의 문제점〉, 《창작과 비평》 가을호, 창작과 비평사, 1976.

엄찬호, 〈고종의 대외정책연구〉, 강원대 박사논문, 2000.

오연숙, 〈대한제국기 의정부의 운영과 위상〉, 《역사와 현실》 19, 한국역사연구회, 1996.

이민원, 〈대한제국의 역사적 위치〉, 《충북사학》 11 · 12 합집, 충북사학회, 2000.

이윤상, 〈대한제국기 국가와 국왕의 위상제고사업〉 《진단학보》 95, 진단학회, 2003.

정연태, 〈광무년간 서양인의 고종관〉, 《한국사연구》 115, 한국사연구회, 2001.

조재곤, 〈대한제국기 군사정책과 군사기구의 운영〉, 《역사와 현실》 19, 한국역사연구회, 1996.

주진오, 〈19세기 후반 개화개혁론의 구조와 전개〉, 연세대 박사논문, 1995.

현광호, 〈대한제국의 중립정책과 중립파의 활동〉, 《한국독립운동사연구》 14, 한국독립운동사연구소, 2000.

계몽운동과 의병전쟁

이상찬(서울대 국사학과)

머리말

1904년 러일전쟁에서 승리한 일본은 이를 계기로 한반도에서 식민지화를 본격적으로 추진하였다. 이러한 상황에서 한국인들은 개항 이후 발전되어 오던 근대화와 자주화 운동을 재정비해서 국권회복운동에 나서게 된다. 계몽운동과 의병전쟁은 바로 그 국권회복운동의 두 갈래 큰 줄기라고 할 수 있다.

계몽운동과 의병전쟁은 국권회복이라는 같은 목표를 가지고 있었으나, 그 전개양상은 분명하게 달랐다. 이는 추진 주체의 계층적 · 계급적 차이 및 근대화 · 자주화를 바라보는 입장의 차이 때문이다. 그리고 후대의 평가 또한 시기에 따라서 달라지는 모습을 보인다. 바로 계몽운동과 의병전쟁을 어떻게 바라볼 것인가의 문제가, 한국근대사의 역사적 과제 설정을 어디에 둘 것인가의 문제와 밀접하게 연관되어 있기 때문이다.

해방 직후에는 주로 의병전쟁이 긍정적으로 언급되었고,《대한매일신보》등 항일 언론을 제외하고는 다른 계몽단체들에 대해서는 별다른 관심을 보이지 않았다. 그러다가 1960년대 후반 이래 '근대화' 가 강조되면서 개화파의 사상과 운동이 주목받았고, 1970년대에는 다시 '민족주체성' 이 거론되면서 일제 침략에 대한 저항적 측면에 관심이 모아졌다. 곧 이 시기에는 주로 계몽운동의 '근대화' 지향과 의병전쟁의 '저항적' 측면이 따로 떼어져서 강조되었기 때문에 양자의 총체적 역사상은 오히려 드러나지 않았다고 할 수 있다.

한편 1980년대 들어서서 양자의 한계가 지적되기 시작했다. 계몽운동의 경우, 지주들이 중심이 되었다는 계급적 한계가 언급되면서 그로 말미암아 민중의 지지도 받지 못했고, 그 결과 대외의존적 성격을 띠게 되었다는 것이다. 이러한 시각은 사회진화론의 수용을 둘러싼 연구에서 잘 드러난다. 의병전쟁 또한 저항적 성격은 강하게 띠었으나 추진 주체의 봉건적 성격이 문제로 지적되고, 평민적·민중적 성격을 지녔던 의병들이 새롭게 부각되었다.

계몽운동과 의병전쟁에 대한 연구가 이렇게 그 한계점을 지적하는 쪽으로 바뀌는 가운데 1990년대 들어 을사조약의 불성립 문제가 제기되고 통감부의 성격 등이 새롭게 조명되었다. 개화파와 척사파 이외에도 고종과 통감부라는 새로운 행위 주체가 연구 주제로 떠올랐다. 이를 통해 이 시기 역사에 대한 총체적이고 실체적인 접근이 가능해졌다고 할 수 있다. 식민지 경험으로 말미암아 피해의식을 완전히 극복하지 못했던 이전 시기와 달리 한국과 일본이 대등한 관계라는 인식을 하게 되면서 이와 같은 연구가 나올 수 있었다.

1. 국제정세의 변동과 러일전쟁

1904년 2월, 일본이 러시아를 상대로 전쟁을 일으킴으로써 대한제국의 광무개혁은 중지되었고, 식민화가 본격적으로 추진되었다. 러일전쟁은 러시아의 남하 정책과 일본의 대륙 정책이 교차하는 만주와 한반도를 둘러싸고 일어난 양국 사이의 무력 충돌이다. 이 전쟁은 '아시아의 전쟁' 임이 분명하지만, 한편으로 구미 열강과 분리해서 생각할 수 없는 사건이기도 하다. 일본이 미국과 영국의 지원을 받은 것과 달리 러시아는 프랑스와 독일을 배후 세력으로 하고 있었기 때문이다. 특히 미국과 영국은 포츠머스 강화조약이 성립되기도 전에 태프트-가쓰라 밀약과 제2차 영일동맹을 각기 체결하고 일본에게 한국 보호권을 인정해 주었다. 그러나 이들 열강이 일본에게 인정해 준 것은 한국에 대한 보호권이었지 병합까지 인정한 것은 아니었다. 따라서 일본은 열강의 눈치를 보지 않을 수 없었지만, 개전과 동시에 한반도를 군사점령하고 있는 상황에서 병합은 '시간문제' 라고 할 수 있었다.

관건은 열강이 일본에 대해 견제할 의지와 능력이 과연 있는가에 달려 있었다. 미국과 영국은 일찍부터 한국 문제에 관심을 멀리했다. 러시아는 표면상으로는 일본에 강력하게 견제를 가할 것처럼 보였다. 그러나 러시아가 그러하기 위해서는 프랑스의 확실한 지원이 있어야만 했는데 그 보장이 없었다. 따라서 일본이 한국에 대해 보호 이상의 조치를 취하더라도 대일 견제를 행동으로 옮길 수 없기는 러시아도 미국 · 영국과 그다지 크게 다를 것이 없었다. 독일의 경우도 러시아와 대동소이했다. 프랑스는 오히려 독일 · 러시아보다도 일본에 대해 부드러운 태도를 보이고 있어 문제될 것이 없었다. 요컨대 열강은 일본을 견제할 의사가 없거나 아니면 능력이 없는 상태였고, 그런 상황에서 일본은 대한제국을 식민지화해 나가고 있었다.

일본은 개전 직후인 2월 23일, 외부대신 서리 이지용(李址鎔)과 하야시 곤스케(林權助) 주한 일본공사 사이에 한일의정서를 '체결' 하도록 했다. 이 약정으로 일본은 러일전쟁 수행을 위해 한반도에 군사를 주둔시키고, 그 경우 일정 지역을 군용지로 사용할 수 있게 되었다. 이어 1904년 5월 말 일본 각의는 '대한방침(對韓方針)' 과 '대한시설강령' 등을 채택하여 이른바 '대한경영정책' 을 확정했다. 8월 22일에는 '한일협약' (조인은 되었지만 실제 효력을 발생하였는지는 알 수 없다. 현재 한국에는 조약 원본이 존재하지 않는다.)을 통해 일본 대장성 관리였던 메가다 슈타로(目賀田種太郎)를 재정고문에, 미국인 스티븐스(D. Stevens)를 외교고문에 임명케 하여 화폐정리사업 등으로 국내 금융시장을 장악해 갔다. 1905년 5월, 대한해협에서 러시아의 주력인 발틱함대를 전멸시켜 사실상 전쟁에서 승리를 거두자 일본은 보호국화 방침을 더 빠르게 추진하게 된다. 그 결과 1905년 11월 17일, 대한제국은 을사조약을 강요받았고 그 결과 일본에게 외교권을 박탈당하였다.

2. 을사조약의 강요와 통감부 설치

을사조약을 비롯해 이후 1907년 7월의 한일협약(정미조약. 조약 원본에 '韓日協約' 으로 되어 있기 때문에 공식적인 명칭을 한일협약으로 쓰는 것이 좋다.)과 1910년 8월의 '병합조약' 으로 일본은 대한제국의 국권을 침탈하였다. 한일의정서, 을사조약, 정미조약과 '병합조약' 과 관련하여 1992년부터 이들 조약의 불성립 문제와 조약 조인 과정에서 일본이 저지른 불법행위 등이 문제로 제기되었다. 위의 조약들은 위임 · 조인 · 비준이라는 성립 절차를 모두 거쳐야 성립할 수 있는 중요한 조약임에도 위임과 비준 과정을 거치지 않았기 때문에 성립하지 않았다는 것이 불성립 문제이다. 조인 과정에서 생긴 문제점은 한일의정서의 경우 조약 문서를 사후에 조작하였다는 것과 을사조약의 경우 조약 원본에 찍힌 외부 관인을 일본 군대가 강탈한 뒤 이토 히로부미(伊藤博文)와 하야시 곤스케가 날인하였을 가능성이 새로 제기된 것을 말한다. 을사조약 당시 고종이 머물고 있던 중명전(重明殿) 주변을 일본군들이 겹겹이 둘러싸고, 황제와 대신들을 직접적으로 위협했음은 이전부터 이미 널리 알려져 있는 사실이다. 그런데 이러한 위협과 강박 외에도 불성립과 효력 불발생, 조인 과정에서 저지른 일본의 국제법적 범죄 등이 새로운 연구 주제로 떠올라 한국과 일본, 나아가 미국의 국제법 학계와 역사학계에서 활발한 연구가 이루어지고 있다.

불성립으로 말미암은 효력 발생 여부가 문제가 되는 것은 1965년 한일 기본관계조약 제2조 때문이기도 하다. 이 조항은 "1910년 8월 22일 및 그 이전에 대한제국과 대일본제국 간에 체결된 모든 조약 및 협정이 이미 무효임을 확인한다"고 규정하고 있다. 그런데 이 조항에서 '이미 무효(already null and void)'의 시점에 대해서 일본 측은 1948년 8월 15일 시점에서 무효임을 주장하면서, 위의 조약들이 강요 시점 이후부터 1945년 8월 15일까지는 효력을 발생했다고 주장하고 있다. 이는 일본 식민지배의 국제법적 합법성 문제와 연결되며, 또한 식민지배 배상 문제와도 관계되는 중요한 문제라고 할 수 있다.

을사조약을 강요한 일본은 일방적으로 통감부 설치 작업을 본격화해서 1906년 2월 1일부터 한국에 통감부와 이사청(理事廳)을 설치했고, 3월에는 초대 통감 이토 히로부미가 부임했다. 이토가 부임 초기부터 병합 정책을 밀어붙였던 것은 아니다. 초기에 그는 한국민의 저항을 누그러뜨릴 목적으로 일련의 점진적인 정책을 실시했다. 예를 들어 일본으로부터 차관을 들여와 학교 신축에 따른 보통교육 진흥, 도로 개수와 수도 신설에 따른 산업기반 정비, 농공은행 등의 보조에 따른 금융핍박의 구제와 식산 흥업 등 시정개선(施政改善) 정책을 펼쳤다. 이처럼 통감부 초기 통치정책의 기조는 통감 주도 아래 이루어지는 즉각적인 합병이 아니라, 점진적인 시정개선을 해 나가면서 한국인의 거부감과 저항을 무마함으로써 장래 궁극적으로 한국을 합병한다는 것이었다. 그러나 이러한 기조는 고종의 외교권 회복운동, 전국적인 의병전쟁의 전개 등으로 말미암아 수정하지 않으면 안 되었다. 고종의 외교권 회복운동은 빼앗긴 주권을 다시 찾으려는 몸부림이었고 1907년 헤이그 사건으로 절정에 이르렀는데 외교권 회복운동을 더 이상 그냥 내버려 둘 경우 식민지화에 차질을 빚을 것을 우려한 일본은 강경정책으로 노선을 바꾸게 되었고, 마침내 고종을 강제로 퇴위시키기에 이르렀다.

한국을 통치하기 위해서 일본이 시급히 해결해야 했던 것은 황제권의 바탕이 되는 황실 경제기반의 해체와 황제권의 무력화였고 이로써 정국을 통감이 주도하는 일이었다. 통감은 친일적 대신들로 의정부를 채우려 했지만, 고종이 계속 반발하였고, 여론의 비난과 암살 위협으로 불안정한 상태였다. 따라서 1907년 6월 14일 칙령으로 의정부를 폐지해 버리고, '내각관제'를 반포하여 황제중심의 통치체제를 내각중심으로 바꾸었다. 이 관제에 따르면, 내각총리대신은 국무대신의 수반으로서 중요사항을 황제에게 알리고 황제의 뜻을 받들며, 필요할 경우에는 각부의 처분이나 명령을 중지하고 황제의 재가를 요청할 수도 있는 막강한 권력을 가지게 되었다. 이는 일본의 내각관제와 비슷한 것으로서 이제 황제권은 제도상으로 완전히 부정되었다.

앞서 대한제국 정부는 러일전쟁 당시 중립화 선언으로 대한제국의 국권을 유지하고자 했다. 전운(戰雲)이 감돌던 1903년, 대한제국 정부의 계속된 외교적 시도는 끝내 러시아, 일본 양국 때문에 무산되고 말았지만, 고종은 1904년 1월 21일 '지부(지금의 중국 옌타이) 선언'을 통해 기습적으로 전시국외중립을 선언하였다. 고종은 을사조약 이후에도 일본이 만든 친일내각을 불신임하는 방법으로 정국의 불안을 조성하면서 끊임없이 주권회복을 시도하였다. 그리고 1907년 2월에는 헤이그 만국평화회의에 특사를 파견하였다. 특사들은 평화회의에 참석하는 데는 실패했지만, 언론을 통한 활약으로 한국의 억울한 사정과 일본의 침략을 세계에 알릴 수 있었다. 그러나 헤이그 평화회의의 근본 취지가 강대국 사이의 군비경쟁의 수위를 서로 조절하는데 있었던 이상 대한제국과 같은 약소국의 입장이 적극적으로 반영될 여지는 없었다. 한편으로 밀사 파견 사실이 알려지면서 일본은 고종에 대한 압박을 더욱 강화하였다. 일본 내의 대외 강경론자들이 병합도 불사할 만큼 강경한 대한(對韓) 정책을 추진해야 한다고 목소리를 높이기 시작했던 것이다.

이러한 분위기 속에서 한국 내각에서는 이완용(李完用)과 송병준(宋秉畯)이 앞장서서 황제 폐위를 추진하고 있었다. 고종 폐위 이후 해산군인들이 주축이 된 의병전쟁이 격화하였지만 일본의 태도도 더욱 강경해졌다. 일본 각의는 1909년 6월 이토 통감을 경질하고, 7월 초에는 적당한 시기에 한국병합을 단행한다는 '한국병합에 관한 방침' 을 통과시켰다. 10월에는 이토가 안중근에게 사살당하는 사건이 발생했다. 안중근이 사살 대상으로 이토를 택한 것은 그가 '동양평화를 해치고 한국의 자주독립을 방해하는 제1의 적' 이었기 때문이다. 이후 항일운동 세력에 대한 철저한 토벌과 탄압 속에서 1910년 8월 22일, 마침내 이완용과 데라우치 마사타케(寺內正毅) 사이에 '합방조약' 이 체결되었고, 대한제국의 시대는 막을 내리게 되었다.

3. 계몽운동의 성격

이처럼 일본의 식민지화가 진행되는 긴박한 상황에서 한국인들은 '국권회복운동' 에 나서게 되었다. 이 '국권회복운동' 은 개항 이후 발전되어 오던 근대화, 자주화를 위한 변혁운동의 연장선상에 있는 것이었다. 하지만 국권 침탈에 대한 대응과 근대적 변혁 요구, 양자가 반드시 일치하는 것만은 아니었다. 또한 추진 주체의 계급적 관점 차이까지 반영되어 '국권회복운동' 은 복잡한 양상을 띠게 된다. 크게는 '계몽운동' 과 '의병전쟁' 으로 구분할 수 있는데 먼저 '계몽운동' 에 대해 살펴보겠다.

그 동안 '계몽운동' 은 민족주의적 관점에서 파악되어 보통 '애국계몽운동' 으로 불렸다. 하지만 '애국계몽운동' 은 주로 운동방법을 가리키는 것이므로, 그들이 실력양성을 통한 국권회복을 지향했다는 점에서 '자강운동' 이라고 해야 한다는 견해와, 제국주의에 대한 인식이 분명하지 않았음을 문제 삼아 개량적 '문화운동' 으로 보아야 한다는 견해가 제시된 바 있다. 이러한 견해를 염두에 둘 때 '애국계몽운동' 에서 '애국' 이란 단어에도 문제가 있는데 참가계층의 개량적 성격을 고려한다면 '애국' 을 빼야 할 것이다. 일단 이 글에서는 이 운동의 참여 주체와 운동 방식, 지향점 등을 포괄적으로 아우르는 용어로 '계몽운동' 을 사용하고자 한다.

계몽운동의 참여 주체는 대개 갑신정변, 갑오개혁 그리고 독립협회 운동을 거치면서 '개화파' 로 불리던 문명개화론자들이었다. 그들은 일본의 메이지유신(明治維新)을 본보기로 하여 예전부터 지배층이었던 지주층을 중심으로 한 자본주의와 입헌적 정치체제를 이루어 부국강병을 꾀하고자 하였으며, 이러한 과정을 '문명개화(文明開化)' 라고 생각했다. 따라서 그들은 민중의 항쟁이나 변혁의 요구에 대해서는 대개 부정적이었고, 오직 그들의 주도권이 보장되는 범위에서 개량적인 형태를 취하기도 하였다. 또한 이 운동에는 '구본신참(舊本新參)'을 이념으로 하던 대한제국의 관료층과 유교적 입장에서 출발하여 근대화를 지향하던 사람들도 포함되어 있었다.

계몽운동의 참여층을 좀 더 구체적으로 분류한다면, 정당정치를 추구하던 대한협회계열(헌정연구회계 · 천도교계 · 서북학회계), 유교개혁론에 바탕을 둔 황성신문계열(장지연 · 박은식 등), 국수보전론(國粹保全論)을 주장하던 대한매일신보계열(양기탁 · 신채호 등 신민회 좌파), 인격수양론을 강조하던 청년학우회계열(윤치호 · 안창호 등) 등으로 나눌 수 있다. 이들은 모두 '선실력양성 후독립론(先實力養成 後獨立論)'을 주장했으나 그 가운데 대한매일신보계열만은 홀로 일본에 대한 강경한 태도로 '선독립론'을 주장하였다. 이처럼 계몽운동에는 다양한 참여층이 존재하고 있었기 때문에 차츰 여러 갈래로 나뉘어지는데 망국이 가까워질수록 '무장투쟁노선'이 등장하게 되었다. 신민회의 경우 처음에는 실력양성운동에 바탕을 둔 자강운동을 추구하다가 병합을 전후하여 안창호의 점진론(문치파)과 이동휘의 급진론(무단파)으로 나뉘어진다고 보기도 한다.

이때 실력양성운동에서 실력은 곧 교육진흥과 식산흥업이었으며, 이에 따라 신문과 잡지를 통한 언론계몽운동, 국학과 국사(國史)를 연구하여 애국심을 고양하려는 국학운동, 학교 설립 운동, 민족산업진흥운동, 국채보상운동, 민족종교운동 등 다양한 운동들을 계몽단체들이 벌였다.

계몽지식인들의 궁극적인 목표는 근대국민국가의 건립에 있었다. 이들은 전통적인 군주=국가관을 부정하고, 국민 중심의 근대국민국가관을 가지고 있었다. 다시 말해 입헌대의제로 국민의 자유와 권리가 보장되는 국가를 '국민적 국가'로 규정한 뒤, 헌법의 발포와 국회의 설립을 추진하려 했다. 앞서 독립협회가 중추원을 의회로 전환시켜 거기에 참여케 해달라고 요구했다가 고종과 충돌한 바 있는데 이제 외세로 말미암아 황제권이 약해진 상황에서 다시 입헌군주제의 요구가 불거지고 있었던 것이다.

계몽운동이 단지 지식인들의 테두리를 벗어나 일반 민중에게도 큰 반향을 불러일으키게 된 데에는 국채보상운동의 영향이 컸다. 1907년 대한제국 정부가 일본에 짊어지고 있는 외채는 총 1,300만 원에 이르렀고, 만일 상환하지 못할 경우에는 한국의 강토가 일본의 영유가 되고 말 것이라는 절박함이 알려지면서 대구의 광문사(廣文社) 등을 중심으로 대규모 국채보상운동이 벌어졌다. 이 운동에 황성신문과 대한매일신보 등 언론이 적극적으로 호응하였고, 평양에서는 기생들까지 적극적으로 참여하는 거국적 운동이 되었다. 이 운동을 계기로 당시 언론의 애국주의적 논조는 더욱 확대되었다.

계몽운동은 기본적으로 부르주아적 지식인들이 추진하였지만, 이처럼 망국의 상황에서는 민중과 결합하여 애국주의적, 민족주의적 운동으로 발전할 가능성도 있었다. 하지만 대부분의 계몽지식인들은 사회진화론에 바탕을 두고 있었기 때문에 제국주의적 침략을 철저하게 비판하지 못했고, 근대화 논리에 빠진 결과 급진적인 의병전쟁과 민중운동에 부정적 태도를 보였다. 대한협회나 서북학회의 경우 1909년에 이르면 친일단체인 일진회와 연합까지 추진하게 되는데 사실상 통감부의 지배논리에 포섭된 셈이다. 1907년의 국채보상운동은 채무와 전혀 상관없는 계층에게 채무상환 의무를 덮어씌우기도 하였다. 한편 통감부(와 총독부) 측에서도 계몽운동의 실력양성론과 동일한 내용을 제시하고 있었던 점에도 주목해야 한다.

다윈의 진화론은 영국의 사회학자 스펜서(Herbert Spencer)로 말미암아 사회진화론으로 재탄생하였다. 사회진화론은 생존경쟁과 약육강식의 이론을 인간사회에 적용하여 인종적 불평등을 자연법칙으로 정당화하는 구실을 했다. 곧 인종주의와 결합하여 제국주의 침략을 정당화하였던 것이다. 당시 계몽지식인들은 사회진화론을 받아들인 상태에서 일본의 침략에 대해 비판을 하기는 했지만, 문제는 일본의 침략이 아니라 침략을 당한 우리의 약함에 있다고 여겼기 때문에 강력하게 저항할 수는 없었던 것이다. 다시 말해 우리도 일본처럼 근대국민국가를 수립할 수 있을 정도의 실력을 쌓아 강자(强者)가 된 뒤에야 독립을 요구할 수 있다는 인식이었다. 사실 사회진화론 자체는 강자의 약자 지배를 정당화하는 이론일 뿐이었지만 당시 동양에서 사회진화론은 변용을 겪게 된다. 곧 약자도 노력하면 강자가 될 수 있다는 것이었고, 이러한 인식 아래 계몽지식인들은 강자가 되기 위한 자강운동, 곧 실력양성운동에 몰두하게 된다.

이때 신채호의 국수보전론은 여타 계몽지식인들과 확연히 구분된다. 신채호는《대한매일신보》의 논설에서 '국가정신' 을 강조하는데 '국가정신' 을 고취하고자 이야기하는 것이 바로 '애국심' 과 '애국정신' 이었고, 이것은 국민들에게 '국가정신' 을 매우 구체적으로 체화(體化)하는 방식이었다. 바로 그러한 애국정신의 고취를 위해 신채호가 중요하게 여긴 것이 바로 국수(國粹)이다. 역사적으로 전해져 오는 풍속 · 습관 · 법률, 제도 등의 정신을 모두 파괴하면 장래 국민의 정신을 유지할 바탕이 없어지게 되고, 또한 국민의 애국심을 불러 일으킬 수 없게 되기 때문이다. 외국문명을 수입하지 않을 수 없으나 이것에만 기댈 수는 없다는 것이다. 이는 당시 우리 전통을 무조건적으로 파괴하고자 했던 계몽지식인들, 특히 그 극단에 서 있던 일진회에 대한 반론이기도 했다. 신채호가 강조하던 '국수(國粹)' 는 일본의 '대화혼(大和魂)' 과 비슷한 측면이 있었지만, 역설적으로 신채호는 다른 어떤 계몽지식인보다 더 강경하게 일본의 침략을 부정하고, 비난할 수 있었다. 또한 신채호는 국수보전론을 바탕으로 실제로 망국 이후 의병전쟁과 결합해 무장독립투쟁에 참여하게 된다.

4. 의병전쟁의 성격

의병전쟁은 계몽운동과는 달리 무력항쟁으로 국권회복을 추구하였다. 이 시기 의병전쟁은 전국적으로 확산되고 일본을 상대로 한 전면적인 '민족전쟁'으로 발전하면서 민중이 주도하였다. 이때 의병 '전쟁'이라 함은 특별히 1907년 군대해산 이후 그 참여 범위가 전민족적으로 퍼지면서 일본과 조선이라는 민족적인 차원에서 벌어지는 전쟁으로 발전한다는 점을 중시한 용어라고 할 수 있다.

의병전쟁은 보통 전기의병(1894~1896), 중기의병(1904~1907), 후기의병(1907. 8.~1910. 8.) 등 세 단계로 구분하기도 하고, 후기의병을 1909년 9~10월 일본이 벌인 이른바 '남한대토벌작전'을 기준하여 다시 네 시기로 구분하기도 한다. 그런데 그보다 문제가 되는 것은 1910년 이후 해외로 옮겨간 이들을 의병으로 보아야 할 것인가 독립군으로 전환했다고 보아야 할 것인가의 문제다. 대한제국이 멸망했으므로 국권수호를 위한 의병이 아니라 국권회복을 위한 독립군으로 보아야 한다는 것인데, 의병들의 객관적 조건 자체는 변하지 않았다는 점에서 논쟁의 여지가 있다. 또한 의병은 전 시기에 걸쳐 시종일관 지방 유생들이 주도해서 수구적 특성을 보여준다는 견해도 있지만 대체로 1908년 13도 연합의병의 서울진공작전 실패 이후 양반유생층이 주도층에서 탈락하고, 이에 따라 갈수록 '반봉건적' 성격이 강화되는 것으로 본다.

전기의병은 위정척사를 위한 척사의병이 주류를 형성하고 있었다.

본래 척사의 주체이념인 성리학은 조선왕조의 지도이념이었으므로 위정척사사상은 조선 초기에 원류를 두고 있다고 하겠다. 위정척사의식은 조선시대 북벌론에서 구체화한 사상으로 실학의 북학론에 맞서, 또 동도서기론이나 개화론, 통상개국론에 맞서 계승되어 오다가 일본의 침략을 맞아 의병으로 폭발하게 된 것이다. 척사(斥邪)의 상대도 처음에는 청나라에서 천주교로, 서양제국주의로, 다시 일본제국주의로 변해 갔다. 전기의병 참여층이 지녔던 특징으로 주목되는 것은 지도부와 병사층에 1894년 농민군 토벌대 출신이 다수 참여하고 있다는 점이다. 또한 전기의병은 전체적으로는 반일운동의 성격을 지녔지만 더 구체적인 목표는 명성왕후 복수, 단발 반대, 고종의 경복궁으로 환궁, 갑오개혁 반대 등 크게 네 가지였다.

중기의병은 1904년 한일의정서와 1905년 을사늑약을 계기로 일어나게 되는데, 유림의병이라고 하더라도 전기의병과 같은 척사이념은 부차적이거나 드러나지 않고, 구국이념이 중심 개념으로 떠올랐다. 여기에는 활빈당 운동 등에 가담하던 농민운동의 흐름도 들어 있었다. 따라서 농민의병의 반봉건 의지가 개입될 여지가 있었고, 유림의병 안에서도 성리학을 지키기 위해서는 국가를 먼저 보전해야 한다는 의식이 강했다.

이러한 특징은 후기의병의 경우 더 강해진다. 아직도 일부 척사파 유생들의 역할이 무시될 수 있는 성질의 것은 아니지만, 더 광범위한 사회계층을 지지 기반으로 하고 있었을 뿐만 아니라 이념과 성격 면에서도 민중운동으로서의 성격이 강해져 활동양상이 전기의병과는 뚜렷이 구분되는 특징을 지니고 있었다.

구체적으로 후기의병은 '애국구민(愛國救民)' 이나 '보국안민(保國安民)' 을 표방하면서 방곡(防穀)과 납세거부 투쟁을 주도함으로써 민중의 지지를 받았다. 특히 해산 군인을 비롯한 빈농(貧農)과 행상(行商)

등 평민 출신 의병장이 늘어났다. 일본의 정치·경제적 침탈에 대한 위기의식이 사회 저변에 널리 퍼지면서 민중들이 의병에 투신했을 뿐만 아니라 의병전쟁을 주도하기에 이른 것이다.

그러나 한편으로 이념이 분명하지 않은 수많은 의병이 전국에 여기저기 흩어져 있었다. 의병전쟁이 국권회복운동의 주류를 형성하고 있었음에도 구시대의 논리를 극복하고 새 정치이론을 제시하지 못한 것은 한계라고 할 수 있다. 의병이 근대국가 이념을 확실히 갖추게 되는 것은, 해외에서 계몽지식인들과 함께 독립군으로 바뀐 이후의 일이라고 할 수 있다.

맺음말

그동안의 계몽운동과 의병전쟁에 대한 연구는 두 가지 점에서 한계가 있었다.

첫째, 후대의 문제의식에 바탕을 두고 필요한 측면만을 골라 부각시키는 방식의 문제점이다. 계몽운동의 '근대화' 지향과 의병전쟁의 '저항적' 측면만을 강조하는 경향이 그것이다. 이러한 문제점은 계몽운동과 의병전쟁의 계급적 성격이나 외세에 대한 태도 등에 대한 분석 등으로 극복하여 왔다.

둘째, 국권회복운동이라는 틀 안에서만 이 시기를 규정짓다 보니 결과적으로 한국인들이 외세와 근대화에 능동적으로 대응하던 다양한 모습은 사라지고, 오히려 한국인들을 수동적인 존재로 그리게 하였다는 점이다. 이러한 문제점은, 국제정세의 관점에서 러일전쟁을 바라보는 시도 및 통감부 정책의 의미와 친일 관료들의 정치활동 등에 대한 관심으로 극복하였다. 또한 한일 간 조약의 불성립과 효력 불발생 등의 연구를 통해 '고종'이라는 새로운 행위 주체를 발굴해 낸 것도 큰 성과라고 할 수 있다.

이처럼 기존 계몽운동과 의병전쟁에 대한 연구는 과도한 문제의식 때문에 역사적 실체에 대한 접근이 방해받았던 사례 가운데 하나라고 할 수 있다. 물론 문제의식 없는 역사학 또한 허무할 뿐이다. 따라서 앞으로도 계속해서 역사적 실체를 침해하지 않는 테두리 안에서 문제의식을 발굴하고 증명하는 작업을 병행해야 할 것이다.

■ 참고문헌

조동걸, 《한말의병전쟁》, 독립운동사연구소, 1989.

박찬승, 《한국근대정치사상사연구 -민족주의 우파의 실력양성운동론-》, 역사비평사, 1992.

조항래 외, 《1900년대의 애국계몽운동연구》, 아세아문화사, 1992.

김도형, 《대한제국기의 정치사상연구》, 지식산업사, 1994.

홍순권, 《한말 호남지역 의병운동사 연구》, 서울대 출판부, 1994.

전복희, 《사회진화론과 국가사상 -구한말을 중심으로》, 한울아카데미, 1996.

김상기, 《한말의병연구》, 일조각, 1997.

유영렬, 《대한제국기의 민족운동》, 일조각, 1997.

최기영, 《한국근대계몽운동연구》, 일조각, 1997.

도면회 외, 《일제식민통치연구 1: 1905-1919》, 백산서당, 1999.

강창일, 《근대 일본의 조선침략과 대아시아주의》, 역사비평사, 2002.

한명근, 《한말 한일합방론 연구》, 국학자료원, 2002.

박성진, 《한말-일제하 사회진화론과 식민지사회사상》, 선인, 2003.

서영희, 《대한제국 정치사 연구》, 서울대 출판부, 2003.

이태진 외, 《한국병합의 불법성 연구》, 서울대 출판부, 2003.

최기영, 《한국근대계몽사상연구》, 일조각, 2003.

최문형, 《국제관계로 본 러일전쟁과 일본의 한국병합》, 지식산업사, 2004.

홍영기, 《대한제국기 호남의병 연구》, 일조각, 2004.

불평등조약체제와 경제 정책의 추이

김태웅(서울대 역사교육과)

머리말

1876년 2월 조선은 일본과 병자수호조약을 체결하여 이른바 개항을 단행하였다. 이러한 개항은 조선이 중세적 중화지배질서를 넘어서서 세계자본주의 국제질서에 편입됨을 의미하였다. 그리하여 조선사회는 개항 이전과 달리 청·일 양국은 물론 서구 열강의 정치·군사적 압력, 세계자본주의 경제의 변화 등 외부 요인들의 영향을 받기 시작하였다. 이는 크게 두 가지를 예고하였다. 하나는 조선사회가 일본을 비롯한 외부 세계의 간섭과 침략으로 말미암아 식민지화의 위기를 맞았다는 점이다. 또 하나는 정부가 근대 국민국가를 건설하기 위해 부국강병을 기치로 식산흥업에 주안을 두고 근대적인 경제정책을 본격적으로 추진하였다는 점이다.

그러나 1876년부터 1910년까지 경제정책의 방향과 추진 방식은 시기와 단계마다 각각 달랐다. 이는 추진 주체의 정치적 기반, 노선과 외세의 개입 정도의 차이에서 비롯되었다. 따라서 이에 대한 학계의 연구 성과가 풍부했던 만큼 평가도 갈렸다. 이는 단적으로 갑오 · 광무개혁기 정부의 경제정책을 둘러싼 평가가 자주성과 근대성 여부에 초점을 두었음에서 확인할 수 있다. 특히 식산흥업 문제가 경제정책의 평가에서 중요 기준으로 부각되었다. 반면에 개항 이후 조선 정부가 취한 경제 정책의 방향과 특징을 시기별로 추출하여 각 시기 단계마다 보이는 경제정책 사이의 연관 문제 곧 연속과 단절의 문제를 연계하여 해명하고자 한 연구는 상대적으로 적었다.

이 글에서는 우선 이 시기 정부의 개별적인 경제정책에 담겨 있는 방향을 총괄하는 차원에서 정부가 취한 경제정책의 기조를 파악하고자 한다. 이를 위해 이러한 경제정책이 바탕을 두고 있는 정치경제적 조건으로서 불평등조약체제(不平等條約體制)를 주목하여 그 특징과 영향을 정리한 뒤 식산흥업정책을 중심으로 경제정책의 추이와 성격을 단계별로 살펴보고자 한다. 아울러 일본이 정치권력과 군사력을 배경으로 경제정책에 지대한 영향을 끼쳤고 1905년 이후에는 재정 · 금융 장악을 시도하고 있어 일제 통감부가 취한 경제정책의 방향과 특징을 검토하고자 한다.

1. 불평등조약체제의 성립과 특징

불평등조약체제는 19세기 중 · 후반 서구 자본주의 열강이 상품과 자본 수출의 장벽을 제거하기 위해 자유무역을 내세우며 그에 저항하는 아시아 · 아프리카 국가에 불평등조약을 강요함으로써 조약 당사국의 각종 주권을 제약하는 국가간 조약체제이다. 이러한 조약체제가 동아시아에서는 아편전쟁 이후의 중국과 개항 이후의 일본이 서구 자본주의 열강과 맺은 불평등조약을 통해 실현되었다. 즉 이 조약에는 편무적 영사재판권과 관세협정권을 비롯하여 해당 국가의 주권을 제약하는 독소 조항이 다수 포함되었다.

조선의 경우, 1876년 일본과 병자수호조규를 체결한 이래 편무적 영사재판권, 무관세 무역을 비롯하여 측량의 자유, 미곡 수출의 허가, 일본 화폐 유통 등을 규정함으로써 일본이 조선을 정치·경제적으로 침략할 수 있는 발판을 마련하였다. 특히 임오군란 이후 군사력을 배경으로 강요하는 청국의 요구를 이기지 못하여 조선 정부는 1882년 8월에 청국과 조청수륙무역장정(朝淸水陸貿易章程)을 체결하였다. 여기에서는 조선이 청의 속방이라는 규정을 명시하였을뿐더러 편무적인 영사재판권, 서울과 양화진의 개시 및 청나라 상인의 내지통상권, 연안어업권, 연안무역권과 청국군함의 항행권까지 허용하여 이전의 어떤 조약보다도 불리한 것이었다. 곧이어 1883년 10월에 체결된 조영수호통상조약에는 이러한 독소조항 외에도 조계 안에서 토지 가옥의 임차, 구매와 주택, 창고, 공장의 설립은 물론 조계 밖 10리까지 외국인의 토지소유를 허용하여, 제국주의의 자본이 자유롭게 침투할 수 있는 길을 열어 놓았다. 그리고 이러한 독소 조항은 1882년 조미수호통상조약에 규정되어 있는 최혜국 조항에 따라 여타 조약에도 반영됨으로써 청·일 양국과 서구 열강의 상인과 자본이 조선 국내로 자유롭게 침투할 수 있게 되었다. 이로써 조선에서는 청·일 양국과 서구 열강으로부터 이중으로 주권을 제약받았다. 조선의 불평등조약체제는 이처럼 일본이 그 뼈대를 만들고 미국과 청국이 여기에 살을 붙였으며, 영국이 확고하게 세웠다.

외국 상인들이 이러한 불평등조약에 따라 개항장 밖 내륙까지 무역을 할 수 있게 되자 이들 상인 가운데 일찍부터 조선에 입국한 청·일 양국 상인은 서울까지 들어와 막대한 이익을 올리기 시작하였다. 반면에 거류지 무역으로 수출입 상품을 중개하면서 이익을 얻었던 국내 상인들은 큰 타격을 받았다.

한편, 무역 규모가 커져 가면서 조선의 무역 수지도 악화하였다. 1893년의 경우, 수입액이 수출액의 2배 이상에 이르렀다. 이로 말미암아 국내 산업은 극히 일부를 제외하고는 몰락의 길로 접어들었다. 이와 달리 일본은 조선에 수출하는 물품에서 자국산 제품의 비율을 높여 가는 가운데 조선의 쌀과 원료를 값싸게 수입함으로써 산업혁명의 기반을 닦을 수 있었다.

이러한 무역 구조는 국내의 지주경영과 민중의 생활에도 영향을 끼쳤다. 우선 조선 국내의 대지주들은 수출미가의 상승에 편승하여 지대 수입을 증가시켰을뿐더러 이처럼 얻은 화폐로 더 많은 토지를 겸병하기에 이르렀다. 이는 정부의 경제정책에 영향을 끼쳤으며 지주경영을 강화하는 요인으로 작용하였다. 이와 달리 쌀값 상승으로 다른 곡물 가격이나 기타 생필품이 등귀함으로써 시장에서 곡물을 구매하여 생계를 잇던 빈농이나 토지 없는 농민, 도시 빈민이 몰락하였고 나아가 이들의 저항을 초래하였다.

2. 경제정책의 방향 모색(1876~1894)

정부는 개항 이후 경제정책의 주안을 식산흥업(殖産興業)에 두었다. 이는 국내 산업을 보호·육성함으로써 부국강병(富國强兵)을 이룰 수 있다고 여겼기 때문이다. 아울러 여기에 필요한 재원을 마련하고자 토지의 재분배로 농민경제의 안정을 추구하기보다는 조세·재정개혁으로 세원의 확대와 실수액(實收額)의 증가를 도모하는 데 중점을 두었다.

우선 정부는 관세권을 회복하기 위해 1879년과 1881년 일본에 수신사를 파견하여 불평등조약의 개정 교섭을 폈다. 이어서 1882년 미국과 조미수호통상조약을 체결하면서 드디어 관세자주권을 확보할 수 있었다. 비록 이러한 관세자주권이 여러 요인으로 제약을 받았지만 일본을 비롯한 외국들이 조선 정부의 관세권을 인정하는 전례가 되었다. 또한 불평등조약에 편승하여 외국인의 불법적인 토지 소유와 내국인의 투매(偸賣), 도매(盜賣)가 증가하자 1893년 정부는 한성부에서 가계(家契)를 발급하게 하여 외국인의 토지 소유를 제한하려고 하였다. 이러한 조치는 이후 갑오개혁을 거쳐 점차 개성 · 인천 · 수원 · 평양 · 대구 · 전주 등지로 확대되었다.

한편, 정부는 부국강병을 조속히 실현하기 위해 1880년대에 일본과 미국에 각각 조사시찰단(朝士視察團)과 보빙사(報聘使)를 파견하여 근대 문물의 실상을 파악하고자 하였다. 여기에는 정치 · 사회 · 문화 부문과 함께 식산 · 재정 · 금융 등 경제 부문도 포함되었다.

또한 정부는 새로운 기술과 경영기법을 수용함으로써 농업 진흥을 꾀하였다. 특히 이러한 농업진흥책은 지주자본을 바탕으로 농업생산력을 증대시키고 곡물 수출을 확대하는 한편 상업적 농업의 장려로 수입 대체 산업을 발전시키는 데 중점을 두었다. 우선 정부는 농업기술 전문가를 양성하고자 1884년에 농무목축시험장(農務牧畜試驗場)을 설치하였다. 또한 농업을 제도로 뒷받침하기 위해 1883년 12월에 〈농무규칙(農務規則)〉, 〈양상규칙(養桑規則)〉 등의 법안을 마련하였다. 이어서 1885년에는 〈경성농상회장정(京城農桑會章程)〉을 마련하여 농지개발 회사를 설립하였다. 또 정부는 견직물의 수입을 억제하고 자급체제를 구축하기 위해 침체된 양잠과 견직물 생산기술 및 그 관리체계를 개혁하고자 하였다. 그리하여 정부는 1884년에 잠상공사(蠶桑公司)를 설립하였다.

다음 정부는 청 · 일 양국 상인의 경제 침투와 관리 및 토호의 수탈로부터 소상인을 보호하기 위하여 1883년 8월에 혜상공국(惠商公局)을 설립하였다. 이는 서구의 근대회사 조직을 모방하여 만든 보부상 조직으로 소상인에 대한 국가적 통제를 관철시키고 상업을 진흥시키려는 왕실의 이해가 서로 결합되어 설립되었던 것이다. 그러나 이렇듯 의욕적으로 전개된 식산흥업정책도 궁핍한 재정으로 말미암아 소기의 성과를 거두지 못하고 있었다.

이에 정부는 식산흥업정책과 함께 이를 받쳐줄 수 있는 세원을 확보하기 위해 중간층의 수탈을 억제하고 새로운 세원을 발굴하고자 하였다. 우선 정부는 상업을 육성하고자 도고(都賈)와 무명잡세를 혁파하고 기존의 객주 조직을 근대의 상회사로 전환시키는 한편 상업세를 제도화하여 국가 재정의 중요한 보용 수단으로 삼으려 하였다. 그리고 정부는 당오전(當五錢)을 비롯한 화폐를 새로 주조하여 여기에서 발생한 차액으로 재정 궁핍을 해소하려 하였다. 그 밖에 정부는 환곡제와 함께 일부 지방의 재정을 개혁하는 과정에서 결세(結稅)와 호세(戶稅)를 중심으로 조세구조를 단순화하고 운영방식을 개선함으로써 신분제적 수탈과 향리들의 자의적인 운영을 방지하는 계기를 마련하였다. 그러나 이러한 노력마저 정국의 급격한 변동과 개항 이후 신문물의 수용과 설치에 따른 재정 지출의 급증으로 말미암아 오히려 물가 앙등과 재정 궁핍을 심화시켰다.

3. 경제정책의 수립과 추진(1894~1896)

정부의 경제 정책은 1894년 농민전쟁과 갑오개혁으로 전기를 맞았다. 우선 법령 제정을 통해 1880년대에 추진했던 제반 정책들을 제도화하였다. 이 가운데 이런 정책들을 추진할 관제가 마련되었다. 갑오개혁 초기의 추진 주체인 군국기무처(軍國機務處)는 일본의 제도를 모방하여 산업관청으로서의 농상아문과 함께 공무아문을 설치하였다. 그러나 일본이 1894년 11월 제2차 김홍집 내각 성립을 계기로 조선 정부의 내정을 간섭하면서 공무아문의 설치를 적극 반대하였다. 이는 공무아문의 공업장려 업무가 자국 공산품의 조선 시장 침투에 장벽으로 되리라 판단했기 때문이다.

한편, 정부는 경제정책의 핵심을 식산흥업에 두고 산업 활동에 대한 규제와 특권을 제거하여 경쟁적 시장 질서를 수립하고자 하였다. 그리하여 정부는 육의전의 금난전권(禁亂廛權), 객주·보부상의 영업독점 기도와 잡세 수탈, 상회사의 특권, 궁방이나 아문의 수탈, 정부의 억매(抑買)를 부정하였다. 아울러 정부는 1894년 8월 법령을 제정하여 외국인의 토지소유는 물론 점유도 금지하려고 하였다.

또한 정부는 《신식화폐발행장정(新式貨幣發行章程)》을 마련하여 은화를 본위화폐로 하는 근대적 화폐제도를 수립하려고 하였다. 아울러 산업의 발전을 도모하고자 부세의 금납화를 추진하는 한편 은행을 설립하고 도량형 제도를 마련하려고 하였다. 그리고 정부는 도고의 폐단을 초래하지 않으면서 상회사(商會社) 전반을 육성하고자 하였다.

다음 정부는 갑오개혁을 계기로 재정 개혁을 단행하였다. 우선 이전부터 관료들이 견지하였던 궁부일체(宮府一體) 방식을 계승하여 왕실재정과 국가재정을 탁지부로 일원화하는 한편 여러 재정 기구를 폐지하였다. 그리고 근대적인 예산결산제도와 수입지출규정을 법제화하였고 1895년에는 최초의 예산안을 마련하였다. 아울러 징세기구를 군현 등 행정기관에서 분리시켜 세원을 정확하게 파악하고 중간수탈을 방지하고자 하였다. 또한 삼정(三政)을 개혁하여 결호전(結戶錢) 제도를 제정함으로써 신분적 성격의 부세제도를 근대적 조세제도로 탈바꿈하였다. 아울러 지방관아에서 자율적으로 운영하던 지방재정도 국가재정에 편입시킴으로써 국가재원에 대한 관리를 일원화하였다. 이후 이러한 재정 개혁의 기본 방향은 광무개혁기에도 이어졌다.

그러나 이러한 기본 정책은 불평등조약 체제가 강고하게 존속하는 한 제약을 받았다. 이 가운데 갑오개혁기 일본의 대조선 정책이 가장 크게 작용하였다. 일본은 차관 제공을 미끼로 산업 육성책의 시행을 미루었다. 대신에 일본은 내정 간섭을 통해 방곡령을 폐지하고, 철도부설권, 전신선의 설치권, 일본화폐의 통용권, 광업의 조사 개착권, 연안어업권 등을 획득하였으며 조선의 산업 발전을 가로막았다. 또한 일본은 불평등조약을 구실로 그들의 상행위에 관련된 일체의 내지관세를 철폐하고자 하였다. 아울러 개화파 내부에서도 보호주의 무역보다는 자유주의 무역에 비중을 두고 국내외의 자유로운 상업활동 보장을 주장하였다. 특히 정국의 급격한 요동과 불평등조약체제 아래서 외국인의 토지소유 금지법은 실행될 수 없었다. 결국 이는 외국의 상품과 화폐, 자본의 침투를 조장함으로써 식민지화 위기를 가속시켰다. 이 점에서 갑오개혁기 경제정책은 시장질서의 확립에서는 이전 시기에 견주어 다소 진전되었지만 경제주권의 수호에서는 이전 시기보다도 후퇴하였다.

4. 경제정책의 조정과 식산흥업사업의 추진(1896~1905)

아관파천과 환궁을 계기로 새로 수립된 신정권은 갑오개혁기에 추진했던 외세의존적 개혁 방식을 경계하면서도 경쟁적 시장질서를 유지하려고 하였다. 단적으로 정부는 무명잡세를 영업세로 전환하고 육의전의 도고권을 부활시키지 않음으로써 갑오개혁기 정부의 상공조세

(商工租稅) 정책을 계승하려 하였다.

그러나 1898년 정부와 만민공동회가 갈등을 겪은 데다가 관료체제가 제대로 작동되지 않음으로써 경제정책의 이러한 방향은 변경되었다. 우선 관료들은 외세와 연결되어 있거나 외세의 압력을 막아낼 힘을 가지고 있지 못하였다. 양전(量田) 사업 시행안을 반려하여 부결시켰으며 일본 제일은행의 불법행위를 막지 못하였다. 또한 탁지부는 지방관리들을 장악하지 못함으로써 지세수입의 경우, 실수액(實收額)이 과세액(課稅額)의 40~50퍼센트에 지나지 않았다. 이는 징수 기구 미비와 중앙은행 부재로 말미암아 지방관들이 지세로 거둔 화폐를 탁지부로 직접 상납하지 않고 상인들을 통해 간접적으로 보냈기 때문이다.

이에 정부는 경쟁적 시장질서의 확립보다는 국내 산업의 보호 · 육성에 중점을 두고 외국 상인의 경제침투를 막는 데 주력하였다. 먼저 1898년 2월 일본의 화폐주권 침탈에 맞서 일본 은화인 각인부원은(刻印付圓銀)의 유통을 금지했다. 또한 모든 광산을 궁내부로 이속시킨 가운데 서북철도를 자력으로 부설하고자 하였다. 다음 금융 · 화폐제도의 근대화를 위해 1898년 금본위제(金本位制)를 채택하고 1899년 1월 대한천일은행(大韓天一銀行)을 설립하였다. 또한 근대적 토지소유권의 법적 확립을 목표로 이른바 양전지계사업(量田地契事業)을 추진하는 가운데 외국인의 불법적인 토지 소유를 금지하고자 하였다. 이처럼 정부의 경제정책은 왕실의 주도 아래 국내 산업을 보호 · 육성하는 한편 외세의 정치 · 경제적 영향력을 줄이는 동시에 일본의 침략을 막는 데 초점을 두었다. 그밖에 1900년을 전후로 하여 상공업자를 양성하기 위해 각종 상공기술 교육기관을 설립하였다.

왕실 주도 아래 정부는 이러한 산업화 정책을 원만하게 추진하기 위해 재원 확보에 온 힘을 기울였다. 그리하여 광무정권은 갑오개혁기 재정개혁의 성과라 할 조세의 금납화, 예산 회계제도, 재정기관의 단일화 등의 방침을 유지하는 가운데 왕실재정을 강화하고자 기존에 정부가 견지했던 궁부일체(宮府一體) 재정정책에서 궁부분리(宮府分離) 재정정책으로 전환하는 동시에 국가재정에 속했던 많은 재원을 왕실재정으로 이속시켰다. 이는 조선 시대 이래 왕실재정이 주로 수행해 왔던 왕실의 권위 유지와 진휼사업 차원에서 탈피하여 근대국가의 경제적 동력이라 할 식산흥업에 집중하려는 의도에서 비롯되었다.

물론 학계의 한쪽에서는 왕실 주도의 이러한 재정정책이 결과적으로 정부재정의 위축을 초래하고 각종 특권을 부활시킴으로써 식산흥업정책의 실효성을 떨어뜨렸다는 지적도 만만치 않다. 그러나 당시 외세의 침략 상황과 연계하지 않은 채 정부의 경제정책 자체에 국한하여 그 성패를 평가해서는 안 된다는 주장도 유의할 만하다.

이후 왕실 주도의 이러한 식산흥업 정책과 재정운영방식은 1903년 중반부터 러시아와 일본 사이에 전쟁 기운이 돌면서 난관에 봉착하였다. 나아가 일본이 러일전쟁에서 승리하면서 파국을 맞이하였다.

5. 일제 통감부의 경제정책과 자본척식침략(1905~1910)

러일전쟁을 전후하여 일본자본주의는 산업화 단계를 빠르게 거치고 있었다. 이 과정에서 일본 독점 자본의 시급한 문제는 노동자의 임금을 낮추고 주요 산업인 면방직업과 견직업의 원료를 값싸고 안정적으로 공급받으며 남아도는 실업인구를 처리하는 것이었다. 따라서 일본은 1905년 러일전쟁의 승리에 힘입어 통감부를 설치한 뒤 대한제국을 식민지로 만들기 위해 정치 · 군사 · 외교 부문과 함께 경제 부문에서도 자본척식침략(資本拓殖侵略)에 집중하였다.

우선 일제는 조선에서 식민지 경영비용을 마련하고자 메가타 다네

타로(目賀田種太郎)를 재정고문관으로 내세워 대한제국의 재정을 장악하고자 하였다. 그리하여 대한제국의 재정이 문란하다는 이유를 들어 일본 제일은행 경성지점을 국고(國庫)로 삼아 모든 재정 지출과 수입을 통제하고 징세기구를 대폭 개편하였다. 국고 · 회계제도를 확립하고 징세제도를 근대화한다는 것이 구실이었지만, 실제로는 재정권 장악과 함께 세금 증수를 통해 식민지배의 경제 기반을 다지고자 하였던 것이다. 나아가 1906년 일제는 철저한 호구조사를 통해 세금을 받아낼 수 있는 호수를 두 배로 늘렸다. 1907년에는 세금의 가장 큰 몫을 차지하던 토지세를 늘리고자 토지에 대한 기초조사 작업도 추진하였다. 이 밖에도 가옥세, 연초세, 주세(酒稅) 등 각종 명목의 세금을 설정하여 조세를 증수하여 갔다.

또한 일제는 황실재정을 해체하여 국유화하려 하였다. 그것은 막대한 황실재정을 장악할 뿐만 아니라 식민지화의 걸림돌인 황실의 물적 기반을 붕괴시키려는 의도에서였다. 그리하여 1907년 고종의 강제 퇴위를 계기로 일제는 황실 소속의 각종 수입과 권리를 국고 또는 정부로 이관하거나 폐지하였다. 역둔토(驛屯土) 도조(賭租) 수입과 홍삼(紅蔘) 전매사업 등을 국고로 이관한 끝에 1908년 6월에는 마침내 황실재정을 국유화했다.

다음 일제는 조선 화폐를 모두 없애고 일본 화폐만 쓰도록 하여 조선의 화폐 금융체계를 일본 경제에 완전히 예속시켰다. 1905년에 시작하여 1909년에 끝난 '화폐정리사업'으로 조선 화폐는 하루아침에 고철이 되어 버려 많은 조선인이 재산을 잃은 대신에 그 만큼의 재산이 일본인 상인의 수중에 들어갔다. 이어서 일제 통감부는 외국인의 토지소유, 경제 침투를 막는 여러 가지 법률을 개정하여 광무 연간에 불법이었던 일본인의 토지소유를 합법화했다. 이로써 일본은 한국침략을 위한 안정적인 자본투자의 기반을 마련할 수 있었다.

그리고 일제는 조선을 일본공업에 필요한 질 좋은 원료공급지로 만들려고 조선 농촌의 산과 들에 폭력적 방법을 동원하여 육지면(陸地綿)을 재배하게 하고 양잠을 강요하였다. 여기에다 일제는 조선에서 들여온 면화를 원료로 대량 생산한 면제품을 조선에 수출하여 그나마 유지되던 조선의 면포수공업을 몰락시켰다. 이 시기 조선에 들여온 일본자본은 광무개혁 과정에서 근대적 기업으로 성장하고 있던 정미업, 담배제조업, 성냥업 등에도 침투하여 이들 기업을 몰락시키거나 예속시켰다. 그 밖에 일제 통감부는 각종 산업 관련 법령을 제정하여 일본 자본이 한국의 산업을 장악하도록 지원하였다. 특히 사회간접자본인 교통통신망을 장악한 뒤 식민지 지배체제에 부합하도록 이를 정비하였다.

결국 일제 통감부의 경제정책은 자본척식침략을 목표로 추진되었으며 이후에 실시될 '토지조사사업'으로 완성되었다. 즉 통감부의 이러한 경제정책은 일본측의 자본축적과 경제침략에 크게 이바지한 반면, 조선의 농촌기업적 부농의 성장을 막고 지주층 및 산업 자산층을 제국주의 경제체제에 예속시키는 밑바탕이 되었다.

맺음말

개항 이후~1910년 국망까지의 경제정책에 관한 연구는 두 가지 방향에서 접근했다. 하나는 재정, 화폐·금융, 관세, 농업, 상업·무역, 광공업, 철도·해운 등의 부문 연구가 축적되면서 경제정책 일반으로 옮아왔다. 또 하나는 각 시기마다 정국을 주도한 집권 세력의 노선과 성격을 파악하기 위해 그들이 추진한 각종 정책을 개별적으로 검토하는 과정에서 경제정책 일반의 지향과 성격을 부분적으로 언급하였다. 특히 갑오개혁기와 광무개혁기의 경제정책을 대비하기 위해 근대성과 자주성이라는 이분법의 구도 아래 각각의 특징을 부각시켰다. 그러나 이러한 접근 방식은 해당 시기 집권 세력의 노선과 정치적 성격을 추출하는 데 중점을 둠으로써 경제정책의 방향과 내적 논리의 전개 과정을 역사적 맥락에서 체계적으로 정리하지 못할뿐더러 경제정책의 사상적 · 이론적 기반을 검토하지 못하였다. 나아가 개항 이전과 이후를 나눔으로써 조선후기부터 근대개혁기에 걸쳐 경제정책의 연속성과 단절성 문제를 시야에 넣고 있지 못하다.

따라서 앞으로 이 시기의 경제정책 연구는 국내의 정치 · 경제 변동과 외압의 변화에 대한 분석에 바탕을 두되 개별 정책의 수립 과정과 사업의 주도세력을 꼼꼼하게 추적하는 한편 경제정책 일반의 방향과 논리를 시기별로 추출하여 체계화하는 데 중점을 두어야 할 것이다. 아울러 이 시기 경제정책의 역사적 · 이론적 기반이 되었던 조선후기 경제사상, 서구의 경제사상과 재정 · 금융이론, 제국주의의 식민정책 등에 대한 심도 있는 분석과 함께 각 시기 경제정책 추진세력의 세계 자본주의 인식과 경제사상에 대한 연구도 상호 연계하여 수행해야 할 것이다.

■ 참고문헌

金容燮, 《增補版 韓國近代農業史研究-農業改革論 · 農業政策》, 一潮閣, 1984.

李炳天, 〈開港期 外國商人의 侵入과 韓國商人의 對應〉, 서울대 박사논문, 1985.

吳斗煥, 《韓國近代貨幣史》, 韓國研究院, 1991.

金容燮, 《韓國近現代農業史研究》, 一潮閣, 1992.

주진오, 〈독립협회와 대한제국의 경제정책 비교 연구〉, 《國史館論叢》 41, 1993.

김경태, 《한국근대경제사연구-개항기의 미곡무역 방곡 상권문제》, 창작과비평사,

1994.

崔元奎, 〈韓末 日帝初期 土地調査와 土地法 研究〉, 연세대 박사논문, 1994.

한국역사연구회 근대사분과 토지대장연구반, 《대한제국의 토지조사사업》, 민음사, 1995.

李憲昶, 〈甲午 · 乙未改革期의 産業政策〉, 《韓國史研究》 90, 1995.

柳承烈, 〈韓末 日帝初期 商業變動과 客主〉, 서울대 박사논문, 1996.

李潤相, 〈1894~1910년 재정제도와 운영의 변화〉,서울대 박사논문, 1996.

金載昊, 〈甲午改革 이후 近代的 財政制度의 形成過程에 관한 研究〉, 서울대 박사논문, 1997.

金泰雄, 〈開港 前後~大韓帝國期 地方財政改革 研究〉, 서울대 박사논문, 1997.

이영학, 〈대한제국의 경제정책〉, 《역사와 현실》 26, 1997.

하원호, 《한국근대경제사연구》, 신서원, 1997.

楊尙弦, 〈大韓帝國期 內藏院 財政管理 研究-人蔘 · 礦山 · 庖肆 · 海稅를 중심으로-〉, 서울대 박사논문, 1997.

전우용, 〈19세기말~20세기초 한인 회사 연구〉, 서울대 박사논문, 1997.

정재정, 《일제침략과 한국철도(1892~1945)》, 서울대 출판부, 1999.

이태진, 《고종시대의 재조명》, 태학사, 2000.

이영호, 《한국근대 지세제도와 농민운동》, 서울대 출판부, 2001.

조재곤, 《한국 근대사회와 보부상》, 혜안, 2001.

송찬섭, 《朝鮮後期 還穀制改革研究》, 서울대 출판부, 2002.

全旌海, 〈大韓帝國의 산업화 시책 연구 - 프랑스 차관 도입과 관련하여 -〉, 건국대 박사논문, 2003.

김대준, 《고종시대의 국가재정 연구-근대적 예산제도 수립과 변천》, 태학사, 2004.

이승렬, 《제국과 상인 - 서울 · 개성 · 인천 지역 자본가들과 한국 부르주아의 기원, 1896~1945》, 역사비평사, 2007.

오진석, 〈光武改革期 近代産業育成策의 내용과 성격〉, 《歷史學報》 193, 2007.

상공업의 변화와 농업의 변동

류승렬(강원대 역사교육과)

머리말

개항 이후 근대 변혁기를 맞아 상공업을 진흥하고 신흥 상공계급을 육성함으로써 근대 국가의 물질적 토대를 마련해 나가는 일은 시급한 역사적 과제였다. 그러나 당시 불평등조약 체제 아래서 외세의 경제적 침탈이 본격화하고 산업 전반이 격동에 휘말렸기 때문에 상황은 갈수록 어려워져 갔다.

대외 교역의 양이나 대상이 확대됨에 따라 국내 유통 및 가격 체계의 재편과 사회 전반에 걸친 변동도 초래되었다. 한인(조선인) 상공업자의 입지는 시간이 흐를수록 좁아 갔지만, 한편으로 자본을 결집하여 상사 · 기업을 설립하고 생산구조와 생산방식을 혁신함으로써 새로운 활로를 모색하려는 움직임도 본격화하였다.

곡물 수출의 급증은 지주제의 확대로 이어졌고, 곡가 인상에서 비롯한 물가 수준의 전반적 상승은 농촌 사회의 분화를 촉진하였다. 1894

년 동학농민전쟁이 진압된 상황에서 개혁 추진을 위한 재정수입 증가와 외국인의 불법적 토지침탈 저지 등의 현안을 해결하기 위해 광무정권은 양전 · 지계 사업을 시행하였다. 이로써 지주적 토지소유에 바탕을 둔 근대적 토지소유권 제도의 수립이 진전되었다.

이처럼 급박하게 전개된 근대 변혁기의 사회 · 경제적 변동에 대한 올바른 이해는 한국 근대의 성격과 내용 파악을 위해 매우 중요하다. 그동안의 연구는 주로 상공업과 농업의 구조 변동, 부농 · 지주 출신이나 객주 등 새로운 상공인층의 대두, 대외 교역의 확대에 따른 농업 경영상의 변화와 농민층의 동향, 그리고 이러한 변화를 반영하기 위해 시행한 광무 양전 · 지계 사업 등을 중심으로 진행되었다.

그런데 논자에 따라서 변동의 방향, 변혁 주체의 설정과 역량 평가, 외세의 작용력 정도 등을 둘러싸고 견해가 갈린다. 우선 외세의 경제 침탈에 대한 대응과 관련하여 한인 상공업자는 일방적으로 쇠퇴 · 몰락하는 추세 속에서 극히 일부만 종속화 · 매판화함으로써 잔존할 수 있었다고 보는 측과 한상(韓商) 나름대로 상당히 굳건한 토대를 갖추고 다각도의 변화를 모색했다고 보는 측으로 나뉜다. 아울러 쇠퇴 · 몰락의 원인도 특권 · 독점 때문인가 외세의 침탈 때문인가를 놓고 엇갈린다. 농업상의 변동과 관련해서는 지주제가 확대되는 추세였다는 데는 의견을 같이하면서, 그에 대한 해석에서 견해를 달리한다. 광무 양전 · 지계 사업에 대해서는 사실 파악과 해석 모두 정면으로 부딪치고 있는데, 관건은 대한제국을 근대화와 근대국가 수립의 주체로 인정하는가의 여부이다.

이하에서 개항 이후 대외 교역의 확대에 따른 상공업의 동향과 상업 · 유통 및 가격 체계의 변화, 일상(일본 상인) · 청상(중국 상인) 등 외상(외국 상인)의 침투와 그에 대응한 한상(조선인 상인) 및 한인 공업자의 대응, 곡물 유통 및 생산 구조의 수출 위주의 재편과 그에 따른 지주제의 변동 및 농촌 사회의 변화, 광무 양전 · 지계 사업 실시의 경위와 의의 등 근대 변혁기에 전개된 상공업과 농업의 중요한 변화에 대하여 간략히 정리하고자 한다.

1. 상공업의 변화

개항 이후 대외교역은 크게 증가하였다. 무역액은 초기에 대일본 무역의 비중이 압도적이었지만 점차 대청 무역도 늘었다. 무역수지를 보면 대일본 무역의 경우 1890년 전후부터 곡물 수출이 급증하면서 흑자를 보이기도 했다. 이는 조선산 쌀이 일본인의 기호에 적합하고 값이 싸서 늘어난 수요가 계속 유지되었기 때문이다. 다만 정미 방법의 차이로 말미암아 인천에서는 현미로 수출되고, 부산에서는 일본인들이 매입한 뒤 도정하여 수출하는 추세였다. 이와 달리 대청 무역은 항상 적자를 면치 못하였다. 청상은 보통 면제품을 판매하고 그 대가로 엽전이나 곡물을 받아서 일상에게 금을 받고 되팔았다.

수출 · 입 무역액의 증감은 일본으로 수출되는 곡물 물량과 밀접한 관계를 갖고 있었다. 일본에서 1889년 가을의 대흉작, 1890년 여름 보리의 대흉작으로 이른바 '쌀소동'이 일어난 것과 달리, 조선은 대풍이었다. 1891~1892년에도 거의 비슷한 상황이었다. 이때 수출액이 급증했다. 그러나 1893년에는 조선에 흉작이 들면서 수출이 격감하였다.

쌀과 달리 콩은 풍 · 흉의 기복이 심하지 않고 일본에서 수요도 많아 1890년에 100만 원대에 달한 수출액은 이후 그대로 유지되었다. 또 쇠가죽 수출도 계속 느는 추세였으며, 특히 흉작으로 곡물 수출이 줄어든 때 더 늘어났다.

수출 총액의 증가와 더불어 수입 총액도 크게 늘었는데, 수입품의 대종은 면제품이었다. 수입 면제품 가운데 일본제는 1890년대 전반까지 가격과 품질의 열세로 별 인기를 끌지 못했다. 그러나 1890년대 후반에는 상대적으로 저렴한 가격을 무기로 시장을 크게 넓혔다. 일상이 유럽산 면제품을 상하이에서 구매하여 일본을 거쳐 들여온 것과 달리, 청상은 상하이에서 곧바로 들여왔기 때문에 더 유리하였다. 그런 까닭으로 1890년대 전반에는 부산항을 제외하고 원산항이나 인천항의 경우 중국으로부터 수입액이 급증하였다.

대외 교역의 확대와 교역량의 지속적 증가는 종래의 국내 상품수급 구조를 교란시키면서 상품 유통체계와 가격체계 전반의 재편을 초래하였다. 각 개항장은 종래의 원격지 유통의 중심지를 대신하여 새로운 유통의 거점이 되었고, 국내외 교역에서 집산과 분배 및 중계 기능을 담당하였다. 여기에는 국내의 구매력 증가와 생산 확대, 외국의 공급력 신장과 국내 생산품 수요의 증대에 따른 무역량의 증가, 무역상인을 비롯한 상인자본의 집중, 그리고 외국과의 정기 직통항로의 개설이나 금융·보험 기관의 설치 등 여러 가지 여건의 성숙도 큰 뒷받침이 되었다.

특히 근대적 운송수단으로서 기선의 도입은 원격지 유통의 확대와 그에 따른 국내 상품유통의 양적·질적 증가로 이어졌다. 기선을 이용한 원격지 유통이 활성화하고 개항장과 미개항 포구 사이의 연계도 더욱 밀접해졌다. 그런데 원격지 유통에 사용된 기선은 거의 일본인 소유였기 때문에 일상들의 국내 상권 침투에 활용된 측면도 강했다.

이처럼 유통체계가 바뀜에 따라서 국내 유통과 대외 교역에서 큰 비중을 차지했던 쌀·콩 등 곡물의 국내 수급구조와 가격체계도 전면 재편되어 갔다.

개항 이전 전국의 미곡은 대개 경강(京江)으로 집산된 다음 각지로 공급되었는데, 차츰 개항장으로 집산되는 경향이 일반화하면서 서울

중심의 유통권과 개항장 중심의 유통권이 서로 겨루게 되었다. 곡물 집산지이자 최대 소비처인 서울과, 새로운 집산지이자 수출항으로 떠오른 인천 사이에 상권의 대립은 치열했다. 종래 서울로 향했던 무곡선(貿穀船)은 쌀값에 따라 서울과 인천 가운데 유리한 곳으로 이동하였고, 이런 현상은 서울의 곡물 가격을 상승시키는 요인으로 작용했다.

쌀의 대일본 수출은 부산항을 중심으로 이루어졌다. 일본과 거리가 가까운 점과 쌀값에서 인천보다 부산이 유리하다는 점 때문에 많은 물량이 부산항으로 몰려들었다. 부산항을 거쳐 수출된 쌀의 산지를 보면 전라도와 경상도가 7:3의 비율을 보였다. 또 종래 함경도 지역은 강원도 영동 지방과 경상도 동해안을 연결하는 곡물 유통권에 속하여 쌀을 공급받고 있었다. 그런데 일본으로 수출되는 곡물이 부산항으로 집중되면서 함경도로 향하는 곡물의 양은 급감하였고 가격도 크게 상승하였다.

대외 교역의 확대에 따른 영향은 매우 컸다. 특히 쌀·콩 등 곡물이 빠져나가고 면제품이 들어오는 외국과의 교역구조가 굳어짐으로써 많은 폐단이 일어났다. 곡물은 정상 루트를 통한 무역 이외에 밀무역으로도 상당량 빠져나갔기 때문에 국내의 식량수급 질서를 교란시키고 곡물 부족을 일으켜 곡가 인상과 그에 따른 일반 물가의 전반적 상승을 초래하였다. 더욱이 값싼 외국산 면제품의 유입은 국내 농촌 수공업 위주의 면공업 발전에 큰 타격을 주었으며 농가의 수입도 크게 줄었다. 결국 민생은 갈수록 어려워졌고, 여러 가지 소비재의 수입과 부유층의 사치 풍조 확산으로 수출액보다 수입액이 많아서 생긴 무역수지의 적자는 금 수출로 메워야 했다.

2. 상공업계의 동향과 한인 상공업자의 활로 모색

개항 무렵 외상(外商)은 동래에 있던 일상뿐이었는데, 그 뒤 청상도 등장하였다. 이들은 불평등 조약체제 아래서 통상 항구의 개방, 거류지의 설치, 저율의 협정 관세, 내지(內地) 통상권, 연안 무역권과 해운권, 관세를 제외한 일체의 내지 · 연안 과세의 면제, 치외법권, 최혜국 대우 등을 보장받음으로써 크게 세력을 넓힐 수 있었다.

일상은 곡물을 취급하는 상인을 제외하고는 대개 자본력이 취약하고 판매술이 미숙하였기 때문에, 속임수나 고리대를 활용하는 영세 상인이 많았고 신용도 낮았다. 일본인의 내지 행상은 1890년 전후부터 곡물 수출이 급증하면서 크게 늘었는데, 개항장의 일본인 곡물 무역상과 관련을 맺고 있는 경우에 상당한 자본을 바탕으로 세력을 넓혀 갔다. 그러나 을미사변 이후에는 일상에 대한 공격이 심했기 때문에 계림장업단(鷄林奬業團)이라는 무장 행상단을 조직하기도 했다.

일상은 1890년대 중반까지는 유럽산 면제품을 들여와 되팔고 곡물을 사가는 중계 무역에 치중하였는데, 그 뒤로는 일본산 면제품이 수입품의 대종을 차지하게 된다. 조선 시장이 일본 본국의 면업 발달에 기여한 바는 매우 컸으며, 생금건(生金巾)과 백목면의 경우는 결정적이었다. 생금건 가운데도 섬세한 고급의 제품은 영국제와 경쟁이 되지 않았기 때문에, 조선의 토포(土布)와 성질이 비슷한 두터운 실로 짠 하급의 시팅(실)이 주로 수입되었다. 일상이 수입한 면제품 가운데 일본산의 비율은 1885년에 31퍼센트에서 1896년에는 97퍼센트에 이르게 된다.

일상보다 출발이 늦었던 청상은 조선에 주둔하는 청군의 정치적 · 군사적 후원, 월등한 자금력과 독자적인 상거래 방식, 독특한 단결력과 근검절약의 생활화, 전신을 이용한 신속한 정보망의 활용 등을 바탕으로 수입품의 판매권을 장악하고 일본산 잡화도 취급하며 상권을 급속히 확대해 나갔다. 인천항의 광동상인 동순태, 산동상인 서성태 · 쌍성태 등 무역상은 여러 상인들이 합자한 상인조직이었다. 가장 규모가 컸던 동순태는 2~3백만 냥의 대자본을 소유했으며, 그 밖의 소상인 조직이라도 5~6만 냥 이상의 자본을 보유하였다. 이들은 풍부한 자본을 바탕으로 상하이에서 영국산 면제품을 값싸게 다량 구입하여 수입 · 판매했을 뿐 아니라, 여러 곳에 회관을 설치하고 각지와 밀접한 연락망을 확보함으로써 금융 및 상품 운반의 편의를 도모하고 판매가격을 담합함으로써 서로 경쟁을 회피하였다.

청상은 조선산 상품을 구매할 때 물건 값과 운송비를 제대로 지불하지 않는다거나 무기를 지니고 다니면서 한인 행상자의 물건이나 좌판을 약탈하려다가 저항을 받으면 칼을 휘두르는 등의 행패를 부리기도 했다. 또 내지를 떼 지어 다니면서 한인 행상자를 구타하고 관리들을 욕보이며 관의 명령을 무시하는 등의 횡포를 저질러 반감을 불러일으켰다.

수입 면제품의 소비 실태를 보면, 1890년대 전반기까지 수입 면제품의 대종을 이룬 영국산 금건(金巾)은 가격이 비싸면서도 내구성이 적어 일반 소비자들로부터 별로 환영받지 못했다. 그런데 1890년대 중반 이후 수입된 일본산 면제품은 가격이 저렴하면서도 내구성을 갖추었다는 장점 때문에 구매가 크게 늘었다. 중류층이 주로 소비한 시팅은 경인 지역에 집중되었고, 그보다 품질이 낮은 백목면은 함경도 · 평안도에 집중되었다.

가격과 품질에서 열세를 보이며 수입 면제품과의 경쟁에서 밀린 조선산 면포의 소비시장은 급속히 위축되었다. 이제 소규모로라도 전통적인 생산방식을 유지하거나 일부 분야에서 수입 원료를 가공하여 완제품을 생산하는 방향으로 전환하며 명맥을 유지할 수밖에 없게 되었다. 그 결과 수입 방적사를 구매하여 면포 생산에 나서는 방향으로 활로를 찾는 경향이 늘어났고, 방적사의 수입도 증가하였다.

일상 · 청상 등 외상들의 국내 상권 침탈이 심화함으로써 한상의 입지는 갈수록 좁아졌고, 한인 공업도 심각한 위기에 처하게 되었다. 당시 시전상인이나 객주의 일부는 상당한 자본과 역량을 가지고 있었지만, 한인 상공업자의 역량은 전반적으로 취약하였다.

상황이 이러했기에 외상의 침투가 늘어나면서 어려움은 가중될 수밖에 없었다. 먼저 서울의 상권을 장악하고 있던 육의전을 비롯한 시전상인의 몰락이 가속화하였다. 특히 종래 금건과 한냉사 등 영국제 면포를 독점 판매하던 백목전, 중국제 견직물을 독점하던 입전의 위상은 결정적으로 무너졌다. 또 한성 안 1백여 군데에서 청상이 노점을 펴고, 남대문 · 동대문 일대에서 매일 열린 조시에도 청상이 침투함으로써 한상의 타격은 더욱 컸다. 개항장과 내지 포구 · 장시의 객주나 보부상들도 외상의 내지통상이 허용됨으로써 상권 경쟁의 위기 상황에 내몰리게 되었다.

서울을 비롯한 중요 도시에서 영업하던 상인들, 경강을 비롯한 각지 강이나 바닷가의 포구 및 개항장의 객주들, 각 지방을 전전하며 행상에 종사하던 부상과 보상 등 한상들은 외상의 침투에 맞서기 위해 1880년 무렵부터 여러 형태로 공동 대응에 나섰다. 먼저 각종의 상회사 조직이 생겨났는데, 자본 결집을 통한 경쟁력 강화, 정부의 수세(영업세) 공동 상납, 유통망(영업망) 독점 등의 요구를 실현하기 위해서였다. 이와 함께 시전상인들의 재조직화, 객주 상회사와 일반 상회사의 설립, 부보상 조직의 강화와 같은 현상도 나타났다.

당시 광산이나 임업, 수산업 등과 관련한 여러 이권을 둘러싸고 열강의 침탈이 만연해 가면서 국내 상공업을 진흥시키고 외세의 침투를 저지해야 한다는 인식이 널리 확산되었는데, 합자 형태로 각종 회사를 조직하거나 경영 · 판매 · 생산 조직과 설비 등의 혁신을 꾀하는 방식으로 결실을 맺기도 하였다.

한편 시전상인들은 1885년부터 1890년까지 일상 · 청상의 점포를 퇴거시키고자 통리아문에 호소하거나 동맹철시 투쟁 등 집단시위 운동을 전개하였으며, 1890년대 후반에는 황국중앙총상회를 결성하고 조직적으로 외상과 외세의 침탈을 규탄하며 상권수호 운동을 활발히 전개하였다.

이처럼 대한제국기에는 외세의 간섭과 침탈을 배제하고 근대 국가를 수립하려는 움직임이 확대되었고, 서구식의 자본주의를 적극 수용하여 근대 국민경제 체제를 확립하려는 식산흥업 정책도 본격화했다.

3. 지주제의 변동과 농촌사회의 변화

일본에서 쌀과 콩 등 조선산 곡물에 대한 높은 수요가 지속되자, 일상은 자금을 미리 대부하거나 고리대를 활용하면서 유통과정을 장악하고 생산과정에도 참여하였다. 그로 말미암아 곡가 인상과 곡물 상품화의 확대가 이어졌고, 지주와 상층 농민 등 미곡 판매층과 양반관료나 상인 등 곡물 유통과정에 참여하는 층들이 부를 축적하고 토지소유를 지속적으로 확대할 수 있는 기회가 마련되었다. 이와 달리 곡물 상품화의 기회가 줄어든 농민층의 토지 상실은 빠르게 진행되었고, 소농이나 빈농 · 도시 빈민의 몰락은 가속화하였다.

쌀값과 전답 가격의 추이를 보면 단기적인 오르내림은 있었지만 대체로 동반 상승하는 추세를 띠었다. 그 가운데서도 쌀값이 땅값에 견주어 상대적으로 상승률이 더 높았다. 부농들은 차경지를 위주로 하면서 때로 소유지를 확대해 갔고, 상인 · 지주들은 주로 소유지를 늘려갔다. 토지집적 방식을 보면 양반 관료나 부호의 경우 한꺼번에 상당한 농지를 구입하는 일도 있었지만, 대개의 지주들은 소농이나 빈농들이 방매하는 토지를 한두 필지씩 구입하여 20~30년 지나는 사이 대지주로 성장해 갔다. 그런데 쌀의 상품화가 활발해지는 가운데 때로는 전염병의 유행, 수재 · 한재 등 자연재해의 발생 등이 잇따르면서 생산량 저하 현상이 나타나기도 했다. 이럴 경우 국내의 쌀 부족 사태가 더욱 심해졌을 뿐 아니라 쌀값도 크게 올랐고, 토지 방매의 중요한 계기로 되는 악순환이 이어졌다.

크게 보아 쌀 수출의 급증, 조세 금납화의 시행, 대외 교역의 확대에 따른 여러 가지 일용 생활품의 수입 증가 등이 겹치면서 곡물의 상품화는 크게 진전하였다. 이러한 제반 여건의 변화는 지주들에게 유리하게 작용하였으나, 모든 지주층이 성장의 길을 걸은 것은 아니었다. 예전부터 내려오던 관행을 탈피하여 지대 수취를 늘리고 경영방식을 혁신하며 곡물 상품화에 적극 참여한 지주나 부농층이 성장해 간 것과 달리, 관행에 의존하면서 낡은 경영 방식을 고집한 지주들은 정체 또는 쇠퇴의 길로 접어들었다.

동학농민전쟁의 진압을 계기로 지주적 토지소유가 확고해지고 또 이 무렵부터 일본으로 곡물 수출이 급증한 데 발맞추어 지주들의 토지소유 확대도 눈에 띄게 늘었다. 지주들은 주로 곡물 상품화로 얻은 수입을 가지고 일반 농민의 경제적 몰락을 틈타 고리대를 활용하면서 농민들이 방매하는 토지를 구입하는 식으로 토지를 늘려갔다. 당시 일본인들도 토지 매입에 적극 나서고 있었으나 공식적으로는 외국인의 토지소유가 허용되지 않았으므로 몰래 사들이는 방식을 택하였다.

지주층이나 일본인의 토지소유 확대와 관련하여 주목할 점은 곡창지대, 특히 곡물의 운송과 유통이 편리한 지역의 토지를 대상으로 집중적으로 전개되었다는 사실이다.

쌀과 콩의 상품성이 높아지고 가격도 크게 오르면서 농업생산에도 큰 변화가 일어났다. 지주들은 이익을 극대화하고자 토지소유를 늘려가는 한편 경영방식의 전환도 시도하였다. 상품성이 하락하고 있던 면화 대신 콩을 재배하는 농가가 늘어나고, 콩 재배지 확대를 위한 개간도 이루어졌다. 콩이 대일본 수출에서 차지하는 비중은 상당했다. 당시 콩의 생산량은 쌀의 10퍼센트 정도였지만, 수출액은 쌀에 필적할 정도였다. 이런 까닭으로 콩의 경작 기술이 발달했고, 재배 면적도 크게 늘었다. 콩은 쌀과는 달리 지주제가 덜 발달했던 경상도 북부 지역에서 두드러지게 상품화하였으며, 계층에 관계없이 전 농민층이 상품화에 나섰다.

대일본 수출을 위한 쌀과 콩 위주의 재배 작물 단순화는 상업적 농업을 기반으로 하고 있던 농가경제에 큰 타격을 주면서 많은 농민층을 몰락시켰다. 또 쌀값 상승의 영향으로 쌀 이외 다른 곡물이나 각종 일용 생필품의 가격도 등귀하였기 때문에 시장에서 이들 상품을 구입하여 생계를 꾸려가야 했던 소농이나 빈농, 도시 빈민들은 더욱 곤궁한 처지로 내몰렸다. 특히 면화나 면포 생산 지역 농민의 경우는 사정이 더욱 심각했다.

4. 광무 양전 · 지계 사업

1894년 동학농민전쟁 이후 지주제는 급속히 확대되는 추세였다. 아울러 쌀값과 땅값이 계속 오르고 외국인의 토지 침탈이 늘어남으로써 토지 소유권에 대한 관심은 더욱 높아졌다. 또 지주와 소작인 사이의 갈등이 분출할 낌새도 엿보였다. 이러한 상황에서 대한제국은 '구본신참' 의 기치를 내세우며 광무 양전 · 지계 사업을 실시하였다.

1898년부터 1904년까지 추진된 광무 양전 · 지계 사업은 근대적 토지제도와 지세제도를 수립하고자 전국적 차원에서 추진되었다. 사업의 실제 과정을 보면 양지아문이 주도한 양전 사업과 그에 이은 지계아문의 양전 · 관계발급 사업으로 전개되었다.

1899년 4월 5일 양지아문은 조세 수입을 늘린다는 명분으로 양전의 전국적인 확대 · 시행을 결정하였다. 양전 사업은 측량 방식과 구체적 목적에 따라 크게 한성부와 그 밖의 전국 각지의 두 지역으로 나뉘어 시행되었다. 한성부의 경우 서양의 측량 기술에 따라 측량하되 기존의 가계(家契) 발급 제도의 확대 실시라는 방향으로 추진한 것과 달리, 전국 각지는 옛 제도인 결부제를 준용하는 방식으로 측량하되 토지에 관한 여러 사항을 포괄적으로 조사하는 국세조사의 방향으로 추진했다.

양전 사업을 거쳐 토지 소유권자를 확인하고 양안에 기재함으로써 대상 토지의 소유권을 보장해줄 수는 있었지만, 그 뒤의 변동과 관련해서는 아무런 규제 장치를 마련하지 못했다. 그 때문에 매매 등으로 자주 발생하는 소유권 변동과 궁방의 민전 침탈, 도매(盜賣)나 외국인의 잠매 등과 같이 부정한 방법을 동원한 소유권 변동에는 속수무책이었다. 이에 토지 소유권자나 관리들은 토지 소유권의 확인과 더불어 그 변동에 대한 공인을 요구하였다.

정부도 그런 요구를 수렴하여 1901년 10월 20일 한성부와 13도에 걸쳐 전토계권을 정리 · 실사하는 기구로 지계아문을 정식 출범시켰다. 그 뒤 정부는 지계아문과 양지아문의 사업이 병행되어야 한다는 점을 인식하고 1902년 3월 두 기구를 합설하였다. 주목되는 바는 관계발급 대상을 전토만이 아니라 산림 · 토지 · 전답 · 가사로 했다는 점과, 지계 발급과 관련하여 개항장 이외에는 외국인의 토지소유를 정식으로 금지한다는 조항을 명문화하여 삽입했다는 점이다.

관계발급 사업은 모든 토지를 대상으로 소유권의 확정과 이전의 공인을 실현함으로써 근대적인 법적 인정과 통제를 추구하였다는 점에서 의의가 크다. 아울러 개항장 이외 지역에서 외국인의 토지소유를 금지한 것은 당시 한성부를 비롯하여 전라도 · 경상도 지역의 개항장 주변에서 확대일로를 걷던 외국인의 토지 침탈을 차단하기 위해 시행한 특단의 조치였다.

양전과 관계의 발급 과정에서 핵심은 종전의 모든 매매 문기를 강제로 거둬들이고 새로운 관계(官契)를 발급함으로써 국가가 토지 소유권을 공인하였다는 사실이다. 이는 국가가 자기 영토 안의 부동산에 대하여 소유권의 등록 · 이전, 그 밖의 관련 사항들을 통제 · 장악할 강제 규정을 마련했음을 의미한다. 특히 토지 매매나 양여 · 전당의 경우 관을 허가를 받도록 함으로써 당시 큰 문제를 야기하고 있던 외국인들의 토지 침탈을 저지한 점과, 종래 경작자가 누려온 권리들을 보호하는 정책이 취해진 점 등은 주목된다.

맺음말

근대 변혁기 상공업과 농업의 변동은 짧은 기간 동안 폭넓고 빠르게 진전되었다. 비록 근대 국민국가를 완성하는 단계까지 이르지는 못했지만, 변화의 방향, 주도 세력의 대두, 분야별 실현의 구체화 정도 등을 살펴볼 때 인적 · 물적 토대를 갖추면서 근대 국가를 실현해가는 도정에 있었음은 분명하다.

시장의 확대와 상공업 및 농업의 변화, 외상의 상권 침탈과 한인 상공업자의 대응, 지주제의 확대와 근대적 토지 소유권의 확인 등의 문제를 근대 변혁기에 벌어진 다양하고 복합적인 변화상을 시야에 넣으면서 전면적이고 무한한 이윤 추구의 논리로 무장한 근대 자본주의 세력과 벌인 경제 전쟁의 일환으로 자리매김할 수 있다면 참신하고 다양한 해석도 가능할 것이다. 정치적 승부가 대한제국의 패망과 일제 식민지화로 귀결되었다고 해서 경제변동의 모든 사실과 현상까지 그에 환원 · 수렴시키는 접근법을 고집한다면 이해의 구도가 단조로워질 뿐만 아니라 역사적 사실의 왜곡과 다양한 역사상의 왜소화도 피할 수 없기 때문이다.

대외 교역의 증대 → 유통 및 가격 체계 전반의 재편 → 지주제의 확대 → 광무 양전 · 지계 사업의 실시로 이어진 일련의 과정을 추적하면서 상공업과 농업을 연관시켜 유기적으로 파악할 수 있는 관점의 모색이 필요하다. 이는 당시 부를 집적한 양반 관료나 상인층의 자본이 토지소유의 확대를 향해 역류한 메커니즘을 해명하는 데도 꼭 필요한 작업이다.

개항 이후 자본주의 열강과의 대외 교역이 늘어나면서 비롯된 경제변동은 지주제의 확대와 사적 토지 소유의 법적 확인, 그리고 농민층 분화로 이어졌다. 이런 흐름 속에서 자본주의적 경제 요소의 확산과 봉건적 생산관계의 해체, 낡은 세력의 몰락과 새로운 주도층의 성장, 시대적 변화에 대응한 안팎 여러 세력의 대립과 갈등 등과 같은 격변이 벌어졌다. 이처럼 신 · 구, 중앙 · 지방, 지배 · 피지배, 국내 · 국외와 같이 이해를 달리하는 세력과 요소들이 중첩되는 가운데 복잡하게 전개된 움직임을 포괄하기 위해서는 우리 나름의 근대사상의 구성이 필요하다. 이를 위해서는 상공업 및 농업 변동의 구체상을 더욱 생생하게 드러내는 작업과 더불어, 조선후기부터 오늘에 이르기까지 역동적으로 전개된 변화상을 아우를 새로운 담론과 패러다임을 제기하는 논의의 활성화가 필요하다.

■ 참고문헌

박원선, 《객주》, 연세대 출판부, 1968.

한우근, 《한국개항기의 상업구조》, 일조각, 1970.

김용섭, 〈광무년간의 양전지계사업〉, 《한국근대농업사연구》 하, 일조각, 1984.

이병천, 〈개항기 외국상인의 침입과 한국상인의 대응〉, 서울대 박사논문, 1985.

이헌창, 〈개항기 시장구조와 그 변화에 관한 연구〉, 서울대 박사논문, 1990.

이윤갑, 〈1894~1910년의 상업적 농업과 지주제〉, 《한국사론》 25, 1991.

김경태, 《한국근대경제사연구》, 창작과비평사, 1994.

최원규, 〈한말 일제초기 토지조사와 토지법 연구〉, 연세대 박사논문, 1994.

한국역사연구회 토지대장반, 《대한제국의 토지조사사업》, 민음사, 1995.

류승렬, 〈한말 · 일제초기 상업변동과 객주〉, 서울대 박사논문, 1996.

하원호, 《한국근대경제사연구》, 신서원, 1997.

전우용, 〈19세기말~20세기초 한인회사연구〉, 서울대 박사논문, 1997.

나애자, 《한국근대해운업사연구》, 국학자료원, 1998.

국사편찬위원회, 《한국사 39 제국주의의 침투와 동학농민전쟁》, 1999.

――――――, 《한국사 42 대한제국》, 1999.

――――――, 《한국사 44 갑오개혁 이후의 사회 · 경제적 변동》, 2000.

이영호, 《한국근대 지세제도와 농민운동》, 서울대 출판부, 2001.

조재곤, 《한국근대사회와 보부상》, 혜안, 2001.

신문물의 도입과 사회변화

전우용(서울대병원 병원사연구실)

머리말

사전적 의미에서 '문물'이란 문화의 산물 전체를 일컫는다. 여기에는 관습, 제도, 사상, 사물(事物) 등이 모두 포함된다. 인간은 본래 특정한 지리적 · 기후적 환경을 가진 지표(地表) 위에서 살아가는 존재로서, 인간이 만들어 내고 발전시켜 온 문물은 지역에 따라 서로 다른 특징을 지니고 있었다. 그런데 자본의 운동 무대가 전 세계로 확대된 제국주의 시대에는 문물 또한 자본을 따라 범지구적 유통망을 갖게 되었다.

자본주의 물질문명은 유럽에서 먼저 출현하였지만, 거기에는 근대 자연과학과 기술과학뿐 아니라 서유럽의 특유한 환경 에서 생성 · 정착되어 온 문화도 포함되어 있었다. 서구에서 자본주의적 생산관계는 종교, 의례, 복식, 음식 등의 여러 면에서 일정한 변화를 초래했지만, 그 변화는 부분적이고 제한적이었다. 따라서 서구에서 신문물은 구문물을 토대로 형성된 것으로서 완전히 새로운 것은 아니었다. 그러나 비서구 세계에서 신문물은 다른 '시간대' 의 산물일 뿐 아니라 다른 '공간' 에서 전해져 온 것이기에 서구 사회가 자신의 필요에 따라 자신의 것을 바탕으로 '근대' 라는 시간대를 만들어낸 것과는 달리, 비서구 세계는 대체로 어쩔 수 없이 타인의 것을 받아들여 '근대' 로 이행했다. 그 과정에서 서구적인 것은 그 기원이 어디에 있든 간에, 통째로 새로운 것, 근대적인 것으로 파악되었다.

자본주의는 인류 생활의 모든 면에서 근본적인 변화를 초래했지만, 비서구 세계의 경우 변화의 폭은 훨씬 넓었다. 비서구 세계는 자본주의 물질문명뿐 아니라 서구 문물 자체를 새로운 준거로 받아들여야 했는데, 이는 강력한 자기부정을 전제로 하는 것이었다. 익숙한 관습과 문화를 버리고 새로운 세계로 뛰어드는 일은 누구에게나 당황스럽고 두려운 일이었다. 그래서 서구 문물을 받아들이는 방법과 속도를 둘러싸고 여러 다른 반응이 나올 수밖에 없었다. 국가는 그 내부의 다양한 태도를 조율하고 나름의 기준을 제시하려 했지만 국가의 선택에 관계없이 서구 문물은 여러 통로로 비서구 세계에 침투했고 영향력을 확대했다. 서구 역사에 바탕을 둔 신문물은 전 지구적 범위에서 표준적 지위를 획득했고, 그에 적응하지 못하면 시대에 뒤떨어진 '구세계' 에서 벗어날 수 없게 되었다. 결국 비서구 세계에서는 물질적 측면에서나 문화적 제도적 측면에서나 '서구화' 를 '근대화' 와 동일시하는 태도가 일반적으로 자리 잡았다.

한국의 근대화 과정 또한 비서구 세계의 서구화라는 근대의 보편적 역사 과정의 한 갈래였다. 다만 한국의 경우 서구 각국의 제국주의적 팽창의 끝 단계에서, 동아시아에서는 최후로 개방한 나라였다는 점에서 특수한 면모가 나타났다. 무엇보다도 서구 문물을 중국과 일본을 거쳐 한 차례 더 굴절시켜 받아들여야 했다는 점에서 '신문물' 자체에 복잡성이 내재되어 있었다. 19세기 말 조선의 처지에서 볼 때 중국과 일본은 신문물 도입의 모델이기도 했지만, 동시에 가장 노골적인 침략성을 보인 외세이기도 했다. 그 탓에 조선의 신문물 도입은 항상 위태로운 경계선 위에서 진행되었고, 국가의 통제력도 심각하게 제약되었다. 신문물 도입의 속도와 방향을 통제하려던 국가적 노력이 결과적으로 실패한 데에는 이 같은 상황이 크게 작용했다.

신문물은 사람들 사이의 정치 · 경제 · 사회적 관계를 변화시켰을 뿐 아니라 사람 자신을 바꾸어 놓았다. 기계나 도구는 사람이 만들고 이용하는 것이되, 거꾸로 사람을 지배하는 것이기도 하다. 그런 점에서 근대는 관계나 상황에 그치는 것이 아니라 개별 인격체 내부에도 스며드는 것이다. 근대성과 함께 근대인이 새로운 관심 대상으로 부각되고 있는 오늘날의 한국사 연구에서, 이 분야의 중요성은 계속 높아질 것이다. 그러나 그 대상이 광범위하고 사물 하나하나가 독립적인 영역을 구축하고 있기 때문에 아직껏 종합적인 연구는 그리 많지 않다.

1. '신문물' 과 '근대'

15~16세기 유럽인들이 주도한 '대항해 시대' 는 사람과 물자의 이동을 전 지구적 범위로 확대시켰다. 유럽인들은 비단 '신대륙' 을 발견했을 뿐 아니라 '구대륙' 도 재발견했다. 더불어 대륙별로 분리된 채 서로를 미지의 대상으로 여겨 온 인류의 세계 인식에도 중대한 변화가 일어났다. 동양과 서양이 확실히 구별되는 공간으로 인지되었으며, 유럽인들이 르네상스와 산업혁명을 거치면서 정립한 '진보적 문명관' 이 그 구별된 공간에 투영되었다. '진보' 라는 개념은 이미 '속도' 개념을 포함하는 것으로서 유럽인들은 자신의 공간과 그 밖의 공간을 서로 다

른 '시간대' 위에 자리매김했다. 유럽인들은 자신들만이 문명의 시대(=근대)에 사는 사람들이고 그 밖의 사람들은 비문명의 시대에 멈추어 있는 것으로 취급했다.

유럽인들이 세계 곳곳을 찾아 다녔던 것과는 반대로, 비유럽 세계인들에게 유럽은 갑작스럽게 다가왔다. 유럽인들이 새로 발견한 세계를 '비문명 세계' 라는 단일 범주로 묶으면서도 광대한 지역의 다양한 문화를 구별하여 인식할 수 있었던 것과는 달리, 비유럽 세계 사람들은 '백인 기독교 자본주의' 문명이라는 단일 문명만을 볼 수 있었다. 유럽 세계는 '자본주의 물질문명' 을 지렛대로 하여 비류럽 세계 전역에 지배권을 행사했으며, 이는 동아시아를 포함한 비유럽 세계 전역에서 문명사적 전환을 촉진했다. 유럽인들이 소지한 자본주의 물질문명의 힘과 실용성에 압도된 비유럽 세계 사람들은 유럽인들과 마찬가지로 점차 공간적 차이를 시간적 격차로 이해하기 시작했다.

유럽인들의 동아시아 진출은 대항해 시대와 함께 시작되었지만, 그 침투가 본격화한 것은 19세기 중반부터였다. 이 무렵부터 동양 각국은 좋건 싫건 대응방안을 마련해야 했다. 그런데 동양 각국의 경제적, 문화적 조건이 상이했던 데다가 내부적으로 다양하고 상호 대립적인 반응이 있었기 때문에 그 대응방식이 같을 수는 없었다. 논리적으로는, 과거의 천하관을 고수하면서 서양 세력에 저항할 것인가, 주변 각국의 반응을 지켜보면서 태도 결정을 유보할 것인가, 아니면 능동적으로 서양 문물을 받아들여 새로운 시간대로 진입할 것인가는 모두 선택가능한 문제였다. 그러나 실제로는, 서양 문명은 그 수용을 강제하는 현실적 힘을 가지고 있었다. 그 때문에 동양 각국은 대개 서양 문물 도입의 필요성 여부를 판단할 여유를 갖지 못한 채 국가적 차원에서 그를 도입하고 모방하는 일을 서둘렀다. 국가의 능동성과는 별도로 민(民)이 직접, 개별적으로 서양과 접촉하는 통로도 점차 확대되어 갔다.

국가가 주도하여 수용한 것이든, 민(民) 사이에서 점차적으로 영향력을 확대해 간 것이든, 서양 문물은 기존 사회를 균열시키는 요인으로 작용했다. 우선 서양 문물은 서양인들이 동양을 바라보는 시선(視線)과 함께 들어왔다. 동양 사회에 침투한 서양 문물은 문명과 진보를 상징하는 신문물(新文物)이 되었으며, 동양 전래의 문물은 야만과 낙후의 표상으로서 '구(舊) 문물'을 구성했다. 물론 동서양을 가리지 아니하고 중세에는 구(舊)와 신(新)이 대등한 가치를 지니고 있었다. 그러나 18세기 이후 서구에서는 구질서, 구문물이 타파해야 할 대상으로 바뀌었고, 19세기 중반 이후에는 이 태도가 동양 사회에도 영향을 미쳤기 때문에, 신문물과 신제도는 이윽고 보편적 지향점이 되었다.

개인적 차원에서든 국가적 차원에서든 '옛 것'을 '새 것'으로 교체하거나 '새 것'을 '옛 것'과 공존하도록 하는 일은 그 자체로 개혁이었던 바, 이 시기 동양 각국의 개혁은 모두 '서(西)', '양(洋)', '신(新)'의 수용을 핵심 과제로 하였다. 19세기 동양 각국에서 진행된 개혁들은 한편으로는 신문물 수용의 정도와 속도에서, 다른 한편에서는 해당 사회 내부에 미친 파괴력의 강도에서 큰 차이를 보였는데, 이는 궁극적으로 개혁의 성패(成敗)에 결정적인 영향을 미쳤다. 그러나 개혁의 성패에 관계 없이 신문물은 동양 사회를 송두리째 바꾸어 놓았고, 동양의 각 민족은 자발적으로든 강요에 따라서든 신문물에 적응하지 않을 수 없었다.

2. 조선 정부의 신문물 도입과 근대 개혁

우리나라에 서양에 관한 구체적 정보가 입수되기 시작한 것은 17세기 초부터였다. 서양 문물을 동양에 전한 초기 담당자들은 16세기부터 동서 무역에 진출한 유럽 상인들과 종교개혁 이후 비기독교 세계로 눈길을 돌린 예수회 선교사들이었다. 유럽 상인들은 주로 일본의 나가사키를 왕래했고, 예수회 선교사들은 명말(明末) 청초(淸初)부터 북경에 머물면서 천주교와 서양의 학문을 전파했다. 이 무렵부터 조선 정부와 민(民)은 중국 사행(使行)을 통해서, 또는 표류 서양인을 통해서 그들의 문물제도에 접할 수 있었다. 19세기 초 · 중반부터는 국내에 잠입한 프랑스인 선교사들이 제한된 범위 안에서나마 서양 문물을 직접 전파하기 시작했다.

서양과 간접 접촉이 시작될 때부터 조선 지식인들은 서양의 학술과 기예, 즉 서학(西學)에 깊은 관심을 기울였다. 처음에는 서학(西學)이라는 용어를 종교와 자연과학, 기술과학 모두를 포괄하는 것으로 이해했지만, 점차 종교와 여타 학문을 구별하기 시작했다. 18세기 중반에는 정부의 금압(禁壓)에도 불구하고 서학을 종교로 받아들이는 사람들이 나타났는데, 다른 한편에서는 기술과학 분야의 정밀성과 실용성은 배우되 종교는 배격해야 한다는 주장도 제기되었다. 19세기 후반 조불전쟁(병인양요), 조미전쟁(신미양요) 과정에서 서양 화기(火器)의 위력을 직접 눈으로 본 뒤로는 이 같은 주장이 더욱 확산되었다. 서양 문물에 대한 지식인 사회 일각의 이 같은 태도는 1876년 개항의 내적 계기가 되었다.

개항 이후 정부는 중국의 예를 따라 통리기무아문을 설치하고, 조사시찰단(朝士視察團)과 영선사(領選使)를 일본과 중국에 각각 파견하여 신문물 도입 실태를 상세히 조사했다. 통리기무아문은 1882년 통리내무아문과 통리교섭통상사무아문으로 분화 개편되었는데, 신문물 도입과 대외 통상(通商) 사무는 통리교섭통상사무아문이 총괄했다. 당시 일부 지식인들도 무기, 농상(農桑), 의약(醫藥), 전신(電信), 광무(鑛務), 상업(商業) 등에 관한 서양의 지식과 제도를 도입하여 '부국강병(富國

强兵)'을 이루자고 하면서 정부의 신문물 도입 사업을 뒷받침했다.

군사 부문에서는 1881년 별기군(別技軍)이 창설되었고, 1883년에는 신무기 제조와 학습 기구로 기기국(機器局)이 설치되었다. 정부 산하의 신문물 도입과 학습 기구는 특히 1882년의 개화교서(開化敎書)를 계기로 활발히 만들어졌는데, 1883년에는 생사(生絲) 생산과 수출을 목적으로 한 잠상공사(蠶桑公司), 유리제조를 목적으로 한 파리국(玻璃局), 신문발행과 출판인쇄 사업을 목적으로 한 박문국(博文局), 신식 화폐 발행 기구인 전환국(典圜局) 등이 설립되었다. 1884년에는 광산 개발을 목적으로 한 광무국(礦務局)과 우편 업무를 담당하는 우정국(郵政局), 신식 농업기술을 시험하기 위한 농무목축시험장(農務牧畜試驗場)이 각각 설립되었고, 1885년에는 서양 근대의학에 바탕을 둔 의료기관이자 의학교육기관으로 제중원(濟衆院)이 설치되었다. 1886년에는 서양식 교수법과 교과과정에 따른 최초의 근대적 국립 교육기관인 육영공원(育英公院)이 문을 열었으며, 그 이듬해에는 사관학교격인 연무공원(鍊武公院)이 설립되었다. 이들 신문물 도입 및 학습 기구에는 외국인 기술자와 교관(敎官)이 초빙되었으며, 정부에서 선발한 관료와 학생이 배치되었다.

정부 주도의 신문물 도입은 민간에도 영향을 미쳤다. 한성순보나 한성주보는 태서(泰西) 각국의 신문물과 제도를 소개하는 데 열심이었고, 보빙사(報聘使) 등 외국 순방 사절단은 직접 서구 문물에 접할 기회를 얻었다. 이 경험과 정보들은 민간으로 빠르게 확산되었다. 1880년대 중반부터 서구의 상사(商社) 제도를 모방한 회사(會社), 상사(商社)들이 속속 설립되었는데, 역시 통리아문이 그들을 관장(管掌)했다. 그런데 1880년대의 신문물 도입은 대체로 실험적 단계에 머물러 있었고, 그나마 청(淸)의 속방화(屬邦化) 정책 등으로 말미암아 안정적 재원을 확보하지 못함으로써 오랫동안 지속되지도 못했다.

정부의 신문물 도입 사업은 갑오개혁 이후, 특히 대한제국 선포 이후 제도화의 단계로 나아갔다. 1894~1895년의 갑오 · 을미개혁은 일본의 메이지유신을 모델로 하여 국가 체제 전반을 서구식으로 개조하려는 시도였다. 신문물 도입은 개혁의 핵심 과제였는데, 특히 1895년의 태양력 채용과 단발령, 도시개조사업과 방역사업 등은 조선 사회 내부로부터 제기되어 온 신분제 및 조세제도 개혁 등과 더불어 그 단기적 성패에 관계 없이 사회 전반에 심대한 영향을 미쳤다.

갑오 · 을미개혁을 추진한 내각이 붕괴한 뒤에도 신문물 도입정책은 큰 변동 없이 지속되었다. 서구 열강의 제국주의적 팽창이 개시된 이후, 서구 문물의 도입과 제도화는 근대 국가(= 문명국)의 일원으로 인정받기 위해서도 꼭 필요한 일이었다. 1890년대 중 · 후반부터 황실과 정부는 외국 자본을 끌어들이거나 외국인 기술자와 교관을 고빙(雇聘)하여 서구식 기업이나 학교를 설립했고, 그 결과 사회 전반에 걸쳐 가시적이고 불가역적인 변화가 나타나기 시작했다. 전기 · 철도 · 광산 · 위생 · 금융 · 상공업 · 무역 등 여러 부면에서 서구의 지식과 기술이 폭넓게 채용되었으며, 서울에 서구적 도시계획 개념이 적용되었고 황궁 경내의 전각과 일부 국가 시설물이 서양식으로 건축되었다. 그러나 국가 주도의 신문물 도입과 제도화는 대체로 서울에 국한되었고, 지방으로 확산되지는 못했다.

국가의 신문물 도입과는 별도로, 외국인의 도래(渡來)가 사회 전반에 직간접적인 영향을 미치기도 했다. 개항장에는 일본식이나 서양식 건조물들이 속속 들어섰고, 거류민을 대상으로 한 방역조치와 위생사업도 일상화하였다. 선교사나 기업인들 역시 서양의 지식과 종교, 생활 습관을 전파하는 데 열심이었다. 굳이 사람을 매개하지 않더라도 석유 · 성냥 · 우산 · 설탕 · 면사(綿絲) 등 거류지 무역기구를 통해 수입된 상품들은 처음에는 호기심의 대상에 지나지 않았으나 차츰 대중의 일상(日常) 깊숙이 침투해 들어가기 시작했다.

3. 새로운 시간과 공간

서양의 세계관은 개항 이전부터 이미 한국 사회에 뿌리를 내리기 시작했다. 독일인 선교사 샬폰벨〔湯若望〕이 서양역법 - 그레고리우스력 - 을 기초로 작성한 시헌력(時憲曆)이 중국의 공식 역법으로 채택된 것은 1645년이었고, 우리나라에서는 1708년부터 사용했다. 새 역법의 도입을 전후하여 자명종, 천리경 등도 유입되었는데, 특히 자명종은 당시 서양의 기계적 시간관에 대한 관심을 불러 일으켰던 것으로 보인다. 이 무렵부터 조선의 지식인들 사이에서도 지전설(地轉說) 등 천문학과 관련한 새로운 주장이 제기되기 시작했다.

1876년의 개항은 세계 시간과 국내 시간을 통일시키는 문제를 제기했다. 서양인 외교관들은 자국의 시간대에 따라 움직였고, 그들을 상대하기 위해서는 같은 시간대를 적용할 필요가 있었다. 개항 직후 전신망(電信網)이 보급되어 국제 전신망과 연결된 것도 시간 통일의 필요성을 증대시켰다. 24시제와 7일 1주제를 포함하는 태양력(太陽曆)은 서구의 근대 과학과 기독교적 우주관이 혼합된 것이었지만, 그 수용과 배격을 선별하는 것은 불가능했다. 서양식 시간은 특히 통상(通商)이나 외교(外交) 등 서구인과 직접 접촉해야 하는 영역에서 빠르게 영향력을 확대해 갔다. 당장 통리교섭통상사무아문과 산하 기관들은 서양식 7일 1휴제에 따라 운영되었다. 서양인 선교사들이 세운 학교나 병원, 교회들도 민간에서 새로운 시간 경험을 확산시켰다.

그러나 1890년대 중반까지, 서양식 시간은 극히 일부의 사람들에게만 의미가 있었다. 1895년 시간 생활 전반의 기준을 서양식으로 바꾸려 한 '을미 시간개혁' 에 대한 반발이 거셌던 것도 그 때문이다. 그러나 을미 시간개혁의 내용을 전면 거부할 수도 없었다. 1884년 워싱턴 국제 자오선 회의에서 본초 자오선과 국제 표준시가 결정됨으로써 세계는 단일 시간권으로 통합되었다. 고종의 러시아 공사관 이어(移御)〔아관파천〕 이후 태양력 전용 방침은 폐기되었지만, 태음력 전용으로 회귀하지도 않았다. 대한제국이 '구본신참(舊本新參)' 을 표방한 것과 같은 맥락에서, 시간대 또한 '행위의 내용' 에 따라 분리되었다. 국가적 의례(儀禮)에서는 태음력〔시헌력〕이, 일부 행정사무에서는 태양력이 사용되었다.

기계식 시계의 운동을 기준으로 하는 24시제도 빠르게 정착해 갔다. 여기에는 다른 기계의 보급도 영향을 미쳤다. 특히 새로운 교통 통신 수단은 기계적 운동과 시간, 거리 사이의 관계를 근본적으로 바꾸어 놓았고, 사람들은 그에 적응하기 위해서라도 새로운 시간에 친숙해져야 했다. 1890년대 중반 이후 각종 신문에 게재된 기선운항 시간표는 모두 24시제를 따랐다. 1899년 기차가 개통된 뒤로는 열차 시간표가 그 뒤를 따랐고, 전차 역시 대중의 인지(認知) 여부와는 관계 없이 24시제에 따라 운행되었다. 도성문을 개폐(開閉)하는 기준 시점을 알리던 종각(鐘閣)의 종소리가 사라진 것도 전차 개통의 결과였다. 이 시기에는 선교사들이 설립한 학교뿐 아니라 정부가 설립한 신식 학교들도 24시제를 따르는 시간표를 채택했다.

한편 1896년부터 본격 추진된 서울 도시개조 사업은 제한된 범위에서나마 '근대적 공간' 을 만들어 냈다. 서양인들이 국내에 들어오기 전까지, 오랫동안 한국인의 공간관을 지배해 온 것은 지표(地表)와 인간 사이의 관계를 길·흉·화·복의 종교적 관점에서 바라보는 풍수지리설이었다. 여기에 유교적 신분제적 공간관이 함께 작용하여 입지, 규모, 양식 등 건축 행위 일체가 규제되었다. 그런데 1880년대 후반 외국인들의 건축 행위가 시작되면서 전통적 공간관에 파열구가 생겼다. 외국인들은 건축 행위와 관련하여 한국인들이 금기로 여겼던 것들을 거리낌 없이 묵살했다.

서구의 건축 개념을 최초로 받아들인 것은 왕실이었다. 서양식 건축인 관문각(觀文閣)이 경복궁 경내에 세워진 것은 1888년이었고, 1896년 경운궁을 정궁으로 삼은 뒤에는 경내에 다수의 양관(洋館)이 만들어졌다. 당장 경운궁을 황궁으로 삼은 것 자체가 유교의 공간 배치원리를 무시한 것이었다. 이와 때를 같이 하여 도시 구조 전반을 개조하는 사업이 추진되었다. 황궁 주변에 절대주의 시대 유럽에서 자주 채용되었던 환상방사선형(環狀放射線形) 도로망이 만들어졌고, 그 도로들과 기존 간선도로가 만나는 교차점에는 원구단, 독립문, 기념비전 등 정치적 상징성이 풍부한 조형물들이 세워졌다. 종로에는 전차선로가 놓였고, 그 한복판에 시민공원이 만들어졌으며, 옛 선혜청 창고에는 중앙시장〔도시상설시장〕이 들어섰다. 한강변 용산에는 이미 1880년대부터 전환국과 파리국 등 관영 공장들이 들어서기 시작했는데, 대한제국 선포 이후에는 군부 총기제조소와 피복제조소, 궁내부 정미소 등 신식 공장들이 추가되었다.

서울 거주 외국인들의 수가 늘어나면서 토지 가옥의 매매도 활발해졌고 이국적 양식의 건축물도 늘어났는데, 이는 지표(地表)에 대한 종교적 태도를 약화시키는 결과를 빚었다. 대지(垈地)와 가옥의 가치는 풍수적 요소보다는 교통편이나 도시 기반시설의 정비 정도, 건물의 재질과 양식 등에 더 크게 영향을 받게 되었다.

서울 도시 개조 사업은 서양의 위생관으로부터도 영향을 받았다. 1880년대 중반 이후 국가 차원의 우두(牛痘) 시행, 콜레라에 대처하는 과정에서 얻은 경험, 서양 근대의학 지식의 보급 등은 한국인들의 질병관(疾病觀)을 바꾸는 계기가 되었다. 생체로 침투해 들어오는 몸 밖의 병독(病毒)이 물리적 실체로 인지되었으며, 그 침투를 막기 위한 방안으로 개인과 환경의 청결이 강조되었다. 서울의 하수로가 정연하게 정비된 것이나, 별도의 오물 처리 방안이 마련된 것은 그 직접적 결과였다.

기계적 시간과 물화(物化)한 공간은 그 안에서 살아가는 사람 자체를 바꿔 가기 시작했다. 사람을 살아 있는 기계〔=유기체(有機體)〕로 보는 관점이 확산되었고, 사회 전체를 유기체로 이해하는 근대적 세계관이 이해되기 시작했다. 20세기 벽두 한국의 지식사회를 풍미했고, 현재에도 대중의 직관적 세계관에 큰 영향을 미치고 있는 사회진화론(社會進化論)은 신문물이 만들어 놓은 새로운 물질세계에 뿌리를 내렸던 것이다.

맺음말

서양 문물이 조선 사회에 조금씩 스며들기 시작한 것은 17세기부터였지만, 그 뒤로도 오랫동안 서양 문물은 우리 것을 '버리고' 받아들여야 할 만큼 절실한 모방과 수용의 대상은 아니었다. 19세기 중반, 서구 제국주의 세력과 물리적 접촉을 경험한 뒤에야 서구 문물은 '신문물'의 지위를 획득했다. 정부 차원에서나 민간 차원에서나 서구 문물은 시급히 받아들여야 할 대상이 되었고, 그를 얼마나 빨리 받아들였는가가 국제 사회에서 국가의 지위, 사회 안에서 개인의 지위를 결정하는 핵심 요건이 되었다.

19세기 말 국왕과 정부는 국가체제를 지키기 위해서 신문물 도입을 서둘렀지만, 신문물의 소유자, 전달자들은 오히려 조선의 국가체제를 붕괴시키는 데 관심이 있었다. 국가적 차원에서 신문물의 도입은 '개혁'의 중심 내용을 이루었지만, 동시에 서구 열강의 조선 침략을 매개하는 핵심 장치이기도 했다. 서구의 침략에 저항하기 위해 서구를 닮아가야 했던 이 이율배반성은 기술 · 사물 · 태도 모두에 작용했다. 그러나 대다수 사람들은 신문물의 양면성을 이해하지 못한 채로 그를 받아들이고 적응해 갔다.

신문물이 본격적으로 도입되면서 국가의 통제력은 오히려 약해져 갔다. 거기에는 내부의 반발과 외부의 압력이 모두 작용했다. 제국주의는 문화적 지배와 경제적 침탈을 목적으로 자신들의 문물을 강요했다. 자본주의의 힘과 효율성은 특별한 정당화 기제를 필요로 하지 않았다. 또 서구 문물을 받아들이고 그에 적응하려는 일부 사람들의 욕구는 수시로 국가가 설정한 한계점을 넘어섰고, 자주 기존 국가체제를 전복하려는 시도로 이어졌다. 강력한 외세에 반해, 동요하면서 이완되어 가는 국가체제는 서구적 힘에 대한 숭배태도를 더욱 강화시켰다.

서구 문물은 그 유용성을 앞세워 한국사회에 파고 들었지만, 이윽고 물질생활뿐 아니라 사회적 · 정치적 관계, 나아가 정신세계까지 장악하기 시작했다. 서구 문물을 수용하고 모방하려는 충동은 일제의 한국강점 이후에도, 나아가 해방 이후에도 한국 사회 안에서 지속되어 왔다. 어떤 의미에서 20세기의 한국사는 신문물 도입의 역사 또는 서구화의 역사라 할 수 있다. 근대화의 거대한 역사과정에서 국가 주권의 피탈(被奪)과 회복의 문제를 어떻게 자리매김할 것인가는 또 다른 논란거리이지만, 신문물 도입의 역사는 그 연속과 단절의 문제를 해명하는 데 중요한 열쇠 구실을 할 것이다.

■ 참고문헌

고미숙, 《한국의 근대성, 그 기원을 찾아서》, 책세상, 2001.

권보드래, 《한국 근대소설의 기원》, 소명출판, 2000.

김기석, 《한국 근대교육의 태동》, 교육과학사, 1999.

김도형, 〈개항 전후 실학의 변용과 근대개혁론〉, 《東方學志》 124, 2004.

김동욱, 《한국 건축의 역사》, 기문당, 1997.

김연희, 〈대한제국기의 전기사업〉, 《한국과학사학회지》, 1997.

孫禎睦, 《韓國開港期 都市社會經濟史硏究》, 一志社, 1986.

신동원, 《한국근대보건의료사》, 한울아카데미, 1997.

역사문제연구소, 《한국의 근대와 근대성 비판》, 역사비평사, 2000.

이태진, 〈대한제국의 서울 황성 만들기〉, 《고종시대의 재조명》, 태학사, 2000.

임현수, 〈대한제국시기 역법정책과 종교문화〉, 《대한제국은 근대국가인가》, 푸른역사, 2005.

全遇容, 〈19世紀末-20世紀初 韓人 會社 硏究〉, 서울대 박사논문, 1997.

정근식, 〈한국의 근대적 시간 체제의 형성과 일상 생활의 변화 I : 대한제국기를 중심으로〉, 《사회와 역사》 58, 2000.

정재정, 《일제침략과 한국철도》, 서울대 출판부, 1999.

의식과 학문, 교육의 변화

구희진(군산대 사학과)

머리말

1876년 개항에서 1905년 을사늑약까지, 한말의 학문과 사상, 교육과 예술 분야에서 이루어진 활동과 변화는 근대국가를 뒷받침하는 문화적 토대를 수립해 가는 과정이었다. 그리고 을사늑약 이후, 일제의 국권침탈이 본격화하는 가운데 한편에서는 국권회복 방안으로 민족문화의 수립이 적극 모색되었고 다른 한편에서는 근대문명화의 미명 아래 식민지문화의 바탕이 마련되어 갔다. 이 글에서는 1876년에서 1910년까지의 의식과 학문, 교육부문에서 일어난 변화를 중심으로 우리 근대문화가 어떻게 형성되어 갔는지 살펴보고자 한다.

우리 근대의 사상과 교육에 대한 연구는 주로 개화와 척사, 문명개화론과 변통론, 그리고 1905년 이후 각 계열의 국권회복운동 등 개혁운동의 범주 안에서 부분적으로 이루어져 왔다. 이는 교화를 통한 통치를 추구해 왔던 역사전통과 근대개혁의 중요한 과제는 문명화라는 인식 아래에서, 학문과 교육 등 문화 부문이 근대국가 수립의 주요 방략으로 간주되었기 때문이다. 이러한 연구들을 통해 각 계열의 운동이 지향하는 근대국가의 성격은 대략 밝혀졌다고 할 수 있다. 그러나 근대문화를 개혁운동이나 정책의 일환으로 파악하는 것에서 나아가, 문화의 각 영역별로 근대시기를 통괄하여 규명함으로써 근대국가를 뒷받침하는 문화적 토대가 어떠한 내용과 성격으로 형성되어 갔는지 밝히는 연구는 시작 단계에 있다고 할 수 있다.

이 글에서는 시론으로나마 국민의식과 교육, 학문 등에 대해 연속성과 계열성을 고려하며 살펴보겠다. 이 시기의 의식 · 교육 · 학문 분야의 변화는 조선 후기 봉건사회 해체를 수습하는 가운데 형성된 사상에 바탕을 두고, 개항 이후 시대의 변화에 대처하며, 서구사상까지도 흡수하면서 이루어지고 있었으므로 우리 역사의 내적인 발전 속에서 구조적으로 이해하려 하겠다. 또한, 조선 · 대한제국은 집권적 왕조국가의 전통을 계승하여 국가 · 국왕중심의 개혁을 도모했고, 여러 계열의 지식인층들은 자신들의 입론에 바탕을 둔 사상을 형성해 갔으므로 여러 계열의 교육론, 학문의 구조와 성격을 근대국가상과 연계하여 계통적으로 파악해 보려 하겠다. 아울러 일제는 이를 어떻게 식민지적 근대로 왜곡 굴절시켜 갔는지 살펴보겠다.

1. 근대국가와 국민의식의 변화

근대국가를 수립하는 과정에서 중요한 과제 가운데 하나는 근대적인 국민의식의 형성이다. 이에 관한 연구는 주로 갑오개혁과 독립협회 운동을 중심으로 이루어졌다. 국민에 대한 보통교육을 법제화했던 갑오개혁과 이를 계승했던 독립협회 운동을 통해 일본의 명치유신이나 서구를 모방하여 위로부터 '충군애국' 하는 신민 만들기 정책이나 운동이 이루어졌다고 이해되고 있다. 그런데 조선은 집권적 왕조국가체제 아래에서 국민을 교화로써 통치한다는 오랜 전통에 바탕을 두고 근대국가를 수립하려 했다. 그러므로 분권적 전통을 지닌 국가에서 국왕에 대한 절대적인 '충(忠)' 을 매개로 근대국민을 만들려 했던 사례를 적용해서 이해하는 것은 무리가 따른다. 조선역사와 문화전통 위에서 근대개혁기 국민의식의 형성을 규명해야겠다.

우리 역사에서 봉건적 신분제 해체의 특징은 다수의 민인(民人)들이 양반화하는 방향으로 진행되었다는 점이다. 이와 더불어 의식에서도 변화가 일어나 선비〔士〕가 추구해 온 인륜과 절의를 중시하는 도덕성과 기개는 신분을 벗어나 모든 사람이 지녀야 할 교양이 되어 갔다. 그리고 앞으로는 직분이 중시되어 자신의 재능에 따라 직업에 종사하는 사람들이 평등한 관계를 가져야 한다고 전망했다.

정부와 각 계열의 지식인들이 본격적으로 국민의 위상과 역할을 논의한 시기는 갑오농민전쟁과 갑오개혁, 을미사변을 경험한 이후인 대한제국기였다. 대한제국은 국권의 위기 속에서 거국적인 여론에 부응하는 형태를 취하며 수립했다. 대한제국 수립을 전후해서 국가의 모든 구성원을 통괄하여 인식하는 관념이 생겨나 '동포' 라고 하였으며, 특히 인민의 국가에 대한 역할로 인민의 '직무' 가 논의되었다.

인민의 정치적 역할이 권리나 의무보다는 '직무' 로 논의된 이유는 먼저, 신분제 해체 속에서 직분중심 사회를 지향했던 역사전통에 바탕을 둔 것이다. 그런데 인민이 국가정치를 바르게 해야 할 '직무' 를 가진다고 하게 된 것은 중요한 의의가 있다. 전통사회에서 선비가 지녔던 사회적인 책무를 보편적인 인민의 직무로 인식해 가게 된 것이다. 그리고 권리나 의무와 같은 개인의 법률적 권한보다는 집단의 구성원으로서 지니는 도덕적인 차원의 책무를 중심으로 국가를 운영하겠다는 것이었다. 또한 인민에게는 당분간 정치적 권리인 참정권을 부여하지 않겠다는 우민관(愚民觀) 때문이기도 했다.

1898년 대한제국의 정치형태를 모색하는 과정에서 황제와 개신유학자, 문명개화 계열의 지식인들은 인민이 국가정치를 바르게 해야 할 직무를 가진다고 인정했다. 그러나 황제는 이를 도덕적인 차원으로 본 것과는 달리, 문명개화 계열의 지식인들은 인민의 직무에 바탕을 두고 자신들과 같은 상층민이 정치에 참여할 수 있는 정치제도와 생명 · 재산 등 민권의 법제화를 중시했다. 대한제국은 이러한 대립을 체제 내적으로 수용하지 못했다.

대한제국은 1899년 전제황권 중심의 근대국가체제를 법제화했다. 전제황권을 뒷받침하는 이념으로 유교를 국교화하고, 권리나 의무보다는 절의와 같은 도덕성과 직분을 중심으로 사회를 운영하려 했다. 인민의 직분으로는 안업(安業)을 중시하며 부국강병을 추구했다. 문명개화계열 지식인들은 활동이 금지된 것과 달리, 개신유자(改新儒者)들은 적극적으로 정부의 대변통을 촉구하고 그 이념과 방안을 제시하며 대한제국의 개혁을 뒷받침하려 했다. 특히 인민의 안업을 부국강병의 방안으로 보고 인민의 역할을 재인식했다.

1899년 후반기 이후 러 · 일의 대립으로 말미암은 국권위기가 고조되어 가는 속에서 개신유자들은 인민의 지위와 역할을 새롭게 인식해 갔다. 특히 청나라 의화단의 난이 열강의 군사점령에 구실이 되는 것을 보면서, 인민이 국권의 위기를 알고 국가를 지켜야 한다고 인식하게 되었다. 이를 위해 인민의 권리와 의무를 본격적으로 주장했으며, 특히 의무를 중시했다. 인민의 의무는 본분이자 도덕적인 책무라는 관념에서 강조되었는데, 애국성(愛國誠)을 갖는 것이었다. 국권침탈에 의분을 일으켜 자주 · 자강한 국가를 만들 기개를 가지고, 자신의 직업에 충실하는 것이었다. 개신유자들은 국민의 애국성 고취를 위해 자신들이 앞장서 정의롭고 강직한 선비의 기개로 국민의 기개를 양성해야 한다고 자임했다.

개신유자들은 러일전쟁이 임박할수록 한편으로는 정부에 대변통을 촉구하고 다른 한편으로는 인민에게 애국의 혈성(血誠)을 불러 일으켰다. 그러나 차츰 대변통을 촉구만 하는 것에 한계를 느껴 헌정(憲政)의 필요성을 주장하고, 또한 자신들의 방안을 실행할 단체를 만들어야 한다고 인식했다. 그리고 러일전쟁에 직면하여 문명개화 지식인들에 대한 통제가 해제되면서 다양한 계열의 활동이 이루어지게 되었다.

1905년 을사늑약 이전까지는 대한제국이 중심이 되어 국민의 의식을 전제군주제의 자주국가를 뒷받침하는 방향으로 조정·통제했다. 그러나 을사늑약 이후, 일제는 국가권력을 이용해 국권회복을 위한 사상과 운동을 탄압하자, 여러 계열의 지식층들은 학회를 조직하고 계몽운동을 전개했다. 이들은 사회진화론과 문명론의 영향을 받고 국가유기체론에 바탕을 두고 국권회복을 위해서는 국민들이 국가정신을 가져야 하며 자강 문명해야 한다고 공통적으로 주장하였으나, 구체적인 사상과 방략은 달리하고 있었다.

한편에서는 문명화하기 전에는 독립할 수 없다는 생각으로 국민들의 문명화를 계몽했다. 일제가 국권회복 사상과 운동을 탄압하며 침략과 지배를 문명의 시혜로 선전하는 가운데 문명지상주의는 확대되어 갔다. 다른 한편에서는 문명론이 지닌 주체성 상실을 비판하며 국수(國粹)와 민족혼을 중시했는데, 근대적인 국민사상으로서의 보편성과 유구한 역사전통에서 오는 특수성을 담고 있었다. 역사의 주체로 특정 신분이나 한 시대의 인민이 아닌 우리 역사 전체를 통괄하는 민족을 발견했고, 초기에는 민족 안의 영웅을 중시하다가 차츰 국민 각자가 영웅이 되어야 한다고 하며 국민을 발견했다. 또한 민족혼이나 국수에 대한 강조는 전통을 근대적으로 재해석하는 것이었다. 조선역사에서 중시했던 선비들의 정의로운 기개나 대한제국기의 애국성을 민족혼이나 국수로 재해석해서 국권을 지키고 민족문화 해체에 대처하려는 것이었다. 이를 위해 국사를 중시하였으며, 비타협적인 독립투쟁의 이념적인 기반을 제공했다. 이처럼 국권회복운동기 여러 계열의 국민에 대한 의식은 국민국가 수립과정에서 통합되지 못하였으며, 일제와의 대결 속에서 추진해야 하는 과제가 되었다.

2. 전통교육의 변화와 신학제의 추진

한국 근대교육에 대한 연구는 시기와 시각을 달리하며 세가지 계통으로 진행되어 왔다. 첫째는 교육사 연구 초기의 일제 관학자들의 연구이다. 조선사회 정체성론에 바탕을 두고 조선근대교육은 일본교육의 모방과 이식으로 이루어졌다고 주장했다. 둘째는 근대화론의 시각으로 한국사를 이해하면서 전통교육은 봉건교육이며 근대교육은 서구식 신교육으로 보고, 서구식 시민교육사상과 제도의 수용, 신식학교 설립에 중점을 둔 연구들이 이루어졌다. 또한 최근에는 미시사나 생활사의 일환으로 근대식 학교의 일상생활에 주목하는 연구들도 진행되고 있다. 셋째로, 전통교육과 근대교육의 연계성에 주목하는 것이다. 우리 전통 교육의 사상, 제도, 내용의 변화에 중심을 두고 한국 근대교육의 성립과 발달을 체계적으로 규명하는 작업은 출발 단계에 있다고 할 수 있다.

조선왕조는 교화를 통한 통치를 표방하고 중앙집권적인 정치체제 아래서 전국적인 교육제도를 운영하였다. 서울에 성균관과 사부(四部)학당, 지방의 모든 군현에 향교 등의 관학을 두어 홍학(興學)의 기준을 세웠으며, 유자층은 서원, 서재, 서당 등을 통해서 향촌사회의 교육과 교화를 담당했다. 조선 중기 이후 서당이 증가되고 교육이 확산되어 가자 정부는 행정구역에 따라 감영에 영학(營學), 군현에 도훈장(都訓長)을 두고, 각 면에는 면훈장을 두어 서당교육을 관장하게 하며 교육기관을 체계화하려 했다. 우리 근대의 국민교육제도는 이러한 전통 위에서 모색되었다.

1880년대에 조선정부는 동도서기의 원칙 위에서 부국강병책을 추진했다. 이에 따라 새로운 형태의 학교를 시도했는데, 인재양성을 목표로 하는 '대학' 단계에서였다. 특히, 1883년 원산부에서는 동도서기 정책에 걸맞게 교육제도를 이원적으로 정비했다. 먼저 향교를 강학이 가능하도록 재정비하고, 교영재(敎英齋, 원산학사)를 신설해서 문예반과 무예반으로 나누고 각각 경전과 병서를 먼저 가르친 뒤, 산수 · 격치(格致) · 각양의 기기 · 농잠 · 광업 등과 같은 시무(時務)에 긴요한 내용을 가르쳤다. 이런 바탕 위에서 이후 새로운 학제가 추구되었다.

조선정부는 1880년대 후반 청의 속방화 정책에 대응하며 전제군주국체의 근대개혁을 모색했다. 그 일환으로 1886년 교육제도를 정비했는데, 이원적인 형태였다. 첫째로, 유학교육을 국가교육의 근간으로 재정비하려 했다. 관학교육이 선현에 대한 향사(享祀)기관으로 바뀐 문제점에 대응해 이를 유학의 강학(講學)을 강화하는 학원〔經學院〕으로 만들어, 서울에 경학원(京學院), 각 도에 영학원(營學院), 각 읍에 관학원(官學院)을 두게 했다. 관학원은 군현 아래 각 면의 면학(面學)과 서당을 관장하였으므로 전국의 교육기관은 경학원-영학원-관학원-면학-서당으로 체계화 될 것이었다. 둘째로, 새롭게 서울에 한해 시무교육기관인 육영공원을 설립하고 곧이어 군사교육기관인 연무공원을 만들었다. 그러나 정부의 여러 개혁정책이 추진되지 못하는 가운데 교육개편도 제대로 이루어지지 못했다. 이 가운데서 여러 계열의 지식층들은 각각의 입론에 바탕을 두고 교육 개편안을 마련해갔으므로 국민교육방안이 구체화되어 갔다.

갑오개혁은 부국강병을 위한 '실용' 교육을 천명하고, 국민교육제도로는 서구식 신학제를 채택했다. 신학제만을 교육제도로 인정한 뒤, 소학교와 사범학교, 어학교를 설립했으며, 고등교육은 해외유학에 의존했다. 그리고 성균관, 향교, 서원 등은 교육기관이 아닌 향사기관으로 분류했다가, 성균관만은 경학과를 두어 명맥을 유지하려 했다. 주관적으로는 신속히 문명화하려는 것이었으나, 자주적인 인재양성과 교육제도를 수립할 바탕을 마련하지 못했다. 그리고 전통교육제도와 여기에 관련되어 있는 역량을 포용해서 체계적인 국민교육제도를 수립하려는 고려가 없었으므로 신학제의 추진도 곤란과 갈등을 겪게 되었다.

국민교육이 본격적으로 공론화하고 정착되기 시작한 것은 대한제국 수립을 전후해서였다. 특히, 1899년 대한국 국제(大韓國 國制) 선포를 전후하여 국민교육이념과 교육체제가 확정되었다. 두개의 방침을 정했는데, 첫째는 유교의 국교화(國教化)로 전제황권은 유교의 종주(宗主)로서 권위를 갖게 되었다. 유교를 학문과 사상의 기준으로 삼아 인륜과 절의를 지키는 기개로 국권의 위기에 대처하려는 것이었으며, 보수 유자층을 위무하고 민권의 요구를 억제하기 위한 것이기도 했다. 둘째는 국민교육은 신학제로 추진해서 백성들을 윤택하게 하고 산업을 발달시켜 부국강병한 국가를 만든다는 것이었다. 이후 러 · 일의 대립으로 국권위기가 깊어짐에 따라 국민교육의 중요성은 더욱 부각되었다. 특히 선비들의 정의롭고 강직한 기개를 국민 모두의 기개로 교육하여 국민의 자주 · 자강한 기개로 국권의 위기에 대처하려 했다.

대한제국기 학제는 구본신참의 개혁이념에 걸맞게 유학교육제도와 신학제가 병립하였으나 차츰 신학제가 교육제도의 근간으로 자리 잡아 갔다. 전통교육제도의 개편은 아관파천기에 시도되었다. 성균관을 개혁해서 유학과 시무에 아울러 통달한 인재를 양성하는 최고학부로 만들고, 특히 유생층을 재교육할 수 있는 지방 교육기관 설립에 주목했다. 각 지방 관찰부에 지방학교〔外庠〕를 신설하고 유학제도를 다시 한번 전국적으로 체계화하려 했으나 여건의 미비와 문명개화론자들의 공세로 실현되지 못했다. 대한제국기에 들어 유교의 국교화가 선언된 뒤 성균관에 한해서 개혁이 계속 모색되었다. 성균관은 태학으로서 대한제국의 최고학부였으나 개혁이 추진되지 못하며 명실상부한 대학으로 발전하지 못하고 유명무실화해 갔다.

대한제국기에 신학제는 국민교육제도로 정착하여 갔다. 신학제를 통해 부국강병을 위한 실용교육을 하려 하며 소학교 교육과 중등 실업교육에 중점을 두었다. 특히 소학교가 지방으로 확산되기 시작했는데, 전통적인 홍학(興學) 정책을 계승해서 정부는 전국 주요 지역에 공립소학교를 설립하고 개신유자들이 중심이 되어 지방에 소학교를 확산시켜갔으므로, 소학교는 점차 국민교육기관으로 정착하였으며 전통교육기관의 전환도 모색되었다. 중등교육은 1900년 중학교 개교로 본격적으로 시작되었다. 그러나 중학교의 목표를 실업인 양성에 두었으므로, 초등에서 고등까지의 교육제도 수립이나 인문교육과 실업교육 양자의 위치가 애매해졌다. 그리고 대한제국의 식산흥업정책에 발맞추어 관립과 사립의 중등 시무교육기관, 각종 양성소들이 설립되었는데, 식산흥업정책이 성과 있게 진행되지 못하는 가운데 곤란을 겪었다.

1905년 을사늑약을 전후해서 일제는 한국교육을 식민지배의 수단으로 재편성하여 갔다. 일제는 두 가지 방면으로 대한제국과 조선인들이 실시하는 교육을 부정하였다. 먼저, 신학교령을 반포하여 대한제국기 설립된 학교를 부정·단절한 뒤 학제와 수업연한을 단순화하고 축소한 다음에 일본인 교감을 통해서 학교를 통제했다. 둘째로 대한제국이 중시한 자주·자강의 국민기개 양성교육이 정치와 교육을 분리하지 못한 전근대적 교육이라 매도하고, 일본어와 생활의 실용에 국한된 낮은 단계의 실용교육에 중점을 두어 식민지배에 용이한 인물을 양성하려 했다.

을사늑약 이후 한국인들은 교육을 국권회복의 중요한 방략으로 인식하고 각 지역에 학교를 설립하였다. 우리역사에서 자주적인 국민교육체제를 수립하는 것은 식민지적인 교육을 문명교육이라는 허상으로 이식하려는 일제와 대결하는 과정에서 모색해 갔다.

3. 근대개혁과 학문체계의 변화

근대사회로의 이행은 인간과 사물 그리고 세계에 대한 사유의 전환을 동반한다. 조선후기 봉건사회 해체기에 경학 중심의 학문체계에 변화와 분화가 이루어지기 시작했는데, 개항 이후 근대개혁의 추진, 신지식과 신학문의 수용과 더불어 새로운 학문체계가 수립되어 갔다. 자주적 근대국가 수립을 위해 국사·국어 등 국학의 정립이 필요했으며, 근대적 국가체제를 정비하는 과정에서 법학·정치학·경제학 등의 사회과학이 요구 되었다. 그리고 부국강병을 위해 서구의 기기(機器)에 관심을 가지면서 여러 가지 과학을 도입하였다. 서구 학문의 수용과 전파는 1880년대에는 중국을 중심으로 수용되어 《한성순보》나 《한성주보》를 통해 개괄적으로 소개되다가 갑오개혁과 광무개혁 이후에는 교과서의 형태로 더 체계화하고 일본의 영향이 강화되어 갔다. 문명개화론자들은 서구학문의 전폭적인 수용을 주장했으나, 개신유학자들은 구학(舊學)의 고수에 대해 비판하면서 주체적인 학문체제 수립을 모색했으며 그 안에서도 인식의 차이를 보였다. 각 계열의 근대국가상에 따라 서로 다른 계통의 학문이 도입되어 전통학문을 변용하거나 갈등을 일으키면서 새로운 학문체계를 형성시켜 갔다.

근대개혁기 사상과 학문의 변화에 대한 연구는 세 가지 방향에서 이루어졌다. 첫째로 각 계열, 개별 지식인의 사유의 변화나 그 과정에서 이루어졌던 신 · 구학의 논쟁에 관한 연구와 사회진화론이나 기독교와 같이 많은 영향을 주었던 사상과 종교의 수용과 영향에 대한 연구이다. 둘째로 각 분과 학문별로 학문의 역사를 정리하는 일환으로 각 학문의 성립 과정이 연구되어 왔다. 셋째로는 최근의 경향으로 학제간(學際間) 연구를 통해 근대사회의 지표가 될 만한 개념을 중심으로 이러한 지식이 언제 수용되어 어떠한 담론을 형성했는지에 관심을 둔 것이다. 근대개혁기 학술사 · 지성사의 연구는 아직 시작 단계에 있다고 할 수 있다.

근대개혁기 조선정부와 대한제국이 중점을 두고 편찬한 책은 역사였다. 경사일치(經史一致)의 학문전통 아래에서 역사를 실용학문으로 중시하며 역사에 바탕을 두고 현실을 인식하려 했기 때문이다. 갑오개혁기 관찬 역사서이기도 했던 국사교과서(《朝鮮歷代史略》)는 조선건국기원(朝鮮建國紀元)을 사용하여 조선중심의 역사인식을 표방했으나 내용에서는 노론과 개화파 중심의 당파적인 역사인식과 강목체(綱目體) 역사서술에서 벗어나지 못했다. 이후 구본신참(舊本新參)의 주체적인 개혁을 지향했던 대한제국 초기에 편찬된 국사교과서(《東國歷代史略》, 《朝鮮歷代史略》)는 강목체를 벗어나지는 못했으나, 정의로운 기개로 국난에 대처했던 사람들의 삶을 풍부하게 서술하여 역사전통 속의 의로운 기개를 계승해서 국권위기를 극복하려는 의식을 담았다. 하지만 이 시기에는 여기에 더해 근대역사학의 인식이나 연구방법, 서술체계의 수립이 필요했다. 이 점을 고려해 현채(玄采)는 일인이 저술한 신사체(新史體)의 한국사를 편역했다.(《東國史略》) 근대적 역사서술을 도입하려는 시도는 의미 있는 것이었으나, 일제의 침탈과 함께 진행되고 있던 일인들의 한국사 연구는 근대적 학문의 방법으로 국사를 왜곡, 말살하고 있었다. 여기에 대항하며 근대역사학의 인식과 방법을 수립하려고 했던 이가 박은식, 신채호였다. 신채호는《독사신론》으로 국가와 민족을 중심으로 하는 근대적 역사인식과 방법을 개척했다.

조선정부는 근대국가체제를 수립하는 과정에서 여러 가지 사회과학을 필요로 했는데 일찍부터 관심을 둔 것이 국제법이다. 외국과의 수교와 통상에는 국제법에 대한 이해가 필수적이었으므로 중국에서 번역된《만국공법》을 수용했는데, 외교관계를 통한 자주권 수호의 인식을 갖게 되었다. 갑오개혁기 법관양성소의 설립으로 정규 법학교육이 시작되었으며, 대한제국 이후 관료진출을 목표로 하는 시무교육기관들에서는 대부분 법학을 비롯한 사회과학을 교육했다. 법학통론, 민법, 형법, 민·형사 소송법 등과 당시 시행되던 법률이 중심이었다. 전제국가체제 아래에서 헌정(憲政)에 대한 논의가 이루어지지 못하다가 러일전쟁을 전후하여 공론화했으며 헌정연구회가 설립되고, 전문적인 법학교육기관이 세워져 체계적인 법학연구와 교육이 모색되었다. 그러나 을사늑약 이후 헌정연구회는 해산되고 독일식의 국가주의 법사상이 일본식으로 해석된 뒤 수용되어 체제유지적인 구실을 했다.

경제학은 부국의 학문으로 인식되어《한성순보》를 통해서 소개되기 시작하였으며, 대한제국기에는 중등학교에서도 교육되었다. 이후 보성전문학교가 설립되면서는 본래의 의미에 맞게 이재학과(理財學科)라고 하다가 국권회복과 부국강병의 학문이라는 인식에서 경제학과로 명칭을 바꾸었다. 하지만 국권상실 속에서 상업과라는 실용성에 한정된 것으로 굴절되었다. 사회이론으로는 사회진화론과 국가유기체론이 특히 을사늑약 이후 커다란 영향을 주었다. 사회학은 일본에서 수용한 경우에는 사회학으로, 중국에서 수용한 경우에는 군학(群學)으로 부르다가 일본의 영향력 강화와 더불어 사회학으로 정착되었다. 사회라는 개념은 한국, 중국, 일본의 지식인 모두에게 생소한 개념이었으며, 수용주체의 정치적인 처지에 따라서 다른 구실을 했다. 1906년 이인직을 통해 개괄적으로 소개된 사회학은 국가와 분리된 사회라는 영역을 제시하며 독립보다는 문명화에 중점을 둔 활동의 이론적 바탕이 되기도 했다. 이처럼 한말의 사회과학은 국권의 상실과 더불어 학문적 발달이 어려웠다.

근대개혁기 부국강병의 추구는 서구의 기술과 이를 뒷받침하는 서구 근대과학에 대한 관심을 불러일으켰다. 1880년대에 조선정부는 동도서기 정책을 취하면서 주로 중국을 거쳐 서구의 학술을 수용했다. 중국인들은 서양선교사들의 도움을 받아 근대과학을 중심으로 하는 서구의 서적을 번역했는데, 선교사들은 서구의 학문이야말로 진정한 격물치지의 학문이라는 의미에서 격치학(格致學)으로 부르며 진리성을 주장했다. 개화관료들은 격치학을 서유(西儒)들이 물질의 이치를 완전히 밝힌 것으로 받아들이고, 서구가 격치를 올바로 했기 때문에 당대에 평천하(平天下)하는 것으로 보기까지 했다. 서구 격치학에 대한 인식이 부국강병을 가져다줄 것이라는 과학만능주의적인 사유가 형성되어갔으나 근대과학에 대한 연구와 교육은 체계적으로 이루어지지 못하고 주로 일본서적을 번역한 교과서를 통해 개론적으로 소개되었다. 하지만 의학과 같은 경우에는 전통학문과 신학문의 조화가 모색되기도 했다.

개항 이후 서양의학은 부국강병을 실현하는 수단으로 인식되었다. 전통적으로 개인의 정신, 육체의 수양방법이었던 '양생'을 국가적인 차원의 인구보호 및 증가를 도모하는 '위생'으로 대체하며 문명화 방안으로 주목했다. 광무개혁은 서양의학과 한의학의 장점을 모두 살리는 동서병존을 모색했으나 을사늑약 이후 일제는 한의학을 조선사회의 미개함의 징표로 비난하며 서양의학 일원화를 추진했다. 서양의학을 통해 문명적 발전을 지원하는 것으로 조선 지배를 정당화하고 위생경찰을 통해 개인을 통제함으로써 지배의 편의를 위한 의학체계로 재편해 갔다.

맺음말

1876년 개항에서 1910년까지의 근대문화 분야에 대한 연구는 일부 분야를 제외하고는 시작 단계에 있다고 할 수 있다. 각 부문에 대한 구체적인 연구가 더 풍성하게 이루어지고 축적된 위에서 전체상을 파악할 수 있겠다. 근대문화사 연구의 진전을 위해서는 다음과 같은 점이 고려되어야겠다.

첫째로 전근대와 근대를 양분하는 데서 벗어나 우리 역사를 중심에 두고 내적인 발전의 맥락에서 근대문화사를 규명해야 한다. 전통 사상의 변화에 기준을 두고 서구 사상의 영향을 이해하면서 우리 문화의 변화와 발달을 계통적으로 해명해야겠다. 둘째로 역사의 생명인 총체성은 문화 부문에서 특히 드러나므로, 한국 근대의 사회구조적 변화 과정과 연계해서 이해해야 하며 또한 주체들의 근대개혁 구상과 연계하여 각 문화 영역의 성격을 규명해야겠다. 셋째로 각 계열의 사상과 문화가 국민국가의 문화와 사상으로 다양성과 통합성을 지니지 못하게 되는 속에서도 식민성을 탈피하고 통합을 모색하는 계통을 규명해야겠다. 이는 우리 근대의 과제인 통일을 전망하여서도 필요한 일이다. 넷째로 지성사와 학술사 뿐만 아니라 기층민중의 의식을 밝히는 것은 중요한 과제이며 문화를 통해 역사를 이해하는 연구도 필요하다. 이러한 작업은 현재 인문학의 공통 관심사가 되고 있지만 역사성과 시대성을 간과하는 경우가 많다. 전체 학계를 위해서도 근대사 연구자들의 근대문화에 대한 계통적이고 구조적인 연구가 필요하다고 하겠다.

■ 참고문헌

李萬烈,《丹齋 申采浩의 歷史學研究》, 文學과 知性社, 1990.

崔鍾庫,《韓國法學史》, 博英社, 1990.

박찬승,《한국근대정치사상사연구》, 역사비평사, 1992.

金度亨,《大韓帝國期의 政治思想研究》, 지식산업사, 1994.

정창렬, 〈근대국민국가 인식과 내셔널리즘의 성립과정〉,《한국사》 11, 한길사, 1994.

趙東杰,《現代韓國史學史》, 나남출판, 1998.

국사편찬위원회 편,《한국사》 45, 46, 국사편찬위원회, 2000.

이태진,《고종시대의 재조명》, 태학사, 2000.

梁正鉉, 〈근대 개혁기 역사교육의 전개와 역사교재의 구성〉, 서울대 박사논문, 2001.

具姫眞, 〈韓國 近代改革期의 教育論과 教育改編〉, 서울대 박사논문, 2004.

白東鉉, 〈大韓帝國期 民族認識과 國家思想〉, 고려대 박사논문, 2004.

정용화,《문명의 정치사상 : 유길준과 근대한국》, 문학과 지성사, 2004.

박윤재,《한국근대의학의 기원》, 혜안, 2005.

愼鏞廈,《韓國近代知性史 研究》, 서울대 출판부, 2005.

김 균 · 이헌창 편,《한국 경제학의 발달과 고려대학교》, 고려대 출판부, 2005.

연세대 국학연구원 편,《서구문화의 수용과 근대개혁》, 태학사, 2006.

근대 Ⅱ

한국근대와 식민지 근대성론

일제의 한국병합과 식민통치

일제의 강제동원과 민족이산

식민지 자본주의화와 민족 · 계층 간 양극화

식민지 근대의 학술과 교육

근대문명의 확산과 대중문화의 출현

기층민중의 생활과 농민 · 노동운동

사회 교육 환경과 여성운동, 학생운동

근대 이행기 농촌사회 변동과 지방 유력자층의 정치 · 사회활동

민족주의 이념과 운동

사회주의 이념과 운동

항일전선 통일과 민족해방운동

한국근대와 식민지 근대성론

정재정(서울시립대 국사학과)

머리말

한국은 1910년부터 1945년까지 일본제국의 식민지였다. 식민지가 어느 날 갑자기 찾아왔다가 사라져 버린 회오리바람이 아니라, 그 처지로 전락하는 오랜 기간의 전사(前史)와 그 상처에서 벗어나는 오랜 기간의 후사(後史)가 있었던 점을 감안하면, 한국인의 식민지 경험은 한국 근현대사의 전개와 표리(表裏)를 이루는 핵심적 요소이다. 또 당시 세계의 대부분이 한국과 비슷한 처지였다는 사실을 고려하면, 식민지에 관한 연구는 인류의 근대사, 그리고 그것에서 비롯된 현대사의 성격을 파악하는 아주 중요한 작업이라고 할 수 있다.

최근 한국의 역사학은 세계 역사학의 흐름에 맞추어 식민지시기의 성격에 대해 여러 가지 담론을 쏟아내고 있다. 연구자에 따라 입론(立論)의 주지(主旨)는 '식민지적 근대성론', '식민지 근대화론', '탈근대론(포스트모더니즘)', '탈식민주의론(포스트콜로니얼리즘)' 등으로 각양각색이지만, 일본제국의 식민지 지배를 '근대성'이라는 시각에 바탕을 두고 새롭게 조명해 보려고 하는 점에서는 일치하는 경향을 보이고 있다.

한국의 역사학계에서 식민지시기를 '근대성'이라는 키워드로써 조망하는 것은 20여 년 전만 해도 상상할 수 없는 도전이었다. 한국사의 정체성(停滯性)과 타율성(他律性)을 강조한 식민주의사관(植民主義史觀)을 극복하는 것이 절체절명(絶體絶命)의 과제였던 당시의 한국사학계에서 식민지시기에 대해 '근대성'을 운위(云謂)하는 것은 도저히 용납할 수 없는 이단(異端)이었기 때문이다. 그리하여 식민지시기의 연구는 일본의 수탈에 따른 한국의 몰락, 한국의 저항에 대한 일본의 탄압 등을 서로 대립시켜 파악하는 것이 주류이었다. 1980년대 말까지 한국사학계를 풍미한 민족주의 역사학과 마르크스주의 역사학은 이런 방식의 연구를 한껏 부추겼다.

그런데 1990년대에 들어서 사회주의권의 붕괴와 미소냉전의 종언이라는 세계사의 전환을 배경으로 하여, 식민지시기에 대한 한국사학계의 연구경향은 급격히 변화했다. 식민지 근대화론은 물론이고 포스트모더니즘을 비롯한 각종 포스트주의와 문화이론이 폭발적으로 등장한 것이다. 연구자들의 담론도 거창한 고담준론(高談峻論)에서 미세한 신변잡설(身邊雜說)로 바뀌어 갔다. 한국의 식민지 연구는 세계의 식민지 연구에 자극을 받아 문제의식을 공유해 가기 시작한 것이다.

나는 이 글에서 백가쟁명(百家爭鳴)의 상황을 보이고 있는 한국의 식민지시기 연구를 '근대성'이라는 시각에 초점을 맞추어 소개하겠다. 화제는 주로 식민지 근대를 둘러싼 몇 가지 담론, 한국 근현대사에서 식민지 시기가 차지하는 위치, 식민지 근대의 세계사적 보편성과 한국사적 특수성 등이 될 것이다.

1. 식민지 근대를 둘러싼 몇 가지 담론

역사연구의 시각과 지향은 당시대의 과제와 역사가의 의식에 크게 좌우되게 마련이다. 해방 이후 자주적 국민국가를 건설해야 하는 마당에서 진행된 한국사학계의 식민지시기 연구는 일제가 만들어 낸 식민주의사관을 비판하고 극복하는 데 주력했다. 1960년대 이래의 '내재적 발전론' 또는 '식민지 수탈론'이 이에 해당한다. 이런 연구의 시각과 지향은 대체로 다음과 같은 것이었다.

조선후기 곧 17~18세기 한국의 각 분야에서는 자본주의 맹아라고 볼 수 있는 요소가 자생적으로 등장하여 근대사회로 나갈 수 있는 기반을 마련하고 있었다. 이러한 사회변동은 서구 역사의 발전법칙이 한국역사에도 관철되고 있었다는 것을 보여주는 증거였다. 그런데 조선후기의 내재적 발전은 19세기 중반 이래 일제의 침략과 지배를 받아 왜곡 또는 압살되었다. 특히 식민지시기에는 일제의 억압과 수탈로 말미암아 한국의 사회경제는 몰락하고, 그것에서 벗어나려는 저항과 해방 운동이 치열하게 전개되었다.

위와 같은 관점에서 본 식민지시기 연구는, 일제가 토지조사사업, 산미증식계획, 군수공업화정책 등을 통해 토지, 미곡, 자원, 인력 등을 얼마나 많이 수탈하였는가를 밝히는 데 힘을 쏟았다. '식민지 수탈론'이라 불리는 연구가 그것이다. '식민지 수탈론'은 '내재적 발전론'과 자연스럽게 연결되어, 일제 침략이 없었더라면 조선 후기에 자본주의 싹이 더욱 성장하여 근대 자본주의로 발전했을 것이라는 주장으로 나아갔다. 그리하여 '내재적 발전론'과 '식민지 수탈론'은 표리가 되어 한국민족의 항일투쟁을 옹호하는 이데올로기가 되었다. 이런 상황에서 민족해방운동사 연구는 자연스럽게 신성불가침한 자리를 차지하게 되었다.

그런데 1980년대 중반 이후 한국사학계에서 '내재적 발전론' 과 '식민지 수탈론' 에 대해 반론을 제기하는 연구자들이 나타났다. 그들은 위와 같은 연구가 조선 후기의 역사전개를 서구의 역사경로에 꿰맞추기 위해 근대적 요소만을 부조(浮彫)시켜 실증 면에서 약점이 많다고 비판했다. 또 성장하던 자본주의 싹이 일제의 침략과 지배를 받아 어떻게 변용되어 갔는가를 밝히지 못함으로써 한국 근현대사의 흐름을 정합적(整合的)으로 설명하지 못하게 만들었다고 지적했다. 곧 두 가지 이론은 근대사회의 발전과정에서 국제적 계기 또는 외래적 요소가 수행한 역할을 정당하게 평가하지 못했고, 일제의 침략과 억압에만 눈을 빼겨 그것의 문명화 작용 곧 개발의 측면을 무시했다는 것이다.

한국근대경제사 연구자들이 주축이 된 위의 비판론자들은 식민지시기를 연구하는 새로운 패러다임으로서 '수탈과 억압' 이 아닌 '개발과 성장' 의 개념을 제시했다. 이들이 주장하는 개발에는 두 가지 의미가 있다. 하나는 '개발을 통한 수탈' 이라는 의미에서 '식민지 개발' 이고, 다른 하나는 한국인이 근대사회에 알맞은 농민, 노동자, 자본가 등의 계급으로 변신한다는 의미에서 '자기 개발' 이다. 후자는 한국인을 식민지의 지배 대상 또는 저항 주체로서만 보지 말고, 식민지의 성격을 띤 왜곡을 내포하면서도 근대사회에 알맞은 민족으로서 자기를 형성해 가는 과정을 중시한다. 반드시 꼭 들어맞는 명칭은 아니지만, 이런 성향의 연구를 일단 '식민지 근대화론' 이라고 부른다. '식민지 근대화론' 자들은 1980년대 중반 이후 현실 사회주의가 대부분 붕괴하는 세계정세와 한국 자본주의가 지속하여 발전하는 국내사정을 아주 힘주어 좋은 현상이라고 재평가한다.

'식민지 근대화론' 의 논지(論旨)는 다음과 같다. 한국은 식민지시기에 본원적 축적이 급속히 진전되어 자본-임노동 관계가 확대되고 공장제 공업이 급속히 발흥했다. 그리하여 1930년대에는 자본주의 생산양식이 한국경제의 전개를 규정하게 되었다. 그 과정에서 한국인 소유의 공장과 한국인 노동자의 숫자가 대폭 증가하고, 제한된 분야이기는 하지만 근대에 어울리는 설비를 갖춘 기업이나 기능공 및 기술자도 출현했다. 한국인의 '자기성장' 은 비록 식민지 체제의 제약 때문에 한계가 있었다 하더라도 괄목할 만한 현상이었다. 식민지시기의 이러한 변화는 한번 일어나면 쉽게 되돌릴 수 없는 속성을 갖고 있기 때문에, 해방 이후 한국 자본주의의 전개로 이어지는 역사의 조건을 이루었다고 볼 수 있다.

최근에는 '식민지 근대화론' 을 바탕에 깔면서도 식민지시기의 사회경제를 경제성장사의 관점에서 분석하는 움직임도 나타나고 있다. 이들은 국민경제 계산의 틀에 맞추어 식민지의 경제통계를 정리하여 경제성장을 계량화하여 파악하고, 근대경제학의 개념과 분석 방법을 이용하여 성장요인을 구명한다. 그 결과 국민소득과 국제수지 등의 매크로 데이터가 정비되고, 식민지시기와 해방 이후의 경제상황을 연속 또는 단절의 측면에서 검토할 수 있는 자료를 얻게 되었다. 또 한국경제를 일본제국주의의 경제권에 속한 다른 지역과 비교함으로써 그 특질을 구명하는 작업도 진행되었다. 식민지에서 성립한 자본주의란 결국 본국 자본주의의 이식이기 때문에 한국 자본주의는 어디까지나 일본 자본주의의 연장에 불과하다. 따라서 한국경제는 일본이 주도한 동아시아 지역 경제변동의 일환으로서 파악해야만 그 특성을 밝힐 수 있다는 것이다.

당연한 일이지만, 한국사학계에서는 '식민지 근대화론' 에 대한 비판이 거세게 일어났다. 비판의 논지는 다음과 같다. '식민지 근대화론' 은 '개발을 통한 수탈' 을 말하면서도 수탈과 차별의 측면은 무시하고 개발과 성장의 측면만을 부각시킨다. 또 한국인이 지식 · 기술 · 관리 등의 능력을 축적하여 근대민족으로서 성장해갔다고 말하지만, 식민지체제가 강고해질수록 자주적 민족의식이 쇠퇴하여 '친일' 이 내재화하였다는 측면을 무시한다. 또 그들은 식민지시기의 한국경제의 발전을 한국인 경제의 발전이라는 잘못된 등식에서 출발한다. 식민지시기 한국농민의 소득변화를 보면, 농업투자로 말미암은 생산성 증가보다 일본인의 토지소유 증가율이 훨씬 높아서, 농업개발에도 불구하고 농업생산에서 차지하는 한국인 몫은 오히려 감소했다. 광공업의 개발과 더불어 한국인 노동자 수는 증가했지만 실질임금은 하락했다. 또 전시체제 말기 직전까지 성장의 경향을 나타낸 한국인 기업도 대부분 영세규모인 데다가 특정한 분야에 몰려 있어 한국경제에서 큰 비중을 차지하지 못했다. 따라서 기업의 수적 증가로 인한 소득창출도 크지 않았다. 이와 달리 일본인 기업은 한국에 투자하여 엄청나게 높은 수익을 올리면서 한국경제의 명맥을 장악해 갔다.

그러므로 개발이라는 것은 토지 · 노동 · 자본의 세 가지 생산요소 가운데 일본인이 토지와 자본에 대한 지배력을 급격히 높여간 과정이었고, 한국인은 주로 노동 공급의 확대를 통해 거기에 참여하는 정도에 지나지 않았다. 따라서 산업구조의 고도화나 양적 성장의 지표를 가지고 식민지 경제를 분석하는 것은 부당하다. 식민지를 독립된 국민경제인 것처럼 다루면 그 속에 감추어진 민족모순을 드러낼 수 없다. 또 해방 시점에서 한국에 남은 일본인 자산의 가치도 식민지 경제구조의 와해과정과 한국전쟁을 거치면서 급격히 줄어서, 1950년대 말까지 미국이 한국에 원조한 액수의 7분의 1에 지나지 않았다. 따라서 식민지의 물적 유산이 1960년대 이후 한국의 경제발전에 큰 영향을 미쳤다고 볼 수는 없다. 그렇기 때문에 식민지시기의 연구는 오히려 일제의 수탈을 더욱 명백히 밝힘과 동시에, 그러한 악조건에도 한국인의 저력이 어떻게 관철되어 갔는가를 구명해야 한다. 다시 말해 식민지시기의 변화를 일제 지배의 소산으로서가 아니라, 한국인이 산업 · 교육 · 사상 · 문화의 여러 분야에서 차별에도 좌절하지 않고 분투한 것으로 파악해야 한다는 것이다.

그런데 1990년대 중반 이후 한국의 식민지시기 연구에서 새로운 바람이 불었다. '식민지 근대성'을 재해석하려는 움직임이 활발해진 것이다. 그리하여 국가 · 민족 · 계급 등을 중시하던 거시(巨視) 담론은 약해지고 권력 · 문화 · 지식 등을 강조하는 미시(微視) 담론이 유행하게 되었다. 탈민족(脫民族)과 탈국가(脫國家)를 주창하는 포스트모더니즘도 등장했다. 포스트모더니즘은 서구에서 종래 유행했던 사회사연구 등의 오류와 한계를 극복하려는 연구방법론이었다. 사회사의 패러다임은 거대 구조와 그것의 형성 과정에 역사서술의 초점을 맞추고, 역사를 통일되고 일관된 체제로서 파악하며, 사회경제에 치중한 결정론에 바탕을 두고 원인과 결과를 분석하고 설명했다. 포스트모더니즘의 핵심은 역사가 인식하고 서술하려는 대상, 곧 역사에서 사안이 원래 매우 복합적이고 다채로운 모습을 가지고 있으며, 그 의미도 대단히 불투명하고 모호하다는 점을 인정하는 것이다. 따라서 역사의 현실을 하나의 관점에서 파악하고 하나의 규칙으로 설명하거나 통일된 체계와 의미를 부여하는 식으로 연구하는 것은 역사가 원래 지니고 있는 다양하고 복잡한 측면을 은폐하고 왜곡하는 일이다. 특히 역사를 전체로 귀일(歸一)하는 하나의 일관(一貫)된 과정으로 파악하는 것은 목적에 꿰맞추고 결과를 옹호하는 관점에 불과하다. 역사는 단선적인 발전과정을 거치는 '하나의 역사'가 아니라, 그 흐름이 서로 상충하고 모순되기도 하는 '복수의 역사'들로서 이루어진다. '복수의 역사'가 존재하는 것을 무시하고 역사를 단 '하나의 역사'로 축소하거나 통합하는 것은 이데올로기에 사로잡힌 위험한 일이다. 따라서 포스트모더니즘의 시각에 선 역사 연구자들은 자본주의 · 국가 · 민족 · 계급 등과 같은 거시적 언설 대신에 육체 · 욕망 · 문화 · 지식 · 권력 등과 같은 미시적 용어를 구사하여 민족주의에 경도된 식민지 연구를 비판한다.

탈국가와 탈민족을 지향하는 한국근현대사 연구자들이 모두 포스트모더니즘의 신봉자라고는 볼 수 없다. 그렇지만 그들의 역사관에 프랑스 현대사상을 중심으로 하는 포스트모던의 사고가 짙게 깔려 있는 것은 틀림없다. 포스트모더니즘은 민족이나 계급 등은 본질적으로 언어와 언설이 만들어낸 개념으로서, 항상 흔들리고 변화하는 성질을 띠고 있다고 인식한다. 포스트모더니즘의 세례를 받은 식민지시기의 연구는 정치 · 경제 · 제도 차원의 근대화 분석이 아니라, 감옥 · 경찰 · 군대 등의 지배기구 또는 학교 · 병원 · 일터 등의 일상기구를 통해 일제가 어떻게 대중을 통제해 왔는지를 밝혔다. 또 지배 헤게모니를 장악하기 위한 지식의 창출과 전통적 관념의 활용이나, 신체 · 정신 · 여가 등에 내포되어 있는 식민지 근대의 특질을 구명했다. 도시화의 진전에 따른 생활의 변화와 일하는 여성의 처지에 대해서도 관심을 기울였다. 이러한 연구는 경제 영역에서 개발이냐 수탈이냐를 둘러싸고 전개된 식민지 근대성에 대한 논의를 모든 사회 영역으로 확대시키고, 전통과 근대, 식민지성과 근대성, 근대사와 현대사 등을 서로 관련시켜 파악함으로써 식민지시기 연구에 자극을 주었다고 평가할 수 있다.

포스트모더니즘의 식민지시기 연구는 아직 한국의 역사와 사회를 충분히 파악하고 미래의 도정(道程)을 제시하는 데까지 나가지는 못한 것 같다. 통일 민족국가 건설의 근대 프로젝트를 아직 달성하지 못한 한국에서 국가 · 민족 · 계급을 경시하는 역사연구가 근대를 극복하고 미래를 개척하는 데 얼마나 기여할지 의심스럽다는 비판을 받고 있기 때문이다.

2. 식민지 근대의 역사적 위치

한국의 식민지시기는 한국의 근현대사 속에서 어떤 자리를 차지할 것인가? 한국사학계는 이에 대해 100년 가까이 논쟁을 해 왔지만 아직도 뚜렷한 결론을 내지 못하고 있다. 좀 난폭하기는 하지만, 그 담론을 '식민지반봉건사회론'과 '식민지자본주의사회론' 등으로 나누어 살펴보기로 하자.

식민지반봉건사회론은 일제 아래 한국사회는 제국주의자본, 예속자본, 민족자본, 반봉건제 등의 여러 경제범주가 서로 규정적인 영향을 미치면서 중첩되어 있다고 본다. 그 중에서도 일본제국주의 경제에 따라 지지 · 보호 · 이용되는 부문이 절대적 비중을 차지한다. 반봉건제(半封建制)의 '반(半)'이란 세계자본주의에 따라 규정되면서 창출된 전자본주의(前資本主義)에 어울리는 토지소유관계를 가리키므로, 반봉건제란 흔히 전근대의 지주제를 의미한다. 식민지에서 제국주의는 권력의 장악과 행사를 통해 경제관계 전반에 압도적 영향을 미치기 때문에, 식민지반봉건사회는 상부구조로서의 권력이 식민지의 특성에 어울리고, 그 토대의 주축이 반봉건의 성격을 띠고 있다는 뜻이 아니라, 토대 그 자체에서 식민지성과 반봉건성이 동시에 관철되는 사회를 의미하는 것으로 파악한다. 이러한 식민지반봉건의 성격을 띤 사회는 해방 이후 남북한에서 실시한 토지개혁과 농지개혁 등을 겪으면서 해소되었다.

이와 달리 식민지자본주의사회론은 일제 아래 한국사회가 금융독점자본이 지배하는 자본주의사회이고, 반봉건적인 지주제의 확대 · 강화라는 농업변동조차도 일제 금융자본의 포괄적 지배에 규정되어 일어난 현상으로 본다. 한국사회는 1910년대의 토지조사사업과 임야조사사업을 통하여 본원적 축적과정을 경험하였으며, 1930년대에 공업화가 진행되면서 막대한 농업인구가 국내외의 특정지역과 산업부문으로 단기간에 급속히 이동하는 사회의 구조변화가 일어났다. 중소공장의 대량 발생·발전과 동시에 대규모 공장화의 경향이 진전되고, 경성을 비롯한 도시와 농촌에서 광범위하게 자본주의에 어울리는 사회의 분업이 성립했다. 그리하여 1930년대 후반 이후 한국사회는 러일전쟁기의 일본과 비슷한 수준의 자본주의사회를 형성했다. 당시 한국경제는 소수의 대도시로 도시기능이 아주 집중하고, 영세공업이 박약하여 대공장이 우월한 것과 대칭을 이루고, 자본과 기술에서 강하게 일본에 의존하며, 자본주의 영역에서 한국인이 급격히 증대하는 것과 같은 독자의 성격을 띠고 있었다. 이러한 특성이 해방 이후 한국 사회경제의 전제가 되었다.

그런데 자본주의가 한국뿐만 아니라 세계의 지배 범주가 된 작금의 현실 속에서 식민지반봉건사회론은 점차 빛을 잃은 반면, 식민지자본주의론이 힘을 얻는 상황을 맞게 되었다. 그리하여 최근에는 식민지 한국의 자본주의 성격을 어떻게 파악할 것인가를 둘러싼 논쟁이 각광을 받고 있다. 민족경제론은 식민지시기의 한국경제가 일본자본의 진출에 따라 형성된 제국주의 경제와 한국민족의 생활기반이 된 민족경제의 두 가지 영역으로 나누어졌다고 본다. 그리고 전자의 확대가 후자를 왜곡 또는 위축시키는 대항관계에 있었다는 점을 강조한다. 한편, 이중구조론은 식민지 경제의 재래적 전통부문과 외래적 근대부문 사이에는 관련성이 거의 없다고 본다. 곧 두 부문은 기술이나 자본 규모 또는 생산성에서 넘을 수 없는 차이가 있을 뿐만 아니라 그 담당자들도 민족별로 분리되어 있었다. 그리하여 외부의 강한 요구에 따라 수출산업이 성장했다 하더라도 그것은 식민지의 대다수 주민과는 관련이 없는 비지(飛地) 경제를 형성한 것에 지나지 않는다고 주장한다.

민족경제론이나 이중경제론은 민족사이의 차별이 주요 모순인 식민지 경제구조를 파악하는 데 유용한 개념을 제공했지만, 통계분석 등이 진척됨에 따라 사실관계의 증명에서 설득력이 약해지고 있다. 조선총독부의 권력이 한결같이 관철되고 전국이 하나로 결합된 경제권이 형성된 마당에서 한국인과 일본인의 경제를 인위적으로 구분할 수는 없기 때문이다. 따라서 한국경제사학계의 일각에서는 식민지시기를 자본주의로 변신하는 과도기로 파악해야 한다는 주장도 제기되고 있다. 그들은 한국 근현대의 사회구성을 반식민지 · 국가적 농노제사회(1876~1910)→식민지 · 과도적 사회(1910~1935)→식민지 · 자본주의사회(1935~1945)→종속자본주의사회(1945 이후)로 파악한다. 그들은 특히 1930년대 중반 이후를 식민지자본주의사회로 규정하고, 그때 나타난 근대적 지주소유, 공업화정책, 노동자 형성 등의 변화가 해방 이후의 종속자본주의의 기초를 만들었다고 주장한다.

그런데 미국 등 서구의 한국사학계는 위와 같은 여러 담론에 별로 찬성하지 않는다. 그들은 탈민족주의 · 탈식민주의 · 탈근대주의의 시각에서, 위의 담론들이 근대주의라는 일원론적 · 단선론적 발전논리로써 역사를 파악한다고 비판한다. 즉 '식민지 근대화론' 등은 봉건제→자본주의 또는 저개발국→중진국→선진국이라는 발전논리를 전제하고 있으며, 그런 의미에서 근대화를 역사의 진보 · 발전으로 파악하는 헤겔주의 식의 역사관에 사로잡혀 있다고 본다. 이것을 극복하고 식민지 이해의 폭을 넓히기 위해서는 식민주의 · 근대성 · 민족주의를 상호 보완적 개념으로 활용해야 한다. 식민지에서의 근대성은 한국인이 수동적으로 받아들인 결과가 아니라 직접 · 간접으로 참여함으로써 구축된 것이다. 또 식민지 주민의 아이덴티티는 단순히 민족만이 아니라 계급 · 성 · 지역 · 신분 등 다양한 차원에서 존재했다. 따라서 미국 등 서구의 한국사학계는 식민지시기의 한국자본주의에서 내재적 · 전통적 요소를 부정하고 외래적 · 일본적 영향을 중시한다. 그리고 해방 이후의 한국자본주의는 식민지시기에 형성된 자본주의의 동력에서 기인한다고 주장한다. 탈근대주의의 역사인식에 바탕을 둔 그들의 식민지사회론은 최근 국내 학계에도 일정한 영향을 미치고 있다.

역사의 전개에서 과거가 현재를 규정하는 것은 당연한 일이다. 식민지 경제가 일본인이나 일본자본에 의해 주도되었다고는 하지만 전통시대 이래 한국경제의 상황이나 한국인의 대응에 크게 규정된 것은 틀림없는 사실이다. 또 식민지기에 일어난 한국경제의 변화가 해방 이후 한국경제의 출발점이 되었다는 것도 부정할 수 없다. 따라서 장기적인 관점에서 각 시기를 관통하는 역사의 연속적 측면을 파악하는 것이 중요하다. 이것을 역사의 경로의존성(經路依存性)이라고 부른다. 이런 관점에서 한국 근현대사를 파악할 경우에는 무역과 투자, 기술과 노동, 교육과 인력, 법률과 제도 등이 좋은 분석대상이 될 것이다. 앞으로의 과제는 각 부문의 외래적인 충격과 내부적인 변화의 접점에서 한국인이 어떤 사고와 행동을 가지고 어떤 규범과 양식을 만들어갔는가를 좀 더 철저하게 구명하는 것이다.

3. 식민지 근대의 보편성과 특수성

한국의 식민지 근대는 다른 나라의 사례에 비춰 어떤 유사점과 상이점을 갖고 있을까? 그것은 식민지 지배자로서의 일본제국주의와 피지배자로서의 한국의 특성에 좌우되게 마련이다. 후발 제국주의 국가 일본은 서구 선진 제국주의 국가의 경험을 배우면서 그들과 동아시아에서 마지막 단계의 영토쟁탈경쟁을 벌였다. 일제는 여기에서 승리하여 다른 제국주의와는 달리 지리적 · 인종적 · 문화적으로 근접한 한국을 식민지로 삼았다. 한편, 2천 년 이상 독립국가로서 잘 정비된 정치체제를 유지해 온 한국은 문화적으로는 일본보다 오히려 우월하다는 자부심을 가지고 있었다. 그럼에도 한국은 통째로 일본의 식민지로 전락했다. 이 점이 다른 식민지와 구별되는 또 하나의 특성이다. 이런 연유에서 일제는 한국에서 직접통치를 통한 동화정책과 개발정책을 강권적으로 추진했다. 그 결과 한국에서는 제한적이기는 하지만 황국신민화(皇國臣民化)와 경제성장 등의 현상이 일어났다. 이것도 다른 제국주의의 식민지지배에서는 찾아볼 수 없는 특성이다. 일본 제국주의와 한국 식민지의 특질을 약간 부연하면 아래와 같다.

일본 제국주의는 서구 제국주의에 대항하며 안전보장을 실현하는 것을 최우선의 과제로 삼았기 때문에 군사적 · 정치적 성격을 강하게 띠고 있었다. 그리하여 일제의 한국에 대한 침략과 지배는 가혹하고 잔인했다. 높은 수준의 정치체제와 문화역량을 지녔던 한국인은 이에 대해 치열하게 저항했고, 일본은 이를 탄압하기 위해 더욱 난폭하게 억지력을 휘둘렀다. 영국의 인도 지배 등 다른 제국주의가 식민지에서 경제적 이익을 가장 중시한 것과는 대비되는 성격이었다. 일제도 물론 식민지 한국에서 경제적 이득을 함께 추구했기 때문에, 한국인은 군사적 억압 이외에 경제적 수탈에도 시달렸다.

일본 제국주의의 한국 지배는 기본적으로 프랑스 제국주의와 같이 직접통치 방식을 택했다. 영국이 인도 등에서 한 간접지배와는 다른 방식이었다. 일제는 한국에서 무력을 통해 중앙집권화를 실현하고, 식민지의회와 같은 자치를 절대 허용하지 않았다. 일제의 한국지배의 궁극적 목표는 과도하게 발달된 무소불위(無所不爲)의 지배체제를 유지하고, 이에 절대 복종하는 황국신민을 육성하는 것이었다.

일제는 한국통치의 기본방침으로서 한국인도 일본인과 똑같이 그들의 왕인 천황의 은혜를 누릴 수 있다〔一視同仁〕고 선전하고, 이를 위해서는 한국인이 완전히 일본인이 되어야 한다〔內鮮一體〕고 요구했다.

그렇지만 일제가 제시한 이러한 동화의 논리는 처음부터 끝까지 지배자와 피지배자의 차별을 전제로 한 것이었다. 한국인은 정치 · 경제 · 사회 · 문화의 모든 영역에서 일본인보다 못한 대우를 받았다. 일제는 이것을 은폐하기 위해 이중적 문화담론을 전파했다. 서양에 대해서는 열등감을 느끼고 동양에 대해서는 우월감을 표시했다. 따라서 일제의 동화정책은 식민지지배를 유지하기 위해 한국인과 일본인의 전략적 평등, 즉 권리의 평등을 수반하지 않고 의무의 평등만을 강요한 사탕발림정책이었다고 할 수 있다.

한국인은 일제의 식민지지배에 끊임없이 저항했다. 그렇지만 다른 한편으로는 일제의 회유와 분열 정책에 휘둘려 갈등을 빚기도 했다. 그 결과, 한국은 해방 이후 새 국가를 건설할 때 지도자의 빈곤과 정치력의 결여라는 문제에 부딪쳤다. 영국의 식민지에서 해방된 지역이 대체로 민주주의 사회를 형성한 것에 견주어, 일본의 식민지에서 벗어난 지역이 전체주의 사회를 경험한 것은 좋은 대비라고 할 수 있다.

맺음말

한국의 식민지시기 연구는 중요하다. 이 시기의 연구를 통해, 한국은 왜 일본의 식민지가 되었고, 식민지사회는 어떤 모습이었으며, 해방 이후 어떤 사회로 바뀌었는가? 등의 물음에 답할 수 있기 때문이다. 따라서 최근 한국사학계에서 식민지 근대성을 둘러싸고 논란을 벌이는 것은 바람직한 현상이라고 볼 수 있다.

근대성은 역사의 여러 요소가 구체적 관계 속에서 작용하여 만들어내는 중층의, 그리고 복합의 성격을 띤 현상이다. 그러므로 근대성의 속성에는 일단 자기해방의 힘이 될 수 있는 긍정적 요소를 포함하고 있다고 평가해도 좋을 것이다. 물론 식민지에서 근대성은 거꾸로 통제와 억압의 힘으로도 작동하기 때문에 그것이 가진 이중의 성격도 인정해야 한다.

서양의 근대는 원래부터 식민주의와 결합되어 있다. 그러므로 식민지 근대성 속에는 서양이 만들어낸 보편의 성격도 존재한다고 볼 수 있다. 따라서 식민지 근대성과 탈근대성 또는 탈식민주의를 논하는 것은 한국과 서구를 연결하는 고리를 구명하는 작업이다. 앞으로 한국의 식민지 근대성 논쟁이 한국과 세계의 근현대사 연구를 좀 더 풍부한 방향으로 이끄는 데 도움이 되기를 기대한다.

■ 참고문헌

장시원 편역,《식민지반봉건사회론》, 한울, 1984.

安秉直 · 李大根 · 中村哲 · 梶村秀樹 편,《近代朝鮮의 經濟構造》, 비봉출판사, 1989.

——— · 中村哲 편,《近代朝鮮工業化의 硏究》, 일조각, 1993.

역사문제연구소 편,《한국의 「근대」와 「근대성」 비판》, 역사비평사, 1996.

정재정,《韓國의 論理-轉換期의 歷史敎育과 日本認識》, 玄音社, 1998.

박지향,《제국주의 신화와 현실》, 서울대 출판부, 2000.

박　섭,《식민지의 경제변동 : 한국과 인도》, 문학과지성사, 2001.

安秉直 편,《韓國經濟成長史》, 서울대 출판부, 2001.

역사문제연구소, 〈특집 탈/국가 탈/민족 역사서술에 대해 듣는다〉,《역사비평》 2002년 봄호, 2002.

김낙년,《일제하 한국 경제》, 해냄, 2003.

윤해동,《식민지의 회색지대》, 역사비평사, 2003.

조석곤,《한국 근대 토지제도의 형성》, 해냄, 2003.

李大根 외,《새로운 한국경제발전사-조선후기에서 20세기 고도성장까지》, 나남출판, 2005.

이화여대 한국문화연구원 편,《한국사 연구 50년》, 혜안, 2005.

김동노 편,《일제 식민지 시기의 통치체제 형성》, 혜안, 2006.

김 철 · 박지향 · 이영훈 편,《해방 전후사의 재인식 1 · 2》, 책세상, 2006.

신기욱 · 마이클 로빈슨, 도면회 옮김,《한국의 식민지 근대성》, 삼인, 2006.

신용하,《일제 식민지정책과 식민지근대화론 비판》, 문학과지성사, 2006.

윤해동 · 천정환 · 허수 · 황병주 · 이용기 · 윤대석 편,《근대를 다시 읽는다 1 · 2-한국 근대 인식의 새로운 패러다임을 위하여》, 역사비평사, 2006.

나카무라 사토루 · 박섭 편저,《근대 동아시아 경제의 역사적 구조》, 일조각, 2007.

정태헌,《한국의 식민지적 근대 성장-근대주의 비판과 평화공존의 역사학 모색-》, 선인, 2007.

호리 가즈오 · 나카무라 사토루 · 안병직 · 김낙년 · 우원싱 · 세구어싱 외, 박섭 · 장지용 옮김,《일본 자본주의와 한국 · 대만-제국주의 하의 경제변동》, 전통과현대, 2007.

일제의 한국병합과 식민통치

권태억(서울대 국사학과)

머리말

일제의 식민지 조선 통치는 양국을 둘러싼 세계정세, 일본과 그 통치 대상인 조선이라는 세 변수의 상호 관계 속에서 그 내용이 결정되었다. 일본이 조선을 합병할 당시 그 국내적 상황과 국제적 지위는 몹시 열악하였다. 곧 일본이 제국주의로 변신하여 해외로 진출코자 할 때는 자본주의 발달이 아직도 미숙하여, 서구 제국주의 국가들의 식민지 쟁탈의 동기라는 이른바 해외투자의 여력이 없었다. 국제적으로도 일본은 1854년 미국인 페리에 의해 강제로 개국되어 불평등 조약을 강요당하여 국권을 침해당한 상태로서 그 자신이 식민지가 될 위기에 처해 있었던 것이다. 이와 같이 약육강식의 원리가 지배하는 제국주의 시기에 일제는 서구를 모방하여 근대화를 달성하고 주변국을 식민지화함으로써 이러한 곤경을 벗어나려 하였던 것이다.

한편 전통시대에 한국과 일본은 같은 유교문화권의 국가로서 중국을 중심으로 한 화이체계 안에 위치하고 있었다. 다만 일본은 대륙으로부터 바다로 격리된 섬나라였던 관계로 청이 세워진 이후로 그 강한 영향력에서 벗어나 존재할 수 있었을 뿐이다. 동아시아 3국이 쇄국정책을 표방하면서 주민들의 대외 교류와 접촉을 제한하고 있던 시절에도 한일 양국은 통신사 사행을 통해 외교관계를 유지하고 있었다. 이때 유교문화에 앞섰던 조선은 일본에 대해 우월감을 느끼고 있었고, 이와 달리 일본은 임진왜란을 통해 확인된 자신의 무위(武威)에 대해 자부심을 가지고 있었다. 일본은 중국과 조공·책봉 관계를 맺고 있었던 조선을 사대적이라고 경멸하기도 했지만 앞선 유교문화를 가졌다는 것은 의심할 수 없는 사실이었으므로 한편으로는 존경하는 마음을 가지기도 하였다. 이러한 역사적 배경이 있었으므로 비록 일본이 한발 앞서 서구 문명을 받아들이고 급속한 부국강병을 이뤄 조선을 식민지화했지만 그 지배 방식은 그 나름의 특징을 띨 수밖에 없었다. 곧 그곳에는 통상 서구 제국주의 국가와 식민지에서 볼 수 있었던 문화 또는 사회발달의 현격한 차이가 있을 수 없었다. 그 자신이 서구 문명을 학습하고 모방하는 상황에서 한국을 압도할 문화적 역량이나 경제력을 가지고 있지 못했던 것이다. 따라서 조선인들은 일제의 통치에 승복할 수 없었고, 그 반발에 비례하여 일제의 통치는 더욱 폭압적이 될 수밖에 없었다.

일제의 식민통치는 총칼을 앞세운 폭력적이며 야만적이라는 것이 흔히 지적된다. 그 역사적 책임을 분명히 하는 동시에 그러한 통치방식이 채택된 원인은 무엇이며, 그 밖에 동원되었던 다양한 수단, 예를 들면 식민지 지배를 합리화하는 논리들은 무엇이었던가에 대해서도 주의를 기울여야 할 것이다.

1. 식민화 과정

일제에게 한국은 대륙침략의 기지로서 중요하였다. 한반도가 자신의 목을 노리는 단도(短刀)이므로 최소한 다른 강대국의 세력권이 되어서는 안 된다고 판단하고 있던 일제는, 일단 이를 차지하고 난 뒤에는 다시 이를 중국 대륙 침략을 위한 발판으로 삼고자 하였다. 이를 위해 일제는 한반도를 홋카이도나 오키나와 같은 자신의 영원한 영토로 만들고자 하는 야심을 품게 되었다. 이를 위해 일제는 다른 서구국가들과 달리 높은 수준으로 식민지를 '개발' 했다. 곧 군사적으로 중요한 조선을 영원히 차지하기 위해 이를 일본에 통합하는 작업을 진행하였던 것이다. 이러한 일제의 망상은 한반도와 일본 열도가 지리적으로 근접해 있었으며, 당시 한 · 일 지식인들 모두가 동문동종(同文同種)이라는 말을 자주 사용했던 데서 볼 수 있듯이 문화적 · 인종적으로 가까웠던 데서도 비롯하는 것이었다. 이러한 욕심을 바탕으로 일제는 1876년 한국을 강제 개항한 이래 집요하게 한국을 자기의 세력권화하려 하였고, 결국 영 · 미의 지원을 받아 한국을 합병하고 말았다.

개항 이래 경제적 침투를 계속하는 한편 조선의 전통적인 사대국가였던 청과 경쟁을 벌이던 일제는 먼저 1894년 갑오농민전쟁과 그에 이은 청일전쟁에서 농민군과 청군을 제압한 뒤 이른바 갑오개혁을 통해 조선의 보호국화를 시도하였다. 그러나 일제의 이러한 의도는 고종을 비롯한 한국인들의 저항, 러시아를 비롯한 열강의 방해로 일단 실패로 돌아갔다. 이후 조선을 자신의 세력권으로 만들고자 하는 일제의 가장 큰 걸림돌은 러시아였다. 19세기 후반 동쪽으로 세력을 확대해 온 러시아는 부동항을 찾아 남하해 왔는데, 한반도에서 일본과 충돌할 수밖에 없었다. 이때 일제가 러시아를 물리치고 조선을 식민지로 만드는데 결정적 도움을 준 것은 바로 영 · 미 제국주의였다. 유럽에서 러시아와 대립하고 있었던 영국은 동아시아에서 자신을 모방해 급격히 발전해 가는 일본에 주목하고 이를 자신의 동맹자로 삼아 러시아의 남하를 견제코자 하였다. 결국 일본은 영국의 지원(1902년 1월 영일동맹)에 힘입어 러일전쟁에서 승리하였다. 필리핀을 식민지화한 미국은 태평양에서 일본과의 충돌을 피하기 위해 일본과 1905년 7월 가쓰라(桂太郎)-태프트(Taft) 밀약(密約)을 맺어 결국 일본의 대한제국 '보호국'화를 인정하였다.

일제는 러일전쟁을 도발하면서 1904년 2월 한일의정서를, 1905년 한일협상조약(을사조약)을 강요하였다. 전자에서는 대한제국 정부로 하여금 일제의 '시정개선'에 관한 충고를 받아들이도록 하였고, 후자에는 통감을 두어 '한국의 외교 사무를 감리지휘(監理指揮)' 한다고 규정되어 있었다. 일제는 이러한 규정을 발판으로 한국 내정에 깊숙이 개입하여 식민지화 작업에 착수하였다. 이때 일제가 가장 주의를 기울여 먼저 착수한 것은 화폐제도의 정리를 비롯한 재정정리, 철도 · 전신 등 교통통신기관의 정비와 같은 것으로서 일제의 대륙침략과 자본 침투를 위한 기반을 닦기 위한 것이었다. 그리하여 1905년부터 1910년까지 어림잡아 1,800여개의 법령이 제정 또는 개정되어, 새로운 법령들이 마치 비 오듯이 쏟아져 내렸는데, 실제 내용은 일본 법령의 이식이었다. 이러한 급속한 변화는 외견상 '근대화'의 모습을 띠었으므로, 일제는 이를 '문명화'로서 미화했는데, 실제로는 조선에 본국과 동일한 제도를 이식하여 그 정치 경제적 침투를 가속화하기 위한 것이었다. 이를 두고 이토(伊藤博文)가 한국의 자치(自治)를 육성코자 했다는 평가도 있으나 자칫하면 오해를 부를 수 있는 표현이다. 어쨌든 통감부의 시책이 '근대화=문명화'의 형식을 띠고 있었으므로, 개항 이래 자주 근대화를 지향하던 개화파 세력의 일부는 이에 기대어서 정면 대결을 포기하는 결과도 초래하였다.

통감부가 설치되고, 이토 히로부미가 초대 통감으로 부임하여 식민지화 작업을 진행하였지만, 현실적으로 대한제국 정부가 엄연히 존재하고 반일적인 고종 황제가 군림하면서 일제의 이권침탈과 황실 무력화 작업에 저항하고 있는 상황에서 이러한 작업이 순조롭게만 진척될 수는 없었다. 일제는 호시탐탐 고종을 몰아낼 기회를 엿보고 있었는데, 1907년 고종이 칙사를 일본이 모르게 만국평화회의에 보내 을사보호조약이 강요된 것으로 무효임을 호소하자, 이를 호기로 고종을 몰아내고 일인 차관 고빙을 규정한 정미칠조약을 강박하였다. 이어서 군대를 해산하고, 경찰 사법권 탈취하여 대한제국을 허울만 남은 허수아비 같은 존재로 만들고 말았다. 결국 1910년 8월 순종을 강박하여 한국민들의 복리 증진을 위해 통치권을 일본 천황에게 영구히 양도한다는 조약을 맺게 하여, 대한제국은 역사의 무대에서 사라지고 한국인들은 식민지 피지배민이라는 치욕을 경험해야 했다.

2. 1910년대 무단통치와 문명화론

합병 조약을 성립시킨 일제는 '일시동인(一視同仁)' 이니, '천황의 적자' 니, '한국민의 복리 증진' 이니 하는 선전을 했지만 실제로는 한국을 일본 헌법이 적용되지 않는 '외지' 로 규정하였다. 천황의 대리자로서 조선 총독은 입법, 사법, 행정을 통할(統轄)하는 막강한 권력을 부여받아, 일본 내각이나 국회의 간섭 없이 봉건적 절대군주와 같은 절대적 권한을 행사하였다. 총독은 법률의 효력을 갖는 총독부령을 제정할 수 있는 권한(제령권)을 부여 받았으나, 조선인들은 일본 헌법이 정하는 최소한의 정치적 권리도 보장받지 못한 채 법률에 복종하고 세금을 납부해야 했다. 한편 군사적 중요성 때문에 조선은 일본 군부, 그 가운데에서도 육군의 세력권이 되어, 조선 총독의 자리는 제도적인 변화와 상관없이 (3 · 1운동 뒤 한 번을 제외하고는) 육군 대장의 차지가 되었다. 그 결과 식민지 기간 내내 조선은 반군정적(半軍政的) 통치 아래 놓여 있었다.

초대 총독으로 부임한 테라우찌(寺內正毅)는 이른바 무단통치를 폈다. 한국민의 반발을 헌병경찰로 대변되는 폭력 수단으로 억압한 채, 철도 · 도로 · 항만 시설 등을 갖추어 조선을 군사기지화하고, 식민지로 재편하기 위한 기반 닦기 사업에 주력하였다. 동시에 조선인들의 피폐한 생활을 구제하기 위한 산업개발이라는 명목으로 일본 시장을 염두에 둔 개량 벼 종자의 보급과 방직 자본에 값싼 원료를 공급하기 위한 육지면(陸地棉) 재배 사업 및 양잠 사업 등을 강압적으로 추진하였다. 또 막대한 예산을 투입하여 식민지 정책의 바탕이 되는 토지조사사업을 벌였는데, 그 결과 토지소유권은 근대법에 따라 보호를 받게 되었지만 일제 자본에 의한 토지 집적이 촉진되어 한국 농민들은 점차 소작인으로 전락하게 되었다.

이와 같이 식민지화 정책을 전개하면서 일제는 민간 언론을 철저히 말살한 채, 어용신문을 통해 자신의 통치가 '야만' 상태에 놓여 있는 조선을 '문명화' 하기 위한 것으로 대대적으로 선전하였다. 반면, 한국인은 같은 천황의 적자이긴 하나 아직 민도가 뒤떨어지므로 차별대우를 받을 수밖에 없으며, 이를 극복하기 위해서는 관리는 물론 앞선 일본인들의 지도에 순종하여 일본인과 동일한 수준으로 문명화(=동화) 해야 한다고 하면서 민족차별정책을 합리화하였다.

3. 1920년대 '문화통치'

1910년대의 강압적이고 민족차별적인 식민통치는 결국 3 · 1운동이라는 거족적인 저항을 불러일으켰다. 자신들이 베푸는 선정으로 산업이 발전하여 조선인들의 생활도 개선되어 만족해하고 있으리라고 믿고 있었던 조선총독부에게 이는 커다란 충격이었다. 이를 계기로 일본인들은 조선인들의 민족의식이 매우 강인한 것을 다시 한번 깨닫게 되었다. 1910년대의 무단통치는 재한 일본인에 대해서도 매우 고압적이었고, 또 회사령 등의 실시로 그에 대한 비판은 일본 국내에서도 강하였다. 이에 일제는 이제까지의 무단적 방법 대신 좀 더 세련되고 노련한 통치방식을 채택하게 되었으니 이른바 '문화통치'가 그것이었다. 총칼을 동원한 폭압적 통치 방식 대신 '문화'라고 하는 화사한 가면을 씌운 유화적 통치방식으로 바뀐 것이었다. 3대 총독으로 부임한 사이토(齋藤實)는 관제를 개혁하여 헌병경찰 제도를 보통경찰제로 바꾸고, 조선인에게만 차별적으로 적용되던 태형령을 폐지하였다. 또 일본인 거주지역을 중심으로 한 — 지방행정에 대한 자문적 성격이 강한, 빈약한 것이었지만 — 지방자치도 허용하였다.

무엇보다 달라진 것은 '언론 · 집회 · 결사'의 권리를 제한적으로 허용한 것이었다. 여전히 엄격한 검열과 감시 아래 놓여 있는 것이었지만 이로써 조선인들은 자기의 의견을 제시하고 정치적 주장을 할 수 있는 기회를 갖게 되었으니 일제의 의도와는 상관없이 3 · 1운동이라는 투쟁을 통해 획득한 권리라고 할 수 있다. 이 새로운 공간을 이용하여 《동아일보》《조선일보》 등 조선어 신문이 창간되고, 수많은 지방 청년단체를 비롯한 수많은 사회단체들이 등장할 수 있었다. 조선총독부는 이렇게 규제를 푸는 한편 친일단체를 양성하거나 일부 조선인 자본가의 기업을 지원하여 민족 진영 내의 분열을 유도하였다.

이와 함께 일제는 일반 조선인들의 민족의식을 마비시키기 위해 다양한 '사회교화' 작업에 착수하였다. 학교 교육에서는 동화교육을 강화하는 한편, 조선사 편수 작업을 개시하여 이른바 식민사관을 정립을 시작하였다. 이는 한국의 전통과 역사에서 일선동조론(日鮮同祖論)을 뒷받침하는 사실들을 끌어내고, 사대주의, 만선사관(滿鮮史觀) 등 한국이 역사적으로 중국에 사대적이었으며, 독립된 국가인 적이 없었다는 사실을 날조함으로써 현실의 일제의 식민지 지배를 합리화하기 위한 것이었다. 그렇지 않아도 망국민으로서 민족적 허무감에 빠지기 쉬웠던 조선인들로 하여금 자기 역사에 대한 자부심을 잃게 함으로써 일제에 대한 저항심을 밑바탕에서부터 무너뜨리기 위한 것이었다. 향촌사회에서는 모범부락 설치를 장려하여, 생활개선을 시도케 하는 한편 납세 장려 등 일본 국민으로서의 자각을 깨우치기 위한 사업을 벌였다.

한편 1920년대에는 조선을 일제를 위한 식량 원료 공급지로 만들기 위한 작업도 본격화하였으니 산미증식계획이 바로 그것이었다. 일본 국내에서는 1918년 쌀 소동이 일어나는 등, 지주제 발달에 따른 농업생산 위축으로 쌀 부족이 사회 불안의 한 요소가 되었던 바, 식민지 조선을 일본을 위한 쌀 공급지로 삼아 이 문제를 해결하고자 했던 것이다. 산미증식 계획은 1921년에 처음 시도되었으나 자금 부족으로 성공을 거두지 못하였다. 1926년에는 일본 대장성의 장기 저리 자금이 투입되면서 더 대대적으로 추진되었는데, 중심적인 사업은 수리조합 결성을 통한 관개(灌漑) 개선이었다. 곧 관개시설 개선을 통해 종래의 천수답을 수리 안전답으로 만들어 농업생산성을 높인다는 것이었다. 수리조합의 결성과 운영에서는 대지주의 발언권이 강했는데, 대지주 가운데에는 일본인 지주가 많았다. 일단 수리조합에 편입되면 수세를 물어야 했는데, 그것이 대단히 높았으므로 불황의 경우 오히려 이것이 조선인 중소지주의 몰락을 가속화하기도 하였다. 이 사업의 결과 조선인 지주의 수는 줄어들고, 일본인 대지주의 수가 증가하는 결과가 초래되었다. 일제는 관개시설의 개선과 함께 종자 개량을 시도하고, 또 다량의 금비(金肥) 투입을 종용했는데, 이로써 농민들은 더욱 더 상업자본의 지배 아래 들게 되었다. 이 사업의 결과 미곡 단작화가 진행되어 한국 농가 경제는 더욱 더 취약한 상황에 놓이게 되고 이것이 1930년대 공황으로 말미암은 농민층의 몰락을 가속화하고 소작농화를 부추기는 한 요인이 되었다.

1920년대에 들어와 사회주의 사상이 유입되어 노동자 · 농민 · 청년층에 커다란 영향을 끼쳐 통치질서를 위협하게 되자 일제는 1925년 칙령으로 치안유지법을 조선에도 시행하였다. 법령의 골자는 "국체(國體)를 변혁하거나 사유재산 제도를 부인하는 것을 목적으로 결사(結社)를 조직하거나, 또는 사정을 알고 이에 가입한 자는 10년 이하의 징역 또는 금고에 처한다"는 것으로, 자본주의적 경제질서는 물론 천황제를 유지하고 한국인들의 민족해방운동을 탄압하기 위한 것이었다. 이로써 '문화통치'라는 분식(粉飾)도 사라지고, 국권회복을 위한 운동은 더욱 가혹한 탄압을 받게 되었다.

4. 대륙침략과 민족말살 시도

1931년 일제가 만주를 침략해 괴뢰 만주국을 건설하고, 1933년 국제연맹을 탈퇴하는 등 내외적으로 긴장이 심화하면서 조선을 대륙침략을 위한 교두보로 만들고, 통제를 강화해 배후지의 치안을 안정화해야 할 필요성이 더욱 커졌다. 1931년 6월 신임 총독으로 부임한 우가끼(宇垣一成)는 비상시국에 직면하여 '내선융화(內鮮融和)'를 더 한층 촉진할 것을 다짐하면서 농촌진흥운동을 전국적으로 시작하였다. 개개

농가를 철저히 파악하고 그 노동력을 최대한 연소시켜 파탄상태에 빠진 농촌 경제를 구원함과 동시에 이들에게 일본 '국민'으로서의 자각을 불어 넣기 위한 것이었다. 이를 위해 각 행정단위별로 진흥위원회가 설립되고, 농촌에는 '지도부락'이 설치되었다. 지도부락은 그 부락의 지도자가 앞장서거나, 아니면 관이나 금융조합이 개입하여 생활개선을 추진하여, 다른 마을에 모범을 보여야 했다. 지방에 따라서는 향약의 관행을 부활시켜 그 자율적 규제 기능을 강화하는 한편, 국가에 충성한다거나 국헌(國憲)을 준수한다는 등, 향약에 '근대적' 항목을 추가하기도 하였다. 이와 함께 부녀자의 옥외노동이 장려되고, 위생개선 등이 강조되었다.

농촌진흥운동의 황민화 작업으로서의 성격은 1935년 이후 더욱 뚜렷해져 갔다. 농촌 전 부락의 지도부락화가 계획되고, 1937년 전국에 40개소 공사립 훈련소를 설립하고, 보통(초등)학교를 마친 청소년을 선발 입소시켜 이들에게 농업기술은 물론 황민화 이념을 철저히 주입시켰다. 이들을 '중견인물'로 양성하여 조선 농촌의 조직화와 농민들의 황국신민화에 앞장서게 하고, 일제의 통치를 밑에서 지지하는 세력으로 만들기 위한 것이었다.

일본 국내에서 군부 파쇼화가 진행되고, 드디어 1937년 중일전쟁을 도발함에 따라 식민지 조선의 인적·물적 자원을 최대한 동원하고, 전쟁을 효율적으로 지원할 수 있도록 사회를 재조직하기 위한 여러 조치들이 더욱 집중적으로 강요되기 시작하였다. 1936년에 부임한 미나미(南次郎) 총독은 '내선일체(內鮮一體)의 구현'을 강조하여 조선 민족의 독자성을 부정하면서, 조선을 본격적으로 대륙병참기지로 재편하기 시작하였다. 농공병진(農工竝進)이 표방되어 공업, 그 가운데에서도 군수공업 육성에 공을 들였다. 1938년에는 생산력확충 계획이 마련되어 전쟁을 위한 물자의 증산, 노동력의 확보가 강조되었다. 1941년 태평양전쟁 개시 이후에는 이에 더하여 식량 증산이 급속하게 추진되었다. 1938년 4월에는 국가총동원법(國家總動員法)이 제정되었는데, 이는 전쟁에서의 승리를 위해 '인적 · 물적 자원'을 최대한 효율적으로 투입하기 위한 것이었다. 일제는 이 법에 기초하여 조선의 경제를 완전히 군사적으로 재편하였다. 노동자들은 물론 조선의 민중들이 전쟁목적을 위해 동원되고, 징용되어 전장으로 또는 일본의 탄광으로 끌려가게 되었다.

이러한 강제적 조치들과 함께 한국인들의 자발적이고도 적극적인 전쟁 수행 참여를 위해 황국신민으로서의 자각을 내면화하기 위한 조치들이 강구되었다. 먼저 1938년 7월 국민정신총동원조선연맹을 발족시켜 모든 한국인들로 하여금 지역단위 또는 직장단위 조직에 가입시켰다. 이는 국가총력전에 대비하여 국민운동에 대한 통제를 강화하고 정보선전을 강화하기 위한 것이었다. '거국일치', '진충보국', '내선일체', '황국신민화'가 목표로 설정되었다. 지역단위 최하위 조직은 애국반이었는데, 모든 한국인들은 이에 강제적으로 편입되어 일상적으로 황국신민화 이념의 세뇌를 받아야 했고, 전쟁수행을 위한 물적 · 인적 지원을 강요당했다. 조선교육령도 개정되어(1938. 3.) 1) 국체명징(國體明澄), 2)내선일체, 3)인고단련(忍苦鍛鍊)이 강령으로 내세워지고, 이를 구호화한 '황국신민의 서사'가 행사 의식이 있을 때마다 제창되었다. 1910년대 서구 문명을 절대시하고, '문명화' 사업으로서 자신의 식민지 지배를 합리화하던 일제는 이 단계에 와서는 서구 문명을 적대시하면서 천황제를 만고무비의 '국체'로 선전하기 시작했던 것이다.

황민화 운동에서는 일본어 상용이 중요시되어, 1937년부터 조선인 관리의 일본어 사용이 강요되고, 1938년 조선교육령 개정 이후에는 한국어 교육이 폐지되었다. 1943년이 되면 일본어 보급운동이 대대적으로 전개되어, 학교에서는 일본어를 사용하지 않는 경우에는 벌금을 물도록 했다. 또한 1933년 이래 '농촌진흥운동' 과 아울러 '심전(心田)개발운동' 을 권장하고, 신사를 중심해서 '황국신민화' 를 위한 정신운동이 강화되어 왔는데, 이후 신사(神社) · 신사(神祠)는 급속히 증가했다. 즉 '1면 1신사' 라 하여 산간벽지에 이르기까지 신사를 세우게 하고 그 참배를 강요하였다. 1939년에는 부여 신궁(神宮)을 설립하여 황민화운동을 더욱 강화하였고 평양, 나남 신사를 호국 신사로 삼았다. 1939년 11월에는 조선민사령을 개정하고, 창씨개명을 단행하여 한국 민족은 이제 말은 물론 성까지 잃게 되어 글자 그대로 말살당할 위기에 처하게 되었다.

이러한 일제의 정책에 조금이라도 저항하거나 반대하는 기미가 보이면 엄혹한 형벌이 가해졌다. 1925년 시행될 때부터 악명 높았던 치안유지법은 이후에도 몇 차례 개악되었고, 여기에 1937년 4월 보호관찰소 제도, 1941년 2월 조선사상범 예방구금령 등이 추가되어, 치안유지법에 저촉된 적이 있는 사상범은 총독부 관리의 자의적 판단에 따라 예방구금 되는 등 야만적인 탄압을 당했다.

중일전쟁이 장기화하고, 마침내 1941년 태평양전쟁을 도발하여 인적 · 물적 자원의 손실이 커지고 전투요원이 부족해짐에 따라, 드디어 조선 청년을 '황군(皇軍)' 병사로서 동원하기 시작했다. 1943년부터 학병제를 실시해 학생들을 전쟁터에 동원하기 시작하더니, 1944년 4월 1일부터는 징병검사를 실시하여 모든 청년을 대상으로 징병제를 실시하였다. 내선일체를 강요하는 일본에 대해 조선인들이 동등한 대우를 요구하자, 먼저 황국신민으로서의 의무도 수행할 것을 요구하였던 것이다. 그러나 조선인들이 천황을 위해 목숨까지 바쳐야 할 근거를 찾지 못해 이를 회피하자 그에 대한 보상으로 1944년 11월 조선인에게 국회의원 피선거권을 부여할 것을 약속하였다. 그러나 1945년 8

월 일제가 패망함으로써 이 약속은 결국 실현되지 못하였다.

맺음말

일제 말기 경성제대 교수였던 스즈끼(鈴木武雄)는 일제의 조선통치의 근본방침은 내선일체화였으며, 구극의 목적은 시고꾸큐슈(四國九州)화라고 언명하였다. 곧 한국을 영원히 일제의 판도로 삼고, 한국 민족을 지구상에서 사라지게 하여 일본에 동화시키고자 했던 것이다. 지리적 · 인종적 근접성에 근거하여 조선반도 · 조선인의 일본으로의 동화가 가능하리라 생각했던 것이다. 그러나 혈연을 강조하는 일본 민족 형성의 특징 때문에 한국 민족을 포용하기 힘들었고, 차별의식도 극복하기 어려웠다. 그 결과 일시동인이니, 동화니 하면서도 일본인과 대등하게 기본적인 권리를 허용하는 것을 꺼렸다. 침략 전쟁을 벌이고 나서야 조선인들을 전쟁에 동원하기 위해 마지못해 최소한의 정치적 권리를 약속했던 것이지만 차별의식은 여전히 바닥에 깔려 있었던 것이다.

전쟁이 끝나자 일제는 하루아침에 얼굴을 바꾸고 재류 조선인들에게 일본 국적을 부여하기를 거부했다. 내선일체를 주장하면서 창씨개명까지 강행하여 전쟁터에까지 끌고 가서는 패전하자 태도가 바뀐 것이다. 일제 동화정책 선전의 기만적 본질이 여실히 드러난 것이라고 하겠다. 이러한 일제의 정책으로 재일 조선인 문제가 상존하고 있다 할 것이다.

다만 자신의 경제적 군사적 필요에서 조선을 일본에 통합 또는 예속시킨다는 의미에서의 '동화' 는 일찍부터 적극적으로 추진하여 이른바 '식민지 개발' 을 하였던 것인데, 이를 내세워 지금도 조선을 '근대화'

시켜 주었다는 등, 과거에 대한 명확한 인식을 보여주고 있지 못하다.

일제의 식민지 통치는 야만성과 폭력성을 띤 것으로서, 식민지배 35년은 비록 다른 식민지에 견주어 긴 것은 아니었지만 유별나게 혹독한 것이었다. 따라서 인도, 아프리카, 동남아시아 식민지 어느 곳보다도 훨씬 잔인하며, 폭력에 의한 야수적이었다는 평가를 피할 수 없다. 이는 일본 관헌의 배치 정도로도 증명되는데, 1930년대 중반 영국이 3억 4천 명의 인도인을 다스리기 위해 고작 1만 2천 명의 관리를 두고 있었던 것에 견주어 일본은 2천 2백만의 조선인을 통치하기 위해 5만 2천 명이나 되는 관리를 두고 있었던 것이다. 한편 다른 제국주의 국가들과는 달리 이른바 식민지 '개발'을 하였는데, 이는 앞서 살핀 바와 같이 한국을 일본에 통합하기 위한 것이었으며, 동시에 서구 국가들에게 자신도 식민지를 잘 통치할 수 있다고 증명하려 했던 점도 간과할 수 없다.

■ 참고문헌

박경식,《일본제국주의의 조선지배》, 청아출판사, 1986.

鈴木敬夫,《法을 통한 朝鮮植民地 支配에 관한 硏究》, 고려대 민족문화연구소, 1989.

권태억 외,《자료모음 근현대 한국탐사》, 역사비평사, 1994.

정태헌,《일제의 경제정책과 조선사회》, 역사비평사, 1996.

宮田節子, 이형랑 역,《조선민중과 「황민화」정책》, 일조각, 1997.

정연태,〈日帝의 韓國 農地政策(1905-1945년)〉, 서울대 박사논문, 1994.

裵城浚,〈日帝下 京城지역 工業 硏究〉, 서울대 박사논문, 1998.

이하나,〈日帝强占期 '模範部落' 정책과 조선농어촌의 재편〉,《學林》 19, 연세대 사학과, 1998.

권태억, 〈근대화 · 동화 · 식민지 유산〉, 《한국사연구》 108, 한국사연구회, 2000.

배영순, 《한말일제초기의 토지조사와 지세개정》, 영남대 출판부, 2002.

허수열, 《개발 없는 개발 -일제하 조선경제 개발의 현상과 본질- 》, 은행나무, 2005.

위르겐 오스터함멜, 박은영 · 이유재 역, 《식민주의》, 역사비평사, 2006.

윤해동, 《지배와 자치》, 역사비평사, 2006.

이상의, 《일제하 조선의 노동정책 연구》(연세국학총서 69), 혜안, 2006.

일제의 강제동원과 민족이산

정태헌(고려대 한국사학과)

1. 한반도민의 이산 시기와 배경

외교통상부 2005년도 집계에 따르면 해외동포 6,628,338명 가운데 미국에 2,2023,653명, 중국 2,758,985명, 일본 629,236명, 그리고 러시아에 207,225명이 거주하고 있다. 한반도 인구의 10퍼센트, 남한 인구의 무려 15퍼센트 정도나 되는 셈이다. 그런데 한반도 주민의 이러한 해외이주는 일제의 식민지 지배와 해방 후 냉전체제 아래서 민족이산의 아픔을 동반한 고난의 산물이었다.

압록강과 두만강 건너편인 만주 · 연해주로의 이주는 19세기부터 시작되었다. 해외이주 곧 민족이산의 성격을 띤 해외이주가 급증한 것은 '합방' 을 전후해서였다. 초기에 한반도 주민이 중국 · 일본 · 연해주 · 하와이 등지로 이주한 배경은 구직이나 농경 등 생존을 위한 것이었다. 이후 1920년대 초까지는 독립운동이나 망명을 위한 이주가 늘어났다. 그리고 식민지 지배 하에서 경제적 궁핍이 심해지면서 해외 이주가 급증했다. 특히 1930년대 이후에는 일본이 저지른 반인륜적인 강제동원에 따라 일본이나 전장터로 끌려갔다.

국가 주권을 상실한 구성원들이 겪은 타지로의 이주는 그 자체가 국제적 역학관계에 종속될 수밖에 없는 힘겨운 투쟁이었다. 쏘련의 고려인들처럼 어렵게 정착했지만 다시 유리(遊離)되어야 하는 아픔도 겪었다. 일본이나 전장터에서는 고된 강제노동을 강요받았고 차별과 폭력에 시달리다 못해 저항적 성격을 띤 탈주가 급증했다.

근대 한반도 주민의 해외이주는 단순한 이민사 차원에서만 보기에는 문제가 남는다. 역사적 하중이 무겁기 때문이다. 해외동포의 역사와 삶 속에는 세계사와 한반도 근대사회의 모순이 중첩되어 있다. 역사의 소용돌이 속에서 이주민들이 세대를 거듭하면서 드러내는 다중적 정체성은 누적된 모순의 해소 과정을 통해 비로소 자유롭게 펼쳐갈 수 있을 것이다.

2. 중국, 러시아, 미국과 남미로 이주

1) 중국(만주)

중국으로의 이주는 19세기 중엽부터 20세기 초까지, 1910~20년대, 일제가 만주를 침략하고 전쟁을 확대하는 1930년대 이후 등 세 단계로 구분된다. 초기에는 기아와 빈곤을 벗어나기 위한 생계 때문이었지만, 1910년을 전후한 시기에는 항일운동이나 망명을 목적으로 한 이주가 늘어나 이 무렵에 이미 20만여 명에 이르렀다. 1930년대 들어서는 식민정책 차원의 이주가 급증했다. 관동군 주도로 군사적 목적을 띤 일본인 이민이 시행되었다. 이에 따라 조선총독부도 조선인 만주이주를 적극 추진했는데 매년 2만 호, 10만 명, 15개년에 30만 호, 150만 명 이

주계획을 세울 정도였다.

해방 당시 한반도 국경에 접해 있는 연변 지역에만 80만여 명이 집중되었고 만주를 포함한 중국 전역에 230만여 명이 거주하고 있었다. 이 가운데 대략 20만여 명이 귀환한 것으로 추정된다. 이후 1970년대까지는 중국과 국교관계가 있는 북한으로 귀환하는 경우도 적지 않았다. 200여만에 이르는 동포사회를 배경으로 1954년 12월에는 연변조선족자치주 제1기 인민대표자대회가 소집되면서 자치주가 조직되었고 자치주의 수도인 연길(延吉)은 이 지역 조선족의 경제 · 정치 · 문화의 중심지가 되었다.

미 국립문서기록보관청 산하 관계부처합동조사단(Interagency Working Group)이 2007년 1월 12일 비밀해제한 일제의 전쟁범죄 관련 기록에는 세균전과 생체실험 기록이 포함되어 있다. 만주 지역의 조선인들은 일본 731부대의 생체실험 대상〔마루타〕이 되기도 했다. 일제의 반인륜적 범죄성을 명백하게 드러내는 이 사안은 사실규명 작업이 반드시 요구된다.

2) 연해주-중앙아시아 강제 이주와 일제가 유기한 사할린 동포

연해주 이주는 1920년대 들어 만주에서 독립운동을 하던 유격대원들이 대거 연해주로 이동하면서 급증했다. 이 지역에서 고려인으로 불린 조선인들은 소련인민으로서 거주허가증을 받고 토지를 소유했다. 소련 정부는 토지를 소유한 조선인들의 집단농장화 작업을 추진했다. 그러나 새로 이주하는 조선인들의 농장 편입을 거부했다. 조선인 · 중국인 · 러시아인 집단농장과 혼합 집단농장 등의 경계선에서는 분쟁이 계속되었다. 이 소용돌이 속에서 1930년에는 토지 정비가 안 된 하바로브스크로 1,400여 명, 카자흐공화국으로 170명을 이주시키기도 하였다.

1937년은 일제의 중국침략, 유럽에서 전운이 짙어지는 가운데 스탈린의 독재체제가 강화되는 때였다. 또 중소 국경에서는 소련군과 일본군의 충돌이 잦아 긴장이 고조되고 있었다. 이러한 상황에서 스탈린은 조선인의 항일운동이 일본에게 침략 구실을 주고 일본이 조선인을 간첩으로 활용한다는 이유로, 1937년 9월 1일부터 12월까지 고려인 36,442가구, 171,781명에게 고난의 이주를 강요했다. 우즈벡 공화국에 16,272가구, 76,525명, 카자흐 공화국에 21,070가구, 95,256명이 도착했다. 이들은 다시 이동하여 현재의 거주지로 재배치되었다. 이 소용돌이 속에서 지식인 등 2,500여 명이 총살당했고 이주 이듬해인 1938년에는 7천여 명이, 1939년에는 4,800여 명이 사망했다. 유사사망률이 60퍼센트에 이를 정도였다. 이 시기 고려인들의 이주는 그야말로 참혹한 것이었다. 고려인들에게는 거주지 공화국 밖으로의 여행이나 은행대출이 금지되었고 국가기관 취업이나 취학도 제한받았다. 적성민족으로 규정된 채 탄광 · 군수공장 · 산림벌채 등에 동원되었다.

1989년 소련 붕괴 이후 중앙아시아 각국이 독립하면서 카자흐스탄 공화국에는 지금도 20만여 명의 고려인이 모여 살고 있고 우즈베키스탄, 타지키스탄, 키르키즈스탄 등에도 많이 거주하고 있다. 현재 구 소련권의 고려인은 55만여 명 정도로 추정된다.

사할린 동포의 역사는 그 배경이 전혀 다르다. 조선인 15만여 명이 사할린으로 강제동원되었고 해방 당시에는 4만 7천여 명이 있었다. 1944년 들어 제해권과 제공권을 제압당한 일제로서는 사할린으로부터 석탄 운반이 어려워지자 본토에서 석탄을 생산하는 일이 급선무였다. 이에 따라 부족한 노동력을 메우기 위해 1944년 8월부터 사할린으로 동원한 조선인 3,200여 명을 다시 본토로 끌고 오기도 했다.

현재 사할린에는 전후 일본의 무책임한 유기정책과 소련의 억류정책으로 귀환하지 못한 동포 1세와 그들의 후손 4만 3천여 명이 살고 있다. 소련국적법에 따라 사할린 동포들은 억류 초기에는 무국적자가 되어 거주 · 취업 · 교육 등 생활 전반에서 차별을 받았다. 1952년에 소련은 사할린 동포들에게 북한 또는 소련 국적 가운데 하나를 택하도록 했고 1955년부터 1962년 사이에는 많은 동포들이 북한으로 귀환했다. 1977년에는 고향이 있는 한국으로 귀국을 요구한 동포들을 소련 정부가 북한으로 추방하기도 했다. 냉전의 산물이었다. 한소국교가 이뤄지기 이전인 1981년에는 한국 친척과 상봉하기 위한 일본 방문이 이뤄졌다. 1989년에는 한국 정부가 조사단을 사할린에 파견했고 23명의 모국방문이 실현되었다. 한소국교 수립을 계기로 1992년에는 독신노인 72명이 처음으로 귀국했고 이후 인천 · 안산 등의 보호시설로 귀국하는 동포가 늘어났다.

3) 미국과 중남미로 노동이민

미국 이민은 1901년 알렌 공사가 하와이 사탕수수 농장 노동력을 한국인으로 충당하기 위해 고종에게 이민을 권하면서 시작되었다. 이후 하와이 사탕재배자협의회 비숍이 내한하여 이민자 모집을 위해 인천에 동서개발회사를 설립했다. 1902년 12월 22일 121명이 제물포항을 떠나 고베항에 도착한 뒤 신체검사에 합격한 101명이 겔릭 호를 타고 1903년 1월 13일 하와이에 도착했다. 이민자들의 작업 환경은 노예생활이나 다름없어 새벽 4시에 기상하여 바로 식사를 마치고 6시에 농장 작업을 시작하여 점심시간 30분을 제외하고 해가 질 때까지 장시간 노동에 시달려야 했다.

중남미로도 이민이 이루어졌다. 1904년 10월부터 4개월 동안 제물포 · 부산 · 원산 등에서 멕시코 이민 모집에 응한 남자 802명과 여자 231명이 1905년 3월 제물포를 떠나 5월 15일 메리다 애네껜 농장에 도착했다. 힘든 여정으로 도중에 2명이 사망했다. 1,031명이 25개 집단

농장인 아시엔다에 배치되어 고된 노동을 감수해야 했다.

해방 이후 미국 이주는 입양아나 결혼 또는 유학생이 대부분이었다. 이후 미국의 새로운 이민법이 제정되어 한국에 2만 명 쿼터를 제공한 1965년부터 본격적인 이민이 이루어지기 시작하여 현재 220만여 명의 재미동포가 살고 있다.

3. 일본으로 이주와 강제동원의 참상

1) 관동대지진 때 광란의 조선인 대학살

개항 이후 시작된 일본으로 이주는 1917년에 1만 명을 넘었다. 이때는 유학생이 많았고 생활고 때문에 일자리를 찾아 일본으로 건너가는 경우가 차츰 많아졌다. 특히 일본과 가까운 제주도는 생활고로 도항자가 많았다. 일본에 거주하게 된 조선인들은 일상적인 삶만 힘든 것이 아니었다. 저차원적인 차별 속에서 대학살을 당하기도 했다.

1923년 9월 1일 일본 관동지역에 대지진이 발생하자 "조선인이 우물에 독약을 풀어 일본인을 독살하려 하고 일본여자를 강간한다, 조선인이 일본인을 습격한다"는 등의 터무니없는 유언비어가 유포되었다. 이는 순식간에 퍼져 나가 계엄령이 발포될 정도였다. 그러나 자위대·재향군인회·청년단 등의 일본인들은 군경의 비호 아래 조선인들을 무차별 살해하기 시작했다. 경찰서에 구금된 조선인들을 마을 자경대원들이 데려가 학살하기도 했다. 도쿄 지역에서만 3천여 명, 관동지방 전체에서 6천여 명이 살해당한 것으로 추정된다. 광란의 학살이었다. 당시 관동지방에 3만여 조선인이 살고 있어 피살자가 훨씬 많다는 주장도 있다.

2) 강제동원 연구의 상황과 의의

강제동원 연구는 재일동포 학자 박경식이 1960년대부터 시작했다. 1970년대에는 재일본조선인총연합회가 '조선인강제연행진상조사단'을 결성하여 오늘날까지 일본 각지에서 실태조사를 계속하고 있다.

일본에서는 1970년대 말부터 자원봉사자 또는 시민운동의 지역사 연구 차원에서 강제동원 실상을 다루기 시작했다. 일본학자들은 특히 '종군위안부' (성노예) 문제에 주목하여 1970년대에 문헌조사나 증언에 바탕을 둔 본격적인 연구를 시작했다. 1992년에는 요시미(吉見義明) 교수가 방위청 방위자료실에서 찾은 자료들을 모아《從軍慰安婦資料集》을 펴냈고 1995년에는 '일본의 전쟁책임자료센터' 중심으로《共同硏究日本軍慰安婦》를 펴냈다.

한국에서는 1950년대 말에 대일배상청구 기초자료로《倭政時被徵用者名簿》를 작성했다. 그리고 1995, 96년 강제연행 연구조사로〈해외희생자에 대한 조사보고서〉가 공간되었다. 일본 정부가 여전히 자료를 은폐하고 책임회피에 급급한 가운데 1980~90년대 들어 각종 자료집 · 회고록 · 자서전이 나오고 있다. 일본군에게 군수물자로 다루어진 성노예 피해자들에 관한 연구는 일제의 침략을 고발하고 향후의 평화를 기원하는 문제의식을 수반하면서 특히 1990년대 들어 활성화되었다. 그 계기는 김학순 씨 등 피해자들의 공개증언이었다. 이러한 증언과 자료를 바탕으로 '위안부' 제도의 성립과 운영실태, 피해자 생활 등의 연구가 진행되었다. '위안부' 의 총인원은 현재로서는 정확히 파악되지 않지만 최소 3만여 명에서 최다 40만여 명까지 집계되고 있다.

강제동원은 노무동원과 성동원 외에도 지원병 · 학도병 · 징병 등의 병력 동원, 군속 · 軍夫 등 군 관련 동원이 있다. 일본 · 사할린 · 만주 · 중국 · 남방 등 해외지역 뿐 아니라 조선 안에서도 대대적으로 강행되었다. 즉 일본 침략지역 전체가 조선인 동원 지역이었다. 도내(道

內)에서는 근로보국대 형식이 활용되었고 조선총독부는 남부지역 농촌 노동력을 북부지역의 토목공사장이나 광산으로 동원하기도 했다.

연구자들이 집계한 강제동원 규모는 본격적 연구가 시작되는 초기여서 그 차이가 꽤 크다. 대략 조선 안에서 연인원 612만, 해외지역(일본 · 사할린 · 남양군도 등) 139만, 군인 · 군속과 성노예로 동원된 인원이 61만여 명에 이를 것으로 추정한다. 이 가운데 일본으로 동원된 조선인은 대장성 통계에 따르면 72만여 명, 《조선통계요람》(1949년)에 실린 후생성 조사자료에 따르면 1939~1944년 사이에 80만여 명에 이른다. 반면에 조선인강제연행진상조사단은 1974년에 내무성 경무국 《특고월보》 통계를 통해 《朝鮮時報》(1990. 12.)에 151만여 명으로 산출했다.

3) 강제동원의 방식

강제동원은 국가가 침략전쟁 수행을 위해 기업을 지원하고 기업이 이를 자본축적의 도구로 활용한 폭력적이고 초법적인 정경유착의 산물이었다. 제도상 1939년 이후 '모집', 관(官)의 '알선', 징용의 순서를 밟았지만 강제성을 띠었다는 점에서 질적인 차이는 없다.

일본에서는 1930년대 후반 들어 징집자가 많아져 노동력이 격감하자 노동조건이 고되고 나쁜 탄광 등에서는 휴업을 우려할 정도가 되었다. 이를 반영하여 1939년 후생성 · 내무성 · 조선총독부의 〈조선인노무자 內地移住에 관한 건〉(1939. 7.), 조선총독부 정무총감의 〈조선인 노동자 내지이주에 관한 건〉(1939. 9.)을 통해 일본의 석탄 · 금속광산 · 토건업을 위한 '모집' 명목의 강제동원이 시작되었다. 도 · 군 · 면별로 할당된 인원은 면장과 면사무소의 노무계, 주재소의 경찰관 등이 일체가 되어 차출했다. 경기도 이남 지역에서 18만여 명이 동원되었다. '모집'은 할당인원을 채우기 위해 강제('알선')와 폭력이 수반

되었다. 조선인들은 1939년의 큰 가뭄과 식민농정에서 비롯된 경제 파탄으로 삶의 선택이 극히 제한되었다. 여기에 돈을 벌 수 있다는 거짓 선전과 관-경찰 · 면 직원의 협박성 '권유' 등이 어우러지면서 '모집'이 이루어졌다.

1942년 2월의 각의결정 〈'반도인' 노무자활용에 관한 방책〉과 조선총독부의 〈'선인' 내지이입 알선요강〉은 관 '알선', 곧 이미 행해지던 조선총독부 개입을 법제화한 것이다. 사업주에게 노동자를 인도하기까지 전 과정을 조선노무협회를 통해 조선총독부가 책임지도록 했다. 태평양전쟁 도발로 징병이 급증하고 노무동원이 급박해진 상황을 반영한다. 군 · 면 직원들은 배정받은 인원을 관할 세대별로 할당하여 26만여 명을 동원했다. 이후 〈국민징용령〉이 조선에 적용될 때에도 조선인들이 충격을 받지 않았을 정도로 이미 조선인들의 삶에서 '모집'이나 관' 알선'의 강제성은 일상화된 것이었다. 곧 '모집'이나 '관의 알선'은 사실상 징용과 같았다.

1944년 9월 〈국민징용령〉의 조선 적용은 이러한 폭력적 강제송출 방식을 사후 법제화한 것이었다. 징용령 시행 후 1년 동안 40만여 명이 동원되었다. 조선인들의 저항은 커지고 강제성과 폭력성이 더욱 요구되는 악순환이 반복되었다.

4) 살인적 노동환경과 급증하는 탈주

"남양의 한복판 트라크 섬에는 우리 동포가 8천여 명이나 가서 가혹한 압제 밑에 혹사를 당하다가 싸이판이 함락되자 식량공급이 안 되기 시작하여 일본인은 조선 사람들에게 식량을 안 주기 시작하여 전부가 영양부족으로 쓰러짐에도 불구하고 진지구축에 하루가 바쁜 일인은 일만 시켜 굶어 죽는 동포가 매일 생기는 참혹한 생활을 하다 … 조선동포는 처음에는 나무뿌리, 풀잎으로 살다가 그것도 모자라서 산과 들의 풀이란 풀을 전부 뜯어 먹고 쥐 한 마리에 백 원씩 매매가 되고 뱀, 벌레 등 닥치는 대로 먹다 못하여 5천여 명 동포는 무참히도 굶어 죽었다."(《조선일보》, 1946. 2. 14. 현재 맞춤법에 따라 필자가 일부 고침)

생명과 인권을 앗아간 강제동원은 물자나 자금 수탈과 차원을 또 달리하는 것이었다. 동원된 조선인은 일본어를 써야 했고 군대식 훈련과 감금에 따른 물리적 · 심리적 장벽에 갇혀 있었다. 열악하기 짝이 없는 의식주의 조건에서 위험성이 높은 탄광 · 건설현장 · 군 시설 공사장 등에 배치되었다. '계약' 기간은 사실상 무의미했고 직장 선택과 거주 이전의 자유가 없는 가운데 오전 6시에 기상하여 아침 식사 뒤 하루 10시간에서 14시간 동안 노예노동에 혹사당했다. 탄광에서는 막장이나 가스폭발 또는 낙반사고가 많은 곳에 배치되어 재해 위험에 언제나 노출되어 있었다. 식사량은 늘 부족했고 인간성을 부정하는 차별과 구타가 늘상 가해졌다. 사고가 나도 치료나 보상은 없었다. 이렇게 해서 죽은 사람을 묻은 묘지와 유골은 지금도 일본 곳곳에서 발견된다.

동원된 지역에서 탈주를 감행하는 것은 조선인을 죽이는 일이 아무렇지도 않았던 상황에서 목숨을 건 것이나 마찬가지였다. 임금은 약속한 것보다 훨씬 적었고 그나마 대부분이 강제저축이나 '헌납' 되었다. 통장은 회사가 보관하고 인출은 봉쇄되었다. 탈주는 미불임금을 받는 것을 아예 포기하는 행위였다. 강제 동원된 조선인들의 노동환경은 그만큼 비인간적이었고 폭력적이었다.

탈주자 비율은 강제동원이 시작된 지 1년만인 1940년 말에 이미 18.7퍼센트에 달했고 탄광에서는 20.9퍼센트나 되었다. 1943년 말에는 33.3퍼센트로 급증했다. 일본 체류기간이 긴 '모집' 자의 경우 1943년 말에 41.7퍼센트나 되었다. 특히 효고현(兵庫縣) 峰山 금산에서는

1942년 6월말까지 89퍼센트(73명 가운데 63명)나 되었고 조선인 대부분이 탈주한 작업장도 적지 않았다.

일본 국가와 관련 기업은 지금까지 정확한 자료 제시나 동원노동자 수, 미불임금, 강제로 비축한 각종 예 · 저금과 보험금 내역 등을 공개하지 않고 있다. 조선인강제연행진상조사단은 2000년 12월 20일 공개된 일본 외무성 책자를 조사하여 군인 · 군속 89,588명에 대한 미지급금 91,316,115엔(평균 1,019엔. 현 시세 약 15조 원)을 확인했다. 미불임금 평균액에 비추어 볼 때 임금의 대부분이 지급되지 않았음을 알 수 있다. 일본 정부는 개인에게 지급해야 할 미불급여 사실을 숨긴 채 한일 수교 교섭을 통해 일괄 해결하려 한 것이다.

5) 학살과 유기(遺棄)로 끝난 강제동원과 전후의 재일동포

일본군은 '위안부' 들에게 몸과 마음의 해방을 뜻하는 패전 사실도 알리지 않았다. 이들은 정글에서 굶어죽거나, 포로수용소에 잡혀 있다가 귀국선을 타거나, 군사기밀을 알고 있다는 이유로 퇴각하는 일본군에게 유기되거나 학살당한 경우가 많았다.

'위안부' 뿐 아니라 강제동원한 조선인들을 일본군이 학살하면서 퇴각한 사례는 수없이 많다. 1945년 8월24일 마이쓰루 항 근처에서 조선인 징용자와 가족들을 태운 우키시마마루(浮島丸) 호 폭파 사건은 반인륜적인 잔혹상을 그대로 드러내 준다. 생존자들 증언에 따르면, 적어도 7,500여 명이 승선했고 그 가운데 5천여 명이 몰살되었다. 출항 뒤 일본 연해항로만 따라 움직였고, 폭파 당시 배가 정지해 있었으며, 호송 일본군들이 불안해 했던 점, 폭파장치를 제거하려는 일부 조선인들의 움직임이 있었던 점 등에 비추어 입막음하려는 일본군의 의도된 폭파였던 것으로 추정된다.

해방 당시 일본에는 강제연행자를 포함하여 236만여 명의 동포가 거주하고 있었던 것으로 보인다. 이들 가운데 1946년 3월까지 해방 후 7개월만에 무려 170~180만여 명이 귀국한 것으로 추정된다. 어떤 사람들이 남았는지 현재로서는 정확하게 확인하기는 쉽지 않다. 다만 1946년 3월 GHQ 조사에 따르면 647,006명이 남아 있었는데, 이때에도 귀국희망자가 대부분(90퍼센트)이었다. 한반도의 정정 불안, 여비 제한(1천 엔), 미불임금을 받으려고 기다리거나, 하까타(博多) 항이나 시모노세끼(下關) 항까지 갔는데도 귀국선을 못 타는 등의 이유로 기다리다가 본국이 분단되면서 남게 된 것이다. 재일동포들은 1980년대까지 공무원도 기업 취직도 할 수 없어 음식업, 단순가공업, 막일 수준의 건설토목업, 빠징코나 사채업 등에 종사하였다. 일본인들이 천시하던 빠찡코와 도살장에서 주운 내장을 구워 팔면서 시작된 야끼니꾸(燒肉, 불고기 식당)는 재일동포의 민족산업인 셈이다.

■ 참고문헌

한일민족문제학회,《강제연행 강제노동 길라잡이》, 선인, 2005.

김대상,《일제하 강제인력수탈사》, 정음사, 1975.

한일문제연구원,《빼앗인 조국 끌려간 사람들-7백만 조선인 강제동원의 역사》, 아세아문화사, 1995.

김영달,《朝鮮人强制連行 の硏究》, 明石書店, 2003.

고려대 민족문화연구원 한국사연구소,《일본군 '위안부' 관련 기초문헌자료집》, 여성부, 2002.

미네시기 겐타로,《천황의 군대와 성노예》, 당대, 2000.

吉見義明,《從軍慰安婦資料集》, 大月書店, 1992.

한국정신대문제대책협의회 진상조사연구위원회,《일본군 '위안부' 문제의 진상》,

역사비평사, 1997.

강덕상, 《학살의 기억, 관동대지진》, 역사비평사, 2005.

윤휘탁 외, 《동아시아의 민족이산과 도시》, 역사비평사, 2004.

한국정신대연구회 편, 《한일간의 미청산과제》, 아세아문화사, 1996.

이광규, 《재외동포》, 서울대 출판부, 1999.

김게르만, 2005, 《한인이주의 역사》, 박영사

장석홍, 〈해방후 연변지역 한인의 귀환과 현지정착〉, 《연변 조선족 사회의 과거와 현재》, 고구려연구재단, 2006.

한명숙, 《사할린 동포 영주귀국과 정착 지원 방안 모색을 위한 정책 자료집》, 2005.

한국정신문화연구원, 《일제하 피강제 동원자 등 실태조사 연구 보고서》, 2003.

허수열, 〈조선인노동력의 강제동원의 실태〉, 차기벽 편, 《일제의 한국 식민통치》, 정음사, 1985.

김민영, 《일제의 조선인 노동력 수탈연구》, 한울아카데미, 1995.

정혜경, 《일제말기 조선인 강제연행의 역사-사료연구》, 경인문화사, 2003.

이상의, 〈1930-40년대 일제의 조선인노동력 동원체제 연구〉, 연세대 박사논문, 2002.

강정숙 · 서현숙, 〈일제말기 노동력 수탈정책-법령을 중심으로〉, 《한일간의 미청산과제》, 아세아문화사, 1997.

곽건홍, 《일제의 노동정책과 조선노동자》, 신서원, 2001.

정태헌 · 기광서, 〈일제의 반인륜적 조선인 노무동원과 임금 탈취〉, 《역사와 현실》 50, 2003.

정태헌, 〈총련계 재일동포의 21세기 자기 인식〉, 《역사비평》 78, 2007.

식민지 자본주의화와 민족·계층 간 양극화

정연태(가톨릭대 국사학과)

머리말

근대 한국경제는 극적인 드라마를 연출해왔다. 한국경제는 세계경제의 후미진 변방에서 20세기를 출발했다. 그 후 식민지배, 분단, 전쟁의 소용돌이에 휘말려 세기의 중반에 이르러서도 변방의 권역을 탈출하기는커녕 오히려 더 깊이 그 속으로 빠져들어 가는 듯했다. 그런 경제가 '60년대 이후 비상하기 시작했다. 북한경제는 한때 사회주의권에서 성장의 모범생으로 칭송받을 정도였으며, 남한경제는 '80년대에 대표적인 신흥공업경제(Nies)로 성장하여 세계의 이목을 놀라게 했다. 그러나 세기말에 이르러 북한경제는 파탄지경에 빠져간 반면, 남한경제는 세계자본주의 중심부의 턱밑에까지 진입했다.

경제적 변화가 극적인 것만큼 근대 한국경제에 대한 인식 또한 커다란 갈등을 보여 왔다. 자본주의 맹아 논쟁, 광무개혁 논쟁, 식민지 근대화 논쟁, 개발독재 논쟁은 그런 갈등의 산물이었다. 그 가운데 식민지 근대화 논쟁은 식민지시기를 주대상으로 하면서도 조선후기부터 현재에 이르기까지 한국근대 역사상의 구성에 지대한 영향을 미치는 것으로 주목된다. 이 논쟁의 한편은 식민지 수탈론이었다. 그 핵심은 일제의 지배와 수탈이 개항 이래 한국인의 경제적 성장과 한국경제의 자주적 발전 가능성을 왜곡하고 억압하는 결과를 초래했다는 것이다. 이런 역사상은 식민사관을 비판, 극복하는 가운데 체계화하고 남북한의 반일 민족주의 정서와 결합하여 지배적인 학설로 정립됐다. 다른 한편은 식민지 근대화론이었다. 그 요지는 일제의 자극과 개발로 말미암아 한국사회는 비로소 조선후기 이래의 장기 정체에서 벗어나 발전의 시대로 접어들었으며, 그 발전은 해방 후 고도성장의 토대가 됐다는 것이다. 이런 인식은 남한 자본주의의 고도성장에 자극 받고 그 기원을 찾으려는 데 집착한 나머지 식민지 자본주의를 추동해 갔던 일제의 역할을 적극적으로 평가하고 나선 결과이다. 최근에는 식민지 근대화론의 실증적 비판을 일부 수용한 위에서 식민지 수탈론의 역사상을 재구성하려는 시도가 나타나고 있다. 그에 따르면 일제의 개발 성과는 괄목할 만한 것이었지만, 그 개발은 일본인에 의한, 일본인을 위한 개발에 지나지 않았으며 개발의 결과 또한 해방과 동시에 신기루처럼 사라졌다.

이상과 같은 식민지 근대화 논쟁을 거쳐 식민지시기 경제적 변화에 대한 시야는 확장, 심화됐다. 조선후기부터 현재에 이르기까지 한국의 역사를 관류하는 경제적 변화의 장기 추세를 찾아내고 그것이 식민지시기에 발현하는 특수성을 파악하려는 노력이 배가된 것이다. 이와 관련하여 이 글에서는 개항 전후부터 시작된 '개방화, 시장경제 발전, 산업화' 라는 세 가지 장기 추세가 식민지시기에 이르러서는 어떤 특성을 보였고, 또 어떤 경제적 변화를 초래했는지를 살펴보고자 한다.

1. 식민지 자본주의화의 진전

일제의 역할이나 식민지 사회의 성격을 어떻게 보든 관계없이 식민지 한국사회에서 자본주의화가 급속히 진전됐다는 점에서는 별 이론이 없다. 이 시기 자본주의화의 추세는 세 가지 측면에서 그 특성을 찾아 볼 수 있다.

먼저 일본을 향한 시장개방이 전면화한 점이다. 시장개방은 이미 개항을 계기로 시작됐다. 양란 이후 줄곧 국제교역을 통제하고 18세기 중엽 이후에는 동아시아 교역의 변방지대로까지 밀려났던 한국이 개항과 불평등조약에 따라 시장개방을 강요당한 것이다. 그 뒤 한국은 자본주의 세계시장에 편입되어 시장개방을 확대하지 않을 수 없었다. 그러나 일제는 식민지 한국시장을 오직 일본에게만 개방하려고 했다. 이는 관세통합으로 실현됐다. 일제는 식민지 무역을 직접 규제하고 독점하기 위해 식민지 한국에 대해 본국 일본과의 사이에는 무관세로 하고 대외적으로는 일본과 동일한 관세를 적용하는 정책을 시행한 것이다. 그리하여 국내 산업과 시장을 보호 육성하기 위해 시장개방의 폭과 속도를 제한, 통제하려는 조선정부의 노력은 불가능해졌고, 국망(國亡) 이후 과도기를 거쳐 1920년부터는 한일 간 관세장벽이 사실상 해체됐다. 그 결과 식민지 한국 무역은 8할 이상이 일본과 이루어졌고 나머지도 대부분 일본제국에 편입된 만주 등지에 집중됐다.

시장개방은 항만 · 철도 · 도로 · 통신 등 사회간접 자본의 확충을 통해 촉진됐다. 사회간접자본 확충은 일찍이 조선정부에 의해 모색됐으나 자본 · 기술 · 경영 능력의 부족과 열강의 방해로 지지부진했는데, 식민지 시장을 개방하고 일본 제국과 한국의 유통망을 통일적이고 효율적으로 결합하려는 일제에 의해 본격 추진됐다. 부산 · 원산 · 인천 등 주요 항구에서는 항만 설비가 대대적으로 수축 확장되고 한 · 일 사이에 항로가 정비되는 등 해상교통망이 발전했다. 그리고 육지에서는 철도망과 도로망이 대대적으로 정비, 확장되어 항구와 내륙 시장을 결합시켰다. 특히 서울을 중심으로 주요 항구를 기점으로 하고 만주로 연결되는 X자형 내륙 종단 철도망은 일본제국 시장(일본 · 한국 · 만주)을 유기적으로 결합시키는 맥관 구실을 했다. 이 같은 사회간접자본 확충으로 일본 자본 · 상품 · 인력의 식민지 내륙 진출과 내륙 식량 · 원료의 일본 반출은 한층 촉진됐다.

둘째, 일본과 같은 시장경제체제가 발전한 점이다. 시장경제는 조선후기만 하더라도 국가적 통제와 성리학의 사상적 규제로 말미암아 경제의 일부분을 구성하는 데 지나지 않았지만, 조선정부의 개항과 개혁을 계기로 팽창하기 시작했다. 특히 자본주의 세계시장과의 무역증대는 시장경제를 확산시키는 거스를 수 없는 힘으로 작용했다. 시장경제의 진전은 한국의 경제제도를 일본에 맞게 개편하는 조치를 통해 촉진됐다. 대표적인 조치가 통화제도 정비였다. 일제는 개항 이래 정치 · 경제적 힘을 배경으로 한국에서 일본 화폐의 유통을 확산시키려고 노력한 반면 화폐개혁과 화폐주권 유지를 도모하려는 조선정부의 노력을 방해했다. 마침내 국망 전후에 걸쳐 한국화폐를 전면 회수하는 대신 식민지 중앙은행을 설립하여 일본 화폐제도를 그대로 이식, 통용케 했다. 그 결과 구래의 한국화폐를 사용하던 한국 상인은 크게 타격을 받은 반면 일본과 한국 사이의 통화 장벽은 거의 제거됐고 일본자본의 한국진출은 한층 쉬워졌다. 이와 달리 일제의 통화제도 정비는 국망 이전 한국경제를 교란하던 악화 남발과 통화 불안정성을 해소시키는 효과를 가져왔다. 그리하여 조선후기 이래 성장하던 시장경제는 더욱 발전할 수 있는 바탕을 갖게 됐다.

일제의 토지조사사업 또한 시장경제 발전을 촉진하는 효과를 가져왔다. 사업의 수탈성 여부는 논란이 되고 있지만, 일제가 식민지 지배의 물적 토대를 마련하기 위해 토지제도와 지세제도 정비에 나선 점에 대해서는 이론의 여지가 없다. 일제는 사업을 통해 지세수입을 2배 증대하고 13만여 정보의 국유지를 창출했던 것이다. 이런 점에서 사업의 식민지적 특성은 분명하다. 그러나 사업은 조선후기 이래 토지 사유권의 발전을 바탕으로 토지 소유권 · 가격 · 형태를 조사하고 부동산 등기제도로 배타적 소유권을 법적으로 보장함으로써 토지소유의 안정성을 확고히 했다. 또한 종래 자의적인 과세의 여지를 만들어 주었던 결부제를 폐지하는 대신 토지면적과 지가에 비례하여 균등 과세기준을 마련함으로써 지세제도의 효율성을 높이는 한편 지주경영의 안정성도 높였다. 그 결과 토지 매매 및 저당권 설정의 빈도가 가파르게 증대하는 등 토지의 상품화와 자본전화는 진전되고 시장경제는 더욱 활성화됐다.

셋째, 일제의 필요를 반영한 산업화가 빠르게 진행됐다. 산업화는 당초 자주독립의 경제적 기반을 구축하려는 대한제국의 식산흥업정책과 함께 추진되기 시작했다. 그러나 대한제국의 산업화 노력은 국망으로 말미암아 기대한 성과를 거두지 못하고 중단됐다. 1920년대까지만 하더라도 일제는 한국의 산업화에 별 관심이 없었다. 일제는 개항 이래 줄곧 한국을 식량 · 원료 공급지이자 상품판매지로 삼으려는 정책기조를 유지해 왔거니와 병합이후에도 그 기조는 당분간 지속됐다. 공업발전을 통제하고자 회사령을 1910년대에 시행한 것이라든가, 농업개발을 촉진하고자 육지면재배사업, 산미증산정책을 지속적으로 추진한 것은 이를 반영한다. 그러나 식민지에서 시장개방 확대와 시장경제 발전으로 투자여건이 개선되고 일본에서는 자본 축적과 독점화로 자본수출 욕구가 증대함에 따라 1910년대 말부터 일본자본의 유입은 서서히 증대하기 시작했다. 특히 세계대공황의 위기를 타개하고 만주침략에 따른 새로운 시장을 개척하려는 일본 자본, 한국으로 하여금 제국 중심부 일본과 주변부 만주를 연결하는 반(半)주변부로 개편하고 여기에 대륙 침략 전진기지를 구축하려는 일제 권력, 이 양자의 의도가 합치되어 군수지원 산업 중심의 공업화가 강력히 추진됐다. 이런 점에서 식민지 공업화는 일본자본 팽창욕과 일제권력 침략욕의 결합에 따라 추진된 급진적인 산업화로서 한국경제를 일제 침략경제에 깊이 결합시키는 과정이었다. 어쨌든 식민지 공업화에 따라 공산액의 비중은 급증했으며 근대적 공장공업도 발전하고 중화학공업의 비중도 빠르게 증대하여 일제말기에는 중진국 수준의 공업화가 이루어졌다. 그에 따라 식민지 한국은 농업 중심 사회에서 공업 중심 사회로 이행하기 시작했다.

장기적 시각에서 봤을 때 개방화, 시장경제 발전, 산업화는 조선후기 북학파에 의해 그 방안들이 일부 논의됐고, 개항 이후에는 정부에 따라 점진적으로 추진됐다. 이런 내재적 흐름이 어떤 경제체제를 지향한 것인지는 단언키 어려우나 적어도 국내시장과 산업을 육성, 보호함으로써 민생안정과 부국강병을 도모하거나 국가주권의 토대를 구축하려는 노력의 산물임은 분명하다. 그러나 국망으로 말미암아 그 노력은 좌절됐고, 개방화, 시장경제 발전, 산업화가 일제에 따라 매우 급진적으로 진행됐지만, 그 방향은 한국경제를 일본 제국경제에 통합시키기 위한 식민지 자본주의화에 다름 아니었다.

2. 경제의 성장과 민족 간 양극화

급진적인 식민지 자본주의화와 함께 한국경제는 성장했다. 경제성장의 추세는 실질 국내총생산(GDP) 및 1인당 소득의 연평균 증가율을 통해 엿볼 수 있다. 이 증가율은 추계 방식이나 기간에 따라 편차를 보이나 높게는 1912~39년 사이에 각기 3.67퍼센트, 2.3퍼센트에 달한 것으로 추정되고 같은 시기 일본이나 대만과 비슷한 수준으로 평가된다. 이런 성장을 주도한 것은 무역과 공업이었다. 무역은 시장개방 전면화에 따라 급신장하여 1930년대 초반부터 국내 순생산(NDP)의 과반 이상을 차지하기 시작했고 이후 그 비율은 증가했다. 공업 생산액 또한 식민지 공업화의 진전을 반영하여 1930년대부터 빠르게 상승했다. 그 생산액은 1910~40년 사이에 120배 증가하여 1940년경에는 농업생산액과 거의 같아지는 등 경제성장에 커다란 영향을 미쳤다.

그러나 경제성장의 효과는 민족별로 다르게 나타났다. 자본력과 기술력에서 민족 간 양극화는 뚜렷했고 그 정도는 지속됐다. 대다수 한인이 농업에 종사했기에 농업경제에서 한인의 비중이 높은 편이었지만, 일인은 일제의 정책적 보호와 금융적 지원을 바탕으로 농업 지배력을 증대해갔다. 1910년 2.9퍼센트에 불과하던 일인 소유 경지의 비중은 1932년에 9퍼센트(393,539정보)로 증가했고, 특히 생산성이 높은 수리조합 구역에서는 일인 소유 논의 비중은 매우 높아 최저 28.7퍼센트 이상에 이르렀다. 상공업부문에서 일본 자본의 지배력은 그야말로 압도적이었다. 시기별로 변동은 있으나 회사자본의 9할 안팎은 일인 자본의 소유였다. 특히 대자본과 고급 기술력을 필요로 하는 중화학공업 등은 거의 전부가 일인 자본으로 운영됐다. 그에 따라 가내공업생산액을 포함한, 한인의 공산액 비중은 1926년 48.7퍼센트에서 1939년 37.2퍼센트로 감소했다. 금융 또한 일제가 장악했다. 식민지 경영을 금융 측면에서 지원하기 위해 설립된 조선은행, 조선식산은행, 금융조합 등 각종 특수 금융기관은 각종 대부사업으로 성장했다. 이들 금융기관은 일본에서 유입된 우세한 금융자본과 식민권력의 정책적 지원을 바탕으로 한국 내 대출의 7~8할을 점유할 정도로 금융시장을 장악했다. 기술 노동력 공급에서도 민족간 양극화는 심했다. 중추산업의 기술 집약적 부분에는 일인 기술자 및 숙련노동자가 일본에서 충원되어 집중 배치됐다. 게다가 교육 · 임금 · 승진에서 민족적 차별이 자행되어 한인과 일인 사이에 숙련도와 기술력 격차는 좁혀지기 어려웠다. 그리하여 '고급기술자=일인, 하급노동자=한인' 이라는 식민지적 이중 고용구조는 일제말까지 지속됐다. 예컨대 1943년 공업과 운수업에서 일인 기술자의 비중은 각각 82.8퍼센트와 88.6퍼센트에 달했다. 자본력 및 기술력의 양극화는 소득 및 담세능력의 격차를 가져왔다. 시기별로 차이는 있지만 일인 1인당 소득과 조세는 한인의 그것에 견주어 10배 전후로 많았다.

민족간 경제력의 양극화는 일본을 향한, 일본을 위한, 일본에 의한 시장개방이 전면화하고 시장경제가 발전되고 산업육성이 추진된 결과, 즉 급진적인 식민지 자본주의화의 산물이었다. 후진사회의 산업화 초기 단계에서 절대적으로 필요한 산업보호 및 육성 정책의 혜택을 입지 못한 한인 자본이 우세한 자본력 · 기술력 · 경영능력과 모국 일본 시장 접근망을 구비한 동시에 본국과 조선 총독부로부터 정치 경제적 지원을 받는 일본자본과 대항하여 자기 성장을 도모하기란 쉽지 않았기 때문이다. 결국 경제성장에도 불구하고 차별적인 조건과 환경에 처한 민족간 경제력 양극화는 지속됐고, 그 결과 민족적 갈등 구조는 해소되기 어려웠다.

3. 계층 간 양극화와 민중의 이산

식민지 자본주의화와 경제성장은 계층간 양극화 현상도 초래했다. 한인 가운데서는 경제환경의 변화에 대응하여 자기 성장을 도모한 자들이 생겨났다. 그 가운데 적지 않은 자들은 일본 자본에 대해 기술적·금융적으로 더욱 종속되거나 일제 권력과 유착하는 것도 피하지 않았다. 일부 지주들은 소작료 징수를 극대화하거나 농업경영을 다각화하여 양잠업·목축업·제재업 분야로 사업을 확장해 나갔다. 이들은 또한 토지 및 미곡 상품화가 진전된 경제 환경에 적극 대응하거나 토지담보 대부를 활용한 고리대 활동을 벌이는 방식 등으로 부를 축적했다. 특히 대지주 가운데서는 자산의 일부를 상업, 금융업에 투자하거나 정미소와 양조장을 비롯한 회사 설립에 나서는 자들도 많이 생겨났다. 곡물상을 비롯한 대상인들 또한 이런 대열에 가담했다. 한인자본은 이 같은 분위기를 배경으로 성장했다. 이들 가운데에는 생산제품을 다양화하거나 새로운 기계설비를 도입하는 등 시장수요와 기술변화에 능동적으로 대응하거나 일본자본의 하청계열로 편입되어 성장을 도모한 자들도 등장했다. 업종에서는 인쇄업, 고무공업, 종합메리야스 산업부터 기계기구업·자동차수리업·기기제조업 등에 이르기까지 상대적으로 높은 기술 수준이 요구되는 근대적 산업부문에 진출하는 경우도 나타났다. 그리하여 한인 회사의 공칭자본금은 1919~42년 사이 2,341만 원에서 2억 3,939만 원으로 증가했다. 기술력 또한 성장했다. 특히 중일전쟁 이후 일인 숙련노동자의 징집에 따라 급증하는 노동력 공백을 메우기 위해 한인 노동자들이 동원되거나 기능공·숙련공 양성이 개시됨에 따라 한인 기술력의 성장은 촉진됐다. 그에 따라 전·현직자와 검정시험면허자 등을 포함한 한인 기술자·기능자 등록수는 1939~44년 사이 185,559명에서 405,067명으로 급증했다.

이상과 같은 한인의 자본과 기술력 성장에도 불구하고 민족간 양극화 추세는 극복되지 못했을 뿐만 아니라 한인 일부의 경제적 성장 이면에서는 경제적으로 정체하거나 몰락하는 한인들이 늘어났다. 먼저 농민층의 몰락이 두드러졌다. 논농사 수입은 증대했으나 밭농사 수입은 감소하고 가내부업도 축소함에 따라 농가의 실질농업 소득은 정체하거나 감소했다. 특히 자소작 · 소작 농민들은 한편에서는 지주 중심적 농업정책과 지주경영 강화로 농민수탈이 심해지고 다른 한편에서는 농촌 과잉인구의 증대로 차지경쟁이 치열해짐에 따라 더욱 어려운 환경에 처하게 됐다. 그 결과 1914~42년 사이에 자소작농은 11.3퍼센트 감소한 반면 소작농은 12.8퍼센트 증가했다. 노동자의 형편도 별로 개선되지 않았다. 공장 · 광산 · 토목건축 노동자는 1932년 22만 3천여 명에서 1942년 74만 4천여 명으로 증가했는데, 그 가운데 일부 기술자와 숙련공을 제외한 대다수 한인은 미숙련 육체노동자이거나 유년 · 여성노동자에 불과했다. 이들은 일본에서는 시행되고 있던 공장법의 보호도 받지 못한 채 장시간 노동과 차별적 저임금, 그리고 노예적 노동조건을 감내해야 했다. 그리하여 미숙련 노동자의 실질임금은 생존 수준을 벗어나지 못한 상태에서 정체됐다.

민중의 생활수준이 정체하거나 악화함에 따라 민중의 이산(離散)은 빠른 속도로 진행됐다. 농민 가운데 일부는 화전민이나 농업노동자로 전락하여 농촌 주위를 맴돌았다. 그 결과 1920년대 말부터는 화전민과 농업노동자의 숫자가 일제 통계 자료에 집계되기 시작했다. 다른 일부는 토목공사장과 광산 등지에서 막일꾼으로 전신하거나 도시 빈민촌에서 토막민으로 살아갔다. 한인 도시인구가 1925년 60만 8천여 명에서 1944년 293만 3천여 명으로 증가한 것도 이농민이 도시로 몰려든 데 말미암은 바 컸다. 다른 한편 해외로 이주하는 인구도 증가했다. 주로 일본의 대도시나 광산 · 건설현장이나 만주가 주된 이주 대상지였으나 중국 본토와 러시아로 이주하는 경우도 적지 않았다. 일제의 강제 동원까지 합치면 식민지시기 총증가인구의 26퍼센트인 327만여 명이 해외로 이주한 것으로 추산된다. 이런 수치는 세계 최대 이민 배출국인 인도나 중국에 견주어 적었으나 국내 인구대비로 볼 때는 세계 최고 수준을 기록했다.

계층 양극화 문제는 산업화 초기에 일반적으로 나타나는 현상으로 간주된다. 그러나 식민지 한국의 그것은 빠른 속도로, 그리고 심각한 양상으로 전개됐다는 점에서 특징적이다. 계층 양극화가 식민지 자본주의화 및 민족간 경제력의 양극화와 중첩되면서 심화됐기 때문이다. 1940년 무렵 전체 인구의 2.9퍼센트에 지나지 않은 70만 명의 일인이 농지의 9.4퍼센트, 공산물 생산액의 62.8퍼센트, 회사자본의 약 90퍼센트를 차지하는 등 부를 독점하고 있었기에 나머지 부의 분배를 둘러싼 계층갈등이 날카롭게 진행됐던 것이다. 그에 따라 소작쟁의와 노동쟁의를 중심으로 한 민중운동이 일상화하고 확산됐다. 이런 민중운동은 점차 급진화하여 혁명적 농민운동과 노동운동으로 발전하여 일제의 식민지 지배를 반대하는 동시에 자본주의 시장경제에 대해서도 저항하는 사회적 풍조와 세력을 형성했다. 이는 일제의 통제와 탄압으로 일시 억제되고 잠복됐지만, 심각한 사회적 분열과 갈등을 예고하는 동시에 시장의 독주를 제어하려는 사회 보호운동의 본격적 개시를 알리는 신호탄이었다.

맺음말

개항 전후부터 오늘날까지의 역사적 시간대를 장기 근대라고 규정한다면, 이 글은 장기 근대의 추세 속에서 식민지시기에 보인 경제적 변화의 특성을 다음 세 가지로 파악하고자 했다. 첫째, 개항 전후부터 개시된 개방화, 시장경제 발전, 산업화의 추세는 식민지시기에 이르러 가속화했다. 이는 곧 식민지시기 경제변화가 내재적 계기를 바탕으로 진행된 것임을 말해준다. 둘째, 경제변화의 방향은 일제 주도의 급진적인 식민지 자본주의화였으며, 한국경제는 이를 통해 일본 제국경제에 통합됐다. 이는 식민지 한국경제가 국가 주도 자본주의화라는, 후진사회의 일반적 특성과 함께 자본주의화의 식민 모국 · 모국인(일본 · 일인) 중심성이라는 식민지적 특질을 동시에 지녔음을 보여준다. 셋째, 식민지 자본주의화로 말미암아 민족간 양극화가 지속됐을 뿐만 아니라 계층간 양극화도 심각한 형태로 진행됐다. 그 결과 민족적 갈등 구조는 지속되고 계층적 갈등은 심각하게 분출되다가 일제의 통제와 탄압으로 잠복됐다. 이는 식민지체제의 불안정성을 드러내는 동시에 해방 후 사회 분열과 긴장을 예고하는 것이기도 했다.

이상과 같은 파악은 몇 가지 측면에서 보완될 필요가 있다.

첫째, 개방화, 시장경제, 산업화의 단계적 특성을 밝히는 것이다. 그 가운데서도 시장경제가 조선후기-개항시기-식민지시기를 거치면서 어떻게 변화해 왔는지를 해명하는 것은 매우 중요하다. 특히 시장과 사회/국가의 관계에 주목하여 매 시기마다 시장경제가 작동하는 기제와 그 특성을 규명할 필요가 있다. 이런 접근은 식민지시기 역사를 일제 침략 및 지배사에 종속시키는 것이 아니라 장기 근대의 내재적 전개 가운데 자리매김하는 데 기여할 것이다.

둘째, 일본 중심적이고 민족 차별적인 경제 행위가 식민 권력과 자본에 따라 어떻게 자행됐는가, 이런 행위는 한국경제 구조의 변화와 민족간 양극화에 어떤 영향을 미쳤는지, 그리고 한인 경제주체들은 그 과정에서 어떻게 자기 성장을 도모하거나 좌절해갔는지를 구조적이고 구체적으로 밝히는 것이다. 이를 위해서는 '현실과의 대화'를 통해 도출된 문제의식에 속박되어 수탈과 몰락 현상을 당연시하거나 개발과 성장 측면을 부조하려고 노력하는 데서 벗어나, '과거와의 대화'도 성실히 수행하려는 실사구시적 접근노력, 다양한 경제주체의 이해관계가 중층적으로 작동하는 식민지 공간의 민족문제를 상대화하면서도 그 역사성과 중심성을 놓치지 않으려는 열린 민족주의적 접근자세가 필요하다.

셋째, 식민지시기 경제성장과 생활수준의 실상을 제대로 해명하는 것이다. 1912~39년 사이 1인당 국내총생산(GDP) 추계 등을 바탕으로 식민지시기에 고도성장, 근대적 경제성장, 생활수준 향상이 이루어졌다는 주장이 제기되고 있으나 이에 대해 1인당 국내총생산 성장은 1932~37년 사이에만 나타났을 뿐이고 해방 당시의 1인당 소득은 일제 초기의 수준 또는 그 이하에 지나지 않았다는 반론이 강하게 제기된 데서 보듯 경제성장과 생활수준의 실상은 명료치 않다. 따라서 이때 제기된 반론의 근거와 관련하여 1910년대의 부실한 경제통계를 바로잡아 그 시기 경제수준을 규명하는 동시에 일제말기에 극적으로 붕괴되어가는 한국경제의 실상을 파헤치고 민족간 소득분배의 실태를 밝히려는 노력이 시급히 요구된다.

■ 참고문헌

강만길, 《일제시대 빈민생활사 연구》, 창작사, 1987.

권태억, 《한국근대면업사연구》, 일조각, 1989.

안병직 외, 《근대조선의 경제구조》, 비봉출판사, 1989.

김용섭, 《한국근현대농업사연구 - 한말 · 일제하의 지주제와 농업문제》, 일조각, 1992.

홍성찬, 《한국근대농촌사회의 동향과 지주층 - 20세기 전반기 전남 화순군 동복면 일대의 사례》, 지식산업사, 1992.

안병직 · 나카무라 사토루 공편저, 《근대조선 공업화의 연구 - 1930~1945년》, 일조각, 1993.

정태헌, 《일제의 경제정책과 조선사회 - 조세정책을 중심으로》, 역사비평사, 1996.

김인호, 《태평양전쟁기 조선공업연구》, 신서원, 1998.

한국역사연구회 지음, 《우리는 지난 100년 동안 어떻게 살았을까》 1~3, 역사비평사, 1998~99.

이헌창, 《한국경제통사》, 법문사, 1999.

정재정, 《일제침략과 한국철도(1892-1945)》, 서울대 출판부, 1999.

강만길 편, 《한국 자본주의의 역사》, 역사비평사, 2000.

배영순, 《한말 일제 초기의 토지조사와 지세개정》, 영남대 출판부, 2002.

오미일, 《한국근대자본가연구》, 한울아카데미, 2002.

이경란, 《일제하 금융조합 연구》, 혜안, 2002.

김낙년, 《일제하 한국경제》, 해남, 2003.

조석곤, 《한국근대 토지제도의 형성》, 해남, 2003.

허수열, 《개발 없는 개발 - 일제하 조선경제 개발의 현상과 본질》, 은행나무, 2005.

이승렬, 《제국과 상인 - 서울 · 개성 · 인천 지역 자본가들과 한국 부르주아의 기원, 1896-1945》, 역사비평사, 2007.

호리 가즈오 · 나카무라 사토루 편저, 박섭 · 장지용 역, 《일본 자본주의와 한국 · 대만 - 제국주의하의 경제변동》, 전통과현대, 2007.

식민지 근대의 학술과 교육

이지원(대림대 교양과정부)

머리말

일제 강점기 한국은 침략과 종속을 수반한 근대의 양면성을 전가받으며 서양 근대의 국민국가들이 겪었던 것과는 질적으로 차이가 있는 식민지 근대를 경험하였다. 식민지 근대는 침략과 개발을 통해 외형적으로 근대 산업화를 이루는 것이었지만, 종속적 삶을 강제하는 문화양식과 가치를 주입하며 식민지민들의 민주적 성장과 민족적 정체성을 왜곡 박탈하였다. 일제 하 교육과 학술은 이러한 식민지 근대 기획 아래서 운영된 문화지배의 핵심 영역이었다. 일제는 근대 학문과 학제를 제도화하여 식민지의 사회질서와 이념에 길들여진 인간형을 만들고자 하였던 것이다.

따라서 일제 강점기 학술과 교육에 대한 이해는 단순히 근대적 제도나 지식의 도입 차원이 아니라 근대 주체의 형성이라는 거시적 차원에서 접근할 필요가 있다. 그것은 일차적으로 식민지 규율에 억압되고 길들여진 종속적인 근대 주체의 형성과 관련된다. 그러나 학술과 교육은 당 시대의 문화권력 아래서 기존의 체제와 이념을 유지 재생산하지만, 기성의 규율 권력을 비판하는 지성을 낳기도 하였다. 곧 일제가 제도화한 근대 학술과 교육 제도 아래서 억압과 지배에 저항하며 자유로운 근대의 삶을 열망하는 사람들도 등장하였던 것이다. 이는 오랫동안 독립된 민족체와 국가 단위의 역사를 살아온 한국인들이 일제 강점으로 단절된 주체적 근대화의 역사를 복원하고 독립된 근대국가 수립을 지향하는 선 위에 있는 것이었다.

일제 강점기 학술과 교육에 대한 연구는 초기에는 주로 일제의 교육정책사나 조선인들의 문화운동 · 교육운동과 관련하여 전개되었다. 그리하여 근대적인 제도 교육과 지식 도입에 대한 사실을 구명하거나, 일제의 식민문화정책에 저항하는 민족운동사적인 의미를 부각시키는 방향에서 진행되었다. 이러한 연구들은 일제 강점기 학술과 교육 이해에 기초를 제공하는 성과를 낳았다. 그러나 한편으로 사실 이해가 피상적 묘사에 치중하거나 침략과 저항의 구도를 단순하게 연역적으로 대입하는 경향 또한 많았다. 그 결과 교육과 학술 영역에서 식민지 근대 문화의 특성과 근대주체 형성의 다양한 모습을 설명하는 데에는 미진하였다. 한편 1990년대 이후 식민지 근대성에 대한 천착과 사상사 · 문화사적 관점의 연구가 진행되면서 연구 시각이나 방법론, 내용 구명 등에서 진전이 이루어졌다. 식민지 아래 교육을 통해 작동된 근대 규율의 실상과 새로운 엘리트의 형성 및 해방 이후의 영향력을 연관시켜 분석하는 연구들이 진행되었다. 또한 사상사 · 학술사 연구의 진전 속에서 각 분과 학문의 통사적 회고록 수준을 넘어 근대 지성의 발전상과 학술의 수준을 다각적으로 밝히는 연구 성과들도 나오고 있다.

이 글에서는 기존의 연구들을 바탕으로 일제하 학술과 교육이 다양한 근대주체를 형성하는 문화 요소로서 어떻게 작동하였는가에 초점을 맞추어 정리하고자 한다. 이를 위해 우선 근대 학술과 교육의 제도적 정착 과정과 그것을 통해 형성된 근대성의 내용 및 성격을 검토하고자 한다. 그리고 그러한 근대성이 근대적 학력으로 나타나는 사회문화 현상과 그 속에서 교육받은 근대주체로서 새롭게 등장한 지식인 문제를 살펴보고자 한다.

1. 분과 학문의 체계화와 근대 학술의 발달

일제 강점기 학술은 서양 근대 학술의 도입을 통해 체계화했다는 것이 일반적인 이해이다. 서양의 근대 학술은 실험과 실증을 토대로 한 분과학 체계로서 자연세계와 인간세계를 분석 · 지배하는 답을 제공하고, 근대 산업사회에서 인간의 욕망을 충족 · 조절하는 구실을 하며 발전하였다. 자연과학은 정확한 분석을 통해 자연의 질서를 파악하여 인간의 욕망을 충족시킬 수 있는 엄청난 재화의 생산을 가능하게 해 주었다. 법률학 · 행정학 · 경제학 · 정치학 등으로 대별되는 사회과학은 이성적 사고를 통해 인간의 욕망이 가장 첨예하게 충돌하는 자본주의 시장경제와 시민사회의 한 복판에서 질서를 유지하는 기술을 발전시켰다. 이는 한국 전통사회의 학문이 신분제와 농업사회를 기반으로 통합적 지식과 소양을 기르는 경학(經學) 중심이었던 것과는 대비되는 것이었다.

한국에서 근대 학술의 발달은 조선 후기 실학자들의 새로운 각성과 성찰로부터 단초가 열렸으나, 19세기 말 서세동점 시대에 '신학(新學)' 이라는 이름으로 서양 근대 학술이 도입되면서 전기가 마련되었다고 할 수 있다. 그러나 자생적 근대 학술 체계가 완성되지 못한 채 일제 강점으로 학술은 일제의 주도로 재편되었다. 그것은 학술 용어뿐만 아니라 학문의 체계와 설명 등에서 일본이 서양의 학문을 배워 자신의 것으로 수용한 것을 다시 우리에게 전해주는 구도 속에서 이루어졌다. 이중의 번역 학문이었다. 그리고 그것은 일차적으로 근대적인 각급 학교의 교과 편제에 반영되었다. 수신, 국어(일본어), 한문, 산술, 이과, 창가, 체조, 기계공학, 화학, 물리학 등 분과 학문 단위의 교과목이 근대 교육의 학령제에 따라 초등교육부터 고등교육까지 계통화하였던 것이다.

근대 학술의 학문적 체계화는 고등교육의 교과 속에서 이루어졌다. 그러나 일제는 식민지에서 고등교육을 억제하였고 1926년 경성제국대학이 설립될 때까지 대학교육을 허용하지 않았다. 해외 유학이나 소수의 전문학교가 이를 대신할 수 밖에 없었다. 초기의 유학은 주로 일본에 집중되었는데, 1910년대에는 매년 500~600명이 상주하며 주로 도쿄 등지의 사립대학에서 번역된 서구의 근대 학술을 수학하였다. 이들은 자본주의적 실력을 갖추기 위해 근대 서구 학문을 적극적으로 받아들였는데, 이때 전공으로 삼은 것은 주로 정치 · 법률 · 경제학 등이었다. 1920년대 이후에는 미국이나 유럽 등으로 유학생도 증가하였고 전공 분야도 이공학 쪽으로까지 확대되었다.

한편 식민지 안에서 근대학술을 체계화하는 데 중심이 된 곳은 전문학교였다. 전문학교는 1920년대 초까지는 경성법학전문학교, 경성의학전문학교, 경성공업전문학교, 수원농림전문학교, 세브란스연합의학전문학교, 연희전문학교 등이 있었으나, 이후에 보성, 숭실, 이화, 경성치과전문학교, 경성약학전문학교, 중앙불교전문학교 등이 인가되어 일제 말기까지 20여 개의 전문학교가 있었다. 이들 전문학교는 각기 내부에 분과 전공을 두어 각 전공의 기초가 되는 교과목들의 전문지식을 가르쳤다. 그러나 전문학교는 〈조선교육령〉에 기초하여 법률 · 의학 · 공업 · 상업 등에 관한 전문교육을 실시하여 공사(公私)의 업무에 종사하는 자의 양성을 교육 목표로 하였기 때문에 학문 연구를 중심으로 하는 데에는 한계가 있었다.

이에 1926년 경성제국대학의 설립은 식민지에서 명실상부한 고등교육과 학술연구를 진전시킬수 있는 계기가 되었다. 그러나 경성제국대학이 식민지의 학술 발전을 위해 기여한 부분에 대해서는 논란의 여지가 많다. 당초 설립 의도가 조선인들의 민립대학 설립을 저지하고, 식민지에서 현지의 고등관료 양성을 목적으로 하였던 것이기 때문이다. 따라서 학부 설립은 법문학부와 의학부로 제한되었다. 설립 당시 이공학부 등을 설치하지 않은 것에 대해 일제 당국은 '원래 조선민중이 법률, 경제 등 정치방면에 관심이 많아 일본 본토로 유학도 이 분야에 집중되는 문제를 해소하고, 이농공(理農工) 등 자연과학 방면에 극히 열의가 없기 때문에 입학지원자를 얻기 어려워질 것을 우려한 때문' 이라고 하였다. 이는 일본에서 제국대학의 학풍이 관료양성을 목표로 하는 분위기가 강하였던 것과 연관이 있다고 할 수 있다. 따라서 경성제국대학은 식민정책의 수립을 위한 특수 사명이 강조되어 학문 내용 또한 일제 관학(官學)을 중심으로 체계화하였다.

1920년대 이후 고등교육 기회의 증대, 지식인의 문화 활동 공간 확대, 사회주의 등 새로운 사조의 유입, 미국이나 유럽 등 서구 학문의 본토에서 유학한 지식인의 증가 등의 결과로 1930년대 중반에는 경제학, 사회학, 철학, 과학기술 등 각 분과학의 학문적 기틀이 가시화하기 시작하였다. 각 분과학문의 학술사에서는 일반적으로 이 시기를 근대 학술의 진흥기로 평가하고 있다. 특히 1933년 이후 몇 년 동안은 인식론이나 연구방법론을 달리하는 학문적 조류가 형성되면서 각 분과 학문의 체계화가 가시화하고 학술운동도 대두하였다. 우선 당시 학계의 주류였던 일제의 관학자들은 경성제국대학을 바탕으로 한 청구학회나 조선경제연구회 등을 통해 황민화 정책을 수행하는 방대한 조선연구를 체계적으로 추진하였다. 이에 대응하여 각각의 학문관과 방법론을 달리하는 다양한 조선연구가 등장하였는데, 그것은 각 분과학의 학술 단체 조직과 병행하여 발전하였다. 1933년에 민속학회, 조선경제학회, 철학연구회, 1934년에 진단학회 등이 설립되었다. 또 1934년에는 정다산기념사업을 기회로 민간학술연구를 지향하는 조선학운동이나, 발명학회가 주도하는 과학지식 보급운동이 전개되었다.

요컨대 1930년대는 파시즘기 황민화 이데올로기가 극성을 피우는 가운데 일제의 식민 관학과 이에 대응하는 조선인들의 연구가 학문관이나 방법론에서 다양한 편차를 보이며 대립적인 양상으로 전개되고 있었다고 할 수 있다. 이러한 사실은 학술발달에서 주체적 관점 · 조건의 중요성을 보여준다. 즉 외래의 분과학문을 받아들이더라도 그것이 발휘되는 과정에서는 그 사회의 주체성이 결합되기 마련이었다. 우리의 경우 그 주체성은 일제 강점 이전 서양 근대 학술을 수용하여 신구학(新舊學) 절충, 구본신참(舊本新參)의 학문관을 형성하고 자주적 근대국가 수립을 위한 사상적 · 학문적 노력을 기울여 온 역사경험에서 비롯한다고 할 수 있다. 예컨대 신채호, 박은식 등 개신유학자들과 일본유학의 신지식층들이 전통문화를 근대국가의 문화요소로 전환하여 국수(國粹)를 발견하고, 국사 · 국어 등 근대 민족주의 인문학을 도모한 것은 그러한 과정의 일환이었다. 이러한 자생적 근대 인문학의 전통은 일제 강점 이후 민족주의 정조를 유지하며 주체적인 조선연구의 기반이 되었고, 해방 이후 국학연구로 계승되었다는 점에서 한국 근대 학술의 한 맥을 형성하였다고 할 수 있다. 이러한 점에 비추건대 근대 학술 발달에 대한 이해에서 지성의 주체적 측면과 내적 기반에 대한 고려가 병행될 필요가 있다.

2. '문명적 교육'의 허와 실

일제의 교육정책은 다른 식민정책과 마찬가지로 시종일관 동화주의를 지향하였다는 데 대부분 연구들의 견해가 일치하고 있다. 동화주의는 본래 정신적 · 문화적 측면이 강한 식민정책이었다. 일제는 1911년 8월 공포된 〈조선교육령〉에서 "교육은 교육에 관한 칙어의 규칙에 따라 충성스럽고 선량한 국민을 육성하는 것을 본의로 한다(제2조)"는 것을 명시하며 동화를 위한 문화지배에 적극적인 의지를 표명하였다. 이러한 동화주의 교육정책을 일제는 낙후된 조선을 근대화시키는 '문명적 교육'이라고 명분화하였다. '문명'의 관점은 제국주의를 문명화한 자들의 승리로 정당화하며 조선인을 일본국민으로 만드는 것을 합리화하였다. 이러한 문명적 교육의 핵심은 일차적으로 모든 국민이 공교육을 받을 수 있는 보통교육체제 수립이었다.

잘 알려진 바와 같이 한국에서 근대적인 보통교육제도의 도입은 1895년 〈소학령〉 제정 이래 공립과 사립 소학교를 통해 시작되었다. 그러나 일제는 강점 이전 활발하였던 사립학교를 도태시키고 공교육의 이름으로 공립보통학교를 확대하였다. 그것은 조선인들이 교육주체가 되는 것을 배제하고 일제 당국이 조선의 교육을 독점하기 위한 것으로서, 이 방침은 일제 강점기 내내 일관되었다. 그럼에도 일제는 본국이나 대만에서 실시하고 있었던 의무교육을 시행하지는 않았다. 이는 일제가 표방한 근대적 문명교육이 식민지 교육으로서 제한된 목표와 차별을 전제로 하였음을 보여 주는 것이다.

또한 '문명적 교육'은 조선의 문명이 낮다는 것을 전제한 것이기 때문에 교육의 제한적 보급과 차별을 정당화하였다. 그리하여 제1차 조선교육령시기에 소학교, 중학교, 대학으로 구분되어 있는 본국의 학제와 다른 보통학교, 고등보통학교, 전문학교로 한 단계 낮은 학령제를 도입하였고, 교육과정에서도 '간이와 실용' 이 강조되었다. 보통학교 교육은 중등, 고등교육과 연계되는 기초교육이 아니라 종결교육으로서, 학교를 졸업하면 성실, 근면하게 실무에 복종하고 충량한 국민이 되게 하는 실업교육에 초점을 맞추었다. 그리하여 교과내용도 수신, 국어(일본어), 한문, 산술, 이과, 창가, 체조, 도화, 수공, 재봉, 수예, 농업초보, 상업초보 등으로 바뀌었다.

초등교육과 실업교육 중심의 공교육은 근대적인 노동력의 훈련과 각종 규율에 복종하는 인간형을 만드는 대중교육을 의도한 것이었다는 점에서 식민교육의 특질로서 지적되고 있다. 일제는 본국에서 메이지시대 이래 엘리트 교육과 대중교육을 구분하여 교육제도를 이중적으로 운영하고 있었다. 대중교육은 근대적 규율을 익힌 근면한 보통국민의 양성을 목적으로 하는 것이었는데, 일제는 그 연장선 위에서 식민지 조선의 교육을 추진하였던 것이다. 그리하여 보통학교에서는 각 과목의 수업만이 아니라 각종 형태의 규칙과 '심득(心得)' 을 통해 복종적인 규율을 주입하였다. 아동들은 반복적 훈련과 집단활동 등을 통해 알지 못하는 사이에 엄격한 명령과 복종의 상하질서를 내면화하게 되었다. 이러한 보통학교 교육은 강점 초기에는 많은 저항을 받았으나, 1920년대 이후에는 점차 정착되어 갔다.

한편 일제 말기에는 전쟁의 수행과 밀접하게 연관된 황민화교육이 강화되는 것으로 이해되고 있다. 일제는 1938년 제3차 조선교육령을 발포하여 학제상 조선인과 일본인의 차별을 철폐한다고 하였다. 이는 '신동아 건설' 을 위한 국민 자질의 향상을 명분으로 한 황민화교육의 강화였다. 특히 전시총동원 체제를 가동하면서 조선인의 자발적인 황국신민화를 유도하여 징병제의 실시를 순조롭게 하는 '국민교육' 을 염두에 둔 것이었다.

이러한 식민지 교육의 한계와 억압성은 많은 연구들에서 조선인들의 저항을 낳는 요소로서 작용하였음을 강조하고 있다. 그것은 단계적으로 발전하였는데, 초기에는 전통적 교육기관인 서당이나 근대적 초등교육을 접맥한 개량서당을 선호하는 거부적 저항으로 나타났다. 그러나 3 · 1운동 이후에는 적극적인 태도로 돌아서 저항운동이 체계화하였다. 곧 조선인들은 일제(총독부)라는 국가권력에 대하여 학교의 증설과 교육차별의 철폐를 요구하는 학생운동과 교육운동을 전개하였던 것이다. 그리고 비정규적 야학이나 민중교육활동이 활성화하기도 하였다. 그것은 차별에 대한 반발인 동시에 교육의 기회와 질의 확보를 권리 차원에서 요구하는 것이었다. 이는 일제가 '문명적 교육'을 보급하고 식민지 근대의 규율을 주입하였으나 반대로 민중의 저항과 권리의식이 작동하였음을 반증하는 것이었다. 요컨대 일제 강점기 교육은 식민 교육체제가 발산하는 지배 규율의 구심력과 함께 식민체제 외적인 저항의 원심력도 발휘되고 있었다고 할 수 있다.

3. 근대적 학력주의와 엘리트 지식인의 등장

일제 강점기 학력주의와 엘리트 지식인 문제는 근대 학술을 교육받은 식민지 근대주체의 실상을 보여준다는 점에서 주목받는 주제이다. 근대사회에서 학력은 정치적 행위나 출신 신분과 상관없이 능력에 따른 신분상승과 지배계층으로의 진입을 가능하게 하였다. 1920년대 이후 식민지 아래에서 근대적 제도의 확대와 근대적 직종들의 출현, 일제 국가권력에 의한 능력주의적 인사제도의 정착은 구직의 기준으로서 학력에 대한 요구를 증대시켰다. 또한 1922년 제2차 조선교육령에서 내지(內地)연장주의를 채택하여 각급 학교의 수업연한이나 입학연령 및 교육내용을 일본 국내 수준과 동일하게 하여 학력제도는 더욱 확충되었다. 특히 고등보통학교의 학제가 일본의 중학교와 동일하게 변경되고 교육 연한도 5년으로 연장됨에 따라 고등보통학교는 중학교, 사범학교, 전문학교와 함께 문관임용령의 인정을 받아 졸업생은 시험 없이 판임문관에 임용될 수 있게 되었다. 여기에 경성제국대학의 설립과 전문학교의 증가로 학력주의는 더욱 강화되었다. 요컨대 근대적 학제와 근대적 직종의 확대로 학력은 출세와 생존의 수단이 되었고 학력주의의 제도화는 심화되었던 것이다.

학력주의의 제도화는 심각한 입학난과 학력 경쟁이라는 사회문제를 낳았다. 특히 근대적 직종으로의 진출과 직접 관련 있는 중등교육 이상에서 가열되었다. 일제가 주도하는 문화헤게모니 아래서 식민지 조선인들의 교육열을 어떻게 보아야 할 것인지에 대해서는 사회 문화적으로 여러 측면에서 검토해야 할 문제이다. 그러나 1920년대 이후 부모가 경제적으로 어려워도 집을 팔아가면서까지 자식 교육을 시켜야 한다는 의식들이 나타나고 있었던 것은 여러 자료들에서 확인되고 있다. 이는 식민지배라는 억압구조 속에서 조선인이 사회이동 · 신분상승을 할 수 있는 유일한 탈출구가 교육에 있었고, 그 결과 근대적 학력을 중시하는 사회현상이 과열했음을 반영하는 것이라고 하겠다.

근대적 직종의 확대와 학력주의의 제도화는 식민지 아래에서 새로운 엘리트 지식인을 탄생시켰다. 1930년대 이후 간행된 《신사록(紳士錄)》 등에는 군수 등 일제의 고위관료, 의사, 변호사 등 전문직 종사자들이나 경제인들이 다수 등장하고 있는데, 이른바 일제강점기 최고의 학력을 통해 능력을 검증받은 엘리트들이었다. 제도교육을 받는다는 것은 근대적인 교과와 능력을 습득하여 개인적으로 자기 계발을 성취하는 과정이기도 하였으나 다른 한편으로는 식민지배에 편입된 종속적 근대주체로서의 성장을 예비하는 것이었다. 그들은 전근대시대 지배신분이 누렸던 정치적, 사회적 특권을 대신하여 학력과 자격, 능력을 매개로 출세를 지향하였다. 그들의 다수는 전문가로서 일제 총독부 지배구조의 일원이 되었다. 식민지 근대화를 긍정적으로 보는 연구에서는 이들 엘리트들이 해방이후 경제성장의 기반이었다는 점을 높이 평가한다. 그러나 그러한 평가는 기능적 측면만을 부각시키고 엘리트 지식인들의 사회 · 국가와의 역할 관계를 배제함으로써, 일제의 식민지배를 미화하거나 엘리트들의 도덕적 해이를 정당화하게 된다. 일제 강점기 고등문관시험을 통과하거나 전문학교 이상을 마친 엘리트들의 다수는 식민지 관료체제의 한 구성원으로서 총독부 지배구조의 일원이 되어 권력의 단맛을 톡톡히 맛본 경우가 많았기 때문이다. 설령 소극적으로 개인적 욕망을 충족시키기 위한 길이었다고 하더라도 그들은 일본 제국주의의 구조 안에서 일정한 구실을 하게 마련이었다.

그러나 일제 강점기 새롭게 형성된 엘리트 지식인들의 존재양태를 단일하게 평가하기에는 식민지 근대의 현실은 다중적이었다. 지식인 가운데에는 비판적 지성의 빛을 발하며 일제에 저항하고 독립운동과 항일운동에 투신한 사람들도 적지 않았다. 또한 교사나 과학기술자, 자유직 종사자 등과 같이 개인적인 출세를 목적으로 총독부 지배구조의 말단에 있으면서 전문직에 종사하며 사회 계몽의 주체로서 기능을 하는 경우도 있었다. 엘리트들의 이러한 다중성은 식민지 공간에서 형성된 근대라는 기회를 학력을 통해 완전하게 향유할 수 없었던 식민지 사회구조의 결과였다. 이 문제는 일제로부터의 해방을 통해 근대 엘리트들이 국가 · 사회와의 관계를 재정립함으로써 해결해야 할 과제였다. 이러한 점을 고려하여 식민지 지식인의 존재양태에 대한 이해는 다양한 사례 연구로 구체적인 실상을 보강하는 방향에서 진행되어야 할 것이다.

맺음말

일제 강점기 학술과 교육은 한국 근현대 문화 지형과 근대 주체 형성을 이해하는 데 중요한 주제이다. 그만큼 연구해야 할 부분도 많고 논란의 여지도 많다. 그러나 그 핵심은 식민지 근대의 다양성에 대한 이해와 관련된 것이라고 할 수 있다.

일제 강점기에 보급·정착된 근대 학술과 교육은 개인이 학력을 쌓아 사회적 성취의 주체가 될 수 있는 제도와 기회를 제공하였다는 점에서 분명 근대적이다. 그러나 근대성을 발휘하는 주체로서 개인은 제국주의 국가의 수탈구조 아래 있었기 때문에 불구적인 근대 자아를 형성할 수 밖에 없었다. 일제가 제공한 근대 학술과 교육은 식민지에 대한 수탈적 지배를 실현하고 일본 국가의 지배규율에 길들여지는 것을 의도하였기 때문이다. 또한 일제가 공인한 학력제도를 바탕으로 형성된 근대적 엘리트들은 식민지배의 전문 인력이 되어 일본 제국주의 구조 아래서 일정한 기능을 담당하고 전근대시대 지배신분이 누렸던 정치적, 사회적 특권을 향유하게 되었다. 고등교육을 통해 발달한 근대 학술은 일제 관학의 주도 아래 식민정책의 수립을 뒷받침하고 고등 관료를 양성하기 위한 학풍이 주류를 이루었다. 이러한 점에서 볼 때 식민지 근대의 학술과 교육은 식민지민의 민주적·민족적 성장과는 거리가 먼 근대 인간상, 식민 학술, 출세주의 가치를 형성하는 데 기여하였다고 할 수 있다.

그러나 학술과 교육은 청소년기의 인지발달 단계를 거치며 현실의 부조리를 인식하고 민족적·자율적 정체성을 확립하려는 젊은 지성들을 탄생시키기도 하였다. 즉 일제 강점기 학술과 교육은 한편으로는 식민지 문화지배구조 아래에서 식민지적 삶의 양식과 의식구조에 길들여진 식민지민을 만들기도 하였지만, 다른 한편으로는 일제의 규율

권력에 대립하는 저항적, 비판적 근대인을 만들기도 하였다. 일제하 지식인들이 민중의 사상변혁이나 민족해방운동에서 결정적인 몫을 하는 등의 진보성을 발휘한 것은 한국 근대 지성사에서 특징적인 현상이었다.

요컨대 일제 강점기에 보급된 근대 학술과 교육은 식민지 근대의 수탈과 종속의 그림자를 깊게 드리우는 한편 비판과 저항의 문화를 낳았다고 할 수 있다. 그것은 수탈적 · 종속적 근대와 저항적 · 주체적 근대의 양면성을 발휘하며 다양한 근대문화와 근대주체를 형성했다. 그러한 다양한 근대 문화, 근대 주체의 지형들 속에는 해방 이후 극복해야할 것과 계승해야 할 것들이 동시에 존재하고 있었다. 이러한 점에서 일제 강점기 학술과 교육은 한국 근현대 문화사의 역사적 맥락에서 이해해야 하며, 이를 위해서 더욱 다양하고 풍부한 각론의 연구와 한국 근현대 문화사 이해의 총론을 개발하는 연구가 병행되어야 하리라고 본다. 그리고 이때 함께 해야 할 것은 문화 생산의 주체적 조건과 역량을 구명하는 것이다. 모든 문화는 세계사적 전파와 교류 속에서 발달하지만 그것이 효과를 내는 것은 각 사회의 내적 조건과 관련이 있다. 그것은 많은 경우 이전의 역사경험과 관계가 있다. 일제 강점으로 그 이전의 근대지향의 역사 경험은 치명적인 손상을 입었지만 완전히 없어지는 것은 아니었다. 사상이나 문화의 측면은 더욱 그러하였다. 이러한 점을 고려하지 않고 물리적 현상으로 외래의 요인만을 강조하는 것은 일제 강점 이전과 이후의 역사를 단절시키고, 강점이전=전통, 강점 이후=근대라는 식의 양분법적인 인식을 조장하여 다양한 근대 문화의 모습을 바로 보지 못하게 한다. 일면적인 치우침을 배제하고 균형 있는 이해를 진전시키기 위하여 역사 경험에 바탕을 둔 문화 생산의 내적 기반과 주체적 조건을 구명하는 작업 또한 필요하다고 본다.

■ 참고문헌

이만규, 《조선교육사》, 을유문화사, 1947.

한기언, 〈日帝의 同化政策과 韓民族의 教育的 抵抗〉, 《일제의 문화침탈사》, 民衆書館, 1970.

손인수, 《한국근대교육사》, 연세대 출판부, 1971.

고려대 민족문화연구소, 〈1930년대의 국학진흥운동〉, 《민족문화연구》 12 , 1977.

노영택, 《일제하 민중교육운동사》, 탐구당, 1979.

이충우, 《경성제국대학》, 다락원, 1980.

변형윤 외, 《한국의 학파와 학풍》, 우석, 1982.

정재철, 《일제의 대한국식민지교육정책사》, 일지사, 1985.

윤건차, 《한국 근대교육의 사상과 운동》, 청사, 1987.

고려대, 《근대 서구학문의 수용과 보전》, 고려대 출판부, 1986.

황성모, 〈일제하 지식인의 사회사〉《한국의 사회와 문화》 11, 1990.

박찬승 · 김기승 · 이지원, 〈식민지시대 지식인과 민족해방운동론〉, 《역사와 현실》 6, 1991.

방기중, 《한국근현대사상사연구》, 역사비평사, 1992.

박찬승, 《한국근대정치사상사연구》, 역사비평사, 1992.

장세윤, 〈일제의 경성제국대학 설립과 운영〉, 《한국독립운동사》 6, 1992.

이지원, 〈1930년대 전반 민족주의 문화운동론의 성격〉, 《국사관논총》 51, 1994.

안귀덕 외, 《한국 근현대 교육사》, 한국정신문화연구원, 1995.

駒込武, 《植民地帝國日本の文化統合》, 東京 : 岩波書店, 1996.

정근식 외, 《근대주체와 식민지 규율권력》, 문화과학사, 1997.

오성철, 《식민지 초등교육의 형성》, 교육과학사, 2000.

이지원, 〈1910년대 新知識層의 國粹觀과 國粹保存運動〉, 《歷史教育》 84, 2002.

김경미, 〈황민화 교육정책과 학교교육〉, 《東方學志》 124, 2004.

연세대,《근대학문의 형성과 연희전문》, 연세대 출판부, 2005.

김근배,《한국 근대 과학기술인력의 출현》, 문학과지성사, 2005.

이지원,〈韓國近現代史敎育에서 民族主義와 近代主體〉,《歷史敎育》95, 2005.

김태웅,《우리 학생들이 나아가누나》, 서해문집, 2006.

이윤미,《한국의 근대와 교육》, 문음사, 2006.

이지원,《한국 근대문화사상사 연구》, 혜안, 2007.

이기훈 · 장신 · 이송순 · 문영주 · 박윤재 · 양정필,〈일제하 조선인 엘리트의 사회적 기반과 정체성〉,《역사와현실》63, 2007.

근대문명의 확산과 대중문화의 출현

장규식(중앙대 역사학과)

머리말

서구 자본주의 근대문명이 한국사회에 처음 들어온 것은 개항 무렵부터였다. 그러나 그것이 우리의 일상에 깊숙이 파고들기 시작한 것은 일제 식민지시기를 거치면서였다. 식민지시기 연구에서 일상생활의 영역은 그동안 민족이나 계급같은 거대 담론과 정치체제나 경제구조 중심의 연구 경향에 밀려 별다른 주목을 받지 못해 왔다. 식민지 근대의 일상에 다가가려는 연구가 본격화한 것은 1990년대 후반 김진균·정근식 편저의 《근대주체와 식민지 규율권력》(1997)과 신기욱·마이클 로빈슨 편저의 《Colonial Modernity in Korea》(1999)가 출판되면서였다. 전자는 국내의 사회학 연구자들이, 후자는 미국의 한국학 연구자들이 중심이 되어 만들어 낸 저작이다. 이후 문화연구 분야를 중심으로 식민지시기 보통사람들의 일상생활과 대중문화를 다룬 연구성과들이 잇달아 발표되면서 하나의 흐름을 형성하기에 이르렀다.

이들 연구는 논자에 따라 차이는 있지만 대체로 탈근대주의(Post-Modernism) 또는 탈식민주의(Post-Colonialism)에 바탕을 둔 1980년대 말 이래 한국 역사학계의 주요 쟁점으로 떠오른 '식민지 근대화' 논쟁의 양대 논리인 내재적 발전론과 식민지 근대화론 모두를 비판하고, 한국의 식민지 근대성을 새롭게 규명하려 한다는 점에서 공통점을 지니고 있다. 먼저 식민지 근대화 논쟁과 관련해 이들 연구는 근대를 계몽의 기획으로 바라보는 기존의 시각에 반기를 들고, 논쟁의 양측 모두가 공통으로 전제하고 있는 그같은 근대 인식에 문제를 제기한다. 근대성을 비판 극복의 대상으로 보자는 것인데, 그 연장선 위에서 그들은 미셸 푸코의 권력 담론을 원용해 근대를 보편적 이성에 바탕을 둔 인간해방의 과정이 아닌 권력과 지배의 합리화 · 정밀화 과정으로 규정한다.

다음으로 식민지 근대성과 관련해, 그들은 근대의 다양한 경로와 유형을 인정하고, 식민지성과 근대성을 이분법적 대립항으로 파악하는 방식에서 벗어나, 서구적 근대와 구별되는 식민지적 근대라는 범주를 설정한다. 서구 중심의 단선적 근대 이해를 극복하자는 것인데, 그래서 그들은 식민주의 · 근대성 · 민족주의가 서로 얽힌 가운데 상황에 따라 변화해 간 식민지적 근대의 모습에 다가갈 것을 제안한다.

그런데 '식민주의와 근대성 어디에 방점을 두고 식민지적 근대를 볼 것인가' 라는 문제를 놓고서는 논자에 따른 견해 차이가 두드러진다. 예컨대 김진균 · 정근식같은 국내 학자들은 "식민지적 근대는 식민지 민중을 근대적 규율을 내면화한 황국신민으로 만들어 냄으로써 항상적 동원이 가능한 체제를 구축하고자 했던 것" 이라고 하여 식민주의의 규정성과 한계를 부각한다. 이와 달리 미국의 한국학 연구자들은 그람시의 헤게모니 개념에 바탕을 두고 식민지 사회를 근대적 지배-종속관계로 파악할 것을 제안하면서, 식민지의 차별과 억압의 현실에는 그다지 눈길을 돌리지 않는다. 대신 탈민족주의의 관점에서 한국 역사학계의 지배담론인 '침략과 저항'의 이분법적인 민족주의 역사 담론을 비판하는 데 논의를 집중한다. 민족 · 국가 일변도의 기존 역사서술에 자기성찰의 계기를 제공하고, 민족과 계급같은 거대 담론의 틈바구니에서 외면당해 왔던 소수자의 삶과 다양한 정체성을 새롭게 조명한 점에서, 그들의 주장은 나름의 의미를 지닌다. 그러나 식민주의가 누락된 그들의 식민지 근대성론이 민족주의적 역사서술의 안티테제 수준을 넘어서는 설득력을 갖는다고 보기는 힘들다.

이처럼 식민지의 근대를 어떻게 볼 것인가에 대해서는 적지 않은 입장차가 있다. 하지만 식민지 지배 아래서 근대적 문화현상과 통치체계, 산업화가 눈에 띄게 진전된 것만은 사실이다. 따라서 그에 대한 보다 총체적이고 입체적인 분석이 필요한데, 문화사적 측면에서 식민지 근대의 일상과 대중문화를 다룬 한국 역사학계의 연구는 아직 미진한 실정이다. 한국근대사 개설서의 식민지시기 문화부분 서술이 학술분야에 한정되어 있는 것이 이를 잘 말해 준다. 이에 여기서는 국내 사회학계와 문화연구 분야, 그리고 미국의 한국학계를 중심으로 진행된 이 방면 연구들을 역사학적 안목에서 재조명하면서 당시의 문화적 실상에 다가가 보고자 한다.

1. 근대문명의 확산과 식민지적 근대로의 진입

자본주의 근대문명이 사람들의 일상에 폭넓게 영향을 미치기 시작한 것은 일제 식민지시기에 들어와서였다. 식민지 하 근대문명의 확산은 일차적으로 식민지 지배를 위한 여러 가지 인프라를 구축하는 차원에서 진행되었다. 하지만 거기에 그치지 않고 일상에서 근대적 생활양식을 주조해 내는 거푸집 구실을 하기도 하였다. 그같은 양상을 근대 문명의 상징이라 할 교통 · 통신 분야와 학교 · 병원 등의 근대적 규율 권력 장치들을 중심으로 정리해 보면 다음과 같다.

먼저 교통 · 통신시설은 식민지 지배의 대동맥으로 일제 당국이 가장 역점을 두고 이식한 근대문명의 이기였다. 그 대표적인 사례가 철도였는데, 1899년 경인선을 개통하면서 시작한일제의 철도망 구축은 러일전쟁 이후 경부선과 경의선 부설로 이어지며, 남북종단형과 항만 집중형으로 특징지워지는 기본틀을 확립하였다. 그 뒤 일제는 1911년 압록강철교를 가설하여 국내 철도를 만주와 연결시키고, 부산에서 출발하는 관부연락선을 통해 일본과 직결시킴으로써 일본-조선-만주를 잇는 식민지 침략의 기본 루트를 마련하였다. 나아가 경원선 · 호남선과 함경선을 부설하고, 1933년 두만강에 도문철교를 가설하여 동북만주와 연결시키면서 X자형 철도체계를 완성하였다.

일제는 여기에 도로와 항만을 연결시켜 거미줄같은 식민지 지배망을 구축하였다. 이렇게 이루어진 교통체계는 물자와 사람 그리고 군대를 실어나르며 식민지 지배에 중추적 구실을 하는 한편으로, 공간적 거리를 단축시켜 균질화하고 시 · 분 단위의 기계적 시간표에 따라 움직이는 사람들의 일상을 만들어 내면서 이 땅에 식민지적 근대의 도래를 알리는 전령 노릇을 하였다.

식민지와 제국을 묶는 권력의 그물은 전기통신 정보망으로도 짜여졌다. 러일전쟁에서 승리한 일제는 서로 · 남로 · 북로에 걸친 기존 전신망을 정비 · 확장하는 한편으로, 장거리 경비 전화망을 구축하여 식민지 침략에 활용하였다. 1908년 경비전화건설부를 설치한 일제는 기존 우체국 전신망에 전화선을 추가하고 회선을 신설하여 1910년 말까지 전국의 경찰서 · 병영 · 우체국 · 행정관청을 잇는 경비전화망을 구축하였다. 이같은 경비전화망은 의병 탄압과 주민 통제같은 정치 군사적 목적에 주로 활용되었다. 이후 1924년 만주까지 전화 서비스가 시작되고 1933년 일본과 직통전화가 개통되면서, 전화는 식민지 통제수단으로서 뿐만 아니라 경제적인 측면에서도 주목을 받기 시작했다. 그 결과 주식 · 미두시장 등을 무대로 시간과 정보를 돈줄로 삼는 새로운 인간군상이 나타났다.

한편 1920년대 중반에 들어서면서는 무선통신과 라디오가 식민지 정보통제 시스템의 또 다른 한 축으로 떠올랐다. 1927년 JODK라는 호출부호로 방송을 시작한 사단법인 경성방송국은 1933년 일본어 제1방송과 조선어 제2방송의 '이중 방송' 시스템을 갖추면서 라디오 대중화의 길을 열었다. 일제는 고출력 방송소 설치와 전국적 방송망 확충, 수신기 성능개량 등으로 청취자의 수를 늘리면서 라디오 방송을 식민지 정보통제와 동화 · 선전의 도구로 활용하였다. 그러나 조선인 청취자들은 그같은 보도 · 교양 프로그램보다 음악이나 드라마같은 연예 · 오락 프로그램에 더 많은 관심을 보였다. 그 결과 라디오는 대중문화를 생산 유통하는 매체로서 한국사회의 문화적 근대성 형성에 이바지할 수 있었다.

다음으로 학교와 병원은 개항 당시부터 문명개화의 지표로 각광받았던 근대문명의 재생산기반이었다. 그런데 그것이 본격적으로 작동하며 사람들의 일상을 조직하기 시작한 것 또한 식민지시기에 들어와서였다. 보통학교를 중심으로 이루어진 식민지 공교육은 3면 1교제가 자리를 잡은 1923년 보통학교 학생수가 서당 학생수보다 많아지면서 본궤도에 오르기 시작하였다. 1910년대 5퍼센트를 밑돌던 보통학교 취학률이 1924년 14.7퍼센트로 늘어났고, 1면 1교제 계획이 실시된 1929~36년을 거치며 급증하여 1938년 33.2퍼센트와 1942년 47.7퍼센트를 기록하였다.

일제의 식민지 공교육은 중등학교 이상보다는 보통학교에 중심을 두고, 체제순종의 기능적 지식과 군국주의적 집단 규율을 훈육하여, 근대주체로서의 노동자형 인간, 특히 전시총동원체제에 부응하는 병사형 인간을 만들어내려 한 데 그 특징이 있었다. 이른바 식민지 근대적 인간형으로서 황국신민을 만들어 내려 했던 것이다. 그것이 1920년대 초부터 한국인들 사이에 강하게 일어난 교육열, 곧 근대지향의 욕구와 맞물리고 엇물리면서, 식민지시기의 학교는 저항과 협력의 회색지대에 자리한 '식민지 공공영역'의 하나로 자리매김을 하기에 이른다.

한편 병원은 학교와 더불어 당초 기독교 선교사들이 선교를 위한 문명화 프로젝트의 하나로 역점을 두고 추진한 사업이었다. 그런데 1910년대를 거치며 도 단위 자혜의원을 주축으로 하는 식민지 관변 의료기관이 선교 의료기관을 양적 · 질적으로 압도하는 상황이 벌어진다. 이 같은 관변 의료기관의 광범한 확산은 다른 식민지에서 찾아보기 힘든 현상이었다. 여기에는 여러 요인이 작용했겠지만, 식민지 지배의 명분이라 할 이른바 '문명화'의 헤게모니를 놓고 조선총독부와 기독교 선교부 사이에 이루어진 각별한 경쟁관계 또한 고려할 필요가 있다. 보건의료는 교육 분야와 마찬가지로 서양 선교사로 대표되는 서구적 근대와 일제 총독부의 식민지적 근대가 경합하는 마당이었기 때문이다. 아무튼 학교와 병원의 증가로 사람들은 근대적 규율권력의 감시망에 더욱 노출되었고, 점차 그 지배 아래 들어갔다.

이와 같이 당초 식민지 지배의 인프라 구축이라는 정치 · 군사적 목적에서 진행된 근대문명의 확산은 1920년대 중반 이후 경제 · 문화적 방면으로 그 영역을 넓히며 사람들의 일상을 하나씩 재조직해 나갔다. 교통 통신의 발달은 자연적 시공간을 기계적으로 재편하면서 사람들의 생각과 행동을 바꾸어 놓았고, 학교와 병원의 증가는 규율화한 근대주체를 생산하는 미시권력을 사람들의 일상에 깊게 침투시켰다. 그런데 그렇게 해서 형성된 근대주체의 지향점이 민주시민이 아닌 황국 신민이었다는 데 식민지적 근대의 특징이 있었다.

2. 도시화의 진전과 대중문화의 출현

문화사적 측면에서 1920년대 후반은 근대문명의 터전인 도시를 중심으로 이른바 식민지 근대성이 그 모습을 드러낸 시기였다. 이 무렵 식민지 지배의 여러 가지 인프라가 갖추어지고 이식자본주의가 뿌리를 내림에 따라 도시화가 진전되고, 자본주의적 소비풍조와 대중문화가 나타났는데, 그같은 일련의 과정을 서울의 경우를 중심으로 정리해 보면 다음과 같다.

먼저 식민지 하에서 도시화가 빠르게 이루어진 사실은 1937년 조선 총인구 2천3백만 가운데 도회지 인구가 약 1/5에 이른 데서도 확인된다. 그런데 식민지시기의 도시화는 일차적으로 식민통치의 새로운 거점을 마련하는 과정이었다. 1913년 부제(府制) 실시 당시 부로 지정된 12곳 가운데 서울 · 평양 · 대구를 제외한 대부분이 개항장으로 출발한 신흥 항구도시였던 데서 살필 수 있듯이, 일제는 항만과 철도교통의 요지에 신흥도시를 건설하여 전통도시를 제압하려 하였다. 또 기존 도시 외곽에 새로 일본인 거주지를 조성하여 조선인 거주지를 통제하려 하였는데, 청계천을 경계로 이북의 조선인 구역인 '북촌'과 이남의 일본인 구역인 '남촌'으로 확연히 나뉜 서울 도시공간의 이중구조가 이를 잘 말해 준다.

일제는 서울을 식민통치의 본거지로 재편하면서 1912년 태평로를 건설하여 광화문에서 경성역에 이르는 남북축의 직선가로를 조성한 뒤, 여기에 조선총독부 신청사와 경성부청, 조선신궁, 경성역같은 식민통치의 상징건물들을 차례로 배치하였다. 또 1913년부터 추진한 시구개수사업을 통해 도로망을 직선격자형으로 정비하고, 남대문로의 도로폭을 확장해 그 주변에 조선은행을 비롯한 식민지 금융기관을 배치하였다. 이 과정에서 서울의 전통적 중심가이자 조선인 거주지인 종로 북촌 일대는 도시정책의 우선순위에서 밀려나 주변화하였다.

이렇게 도시공간에 식민지성을 각인시키는 도시화가 이루어지면서 서울의 경관은 급격히 바뀌었다. 직선격자형으로 정비된 길을 따라 새로운 건물이 들어서고, 전차와 자동차 · 자전거 · 인력거같은 탈것들이 오고갔다. 서울에 전차가 처음 등장한 것은 1899년 서대문과 청량리 사이 노선이 개통되면서였다. 그러나 당시 전차는 실용적 교통수단이라기보다는 호기심의 대상이었다. 전차가 대중교통 수단으로 구실을 하기 시작한 것은 1910년대 이후였다. 더불어 1928년부터 버스가 운행되어 대중교통 수단으로 각광을 받기 시작하면서 자동차가 거리의 풍경을 구성하는 중요한 요소로 자리를 잡았다.

1929년 현재 서울 시내를 달리는 전차와 버스는 각각 120대와 40대 정도였고, 하루 평균 승객은 전차가 11만여 명, 버스가 1만여 명에 이르렀다. 사람들은 이제 시간을 절약하기 위해 전차나 버스를 이용했고, 남녀노소와 반상의 구별 없이 같은 칸을 쓰며 교통수단의 시간표에 자신들의 생활을 맞춰 나갔다. 뿐만 아니라 봄철의 창경원 벚꽃놀이, 여름철의 한강 뱃놀이같은 근대적 여가문화가 전차와 버스의 대중화에 힘입어 꽃을 피우기 시작했다.

도로와 교통수단의 진화에 발맞춰 건축물 또한 빠르게 바뀌어 갔다. 새롭게 조성한 태평로와 남대문로, 황금정길(지금의 을지로)을 따라 조선총독부, 조선은행같은 르네상스 양식 또는 절충주의 양식의 권위적인 관청건물이 들어섰고, 1920년대 후반부터는 미스코시백화점처럼 기능성과 효용성을 강조하는 근대적 상업건축물이 모습을 드러냈다.

한양절충식 2층건물이 주종을 이룬 종로거리에도 1930년대 들어 화신백화점을 비롯한 대형 상업건축물이 하나둘씩 들어섰다. 이들 건물은 형형색색의 네온사인을 내뿜으며 사람들에게 근대에 대한 강렬한 매혹을 불러 일으켰다. 특히 1920년대 후반 남대문로 일대의 차도와 인도가 나뉘어 아스팔트와 보도블록으로 포장되고, 경계에 가로수와 가로등이 세워지면서 고층건물이 촘촘히 들어선 남촌의 야경은 장안의 명물로 떠올랐다.

도시경관의 변화와 함께 1920년대 후반 서울은 근대적 소비도시로 탈바꿈해 갔다. 생산기반은 취약했지만 이식된 자본주의 소비문화가 일상을 재조직하기 시작하면서 대량생산 대량소비의 상징인 백화점이 대중의 소비욕구를 자극했고, '모던보이' '모던걸'의 등장과 함께 양식당 · 카페 · 다방 · 극장과 같이 의자 위에서 이루어지는 도시적 생활양식이 연출되었다. 1915년 조선총독부 시정 5년을 기념하는 조선물산공진회에 백만 명이 넘는 관람객을 유치하며 싹을 틔운 상품의 시대, 감각과 소비의 시대가 바야흐로 막이 오른 것이다.

자본주의 소비문화의 꽃이라 할 백화점이 서울 남촌의 일본인 상권을 대표하며 본격적으로 등장한 것은 1920년대에 들어서였다. 남촌의 백화점은 화려한 외양에 매장과 식당을 갖추고, 쇼핑과 외식을 즐기려는 조선사람들을 대거 손님으로 끌어들이며 '모던'한 소비풍조를 조장하였다. 이렇게 촉발된 자본주의 소비문화는 카페나 다방같은 접객업소의 출현으로 이어졌다. 서울 남촌에서 유행하기 시작한 카페와 다방이 종로 조선인 구역으로 영역을 넓혀 나간 것은 1930년을 전후해서였다. 축음기에서 울려 나오는 요란한 재즈음악에 웨이트리스의 술시중이 곁들여지던 카페는 이내 모던 청년과 신사들을 끌어들이는 데 성공하며 요리집과 기생의 영역을 잠식해 갔다. 차와 음악에 마담의 재담이 곁들여진 다방 또한 인텔리와 모던 남녀의 휴게실 노릇을 하며 세를 넓혀 나갔다.

이처럼 식민지의 억압과 차별의 현실에 소비문화의 매혹이 뒤얽힌 근대생활의 파노라마가 도시 일각에서 펼쳐지는 가운데, 신문·잡지·영화·음반·라디오 등 미디어의 발달과 맞물리며 등장한 대중문화가 꽃을 피우기 시작했다. 식민지 대중문화의 서막을 장식한 것은 일본에서 이식된 대표적 식민지 문화유산의 하나인 신파극이었다. 신파극은 이수일과 심순애의 비극적 사랑을 다룬 〈장한몽〉(1913)처럼 일본 작품을 번안 각색한 초기의 '이식신파'에서 창작극 중심의 '개량신파'로, 1935년 동양극장 설립 이후 상업적 통속성을 한층 강화한 '고등신파'로 발전을 거듭하며 전성기를 구가하였다. 신파극 사이에 활동사진을 끼워넣은 이른바 '연쇄극'에서 우리 영화가 시작되고, 신파극의 주제가가 대중가요로 널리 유행된 데서 알 수 있듯이, 신파극은 초창기 우리 대중문화의 텃밭 노릇을 하였다.

다음으로 1890년대 말 '활동사진'으로 처음 소개된 영화가 대중문화의 한 장르로 자리매김한 것은 1920년대에 들어와서였다. 1919년 단성사에서 상연된 활동사진 연쇄극 〈의리적 구투(義理的仇鬪)〉에서 태동하여, 1923년 본격적인 극영화 〈국경〉과 〈월하의 맹세〉로 발전의 전기를 마련한 한국영화는 나운규의 〈아리랑〉(1926)에 이르러 대중적 흥행성과 작품성을 접목시키며 민족영화의 이정표를 마련하였다. 그러나 국산영화는 연평균 4~5편 정도 제작에 그쳤고, 서부 활극류와 할리우드의 정극 명화들이 그 빈자리를 대신하였다. 특히 1924년 무렵부터 대거 수입된 할리우드의 극영화는 폭넓은 관객층을 유치하며 영화시장을 휩쓸었다.

1920년대 중반 신파극 주제가같은 유행창가들이 하나씩 음반화하면서 모습을 드러낸 대중가요는 1926년 소프라노 가수 윤심덕이 노래한 〈사의 찬미〉가 전에 없는 히트를 치면서 발전의 전기를 마련하였다.

이후 외국 유명 음반회사의 일본 자회사들이 조선시장에 눈길을 돌리는 가운데, 대중가요는 음반과 라디오 방송을 통해 대량생산 · 유통되며 전통 민요와 판소리의 영역을 잠식해 갔다. 1930년대 중반에 이르러서는 일본식 유행가풍의 '뽕짝'으로 불리는 대중가요의 전형이 확립되는데, 뽕짝과 결합한 신민요가 등장해 뽕짝의 토착화를 이룬 것도 이때였다.

한편 3 · 1운동 이후 학교교육의 확대와 문맹률의 감소에 힘입어 출판시장이 전에 없는 활기를 띠는 가운데, 1926년 《별건곤》의 창간을 계기로 대중 취향의 다양한 읽을거리들이 신문 잡지와 출판물의 지면을 장식하기 시작하였다. 《별건곤》은 '5전 잡지'라는 비아냥을 들었지만, 수기 · 실화 · 야담 · 사화 · 르뽀 · 인터뷰 · 설문 등의 기사를 통해 대중의 호기심과 감수성을 자극하며 앞서의 계몽적 잡지들과 구별되는 '취미와 상식'이라는 대중 출판문화의 새로운 장을 열었다.

이와 같이 1920년대 후반 이후 식민지성이 각인된 도시화가 진전되고 모던한 소비풍조가 도시 일각에 자리를 잡아가는 가운데, 신파극 · 영화 · 대중가요 · 대중잡지 등으로 대표되는 대중문화가 꽃피기 시작하였다. 그런데 일본풍 · 서구풍의 근대에 식민지성이 버무려진 식민지 근대의 대중문화는 출발부터 잡종적일 수밖에 없었다. 그러한 면에서 근대성의 매혹에 탐닉하면서도 차별과 소외의 현실에 눈물짓는 이율배반적 신파성이야말로 식민지 근대의 문화현상을 대변하는 화두라 할 수 있었다.

3. 전통문화와 일상생활의 변모

한국사회에 이른바 식민지 근대성이 발현되는 과정에서 전통은 타파하거나 개조해야 할 구습으로 받아들여졌다. 그러나 전통이 일방적으로 역사의 뒤안길로 밀려나기만 한 것은 아니었다. 민요나 가야금 연주같은 전통음악과 〈춘향전〉 같은 전통극예술이 라디오를 비롯한 대중매체의 등장과 함께 오히려 재기의 발판을 다지고, 서울 남촌 백화점의 무차별 공세 속에서도 일용잡화를 파는 종로 야시(夜市)가 서민들의 사랑을 받으며 번창한 사실이 이를 말해 준다. 신파극이나 유행가같은 이식된 식민지 대중문화조차 조선인의 감수성에 뿌리를 내림으로써 비로소 하나의 문화현상으로 성립할 수 있었다. 그러한 점을 고려한다면 전통문화 또한 수동적으로든 능동적으로든 나름의 생명력을 가지고 변화된 환경에 대처해 나갔다고 보아야 할 것이다.

이렇듯 전통적 생활양식을 포함하는 전통문화는 비합리성의 측면 못지않게 외부로부터 이식된 근대성의 압력에 대응하는 내적인 힘의 원천이기도 하였다. 그래서 조선인 엘리트들 사이에 전통의 근대적 변용을 둘러싼 다양한 논의가 진행되었는데, 1918년 의례·의식주·언어·풍속에 걸친 조선문화의 향상을 표방하며 창립된 계명구락부의 생활개선운동은 그 하나의 사례였다. 계명구락부는 1921년 기관지 《계명》의 창간과 더불어 본격적인 활동에 들어가 관혼상제 의례의 간소화, 색의(色衣) 권장, 두루마기에 단추달기, 우리말과 글의 연구, 호칭 및 경어규칙 제정, 양력 사용 등을 계몽 권장하며 전통의 근대적 변용을 통한 일상생활의 개선을 도모해 나갔다.

전통적 생활양식의 합리화를 둘러싼 논의가 진행되는 것과 더불어, 의식주를 비롯한 일상생활에도 변화가 나타났다. 먼저 의생활의 변화는 1894년 갑오개혁 당시 개화파 정부가 신분제 철폐와 함께 신분의 차별 없이 모두 소매가 좁은 두루마기를 착용토록 하는 복식개혁을 단행하면서 시작되었다. 단발령과 함께 양복 착용 또한 허용되었지만, 대한제국기에 군인과 관료의 관복으로 채택되는 데 그쳤다. 양복 패션이 일반에게 보급돼 중절모에 양복과 구두를 신은 신사들과 단발머리에 양장을 한 신여성들이 등장한 것은 식민지시기에 들어와서였다. 그러나 대다수 사람들의 복식은 여전히 한복이었다.

변화라고 한다면 양복의 실용성을 절충하는 방향에서 한복의 개량이 이루어졌다는 점인데, 호주머니 달린 양복조끼를 개량해 한복에 받쳐 입는 새로운 패션이 그러한 예였다. 그 밖에 메리야스 셔츠와 양말, 고무신을 한복과 함께 착용하는 절충형 패션도 나타났다. 여성 한복의 경우는 저고리 길이가 길어지고 치마 길이는 짧아지는 변화가 있었다. 그런데 남녀의 복식은 1930년대 후반 전시체제로 접어들며 또 한차례 변화를 겪어야 했다. 식민지 당국이 효율적인 전시동원을 위해 남성들에게 머리를 빡빡 깍고 국방색 국민복에 전투모를 쓰도록 종용하고, 여성들에게도 치마 대신 일본여성의 노동복인 이른바 '몸뻬' 바지를 입도록 강요한 때문이었다.

다음으로 식생활에서 나타난 두드러진 변화는 외식업의 대중화였다. 전통사회에서도 장터 주막이나 노천음식점에서 길손과 장꾼들에게 장국밥 · 비빔밥 · 국수같은 음식을 파는 외식업이 있었다. 그러나 그것이 사람들의 일상을 구성하는 일부로 자리잡은 것은 근대에 들어서였다. 도시화 · 산업화에 따라 집과 일터가 나뉘어지면서 나타난 현상이라 할 수 있는데, 서양음식 · 일본음식 · 중국음식이 들어와 우리의 음식문화를 한층 다양하게 만든 것도 이때부터였다.

외식업이 도시 여가생활의 일부로 자리잡으며 본격적으로 발전한 것은 1920년대에 들어서였다. 이때 명월관으로 대표되는 요리점은 기생 파티로 서울 장안의 명물이 되었고, 청요리집은 직장인과 인텔리들의 회식장소로, 양식당은 유한계층이 모던한 정취를 즐기는 장소로 애용되었다. 한편 피마골로 불린 서울 종로 뒷골목에는 탕반집 · 설렁탕집 · 냉면집 · 떡국집같은 대중음식점과 선술집이 즐비하게 늘어서 서민 대중의 사랑을 받았다. 일본 우동과 중국 호떡도 이 무렵 대중음식의 한 자리를 차지하며 음식문화의 다양화에 앞장섰다. 더불어 도시락의 보편화는 집과 일터가 분리되면서 나타난 근대적 식생활의 한 단면을 보여주었다.

주생활 또한 갑오개혁으로 신분별 가사(家舍) 규제가 폐지되고, 개항 후 도입된 외래 건축양식과 벽돌 · 시멘트 · 철근 · 유리 · 함석 등의 새로운 건축자재가 우리 주택문화에 영향을 미치기 시작하면서 변화의 모습을 보였다. 1900년대 중반부터 등장한 서울 종로 · 남대문로 일대의 한양절충식 2층 상점 건물들과 현관을 만들고 변소를 집안으로 끌어들인 개량 한옥이 그러한 예였다.

이후 1920년대 들어 생활개선운동의 일환으로 주택설비와 위생 개량에 관한 논의가 활발히 진행되는 가운데, 도시를 중심으로 상류층 문화주택, '집장수집' 으로 불린 중류층 도시형한옥, 서민 대상의 총독부 영단주택이 각각 시차를 두고 보급되어 갔다. 이들 주택은 한옥에 서양식과 일본식이 절충된 다양한 형태를 띠었는데, 그런 변화의 물결 속에서도 우리 기후 풍토와 관련해 온돌 난방을 기본으로 하는 전통 주거의 본질은 크게 바뀌지 않았다. 그 밖에 대도시 이외 지역에서는 초가집이 여전히 주종을 이루었고, 도시 공터에 움집이나 움막을 짓고 사는 토막민들도 적지 않았다.

이와 같이 전통은 한국사회에 식민지적 근대성이 자리잡는 과정에 중요한 하나의 변수로 작용하였다. 한국사회에서 근대성의 형성은 백지에 전혀 새로운 그림을 그리는 과정이 아니었다. 물론 자본주의 소비문화의 이식처럼 여백에 새로운 그림이 들어가기는 했지만, 의식주 생활의 변천과정이 말해주듯이 전체적으로 일방적 이식보다는 절충이 주종을 이루었다. 때문에 식민지 당국은 조선의 전통에 깃든 민족 정체성을 탈색 변질시키는 가운데 전통을 식민지 근대규율을 확립하는

데 활용하려 했고, 조선인 엘리트들은 전통의 근대적 변용을 통해 이식된 근대에 대처하는 하나의 근거지를 확보하려 했다. 전통의 일방적 고수나 타파보다 근대적 변용에 주목해야 하는 까닭이 여기에 있는데, 식민지 로드맵을 바탕으로 조선의 전통에 일본풍 또는 서구풍의 근대가 서로 뒤섞이거나 절충된 식민지적 근대야말로 당시 우리사회의 자화상이었기 때문이다.

맺음말

식민지시기 문화사 연구는 그동안 국내 사회학계와 문화연구 분야, 그리고 미국의 한국학계가 주도해왔다. 또한 근래에는 식민지 도시의 근대성을 다룬 대중저술들이 출판계에 하나의 유행을 이루고 있다. 그에 견주어 국내 역사학계의 연구는 아직 미진한데, 앞으로 이 방면 연구의 진전을 위해 몇 가지 검토해야 할 문제를 짚어 보는 것으로 이 글을 마무리하고자 한다.

먼저 문화사적 측면에서 1920년대 후반이 갖는 의미이다. 식민지 지배를 위해 구축한 교통·통신 등 근대문명의 인프라가 정치·군사적 차원을 넘어 경제·문화적 방면으로 확산되면서 사람들의 일상을 재조직하기 시작한 게 이 무렵이었고, 자본주의 소비풍조와 대중문화가 도시를 중심으로 꽃을 피우는 가운데 '문화' '개조' 등의 계몽 담론을 '모던'이나 '취미'가 대신하기 시작한 것도 이 무렵부터였다. 또한 의식주를 비롯한 전통적인 일상생활에 변화가 나타난 것도 이 무렵부터였다. 식민지 지배정책을 기준으로 무단통치기·문화정치기·전시체제기로 나누는 종래의 시기구분을 좀 더 다각화해야 할 필요가 여기에 있는데, 이에 대한 깊이 있는 천착이 앞으로 요청된다고 할 수 있다.

다음으로 식민지성과 근대성의 관계이다. 이 방면의 기존 연구들은 주로 탈근대주의에 바탕해 서구적 근대와 구별되는 식민지적 근대라는 독자적인 근대의 유형을 추출하고, 양자의 역동적인 상호관계를 파악할 것을 제안한다. 그러나 구체적인 분석에 들어가서는 식민지와 근대가 하나의 화합물로 얽혀 있는 구조 또는 양식을 밝혀내지 못한 채, 양자를 병렬적으로 나열하는 데 그치고 만다. 뿐만 아니라 식민지 근대성의 형성과정, 곧 서구적 근대와 일본적 근대 그리고 전통의 근대적 변용이 근대적 시공간과 식민지라는 조건 속에서 서로 얽히며 절충을 이뤄가는 과정 또한 입체적으로 포착하지 못하고 있다. 따라서 앞으로 이에 대한 좀 더 심도 있는 연구가 필요한데, 식민지 대중문화의 기조를 형성한 신파성에 대한 다각적 검토가 그에 대한 하나의 실마리를 제공할 수 있을 것으로 본다.

식민지 근대성 논의가 근대성을 일상생활을 조직하는 하나의 원리로 파악함으로써 문화사 측면에서 식민지의 일상과 대중문화에 대한 학문적 관심을 촉발시킨 것은 사실이다. 침략과 저항 또는 침략과 개발이라는 도식에 갇혀 도외시되어 왔던 식민지 도시의 근대적 문화현상이 이들 연구를 통해 베일을 벗기 시작했고, 그것은 대중적 호기심을 자극하는 일련의 대중저술로 이어졌다. 그런데 모던한 문화현상만을 강조하다 보면 당시 식민지 문화의 전체상을 놓쳐 버릴 수 있고, 대중적 기호만을 좇다보면 그같은 문화현상에 내재된 역사성을 방기할 수 있다. 그런 면에서 모던 보이 · 모던 걸뿐 아니라 농촌의 부녀자 · 촌로들까지 아우르는 식민지시기 생활문화사의 총체적 재구성이 필요하다 할 것이다. 끝으로 1930년대 후반 이후 전시총동원체제하에서 관권을 매개로 거의 반강제적으로 추진된 일상생활의 재편 또한 해방후 분단체제와의 관련성 속에서 깊이 있게 검토되어야 할 부분이라 할 수 있다.

■ 참고문헌

김진균 · 정근식 편저,《근대주체와 식민지 규율권력》, 문화과학사, 1997.

Gi-Wook Shin and Michael Robinson ed., Colonial Modernity in Korea, Harvard Univ. Asia Center, 1999 ; 도면회 옮김,《한국의 식민지 근대성 - 내재적 발전론과 식민지 근대화론을 넘어서》, 삼인, 2006.

한국역사연구회,《우리는 지난 100년 동안 어떻게 살았을까》1 · 2 · 3, 역사비평사, 1999.

정재정,《일제침략과 한국철도》, 서울대 출판부, 1999.

역사문제연구소 편,《사회사로 보는 우리역사의 7가지 풍경》, 역사비평사, 1999.

———————— 편,《전통과 서구의 충돌》, 역사비평사, 2001.

연세대 국학연구원 편,《일제의 식민지배와 일상생활》, 혜안, 2004.

장규식,《서울, 공간으로 본 역사》, 혜안, 2004.

고석규,《근대도시 목포의 역사 공간 문화》, 서울대 출판부, 2004.

김진균 · 정근식 편,《식민지의 일상, 지배와 균열》, 문화과학사, 2006.

윤해동 외,《근대를 다시 읽는다》1 · 2, 역사비평사, 2006.

김영근,〈일제하 일상생활의 변화와 그 성격에 관한 연구 -경성의 도시공간을 중심으로-〉, 연세대 박사논문, 1999.

기층민중의 생활과 농민 · 노동운동

이윤갑(계명대 사학과)

머리말

일본 제국주의는 1910년 대한제국을 강제로 합병, 1945년까지 식민지로 지배하고 수탈하였다. 이 기간에 일제는 한국사회를 식민지로 개편하였고, 이로 말미암아 한국인의 생활은 근본적인 변화를 겪었다. 일제가 한국에서 확립한 식민지 지배체제는 식민지 초과이윤을 실현할 수 있는 근대적인 상품경제체제였다. 일제는 여러 방면에서 식민정책을 강요하는 방식으로 이 체제를 구축하였고, 이를 식민사관에 바탕을 두고 조선의 '문명화' 또는 '갱생'으로 합리화하고 미화하였다.

그러나 일제가 강요한 식민지 근대화의 실상은 그들의 선전과는 달리 한국인에게 막대한 고통과 피해를 안겨 주었다. 그러한 실상은 기층민중의 생활에서 더욱 확연히 드러났다. 당시 한국인구 가운데 8할은 농민이었다. 일제의 식민지 농정은 지주들의 부는 증대시켰지만, 대다수의 농민들은 몰락시켰다. 전체 농가의 절반 이상이 부채와 춘궁에 시달릴 정도로 빈궁하였고, 파산하거나 만주로 살 길을 찾아 떠나는 농가도 급증하였다. 도시 기층민의 생활도 극도로 곤궁하였다. 일제의 식민지 근대화정책은 도시를 중심으로 자본제적 유통업과 제조업을 발달시켰고 이에 따라 노동자와 도시빈민이 증가하였지만, 이들의 생존은 극도로 비참하였다. 일제는 자본가들에게 각종의 특혜를 제공한 것과 달리 노동운동을 억압하였고, 이로 말미암아 노동자들은 인권을 부정당하고 초장시간 노동에도 불구하고 일본인 노동자의 절반에도 못 미치는 기아임금을 받으면서 생존의 벼랑으로 내몰렸다.

식민지 근대화의 실상이 이러하였기 때문에 농민 · 노동자들은 일제 강점기 내내 억압과 수탈에 맞서 거세게 저항하였다. 기층민중의 저항은 생활상의 요구에 기초한 자연발생적 투쟁으로 시작해 초기에는 주로 소작조건이나 노동조건의 개선을 요구하는 경제운동을 전개하였다. 그러나 농민 · 노동운동은 1920년대 초반 사회주의자들의 지도를 받아 계급해방과 민족해방의 필요성을 인식하게 되고, 조선공산당의 결성을 계기로 민중의 일상이익을 옹호하는 투쟁을 일제 · 자본주의 · 지주제를 타도하는 민족혁명운동으로 발전시켜 갔다. 1920년대 중반 이후 이러한 흐름은 농민 · 노동운동에서 주류를 형성하였다. 그러한 가운데 다른 한편에서는 자본주의 · 지주제 안에서 점진적으로 문제를 해결하려는 개량주의 운동도 전개되었다. 농촌개조, 정신생활 향상을 내걸었던 천도교계의 조선농민사와 기독교계 YMCA · YWCA의 농촌 · 농민운동, 《조선일보》의 한글보급운동과 《동아일보》의 브나로드 운동 등이 그것이었다.

우리 학계에서 일제 강점기의 농민 · 노동운동에 대한 연구가 본격적으로 이루어지기 시작한 시기는 민주화가 확대된 1987년 이후였다. 물론 그 이전 시기에도 연구가 있었지만 이데올로기적 제약으로 사회주의계열의 민중운동을 객관적으로 평가하기 어려웠고, 연구관점에서도 이를 사회운동으로 다루는 경향이 우세하였다. 1980년대 후반 이래의 농민 · 노동운동에 대한 연구가 이룬 최대의 학문적 성과는 일제 강점기에 농민 · 노동운동의 주류를 이룬 것이 사회주의계열의 운동이었음을 객관적으로 밝히고, 이 계열의 민중운동이 민중의 일상이익 옹호를 강조하면서도 궁극적으로는 일제 · 자본주의 · 지주제를 타도하는 민족혁명운동으로 발전해 갔음을 해명한 것이다. 이 글에서는 학계의 이러한 연구 성과에 따라 기층 민중의 생활상을 중심으로 일제가 강요한 식민지 근대화의 실상을 파악하고, 여기에 대항해 농민 · 노동운동이 민족해방운동으로 발전하는 과정을 정리하였다.

1. 일제의 식민지 지배와 기층민중의 생활

일제는 1910년 대한제국을 병합하자 바로 토지조사사업에 착수하였다. 이 사업은 전국의 모든 토지와 그 소유자를 조사해 근대적 소유권을 법적으로 인정하는 사업이었는데, 일제는 이를 통해 반봉건적인 지주제가 한국농업을 지배할 수 있는 조건을 마련하였다. 이와 병행해 일제는 자본축적을 위해 일본이 한국에서 수탈하려 한 쌀, 면화, 고치 등등 각종 농산자원의 품종교체를 추진하였다. 이렇게 하여 수탈을 위한 기초 조건이 마련되자 일제는 제1차 세계대전 직후부터 본격적으로 농산자원의 증산을 강요하고, 수탈을 확대하는 식민농정을 실시하였다. 1920년대의 산미증식계획과 육지면 · 고치증산계획 등이 그것이었다.

산미증식계획은 일본의 쌀 부족 문제를 해결하기 위해 실시되었다. 일제는 이 사업을 지주의 수익을 극대화하는 방식으로 추진하였다. 일제는 지주들이 이 사업을 통해 소작인들로부터 좀 더 많은 소작료를 수탈할 수 있도록 보장하였다. 그 결과 산미증식계획을 통해 지주제는 확대 · 강화되었고, 소작조건은 더욱 악화되었다. 다른 한편 일제는 자국의 주요 수출품이었던 면포와 생사의 원료 생산을 강요하였다. 이 정책은 면화와 고치의 생산을 할당제로 농민들에게 강요하는 것이었다. 일제는 면화와 고치의 증산정책을 생산비에도 못 미치는 저가격으로 강제 매수하는 공판제도와 결합시켰다.

일제의 이러한 식민농정은 농민의 사회경제적 처지를 저하시키고, 농가경제를 급속히 빈궁화시켰다. 당시 농가의 8할은 지주의 토지를 소작하는 소작 농민이었다. 이들의 대다수는 오로지 소작수입에 의존해 생계를 이어가고 있었다. 이런 상황에서 지주들은 일제의 비호를 받으면서 빈번하게 소작권을 이동하는 방식으로 소작농에 대한 지배를 강화하였다. 지주들은 소작권 이동을 수단으로 소작인에게 조세공과나 수세, 추수인 접대비 등등을 전가하면서 소작조건을 강화시켜 갔다. 그 결과 소작료는 합병 이전 수확의 3~5할 정도였던 것이 1920년대 후반이 되면 평균 7~8할 정도까지 인상되었다. 이로 말미암아 소작인의 수입으로는 도저히 생계비와 영농비를 충당할 수 없었고, 달리 수입을 얻을 수 없었던 농민들은 결국 고리채에 의존해 연명할 수밖에 없었다. 고리채의 이자는 연 3~5할에 이르렀고, 그 부담으로 말미암아 농민들은 자신의 가산을 방매해야 했다. 심지어 가족을 인신저당 또는 매매하는 경우도 있었다. 1930년 조사에 따르면 전체농가의 73퍼센트가 부채농가였다. 당연히 식량 한 톨 없이 보릿고개를 넘겨야 하는 춘궁농가도 증가하였다. 1932년 조사에 따르면, 전국 자작농가의 18퍼센트, 자소작농가의 37퍼센트, 소작농가의 67퍼센트가 춘궁농가였고, 1933년에는 전국 농가의 44퍼센트가 춘궁농가였다.

이에 따라 농가 구성비율도 크게 달라졌다. 1920년에 전체 농가 가운데 자작지를 보유했던 자작농과 자작 겸 소작농은 57퍼센트에 달했으나, 1932년에는 그 비율이 42퍼센트로 감소하였다. 대신 1920년 37퍼센트를 점했던 소작농은 1932년에는 53퍼센트로 증가하였다. 소작농의 비율이 큰 폭으로 증가하였고, 그 경영규모가 전반적으로 축소되었으며 소작농 가운데서도 가장 빈궁한 세궁민층이 크게 증가하였다. 뿐만 아니라 파산하여 아예 농촌을 떠나는 이농민이 매년 수십만 명에 달했다. 이들은 당시로서는 가장 비참한 생활을 했던 화전민이 되거나 하루 한 끼로 목숨을 이어갔던 도시빈민으로 전락하였고, 새로운 소작지를 찾아 만주 등 국외로 이주하였다. 화전민의 수는 1928년 조사에서 이미 120만 명으로 늘어나 있었고, 토막민으로 불리던 도시빈민도 10만여 명에 이르렀다. 또한 1930년대까지 만주지방으로 1백만 명, 연해주지방으로 50만 명이 이주하였는데 그 가운데 90퍼센트가 새로운 소작지를 찾아 떠난 이농민들이었다.

이러한 가운데 농민들의 계급의식과 민족의식이 고양되고 농민운동이 격화하자 일제는 1930년대에 농촌진흥운동을 실시하였다. 농촌진흥운동은 기존의 식민지 수탈체제를 유지한 채 오로지 근검절약의 '자력갱생' 만으로 농가경제를 부채와 춘궁에서 갱생시키려 한 기만적인 사회정책적 농정이자 황국신민정신을 주입하는 이데올로기정책이었다. 나아가 일제는 중일전쟁, 태평양전쟁으로 전쟁을 확대하면서 농가갱생계획을 대신해 농민들을 전쟁 뒷바라지에 전면적으로 강제 동원하는 전쟁총동원체제를 수립하였다. 전쟁총동원체제를 가동하면서 일제는 공출제를 실시해 농민 수확물의 대부분을 전쟁물자로 강탈하였다. 이로 말미암아 농가경제는 마침내 초근목피로 연명해야 하는 파국에 이르렀다.

한편 일제는 합방 직후 회사령을 공포하여 자국 자본의 한국 진출을 억제하였다. 자국의 자본이 식민지의 유리한 조건을 노리고 대거 한국으로 진출할 경우 미숙한 자국의 자본주의 발전이 저해될 수 있다고 우려했기 때문이다. 그러나 제1차 세계대전을 계기로 자국의 독점자본이 급성장하자 일제는 이들이 한국에 진출할 수 있게 1920년 회사령을 철폐하였다. 이후 미쯔이, 미쯔비시, 노구치 재벌 등이 화학공업 · 전기공업 · 광업 · 철도업 등에 자본을 투자하여 기업을 설립하였다.

일본 독점자본의 진출은 조선총독부가 전면에 나서서 조선공업화정책을 추진하였던 1930년대에 더욱 확대되었다. 1931년 4월 일본에서는 대공황에 대한 산업대책으로 중요산업통제법을 실시하였다. 그러나 이 법이 한국에는 적용되지 않자 조선총독부는 이 점을 내세워 적극적으로 일본의 독점자본을 유치하였다. 이 밖에도 조선총독부는 전력공급, 공장용 부지, 노동력 통제 등에서 많은 특권을 제공하였다. 이를 계기로 열광적인 공업화 시기라 부를 만큼 일본의 독점자본은 대거 한국으로 진출하였다. 그 위에 1937년 일제가 중국침략을 본격화하면서 병참기지화 정책을 추진하게 되자 이후 이들의 자본투자는 비약적으로 확대되었다.

이에 따라 한국에서도 노동자가 빠르게 증가하였다. 병합 당시 한국의 공장노동자 수는 2천 5백 명 정도에 지나지 않았다. 그러나 1919년에는 4만 2천여 명으로 증가하였고, 다시 1928년에는 8만 8천여 명으로 늘어났다. 1930년대에 조선공업화정책이 추진되면서 공장노동자 수는 급속히 증가하여 1940년에 이르면 23만 명, 1945년에는 59만 명에 이르렀다. 이 밖에도 1930년대 이후에는 광산노동자나 토건노동자, 운수노동자, 농 · 림 · 수산업노동자 등도 급속히 증가하였다. 그리하여 1944년말의 통계에 따르면 전체 노동자 수는 212만여 명에 달했다.

노동자는 이와 같이 도시인구에서 기층민을 이룰 정도로 급속히 증가하였지만 그들의 생활상태는 극도로 비참하였다. 노동자들은 일본 노동자들이 받았던 임금의 절반에 해당하는 저임금을 받았다. 일본 노동자들의 임금 또한 저임금이었으므로 한국 노동자들이 받았던 임금은 최저 생계비에 훨씬 못 미치는 기아임금이었다. 기아임금은 여성과 유소년 노동자일수록 더욱 심각했다. 일제는 자국에서는 1916년부터 공장법을 실시하였다. 공장법은 아동의 취업을 금지하고, 연소자와 부녀자의 취업시간을 제한하고 야간업무를 금지하는 등 노동자 보호를 주요 내용으로 하였다. 그러나 일제는 이 법을 조선에서는 실시하지 않았다. 이로 말미암아 자본가들은 조선에서 미성년 노동자와 여성을 대거 고용하고서도 아무런 보호조치를 하지 않았고 기아임금의 절반에도 못 미치는 낮은 급료로 노동력을 착취하였다.

이에 견줄 때 노동시간은 극도로 장시간이었다. 1937년의 조사에 따르면 하루 9시간 이하를 노동하는 노동자는 전체 노동자 가운데 6퍼센트에 지나지 않았고, 대부분이 12시간 이상을 노동했으며 심지어 군수공장에서는 14~16시간 노동하였다. 대부분의 공장은 휴일이 없었고, 아무런 노동보호시설이 없었으며, 간이 의료시설을 갖춘 공장은 고작 전체의 12퍼센트에 지나지 않았다.

대부분의 노동자가 기아임금을 받고 노동자 보호시설이 없는 작업장에서 휴일 없이 장시간 노동에 시달려 그들의 건강상태는 단기간에 몹시 악화하였다. 그로 말미암아 매년 노동재해로 목숨을 잃거나 부상을 입고 질병을 얻는 자가 급증하였다. 한 예로 조선질소비료회사 흥남공장의 경우 유독가스가 가득 찬 작업장에서 매일 12~16시간씩 중노동을 강요당해 노동자의 80~90퍼센트가 폐결핵, 기관지염, 간장병, 안질 등을 앓고 있었고, 사상자가 줄을 이었다. 이와 같이 한국인 노동자들은 일제 강점기 내내 인권을 무시당하고 최소한의 보호도 받지 못한 채 식민지 초과이윤을 실현하는 자본축적의 도구 또는 소모품으로 수탈당했다.

2. 농민 · 노동운동의 대두와 민족해방투쟁으로 발전

조선의 민중들은 1910년대에도 제한적이지만 생활상의 요구에 기초해 자연발생적인 투쟁을 전개했다. 이러한 저항은 3 · 1운동에 이르러 대중투쟁의 형태로 결집되었다. 3 · 1운동은 민족대표들의 독립선언서 발표에 호응해 전국에서 일어난 독립만세 시위였지만, 이 운동에서 농민과 노동자는 지식인 · 학생과 더불어 가장 적극적이고 강력한 운동 주체로 등장하였다. 노동자들은 서울을 비롯해 평양 · 겸이포 등지의 시위에서 수백 명이 참가해 맹렬하게 시위를 벌였고, 농민들도 만세시위가 농촌으로 전파되었을 때 시위대의 중심을 형성하고 가장 공세적으로 투쟁을 전개하였다. 일제의 통치당국은 농민과 노동자가 시위에 적극 가담한 원인을 식민정책에 대한 반감 때문이라고 파악하였다.

3 · 1운동으로 투쟁의지를 회복한 민중들은 일제의 식민정책에 항거하여 조직적인 농민운동과 노동운동을 전개하였다. 농민들은 지주제가 강화되는 데 저항해 소작조건을 개선하는 운동에 나섰고, 노동자들도 임금인상과 노동조건을 개선하기 위한 조직화에 나섰다. 농민 · 노동운동은 초기에는 일부 자연발생적으로 조직된 경우도 있었다. 그러나 지주나 자본가들이 일제의 관헌과 결탁해 공세를 펼침에 따라 목적을 이루기 위해서는 좀 더 강고한 의식과 조직체계를 갖추어야 했다. 이러한 가운데 사회주의 사상을 가진 청년과 지식인들이 적극적으로 민중운동에 참여하면서 농민 · 노동운동은 양적으로 급속히 확대되었고, 동시에 계급성을 강하게 표방하는 대중운동으로 성장하였다. 농민 · 노동운동이 대중조직운동으로 급성장할 수 있게 매개한 것은 조선노동공제회(1920) · 조선노동연맹회(1922)와 1920년대 초반에 결성된 사회주의 사상단체와 청년운동단체들이었다.

이들의 활약으로 단기간에 전국에서 수백 개의 소작인조합과 노동조합이 결성되었다. 일제의 식민정책이 본격화함에 따라 농민 · 노동자들의 생존조건이 급속히 악화되어 갔고, 그에 대한 광범위한 저항이 농민 · 노동운동의 급속한 조직화를 가능하게 하였다. 농민 · 노동운동의 조직화 과정은 단위조직과 지역 또는 전국조직을 병행적으로 결성하는 방식으로 진행되었다. 그리하여 소작조합이나 노동조합이 조직되기 시작한 지 3년만에 전국조직인 조선노농총동맹이 출범하였다. 조선노농총동맹은 그 산하에 260여 개의 소작조합과 노동조합을 거느렸으며, 회원수가 5만 3천여 명에 이르렀다. 조선노농총동맹은 "노동자 · 농민계급을 해방하여 완전한 신사회의 건설을 기한다", "단결의 위력으로써 최후의 승리를 전취할 때까지 자본가계급과 투쟁한다" 등의 강령을 내걸고 사회주의자들이 지도부가 되어 전국의 노동 · 농민운동을 이끌었다.

1920년대의 농민 · 노동운동은 조선노농총동맹을 결성할 정도로 진전하였지만 미숙한 점도 많았다. 농민운동과 노동운동이 명확히 구분되지 못했고, 계급주의적 경제운동에 머물렀으며, 양적 팽창에 견주어 단위조직의 지도력이나 대중의 의식이 취약해 일제와 지주 · 자본가의 공세를 감당하지 못하고 쉽게 와해되는 약점이 있었다. 농민 · 노동운동의 이러한 한계는 조선공산당의 창당과 조선노농총동맹의 분리를 통해 극복되어 갔다.

조선공산당의 창당은 계급적인 사상운동이나 경제운동 차원에 머물렀던 사회주의운동을 사회주의적 민족혁명운동으로 발전시키는 중요한 계기가 되었다. 당시의 가혹한 소작조건이나 노동조건은 일제의 식민지 지배로부터 비롯되는 것이었다. 따라서 농민 · 노동운동이 추구했던 목적은 궁극적으로는 일제의 식민지 지배로부터 해방되어야만 성취될 수 있었다. 조선공산당은 농민 · 노동운동이 추구하는 목적을 일제 · 자본주의 · 지주제를 타도하는 사회주의적 민족혁명과 결합시키는 체계적이고 구체적인 강령을 제시하였다. 또한 농민운동과 노동운동을 구별하고, 그 각각을 차별적으로 발전시키면서 노농동맹을 형성하는 합리적 방안도 제시하였다. 이를 계기로 농민·노동운동은 민중의 일상 이익을 민족해방운동으로 발전시켜 갔고, 조선노농총동맹이 조선농민총동맹과 조선노동총동맹으로 분리되면서 양자를 결합하는 협조기관도 만들어졌다.

농민·노동운동이 이와 같이 발전해 가자 일제는 이에 대한 탄압을 강화하면서 1925년 〈치안유지법〉을 조선에도 적용하였고, 1926년에는 〈폭력행위 등 처벌에 관한 법률〉을 제정하였다. 〈치안유지법〉은 사회주의적 혁명운동과 민족운동을 탄압하는 법률이었고, 〈폭력행위 등 처벌에 관한 법률〉은 농민·노동운동의 조직적인 실력행사를 금지하는 법률이었다. 일제는 지주·자본가들과 유기적인 연락망을 구축하고 이들 법률을 앞세워 농민·노동운동을 탄압하였다. 특히 일제는 1928년 이후 제3, 4차 조선공산당 검거사건을 일으키고 이와 연관된 농민·노동운동조직을 폭력적으로 해체시켜 갔다.

이러한 탄압에도 농민·노동운동은 1920년대 후반 양적·질적으로 발전하였다. 농민운동에서는 소작쟁의가 지속되어 1925년에 204건이던 쟁의건수가 1930년에는 726건으로 증가하였다. 또한 지도부의 구속에도 불구하고 조직을 유지하는 대규모 농민조직도 다수 출현하였고, 많은 지역에서 소작조합을 농민조합으로 재편하는 조직발전이 이루어졌다. 소작조합은 소작조건의 개선을 목표로 한 제한된 조직이었음에 견주어 농민조합은 소작문제를 비롯해 식민지 지배정책으로 말미암아 발생하는 전반적인 농업문제의 해결을 과제로 삼는 광범위한 농민운동조직이었다. 노동운동도 이 시기에 제3, 4차의 조선공산당 사건과 관련해 큰 탄압을 받았지만 1929년 원산총파업을 일으키는 등 전진을 계속하였다. 조선노동총동맹은 이 시기에 특히 일제와 자본가의 탄압에 대항하는 방안으로 지역별 · 산업별 노동조합연합체를 만드는 활동에 힘을 쏟았다.

일제하 농민 · 노동운동은 1930년대 초반 혁명적 농민조합 · 노동조합운동으로 발전하였다. 1929년 세계대공황이 발생하자 그 피해로 농민과 노동자의 생활은 극도로 빈곤해졌다. 이로 말미암아 소작쟁의와 노동쟁의가 폭발하는 등 농민 · 노동자들의 투쟁의식이 고양되는 가운데 코민테른은 새로운 전술로 혁명적인 농민조합 · 노동조합운동을 제시하였다. 혁명적 농민조합 · 노동조합운동은 선진적인 농민 · 노동자를 중심으로 대중투쟁 조직을 만들고 이를 통해 경제투쟁과 정치투쟁, 합법투쟁과 비합법투쟁을 결합한 혁명투쟁을 발전시키면서 공산당을 재건할 조직적 기초를 확보하는 민족혁명운동이었다.

이 지침에 따라 전국에서 혁명적인 농민조합 · 노동조합을 조직하는 운동이 활발히 전개되었다. 혁명적 농민조합운동은 전국 220개 군 · 도 가운데 80여 개에서 전개되었고, 이에 연루되어 검거된 농민만 2만여 명에 이르렀다. 혁명적 농민조합운동은 특히 함경남북도와 강원도, 전라남도에서 활발히 전개되었다. 혁명적 노동조합운동 또한 1931년부터 5년 동안에 관련사건만 70여 건이 발생하고 연루자가 1,759명에 이를 정도로 활발히 전개되었다. 혁명적 노동조합운동의 중심지는 함흥 · 청진 · 원산 · 서울 · 평양 · 신의주 · 부산 · 마산 · 여수 · 목포 · 광주 등 공업도시였다.

혁명적 농민조합 · 노동조합운동이 전개되자 일제는 연루자를 무차별적으로 검거하고 고문하는 등 물리적 탄압을 자행하였다. 또한 농촌진흥운동을 실시해 더욱 치밀한 농민통제망을 구축하고 황국신민정신을 주입시키는 활동을 강화하였다. 이와 연관해 농민운동의 진원이었던 집단적 소작쟁의를 봉쇄하기 위해 '조선농지령'과 '조선소작쟁의조정령'도 제정하였다. 이 법령들은 집단적 소작쟁의를 제도화한 개별 분쟁으로 전환시켰다. 나아가 일제는 열강이 보호무역의 장벽을 높이자 중일전쟁을 도발하면서 천황제 파시즘체제를 구축하고 '조선사상범 예방구금령'을 제정하는 등 전쟁총동원체제를 강화해 갔다. 이러한 탄압으로 혁명적 농민조합 · 노동조합운동은 대부분 파괴되었고, 그 운동가들도 전부 구금되어 활동이 중지되었다. 그러나 이러한 상태에서도 민중들은 농지령을 이용한 개별 합법투쟁을 광범히 전개하였고, 일부에서였지만 비합법 혁명투쟁도 계속되었다.

맺음말

일제 강점기에 한국사회는 근대사회로 이행하고 있었다. 그 이행은 일제에 의해 강제된 식민지 근대화였다. 식민지 근대화가 확대되면서 농 · 림 · 수산업과 공업 · 광업 · 운송업 · 금융업 등등 산업 각 분야에서 근대적인 상품경제 체제가 수립되고, 자본제적 기업이 발달하였다. 그러나 식민지 근대화가 확대될수록 농민 · 노동자 등 기층 민중의 사회경제적 처지는 도리어 격하하고 빈궁해졌으며, 이들의 인권과 생존권도 유린되고 부정되어 갔다. 이러한 모순은 일제의 식민지 근대화가 애초 농민 · 노동자 등 한국의 기층 민중을 자본축적의 도구로 전락시키는 방식으로 추진되었기 때문에 초래되었다.

이로 말미암아 일제 강점기에는 식민지 근대화에 저항하는 농민 · 노동운동이 급속히 확대되고 발전하였다. 농민 · 노동운동은 소작조건이나 노동조건의 개선을 목표로 한 경제운동에서 시작되어 경제투쟁과 정치투쟁을, 합법투쟁과 비합법투쟁을 결합한 혁명적 농민조합 · 노동조합운동으로까지 발전하였다. 이렇게 발전한 농민 · 노동운동은 전시체제가 구축되었던 일제 말기에 비록 가혹한 탄압으로 일시 중단되고 잠복상태에 들어갔지만 그 혁명적 에너지까지 상실한 것은 결코 아니었다.

농민 · 노동운동은 8 · 15해방을 맞아 일거에 소생하였다. 일제하 민족해방운동을 통해 응축해 왔던 농민 · 노동운동의 에너지는 해방공간에서 자주적인 민주국가를 수립하는 역량으로 발휘되었다. 해방공간에서 가장 중요한 역사적 과제는 자주적인 민주국가를 수립하는 것이었고, 이를 위해 우선적으로 요구되는 것이 식민지 근대화를 청산하는 일이었다. 국가 주권과 인권을 유린하였던 여러가지 식민지 법제의 철폐, 종속적인 산업구조의 타파와 토지개혁, 교육 · 언론 · 예술 등 문화분야에서 식민지 잔재의 청산 등이 그것이었다. 8 · 15 해방 이후 이러한 과제들을 해결할 수 있게 이끌었던 힘은 일제강점기에 민족해방투쟁으로 발전하였던 농민 · 노동운동으로부터 나왔다.

■ 참고문헌

김용섭, 《한국근현대농업사연구》, 일조각, 1992.

梶村秀樹 외, 《한국근대경제사연구》, 사계절, 1983.

강만길, 《일제시대 빈민생활사 연구》, 창작과비평사, 1987.

허수열, 《개발 없는 개발 - 일제하 조선경제 개발의 현상과 본질》, 은행나무, 2005.

조동걸, 《일제하 한국농민운동사》, 한길사, 1979.

장시원 외, 《한국 근대 농촌사회와 농민운동》, 열음사, 1988.

김경일, 《일제하 노동운동사》, 창작과비평사, 1992.

지수걸, 《일제하 농민조합운동연구》, 역사비평사, 1993.

최원규 편, 《일제말기 파시즘과 한국사회》, 청아출판사, 1987.

방기중 편, 《일제 파시즘 지배정책과 민중생활》, 혜안, 2004.

사회 교육 환경과 여성운동, 학생운동

이송희(신라대 사학과)

머리말

1910년 일제의 강압적인 합병으로 한국민들은 아직 봉건적 모순에서 벗어나지 못한 채, 또한 식민지적 모순에 직면하여 중첩적인 억압 속에서 살아야만 했다. 따라서 민족해방운동의 전개 과정에서 각계 각층의 한국인들은 민족의 해방과 더불어 자신들의 현실적인 문제를 해결하고자 하였다. 그리하여 1920년대 이후 민족해방운동 과정에서 노동·농민·청년·학생·여성·형평운동 등 각기 부문 운동들은 자신들이 안고 있는 현실적 모순을 깨고자 하면서 민족해방 운동의 주체로 떠올랐다.

이러한 부문 운동이 1920년대 들어서면서 본격적으로 전개될 수 있었던 것은 무엇보다도 3·1운동이라는 거대한 민족대연합전선이 그 중요한 빌미가 되었다. 3·1운동은 그 시발에서 학생들의 힘이 크게 작용하였고, 그 전개과정에서 여성 등 일반 민중들의 참여가 증가하였다. 이때 학생 · 여성 그리고 억압받고 있었던 다양한 민중들은 자신들의 역량을 인식하게 되었고, 이를 계기로 자신들만의 조직화를 꾀하고 운동을 전개해 나가기 시작하였다.

또한 이러한 민중운동의 활성화에 불을 지펴 준 것이 사회주의 사상의 수용과 그 운동이었다. 1920년대 초까지도 민족운동은 부르주아 운동의 차원에 머물러 있었는데, 사회주의 사상의 수용으로 1920년대에 들어서면서 민중적 차원으로 전개되어 가기 시작하였다. 사회주의 사상은 민족 · 계급 해방을 동시에 주창하면서 당시 봉건성과 식민성이 혼재된 식민지의 어려운 상황에서 살고 있던 민중들에게 큰 힘이 되었고 운동의 정신적 기반이 되었다.

먼저 이 글에서는 사회 교육 환경을 보고, 학계의 연구 성과에 바탕을 두고 여성운동과 학생 운동의 전개 과정을 보고자 한다.

1. 일제 하의 사회 교육 환경

1) 여성들의 사회경제적 조건

일제의 식민지 이윤 축구를 위한 산업화 추진으로 많은 사람들이 농촌에서 도시로 이주하기 시작하였고, 이에 따라 여성의 경제활동에도 변화가 일어났다. 빈농의 아내와 딸들은 가족의 생존을 위해 노동의 현장에 나오게 되었고, 이로써 여성들이 농업 이외의 경제활동에 서서히 나서게 되었다. 특히 상업인구 가운데 여성이 차지하는 비중이 40퍼센트로서, 이는 농촌에서 유출된 많은 여성들이 상업과 서비스부문으로 흡수되었기 때문이다. 여성들의 상업부문 종사를 보면 접객업 · 노점상 · 행상 등의 직종으로 진출이 두드러졌다. 공업부문의 경우, 양적인 규모에서는 매우 적었으나 직종비는 1920년 34.26퍼센트, 1930

년 33.4퍼센트로 높았다. 이는 식민지 시기 산업구조가 주로 여성들의 저임을 바탕으로 한 방직 · 정미 등의 공업을 중심으로 발달하였기 때문이다. 이 밖에 극소수이지만 교사 · 사무직 · 의사 · 간호사 등의 전문직 및 사무직 분야와 버스여차장 · 자동차 운전사 등 운수교통업 분야에도 진출하였다.

식민지적 사회 구조 속에서, 이렇게 여성들의 새로운 활동이 시작되었지만, 그들은 저임을 바탕으로 하는 업종에서 불안정한 형태로 노동력을 착취당하였다. 특히 당시 여성들은 조혼으로 말미암아 기혼여성으로서 노동시장에 참여하고 있었다. 이제 여성들에 대한 억압은 봉건적 · 가부장적 착취의 장치가 온존된 위에 자본주의라는 또 하나의 장치가 첨가되었던 것이다.

또한 일제는 '근대적 법의 체계화' 라는 이름으로 한국의 관습적인 봉건적 조건들을 명문화하고 거기에 일본의 봉건적 조건들을 첨가하였다. 그리고 호주제도를 근간으로 하는 가(家)제도의 도입으로써 한국민족의 동화를 꾀하였다. 나아가 일본 민법을 적용하였는데, 이는 강력한 가부장권과 남녀불평등을 특징으로 하고 있으며, 특히 일본 민법에 규정되었던 처의 무능력제도를 조선에 그대로 적용하였다. 이러한 일련의 조처들은 여성들의 위치를 열악하게 하였다.

한편 여성에 대한 식민지교육이 시작되었다. 그러나 한국여성들의 교육혜택은 미미한 것이었다. 1930년대 이후 일제가 전쟁을 수월하게 수행하고자 취학률을 높인 1935년에 가서도 전국 아동의 취학률은 25.8퍼센트인데 도시 여아는 43.4퍼센트(도시 남아 79.8퍼센트), 농촌 여아는 9.1퍼센트(농촌 남아 38.3퍼센트) 정도였다. 일제가 여성정책을 펴 나가며 목표로 삼은 여성상은 식민통치에 순응하고 가부장적 사회체제에 적합한 여성이었다. 일제는 이러한 여성을 양처현모주의 교육으로 양성하려고 하였다.

1920년대 이후 식민지 한국의 일부 여성들이 일정한 여성교육의 보급 속에서 바뀌어 갔다. 이들은 1920년대에 등장한 신여성들로서 일부는 당시 세계를 휩쓴 여성해방론을 받아들여 주창하였다. 이에 따라 남녀에 관한 종래의 사회적 인식은 조금씩 흔들렸고 여성의 생활양상은 차츰 변화하였다.

이처럼 식민지 아래 여성들의 삶은 봉건적 가부장제, 일제 식민지, 자본주의의 세 요소가 결합한 복잡한 구조 속에서 펼쳐졌다.

2) 학생들의 교육적 여건

일제는 1910년 한국을 식민지로 아우른 뒤, 1911년 조선교육령을 발포하여 1905년 이후 통제해 왔던 한국인 교육을 본격적인 식민지교육으로 바꾸었다. 이후 1922년, 1938년, 1943년에 걸친 단계적인 조선교육령은 한국인의 정체성을 말살시키고 한국인을 우민화·황민화하는 일련의 이데올로기화 정책이었다.

이러한 가운데 한국인들은 일제의 교육령에 따라서 교육을 받아야 했는데, 교육정책은 기본적으로 일본인 교육정책과는 다른 형식과 내용을 가진 것이었다. 곧 일본인의 경우 초등교육이 심상소학교, 고등소학교로 교육연한이 6년에서 8년에 걸친 과정이었던 것에 견주어 한국인은 주로 4년의 보통학교 교육으로 채워졌다. 중등교육도 일본인은 남자중학교와 고등여학교의 교육연한이 5년 또는 4년이었던 것에 견주어 한국인들은 고등보통학교와 여자고등보통학교의 교육연한이 4년과 3년이었다. 때문에 한국인의 경우 상급학교 진학이 어려웠고, 한국 안에서 전문대학에 진학을 하거나 외국 유학을 하더라도 따로 그 부족한 연한을 채워야만 했다.

1922년 교육령은 교육제도의 차별을 완화하였지만 여전히 일본어와 조선어를 사용하는 학교를 따로 구별하여 교육을 하였다. 그리고 고등교육기관인 대학 등 상급학교 설립을 철저히 막았기 때문에 한국인들은 기본적으로 차별적 조건에서 교육을 받을 수밖에 없었다.

그리고 일제는 근대문화의 보급과 민족의식의 고취에 일정하게 기여해 온 민족학교를 탄압하고, 이들을 식민지 교육체계로 편입하려 하였다. 1908년 3천여 개에 이르렀던 사립학교가 1919년에는 690여 개 밖에 남지 않았다.

일제는 식민지 교육체계를 보통교육 · 실업교육 · 전문교육으로 정비하여 일본으로부터 많은 교사들을 불러들이는 한편, 전조선 각지에 있던 사립학교를 공립보통학교로 개편하여 공교육 이름으로 교육기구를 독점했다. 또한 보통학교에서는 보통교육보다는 농업 등의 실업교육을 중시했다.

나아가 일제는 1931년 만주침략과 1937년 중일 전쟁 이후의 제3차 조선교육령에서는 황국신민 양성을 목적으로 조선어를 못 쓰게 하고 모두 일본어로 교육하도록 하였다. 그리고 교육의 내용은 전쟁을 준비하는 내용으로 바꾸기 시작하여 1943년 제4차 교육령에서는 전쟁 수행에 필요한 인적 물적 자원을 충족하고자, 중등학교 이상의 수업연한을 단축하고 이공 계통의 학교를 확충하였다.

2. 여성 · 학생운동의 전개

1) 여성운동의 전개

여성운동에 관한 연구는 1970년대부터 활발히 진행되었는데, 초기 연구에서는 여성운동을 민족운동의 범위 안에서 이해하고자 하였고, 그리하여 항일운동과 교육운동과 관련한 연구들이 많이 나왔다. 그리고 기독교 여성들의 희생이 많이 강조되었다.

그러다가 1980년대부터 사회의 민주화운동 속에서 진보적 여성운동이 등장하고, 한국여성학이 발전하면서 식민지시대 여성운동이 본격적으로 연구되었다. 연구자들은 여성운동을 민족운동 속에서 파악하는 것이 아니라 민족 · 성 · 계급으로 풀어내고자 하고, 여성운동을 여성해방운동으로 보고자 하였다. 이 글은 대체로 근래의 연구 성과를 정리한 것이다.

식민지 아래 여성의 삶은 전근대적 봉건적 모순이 그대로 지속된 위에 자본주의적 억압이 첨가되었다. 민족 · 성 · 계급의 문제가 부각될 수밖에 없었다. 따라서 여성운동은 이 세 가지의 문제에 주안점을 두었는데, 운동주체와 시기에 따라 그 강조점이 달라졌다.

먼저 1910년대의 운동을 보면, 이때는 여성운동이 독자적 위치를 확보하지 못하고 민족독립운동에 포함되어 전개되었다. 여성들의 비밀결사단체였던 송죽회는 평양 숭의학교 학생 교사 등을 중심으로 조직되었는데 군자금을 모아 국외의 독립운동단체를 돕고 투옥된 독립인사 가족을 돌보아 주는 일을 하였다. 전국에 그 비밀조직을 확대한 것으로 보인다. 3 · 1운동 때 여성들은 그 역량을 크게 발휘하였는데, 이는 여성교육의 증가와 기존의 비밀결사 조직에 힘입은 바가 컸다. 3 · 1운동에서는 특히 당시 여교사 · 여학생 등 여성 지식층이 전면에 나서서 운동을 주도하였으며, 선언문을 인쇄, 배포하여 운동을 전국적으로 확산시키는 데 선도적 구실을 하였다. 더욱이 3 · 1운동의 전개과정에서 대한민국애국부인회 · 대한애국부인회 등 비밀단체가 곳곳에서 결성되었다. 그리고 민중여성들이 대거 참여해 여성들의 역량을 드러냈다.

이렇게 당시의 여성들은 운동을 위한 독자적 조직을 만들어 활동하였지만 식민지 구조 속의 여성문제를 따로 끌어내지는 않고 민족의 독립을 최고의 목표로 내세웠다. 이러한 여성들의 독자적 활동은 임시정부헌장에 '남녀평등' 이라는 조항을 명문화하도록 하였다.

1920년대 들어서면서 여성운동은 새로운 도약을 하게 되었다. 민중여성의 성장, 교육의 보급, 출판물의 증가, 서구 여권주의 사상의 수용에 따른 신여성의 등장과 사회주의 사상의 수용 속에서 여성운동이 활성화하고 다변화하였으며, 크게 민족주의 계열과 사회주의 계열의 운동으로 나뉘게 되었다.

20년대 초 여성운동은 3 · 1운동의 경험을 바탕으로 특히 그동안 교육받은 신여성이 중심이 되어 초보적인 의식계몽활동을 통해 그 대중적인 기반을 마련하는 데 주력하였다. 그리하여 1920년 한 해에만 30여 개의 여성단체가 조직되었으며, 1923년까지 존재했던 여성단체 수는 130개가 넘었다. 이때 설립된 단체들은 여자청년회 · 기독여자청년회 · 부인회 등으로 주된 사업 내용은 야학의 설치, 강연회 · 토론회의 개최 등이었다. 이러한 민족주의계열의 여성운동은 1923년을 절정으로 이후 별다른 진전을 보지 못하였다.

이즈음 당시 사회주의사상의 풍미와도 관련하여 1924년 무산여성의 해방을 내세운 여성단체 조선여성동우회가 등장하였다. 여성동우회는 여성운동의 방향을 "여성해방운동은 무산계급 해방운동과 같은 것으로, 현재의 제국주의 경제조직을 새로운 경제조직으로 변혁하는 운동이 아니면 안 된다"고 제시하였다. 1925년에는 경성여자청년동맹 · 경성여자청년회 등이 설립되었고 지방에도 비슷한 성격을 지닌 조직들이 설립되었다. 그러나 이러한 사회주의계열의 여성단체들 또한 다수를 차지하는 농촌여성들의 문제에 실천적으로 눈을 돌리지 못하였으며, 아직 주체적 역량이 미약했고, 식민지 조선사회의 특수성을 충분히 인식하지 못한 상태에서 사회주의사상을 급격히 받아들였기에 조직적 대립 · 분열 등 많은 한계를 드러냈다.

이런 가운데 여성단체들은 여성운동 통일에 대한 의견을 교환하다가 중앙여자청년동맹의 결성을 거쳐 1927년 5월 근우회의 창립으로 발전하였다. 민족주의계열은 이념과 지도력의 부재로 침체상태에 빠져 있었던 상황의 돌파구로서, 사회주의진영은 조선 여성의 특수성에 맞는 독자적인 여성해방운동을 모색하고자 협동전선론을 받아들여 근우회를 결성하게 되었다. 곧 봉건적 억압의 타파문제와 반봉건의 문제에 시선을 돌리지 않을 수 없었고 여성들만의 대중조직을 따로 만들어 여성대중을 각성시키고 그리하여 여성대중을 반제 · 반봉건의 협동전선운동에 묶어 세울 필요가 있었던 것이다.

1929년 근우회의 행동강령을 보면 1)교육에서의 성적 차별 철폐와 여자의 보통교육 확장 2)여성에 대한 사회적 · 법적 · 정치적 · 차별철폐 3)일체 봉건적 인습과 미신 타파 4)조혼폐지와 결혼 · 이혼의 자유 5)인신매매와 공창 폐지 6)농민부인의 경제적 이익 옹호 7)부인노동자의 임금차별 철폐와 산전 4주간 산후 6주간의 휴양과 그에 따른 임금지불 8)부인과 소년노동자의 위험노동 및 야업폐지 9)언론 · 출판 · 결사의 자유 10)노동자 농민 의료기관과 탁아소 제정 확립 등이었다.

근우회는 처음 민족주의계와 사회주의계에 의해 주도되었는데, 1928년 이후 사회주의 진영이 압도적인 위상을 갖게 되었다. 1930년까지 60개의 지회가 설립되었고 회원 수는 6천 명에 이르렀다. 근우회 활동은 초기에는 조직정비 · 선전 · 계몽활동에 주력하였고, 활동이 본궤도에 오른 다음에는 구체적인 여성의 요구를 제시함으로써 미조직 여성의 조직과 여성운동의 방향을 선도하였다. 곧 지방 순회강연, 《근우》 발간 등의 사업을 하였고 지회에서는 야학을 설치하고 부인강좌를 개설하였으며, 노동여성과 농민여성의 조직화에 노력하여 노농부 등을 설치하였다.

그러나 서울여학생 시위를 계기로 사회주의계 인물들이 대거 검거되고 망명하면서, 근우회 중앙회가 우경화하여 갔고, 이에 해소론이 등장하여 1931년 해소되기에 이르렀다. 이 해소는 민중여성운동을 감당하지 못한 근우회에 대한 질책에서 나온 것이었다.

한편 1920년대 각기 부문운동이 활성화하여 가고 있었던 상황에서, 노동운동 안에서 여성노동자들이 민족적 · 계급적 문제와 성차별문제를 인식하고, 1920년대 후반에는 조직적이고 완강한 파업을 전개하였다. 그러나 노동단체 안에 여성부가 만들어진 곳은 거의 없었다. 농민운동에서도 여성농민들이 각성하기 시작하였고, 1924년 이후 여성단체 · 농민단체 · 청년단체 등에 소속되어 운동 역량을 키워 나갔다.

이러한 활동을 기반으로 1930년대 여성노동운동과 여성농민운동이 활발히 전개되었다. 여성노동자들은 파업을 적극적으로 주도하고 여성노동자의 특수 요구를 주장하는 데까지 이르렀다. 여성농민들은 농민조합의 부녀부나 여성부를 통하여 여성문제를 제기하고 운동을 전개하였다. 이 같은 민중 여성들의 등장과 활동은 한국 여성운동이 한 단계 올라갈 수 있는 조건을 마련해 주었다.

2) 학생운동의 전개

일제 하 학생운동에 관한 연구는 초기에는 주로 민족주의 계열의 운동 범주에서 이루어져 왔다. 그러다 1970년대 학생운동의 활성화와 1980년대 사회민주화운동이 활성화되면서 하나의 부문운동으로 연구되기 시작하였고 근래에는 일제하 사회주의 운동과의 연관 속에서 사회주의 계열의 학생운동에 관한 연구들이 활발히 이루어지고 있다.

일제 시기 학생운동은 그 기조를 식민지 모순을 풀어내는 민족의 해방에 두면서, 또 한편으로 사회변혁을 꾀하고자 하였다. 학생운동은 학생층이 형성된 근대 이후부터 시작되었다고 하겠으나 그 본격적 전개는 일제 식민지 시기부터였다.

1910년대의 학생운동을 보면, 3 · 1운동 이전의 시기에는 반일 의지로 뭉친 비밀결사의 활동이 있었고, 연설회 · 체육회 · 연합운동회 등 합법적 활동이 있었다. 그리고 이러한 활동을 바탕으로 3 · 1운동에서 학생들은 자신들의 역량을 발휘했다. 곧 독자적인 대중시위운동을 준비하여 선언서의 배포와 학생들의 동원 등에 주력하였고, 각 지역에서 3 · 1운동 확산의 주역을 맡았다. 이러한 활동은 학생운동의 대중화를 이끌어 냈고, 이후 민족해방운동의 주체로서 활동할 수 있는 기틀을 마련하여 주었다.

1920년대 학생운동은 전반기에는 부르주아 민족주의 운동의 테두리에서 전개되다가, 중반 이후부터 사회주의 사상단체의 지도 아래 설립된 학생단체가 학생운동의 지도세력으로 떠오르는 변화를 겪었다.

1920년 5월, 경성의 중등학생 이상의 학생 800명이 조선학생대회를 창립하여 학생들의 민족의식을 고취시키고 새로운 학문에 대한 교화와 민중계몽운동을 폈다. 1923년 2월에는 전문학교 학생만의 조선학생회가 결성되었다. 그리고 1924년 "우리 학생계의 사상을 통일하는 동시에 지식을 서로 교환하며 친목을 도와 우리의 무거운 책임을 다하자"는 취지로 조선학생 총연합회가 창립되었으나 이 역시 개량주의적 성격을 벗어나지 못하였다.

한편 사회주의 계열(북풍회)의 학생 60명은 고려공산동맹의 지도 아래 기성 학생단체인 조선학생회와 비슷한 단체를 일축하고 '사회과학의 연구, 민중 본위의 교육'을 강령으로 하는 조선공학회를 조직하였다. 이는 학생들 최초의 사회주의 사상단체로, 사상적 전환을 가져다 주었다.

이후 1925년 9월에 설립된 조선학생과학연구회는 6.10만세운동을 주도하였고, 1928년 이후에는 학술강연 활동을 펼쳐 사회주의 사상 보급에 앞장서고 대중계몽을 하였으며, 동맹휴학 등에 적극 관여하였다.

이러한 운동 세력의 변화 속에서 1920년대 학생운동의 두드러진 성과는 6 · 10만세 운동을 주도하였다는 것이다. 1926년 순종의 죽음을 계기로 조선학생과학연구회와 중앙고보생 등의 학생단체가 중심이 되어 대중시위를 계획하였는데, 사회주의적 주장을 강하게 드러낸 대중운동이었다.

그리고 1929년 11월 3일 광주학생운동은 학생운동사상 가장 대표적인 것이었다. 이는 1920년대 전국 각급 학교에서 조직된 독서회 등의 비밀조직을 통한 학생들의 민족해방의식 성장의 결과였다. 전국에서 일어난 학생운동의 구호는 '식민지 노예교육의 철폐, 조선독립만세였으며, 구체적으로 조선 역사의 교수, 조선어의 교수, 관료적인 교사와 무자격 교사의 배격, 언론 · 출판 · 집회의 자유 보장, 치안유지법 폐지' 등이었다.

그러다 학생운동은 광주학생운동을 기점으로 변화를 보이기 시작하였다. 〈12월 테제〉로 말미암은 방향전환 과정에서 철저히 노동계급에 바탕을 둔 민족해방운동이 강조되면서 민족해방운동에서 학생층의 구실이 재평가되었다. 곧 학생층도 일부를 제외하고는 모두 운동과정에서 탈락할 수 밖에 없는 계층이라는 것이 주장되었고, 이러한 인식이 차츰 일반화하였다.

따라서 학생운동은 학생 대중의 이해와 요구를 수렴하면서 이를 결집시켜 가는 운동이 아니라 소수정예를 중심으로 비밀결사를 만들고 주로 사상학습 등을 해 나가면서 운동가로서의 자질을 함양하고 다른 부문, 주로 노농운동에 투신하는 형태로 재정립되었던 것이다.

자연히 1930년대의 학생운동의 양상은 동맹휴교는 줄어들고 소수 중심의 비밀결사 쪽으로 옮겨 가게 되어 더 이상 대중운동으로 전개되지 못하였다. 그나마 1920년대에는 맹휴를 통하여 사회주의계와 민족주의계가 하나가 되어 학생운동을 전개하였으나, 1930년대에는 소수정예를 중심으로 운동을 전개하였기에 비밀결사 등의 방법을 택하였다. 비밀결사운동은 독서회와 반제동맹으로 나누어 전개되었다.

한편 민족주의계열의 학생들은 당시 언론기관이나 종교단체에서 전개한 합법적인 계몽운동에 참여하는 방식으로 계몽활동을 하였다. 조선일보가 펼친 문자보급운동과 동아일보가 앞장선 브나로드운동에 참여하는 것이 주된 활동이었다. 그러나 학생들은 이 기관들과 완전히 뜻을 같이한 것은 아니었다. 다시 말해 학생들은 이 운동을 민족운동의 마당으로 생각하고 농민들에게 민족의식을 고취하려고 노력하였던 것이다. 때문에 일제가 금지하여 이마저도 중지할 수밖에 없었다.

1937년 일제가 중국과 벌인 전쟁, 1938년 제3차 교육령, 태평양전쟁의 시작, 1943년 제4차 교육령 등 일련의 황민화 정책의 수행 속에서 교육현장의 병영화가 뚜렷하게 드러나자, 학생들은 군국 파쇼 일제에 대항하여 황민화교육 반대, 식민지정책 반대, 근로동원 반대, 학병 거부 등을 주장하며 투쟁하였다. 그리고 학생운동은 군사훈련반대 시위, 무력항쟁 기도운동 등으로 전개되었다.

맺음말

이러한 부문 운동은 국내 민족해방운동의 큰 축을 이루면서 여성과 학생들의 역량을 크게 축적시켜 주어서 1945년 해방을 맞이했을 때 이들이 해방공간에서 민족의 문제를 활발히 제기하고 활동할 수 있도록 하였다. 그리고 여성들과 학생들이 이후 한국 사회의 민주화를 위해 헌신할 수 있는 기초를 쌓아 주었다. 1980년대 한국 사회의 사회민주화운동이 활발히 전개되면서 각 부문운동이 활성화 하였으며, 여성과 학생은 활동의 중심에서 그 구실을 다하였다.

여성운동에 관한 연구는 1980 · 90년대에 활발히 이루어지다가

2000년대에 들어서는 미미한 편이다. 그것은 현실적으로 한국의 여성운동이 어느 정도의 성과를 거두면서 여성운동이 체제 속의 운동으로 바뀐 것과 관련된다. 하지만 현대여성들의 문제가 완전히 해결된 것은 아니고 소홀히 할 수 있는 것은 더더욱 아니다.

일제 하 여성운동은 현재의 한국 여성운동을 점검하는 데도 그 모델이 될 수 있는 것으로 여전히 많은 연구가 필요하다. 기존의 시각이 아닌 또 다른 시각에서 연구가 이루어질 수 있을 것이다.

학생운동은 1980년대 학생운동이 활성화하였을 때 많은 연구가 이루어졌으나 1990년대 중반 이후에는 그 연구 성과가 많지 않다. 그 이유는 학생층이 광범위하고 그 활동이 다양했기 때문에, 대체로 그 활동이 다른 부문 운동 속에 포함되면서 학생부문운동은 오히려 잘 드러내지 못하는 점도 있다고 본다.

그리고 과거 민족주의적 시각에서 학생운동에 관한 전체적 조망이 있었지만 아직 그 이후 많은 성과를 총망라하는 일제하 학생운동에 관한 전체적 조명은 이루어지지 못하고 있는 실정이다. 앞으로는 일제시기에 많은 부분에서 빠져 있는 지역 연구가 있어야 할 것이고, 여전히 많은 연구가 필요한 1930년대와 1940년대에 대한 연구들이 축적되어야 할 것이다.

■ 참고문헌

여성운동

박용옥, 《한국근대여성운동사 연구》, 한국정신문화연구원, 1984.

———, 《한국여성근대화의 역사적 맥락》, 지식산업사, 2001.

이효재, 《한국의 여성운동—어제와 오늘》, 정우사, 1989.

이효재, 〈여성운동〉, 《한민족독립운동사》 2, 국사편찬위원회, 1987.

한국여성연구회 여성사분과 편, 《한국여성사―근대편》, 풀빛, 1992.

남화숙, 〈1920년대 여성운동에서의 협동전선론과 근우회〉, 서울대 석사논문, 1989.

박혜란, 〈1920년대 사회주의여성운동의 조직과 활동〉, 이화여대 석사논문, 1993.

송연옥, 〈1920年代朝鮮女性運動とその思想〉, 飯沼二郎・美在彦 編, 《近代朝鮮の社會と思想》, 미래사, 1981 ; 〈1920년대 조선여성운동과 그 사상―근우회를 중심으로〉, 《1930년대 민족해방운동》, 거름, 1984(번역수록).

박현옥, 〈민주 항일 무장투쟁하에서의 여성해방정책과 농민여성〉, 《아시아 문화》 9, 한림대 아시아문화연구소, 1993.

이송희, 〈일제하 부산지역의 여성단체에 관한 연구―1920년대를 중심으로〉, 《국사관논총》 83, 1999.

이배용, 〈일제시기 여성운동의 연구성과와 과제〉, 《한국사론》 26, 국사편찬위원회, 1996.

학생운동

정세현, 《항일 학생민족운동사 연구》, 일지사, 1975.

조동걸, 〈한국근대 학생운동조직의 성격 변화〉, 《한국 민족주의의 발전과 독립운동사 연구》, 지식산업사, 1993

김호일, 〈일제하 학생단체의 조직과 활동〉, 《일제하 식민지 시대의 민족운동》, 풀빛, 1981.

―――, 〈1930년대 항일 학생운동의 연구〉, 《한국독립운동사연구》 3, 한국독립운동사연구소, 1989.

―――, 〈일제하 항일학생운동의 재조명〉, 《항일학생운동의 재조명》, 경성대 한국학연구소, 2000.

홍석률, 〈1940-45년 학생운동의 성격변화〉, 《한국사론》 24, 서울대, 1991.

―――, 〈일제하 청년학생운동〉, 《한국사》 15, 한길사, 1994.

김석희, 〈일제 말기 부산의 항일운동〉, 《부산학생항일의거의 재조명》, 부산학생항일의거기념논집 편찬위원회, 1992.

강대민, 《부산지역 학생운동사》, 국학자료원, 2003.

근대 이행기 농촌사회 변동과 지방 유력자층의 정치·사회활동

지수걸(공주대 역사교육과)

머리말

일제 하의 조선사회는 농업이 주산업인 농업사회였다. 그러므로 조선 사회의 성격을 논할 때는, 마땅히 농촌사회의 변모를 주목해야 한다. 그동안 많은 연구자들이 조선총독부의 농업·농민·농촌 관련 정책이나 농민운동의 전개 등에 많은 관심은 기울여 온 것도 다 이런 이유 때문이라 할 수 있다. 이 글의 주제와 관련해 볼 때 주목되는 점은, 강점 이후 일제의 지방지배정책이 본격화하면서 지방 수령, 사족, 향리 등이 주도해온 군현제 질서가 해체되면서, 총독부 관료와 지방 유지 집단이 주도하는 '관료-유지 지배체제'가 형성되었다는 사실, 일제 시기에도 지방사회 내부에서 국가자원(공공재)의 배분이나 지역개발 문제 등을 둘러싸고 다양한 지방(지역) 정치활동이 전개되고 있었다는 사실 등이 여러 논저들에 의해 밝혀졌다는 것이다.

하지만 최근의 여러 논저들에서, 기존의 연구들이 식민지 지배정책의 억압성과 수탈성, 또는 민중운동의 민족성이나 계급성만을 이항대립적으로 강조함으로써, '식민지 인식의 회색지대만을 양산하고 있을 뿐' 이라는 비판 등이 제기된 바 있는데, 그 가운데서도, 첫째, 조선의 농촌사회에서 발생한 모든 정치사회적 갈등을 '총독부 권력' 과 식민지 민중' 사이의 대립관계로 단순화했다는 지적, 둘째, 지방통제체제나 정치과정 자체의 억압성이나 수탈성 이외에 '식민지 근대성' 이나 '공공성' 을 무시하거나 간과했다는 지적, 셋째, 조선의 농촌사회 내부에도 농촌엘리트나 각급 학교 등 다양한 '매개' 들을 통해서 근대 권력이나 식민 권력의 '헤게모니적 지배' (합의에 기초한 지배)가 관철되고 있었다는 지적 등은 이 글의 주제와 관련해서도 특별히 주목되는 대목이다

일제시기 지방지배체제나 지방유력자(지방유지와 혁신청년)층의 정치사회활동이 갖는 역사적 의미를 이해하려면 첫째, '식민지 근대' 의 전개와 더불어 형성된 지방사회 내부의 다양한 계급 · 계층의 존재 양태, 둘째, 이들과 총독부 권력의 힘 관계 변화에 따라 형성 · 발전된 지방지배체제나 정치구조(지형)의 특성, 셋째, 이같은 지배체제나 정치구조 속에서 발생한 다양한 정치적 사건의 의미 등을 구체적으로 구명하려는 노력을 계속해야 한다. 아래에서는 이와 관련한 최근의 연구성과들을 중심으로 하여, 일제 시기 지방지배체제의 변화와 더불어 지방유력자층, 특히 유지집단과 혁신청년집단의 존재 양태나 정치사회 활동 양상 등을 개관해 보고자 한다.

1. 개항 이후의 사회변동과 지방지배체제 변화

개항 이후 국가 위기가 고조되자, 조선왕조 정부와 개화 관료들은

'변법(變法)'과 '경장(更張)'을 표방하며 부국강병과 식산흥업을 서둘렀다. 갑신정변과 갑오 · 을미개혁, 그리고 대한제국기의 광무개혁 등은 이런 과정에서 등장한 일종의 국가 재조(再造)운동이었다. 특히 조선왕조 정부는 국가지배체제를 재편하기 위한 노력의 일환으로 지방지배체제를 재편하는 일에 많은 관심을 기울였는데, 그 핵심은 지방수령과 사족 및 향리층을 중심으로 운영되던 군현제와 외관제(外官制)를 해체한 뒤, 19세기 사회변동 과정에서 성장한 요호부민층〔有財産 · 有風力 · 有地望者〕들을 새로운 국가(지방)지배체제 내부로 포섭해 들이는 것이었다.

갑오 · 을미개혁 시기에 실시된 23부제(1896년 13도제로 다시 바뀜), 그리고 농민전쟁 수습책으로 실시된 향회 및 향약 설립 조처는 조선왕조 정부가 지방지배체제를 재편하는 데 얼마나 많은 관심을 기울였는가를 잘 보여준다. 대한제국 정부는 뒤이어 군면(郡面)기구와 같은 '일반행정기구' 이외에 세무 · 경찰 · 사법행정 등을 담당하는 '특별행정기구'를 신설함으로써 전통적으로 지방수령들이 가지고 있었던 부세 · 경찰 · 사법권 등을 중앙정부로 귀속시켰다. 그 결과 대한제국 정부는 군현제와 외관제, 사족과 향리층을 근간으로 운영되던 구래의 지방지배체를 어느 정도 해체할 수는 있었다.

일제하의 지방제도 개혁은 통감부 설치 이후, 특히 1906년 통감부가 '지방제도조사소'를 설치하면서 본격화했다. 당시 통감부는 위의 조사소를 통해, △지방과 중앙의 경비 부담 구분 문제 △지방행정 구획 설정 문제 △지방업무의 지방청 위임(공무 분배, 직무 분장) 문제 △조세 징수에 관한 지방청의 관장 범위 문제 △경찰관과 지방관의 충돌 회피 방법 문제 등을 조사 연구했는데, 일제시기의 지방제도 개편은 대체로 이때 조사 연구된 결과에 바탕을 둔 것이었다. 1906년 이후 지방제도 개혁은 군현체제를 해체하고, 도(道) · 부(府 · 군 · 면 · 동 · 리로 이어진 지방행정체계, 특히 도와 면의 공법인적(자치단체적) 성격을 크게 강화하는 방향으로 추진되었다.

2. 일제의 지방지배체제와 유지집단

1910년 조선을 강점한 이후 일제는 〈조선총독부 지방관 관제〉를 공포했는데, 그 핵심은 △관찰사 칭호를 각 도(道)의 장관(이후 도지사로 개칭함)으로 바꾼 것 △각 부 · 군(府 · 郡)에 주임관인 부윤, 또는 군수를 두고, 면(面)에는 판임관 대우의 면장을 둔 것 △이사청(理事廳)을 폐지하고 그 사무를 종별에 따라 도 · 부 · 군으로 이관하여 분장하게 한 것 등이었다. 개략적으로 정리하면, 일제하의 지방지배체제는 △1914년의 군면 폐합(336개 郡을 220개 郡 · 島로 통폐합) △1917년 조선면제 실시(면의 행정기구화, 또는 법인화) △1920년 지방자치제 실시(도 · 부평의회와 면협의회 설치) 등을 통해 그 기본틀이 완성되었다. 특히 총독부는 1931년 4월의 지방제도 개혁을 통해서 도제(道制, 1933년부터 시행함)와 읍면제를 실시함과 동시에 도 · 부평의회를 도회와 부회로 전환하면서 도기구의 행정권과 의결권을 대폭적으로 강화하였다.

일제시기 지방지배체제의 주요한 특징은 도와 면의 통치(자치) 기능을 강화함과 동시에 조선인 유력자들을 자치(자문)기구나 공공단체(조합) 등에 적극적으로 포섭하고자 했다는 점이다. 요컨대, 총독부는 조선의 지방사회를 지방행정기구만이 아니라 도평의회(도회), 부회 · 읍회 · 면협의회 · 학교평의회와 같은 다양한 자치 및 자문기구, 또는 계통농회 · 금융조합 · 수리조합 · 삼림조합 · 소방조 등과 같은 군 단위 공공단체와 조합들을 매개로 지배했는데, 이른바 '관료-유지 지배체제' 란 총독부가 각종 '관료기구' 와 '자치·자문 및 공직기구' 를 총동원하여 구축한 지방(농촌)지배의 '조직이나 제도', 또는 그 '기제(機制)나 양식' 을 말한다. 한편, '지방유지' 란 '관료-유지 지배체제'의 형성과정에서 성장한 총독정치의 매개자, 달리 말하면 '토지 재산(다수의 소작인 등 정치적 자원 보유)' 과 '사회 활동 능력(공직 수행 능력, 일본어 구사능력, 갈등 조정 능력)' 을 갖추었을 뿐만 아니라 다양한 공직활동이나 기부·후원 및 자선·봉사활동 등으로 '당국 신용(이른바 빽)' 과 '사회 인망' 을 획득한 지방사회의 정치사회적 유력자들에 다름 아니었다.

그러면 일제시기 지방유지집단의 사회적 구성이나 출신은 어떠했을까? 일제시기 지방유지집단의 사회적 구성이나 출신을 분석하는 작업은 근대 이행기 사회이동이나 지방정치사 연구의 중심 주제라 할 수 있다. 이와 관련하여 일부 연구자들은 '향리층의 약진' 을 강조하기도 했으나, 일제하의 '당대 만석(當代 萬石)' 들이 흔히 그러했듯이, 지방유지들도 출신 성분이나 사회적 구성이 매우 다양했다. 근대 이행기 사회이동 기회는 향리만이 아니라 사족이나 상·천민 등 거의 모든 신분층에게 두루 열려 있었으나, 그 기회는 주로 외세와 국가권력(총독부 권력)에 의해 선택되고 통제되었다. 물론 구한말까지 세력을 유지한 재지 사족이나 향리 가계의 인물들이 상·천민 출신자들보다 '공직진출(公職進出)' 등에 훨씬 더 유리한 입지를 가지고 있었던 것은 사실이다. 하지만 일제시기 지방유지들의 '유지 기반' 이나 '정치적 자원' 은 전통적인 권위나 권력이 아니라 토지 재산(지주로서의 지위)이나 총독부 권력의 신임, 즉 다양한 공직활동을 거쳐 형성된 이른바 '당국 신용' 이었다.

최근 일부 연구자들은 도와 면, 부와 읍의 법인격(자치권)이 강화되고, 또 '문서주의 행정관행' 이 보편화되는 등 지방지배체제나 정치과정 자체의 근대성이나 공공성이 상당 정도 진전되었다고 주장하나, 이는 일면적인 견해일 뿐이다. 물론 일제하의 지방지배체제나 정책, 또는 지방정치과정이나 활동(공간과 행위) 가운데서 '근대성'이나 '공공성'을 확인하려는 노력이 전혀 무의미하다 말하는 것은 잘못이다. 하지만 그것들에 내포된 '식민지성'이나 '반민족성(반혁명성)' 등을 따지려는 노력을 소홀히 할 경우, 식민지 인식은 온통 잿빛으로 변할 가능성이 크다. 예를 들면, 총독부는 '관료-유지 지배체제', 달리 말하면 관료(기구) 이외에 군면 단위의 유지명부(有志名簿)와 '요주의·요시찰인 명부'를 적극적으로 활용하여 조선의 지방사회를 지배했는데, 이같은 지배체제는 근대성이나 공공성보다는 조선왕조 시기의 '수령-사족(향리)지배체제'처럼 억압성이나 수탈성 등이 더 돋보이는 '식민지적인 지배체제'일 뿐이었다.

일제하의 촌락은 농민들의 일상생활 공간임과 동시에 지방통치의 기초단위로서 민족해방운동의 전개과정에서 일종의 보루나 저수지 구실을 했다. 이런 이유 때문에 그동안 일제의 촌락지배정책, 특히 '조선농촌진흥운동기'(1932~1940년)에 대한 연구가 활발히 진행되었는데, 그 과정에서 부각된 쟁점은, 첫째, 각종 '진흥대책'을 포함한 1930년대 전반기 농업정책의 성격문제, 둘째 촌락을 포함한 지방지배 시스템과 프로세스(군면 행정기구, 또는 각종 공공조합이나 단체의 역할과 기능), 셋째 촌락 통제정책의 '농촌내 지지자' 문제('지방유지'인가, '중견청년'인가?), 넷째 면 기구나 마을 단위 진흥회(촌락 자치 조직)를 통한 촌락 질서 재편 문제, 다섯째 진흥운동의 지도이념이라 할 수 있는 농본주의(農本主義) 문제 등이다.

더불어 주목되는 성과는 동계류(洞契類) 조직 등 마을조직의 기능변화에 대한 연구들이다. 특히 특정 가계(家系)의 각종 생활문서나 일기(日記)자료, 또는 동계(촌계)류 자료 등을 바탕으로 한 촌락(주로 양반

동족마을)의 변화상을 장기동태적으로 분석한 연구들은 근대 이행기 촌락공동체의 성격이나 촌락지배정책의 변화를 구체적으로 보여주는 성과로서 주목된다. 그러나 아직까지 촌락 내부(자치)의 질서 변화가 촌락 외부의 사회변동(식민지 근대의 전개)과 어떻게 유기적으로 연관되어 있었는가를 문제 삼은 연구는 드문 형편이다. 근대 이행기 촌락조직(특히 각종 契)이나 촌락지배정책의 성격을 구체적으로 이해하기 위해서는 촌락 자체에 대한 연구는 물론이고 군면 단위 지역사회나 소농가족 자체에 대한 (사례)연구가 더 많이 축적되어야 한다. 최근에 활발해지고 있는 한국 자본주의의 농촌적 기원에 대한 탐색, 또는 조선농촌사회의 '식민지 근대' 경험, 또는 식민지 농촌지배 시스템과 프로세스의 근대성과 공공성 문제에 대한 분석, 특히 '소농사회'의 변화양상을 각종 사례나 자료를 바탕으로 장기동태적으로 추적하는 작업 등은 한국 근현대 사회의 특성을 이해하기 위한 중요한 시도라 할 수 있다.

일제의 지방지배체제나 정책은 국민총력운동(1941~1945)이 본격화하면서 크게 변화했다. 가령, 징용 · 징병 · 공출 등 전시총동원정책이 본격화하면서 총독부는 지방지배의 파트너로서 군면 단위 유지들보다 동리의 구장이나 중견인물(중견청년)들의 정치사회적 구실이 더 중시되기 시작했는데, 이런 사실은 국민총력운동의 본격화와 더불어 '관료-유지 지배체제'가 균열의 조짐을 보이기 시작했음을 보여준다. 하지만, 전시체제기 총독부에 의해 집중적으로 육성되기 시작한 중견인물들은 지방유지들과는 달리 제 스스로는 별다른 정치적 자원을 가지지 못한, 일종의 끄나풀(agent)에 불과했다. 일제 말기 면 서기 등 지방하급관료는 대부분 농산어민도장, 중견인물양성소, 농업보습학교 등 '중견청년 양성시설'을 거친 이들 가운데서 충원되었다.

3. 일제시기 지방 유지집단의 정치·사회 활동

일제시기 조선인들은 정치적 무권리 상태에 있었다. 특히 대다수의 지역주민(농민)들은 자신의 지역대표(자치·자문기구 대표)를 선출하는 과정에서도 소외되었다. 하지만 국가자원(공공재)의 배분을 둘러싼 '정치'는 일제시기에도 엄연히 존재했다. 특히 조선인 지방유지들은 여러 가지 자치(자문)기구나 공직기구 등을 매개로 다양한 정치사회 활동을 전개했는데, 예를 들면, △도청·학교·세무서 등 관공서 유치 △철도와 도로와 항만 등 사회간접 자본 유치 △수리조합이나 삼림조합 설치 반대 △호별세 등 각종 부과금 및 부역 동원 반대 △공장 유치 및 시장 설치 등을 둘러싼 민원·진정 활동, 또는 각종 공직자 대회나 시민대회를 개최하는 활동 등이 그것이다. 뿐만 아니라 어떤 시기, 어떤 지역들의 경우는 지방유지들이 농민계몽운동이나 실력양성운동, 또는 개량적인 청년운동이나 신간회 지회운동 등을 주도하는 경우도 있었다. 따라서 일제시기 지방유지집단의 정치사회 활동을 민족과 반민족이라는 단순한 잣대로 평가하는 경우, 잘못된 해석이나 결론에 이를 가능성이 크다.

하지만 일제시기 지방유지들의 정치사회적 구실, 특히 '공적 역할과 기능'을 확대 해석하여, 일제하의 지방정치 과정에서 '식민지 공공성(公共性)이나 공공영역(公共領域) 확대가 어느 정도 이루어졌다'거나, '식민지 지배(지배정책)에 대한 합의기반(헤게모니적 지배)이 확대되었다'고 말하는 것은 무리라 할 수 있다. 최근 일부 연구자들은 일제시기 테크노크라트(하급관료나 교사)나 지방유지들의 활동을 '친일(親日)'이 아니라 서구 학계에서 흔히 쓰는 '협력(協力, collaboration)'이라는 개념을 활용하여 그 의미를 설명하기도 하나, 지방유지들의 '공직 활동'이나 '민원 해결 활동'은 결코 지역(시민)사회 내부의 '공론

(公論)' 에 바탕을 둔 활동은 아니었다. 왜냐하면, 일제 하의 조선사회는 국가로부터 상대적으로 자율적인 시민사회가 부재한 식민지 사회였기 때문이다. 일제시기 지방유지들의 정치사회적 지위나 서열(보상과 대우의 차등 구조)은 대체로 '당국 신용에 의거한 민원 해결 능력' 에 따라 결정되는 경우가 많았다.

총독부 권력은 식민지 사회 내부에 정치적 갈등이 발생할때마다 주로 물리적 강제력을 동원하여 이를 해결해 나가곤 했다. 하지만 위험부담의 측면에서건 아니면 지배비용의 측면에서건 식민지 사회 내부의 모든 정치갈등을 오로지 물리적 폭력에 의존해서만 풀어나갈 수는 없는 노릇이었다. 이런 이유 때문에 총독부는 어떤 형태로든 식민지 사회 내부의 정치적 갈등을 조정하고 완화할수 있는 '완충 장치', 특히 헤게모니적 지배를 관철시키기 위한 '매개기구' 를 확보해야할 필요가 있었다. 총독부측이 지방유지집단을 각종 공직기구에 포섭하여 '관료-유지 지배체제' 를 형성한 것, 또는 각종 비공식 부문의 정치, 특히 '민원 및 진정활동' 이나 시민대회(공직자대회, 면민대회) 등을 '허용' 하거나 '장려' 한 것은 위와 같은 이유들 때문이었다. 총독부는 민원 · 진정활동을 통해서 지방유지나 주민들의 정치적 요구를 체제 내로 포섭할 수 있었던 반면, 지방유지나 주민들은 '관료-유지 지배체제' 를 매개로 한 비공식적인 정치를 통해서 자신들의 정치적 요구나 불만을 부분적으로나마 해소할 수 있었다. 일제시기 지방유지들이 공직기구 진출에 지대한 관심을 기울인 것, 또는 지역주민들이 '관료-유지 지배체제' 를 매개로 다양한 민원 · 진정활동을 전개한 것도 대체로 이같은 이유들 때문이었다고 보여진다.

해방 이후 '토지 개혁' 과 '친일파 청산' 이 주요한 정치사회적 이슈로 제기될 때, 일제시기 지방유지들이 보유하고 있었던 정치 · 사회적 자원, 특히 '토지 자산' 과 '당국 신용' 은 거꾸로 커다란 정치적 부담이 아닐수 없었다. 하지만 지방유지들은 많은 재산과 사회활동 능력(학력), 또는 폭넓은 연줄망(학연 · 지연 · 혈연) 등을 토대로 활발한 정치활동(우익 정당 및 청년단 활동)을 전개했다. 이런 이유 때문에 정부 수립 이후 '농지개혁' 이 실시되고, 또 '반민족행위자' 들을 처벌하기 위한 특별법이 통과되었음에도, 지방유지집단은 파워엘리트로서의 '존재 이전(存在移轉)' 을 비교적 성공리에 수행할 수 있었다. 일제 하에서 형성된 지방유지집단과 끄나풀 집단은 대한민국 정부수립(국가 및 국민 만들기) 과정에서 중요한 정치 사회적 역할을 수행했다.

4. 일제 하의 지역사회운동과 혁신청년집단

일제시기 지방사회의 유력자(신사 · 유지 · 청년)들은 3 · 1운동 전후 시기부터 각종 공직 활동이나 민원 · 진정 활동뿐만 아니라 수양 · 청년회운동(농민계몽 · 실력양성운동) 등에도 적극적인 관심을 보이기도 했다. 하지만 1920년대 중반경부터 지방유력자 가운데 상당수가 각종 자치기구나 공직기구에 포섭되면서, 농촌사회 내부에는 유지집단과 이른바 혁신청년집단의 정치적 경계선이 차츰 뚜렷해지기 시작했다. 특히 1930년대 초반 무렵 지방사회 내부에서 혁신청년집단 주도로 혁명적 농민조합운동(조선공산당 재건운동) 등이 활성화하자, 양 집단의 정치적 대립과 갈등은 점차 깊어지는 양상을 보였다. 일제시기 '혁신청년집단(민중청년, 좌익청년)' 이란 1920년대 중반 지방 유력자들의 정치 · 사회적 분화 과정에서 형성된 지역 사회운동의 지도집단으로서, 군 경찰서의 '요주의 · 요시찰인 명부' 에 올라 있던 청년들, 특히 1930년대 전반기 민중 · 민족운동의 발전 과정에서 새롭게 성장한 급진적인 청년집단을 일컫는 말이다.

물론 일제시기 유지집단과 혁신청년집단의 출신 성분이나 사회적 구성은 크게 다르지 않았다. 특히 지주 출신의 혁신청년들은 혈연 · 학연 등이 지방유지들과 겹치는 경우가 많았다. 게다가 급진적인 지역사회운동이 부진했던 시기나 지역의 경우, 혁신청년집단이 독자적인 '정치세력' 으로 존재하지 않거나, 아니면 미미한 영향력만을 가지고 있었다. 하지만 그렇다고 해서 유지집단과 혁신청년집단을 구별할 수 없다거나, 구별의 의미가 전혀 없는 것은 아니다. 왜냐하면, 양자 사이에는 분명한 정치적 대치선(차별성)이 존재하였으며, 또 양자가 의존했던 '정치적 자원' 이나 '권위' 도 그 성격이 상당히 달랐기 때문이다. 특히 양 집단의 정치적 대치선은 해방 이후 이른바 자주적 통일민족국가 수립운동 과정에서 더욱 확대 강화되었다.

1920년대에 전개된 삼총(三總: 조선청년총동맹, 조선농민총동맹, 조선노동총동맹)이나 신간회(新幹會)운동, 특히 1930년대 초반 군 단위로 결성된 청년동맹이나 혁명적 농민조합들은 대부분 혁신청년들이 주도하였다. 이들은 위의 조직들을 매개로 소작쟁의나 노동쟁의 등 민중들의 일상적 이익을 옹호하는 활동과 더불어 야학운동과 같은 민중문화운동을 통해서 지방유지들의 그것과는 다른 의미의 정치적 · 도덕적 권위를 획득할 수 있었다. 1930년대 전반기나 해방 직후 시기, 농민들이 군 단위 '관료-유지 지배체제' 를 정면으로 부정하면서, 인민위원회운동과 같은 급진적인 자치(정치)투쟁을 주도할 수 있었던 것도 이 같은 활동 경험을 가진 혁신청년과 민중들이 존재했기 때문이었다.

일제시기 혁신청년집단이나 유지집단의 정치사회적 위세는 분단정부 수립과 한국전쟁을 겪으면서 크게 약화되었다. 특히 1949년 농지개혁을 거치면서 한국의 농촌사회는 '사회 인망' 등 자기 나름의 정치적 자원을 보유하고 있었던 유지들이 아니라, 우익청년단이나 정당 출신의 이른바 '끄나풀형 유지' 들에 의해 지배되기 시작했다. 예를 들면,

1970년대에 전개된 새마을운동은 이같은 지배체제를 매개로 전개된 일종의 '관제(官製) 농민운동' 이었다. 한국전쟁 이후 지방사회의 '끄나풀형 유지' 들은 다양한 관변단체(특히 우익청년단)들을 매개로 관권적 지방통치의 민간측 담당자(매개자), 또는 '사이비 지역 공론' 의 대변자 노릇을 수행했다. 1991년부터 확대 실시된 지방자치제와 더불어 차츰 소멸되고 있기는 하나, 관료와 지방유지(끄나풀)를 축으로 한 지방지배체제의 유산은 여전히 강력하다.

맺음말

최근 일부의 논저들이 식민지 지방지배체제나 다양한 지방정치사회활동의 '근대성' 이나 '공공성' 을 강조하고 있는데, 이는 일종의 '연구사적 사건' 이라 할 만큼 문제제기적이다. 특히 일제가 조선사회를 오로지 물리적 강제나 폭력에 의거해서만 지배한 것이 아니라는 주장, 다시 말해 일제의 조선지배는 '근대' 에 대한 조선인들의 강렬한 욕망에 바탕을 둔 일종의 '헤게모니적 지배' 이기도 했다는 지적 등은 일제시대사 전체, 또는 '식민지 근대(colonial modernity)' 에 대한 비판적 성찰을 촉구하는 문제제기라 할 수 있다. 물론 농촌엘리트나 청년들의 '교육열(입시경쟁이나 야학 · 고학 · 독학의 유행)' 이나 문학열(문학소년 · 소녀층의 형성) 등을 통해서도 엿볼 수 있듯이, '근대 헤게모니' , 또는 '식민지 지배에 대한 동의 기반' 이 이들 층 내부에 어느 정도 관철되고 있었다는 지적도 전혀 일리가 없는 것은 아니다. 하지만 이같은 분석틀에 내재되어 있는 역편향을 경계하지 않을 경우, 일제시대 인식은 '침략과 저항' , '민족과 반민족' 의 경계가 일거에 허물어지는 가운데 온통 잿빛으로 바뀔 가능성도 적지 않다.

'한국적 근대' 또는 한국 근대사회의 형성사를 '기원론적' 으로 재현하고자 할 때 당연히, 근대 이행기 농촌사회의 구조와 갈등에 대한 장기동태적 분석이 선행되어야 한다. 최근 일부 연구자들이 활발히 진행하고 있는 '한국 자본주의의 농촌(소농사회)적 기원' 에 대한 탐색, 또는 '조선 농촌사회의 식민지 근대 경험' 에 대한 분석 등은 한국 근대사회의 특성을 구체적으로 이해하는 노력의 일환이라 할 수 있다. 하지만 근대 이행기 사회이동이나 지방정치사에 대한 이해 수준을 높이려면 그 나름의 설명력과 설득력을 겸비한 분석틀이나 연구방법, 그리고 이에 바탕을 둔 실증적인 연구성과가 축적되어야 한다. 특히 '지배와 저항' , 또는 '지배와 균열' 의 양 측면을 유기적으로 관련시킨 많은 사례연구들이 축적되었을때, 일제시기의 지방지배체제나 정치사에 대한 이해 수준이 그만큼 높아질 수 있을 것이라 믿어진다.

■ 참고문헌

姜再鎬,《植民地朝鮮の地方制度》, 東京大 出版會, 2001.

고석규,《근대도시 목포의 역사공간 문화》, 서울대 출판부, 2004.

김영희,《일제시대 농촌통제정책 연구》, 경인문화사, 2003.

金翼漢,《植民地期朝鮮における地方支配體制の構築過程と農村社會變動》, 東京大 博士論文, 1996.

손정목,《한국 지방제도 · 자치제도사 연구(상)》, 일지사, 1993.

松本武祝,《朝鮮農村の〈植民地近代〉經驗》, 社會評論社, 2005.

신기욱,〈식민지 사회운동과 역사변동〉, 석현호 · 유석춘 엮음,《현대 한국사회성격 논쟁—식민지, 계급, 인격윤리》, 전통과 현대, 2001.

윤해동,《지배와 자치》, 역사비평사, 2006.

정근식 외 지음, 《근현대의 형성과 지역 엘리트》, 새길, 1992.

정연태, 〈조선말 일제하 자산가형 지방유지의 성장 추구와 이해관계의 중층성－포구상업도시 강경 사례〉, 《한국문화》 31, 2003.

지수걸, 〈일제하의 지방통치 시스템과 군 단위 '관료-유지 지배체제'〉, 《역사와 현실》 63, 2007.

板垣龍太, 〈植民地期朝鮮の地域社會における〈有志〉の動向 -慶北尙州の支配構造の變容と持續〉, 《東アジア近代史》 6, 2003.

한국역사연구회 근대엘리트 연구반, 〈일제하 조선인 엘리트의 사회적 기반과 정체성〉, 《역사와 현실》 63, 2007.

홍순권, 〈일제시기 地方統治와 조선인 官吏에 관한 일고찰－일제시기의 郡行政과 조선인 郡守를 중심으로〉, 《國史館論叢》 64, 1995.

민족주의 이념과 운동

박찬승(한양대 사학과)

머리말

민족주의는 21세기에 들어와서도 여전히 뜨거운 화두이다. 특히 냉전체제 해체 이후 그동안 잠복해 있던 민족주의가 강하게 폭발하면서 러시아와 발칸반도 지역은 여러 개별 민족국가로 나뉘어졌다. 19세기에 시작된, 민족주의에 바탕을 둔 민족국가 수립의 흐름은 아직도 계속되고 있는 것이다.

민족주의 문제는 민족의식의 문제와 깊은 관련이 있고, 또 민족의식의 문제는 민족 형성의 문제와 깊은 관련이 있다. 서양에서는 민족이 민족주의를 만든 것이 아니라 민족주의가 민족을 만들었다고 하는 이른바 '근대주의설' 이 상당히 강력하다. '민족=상상의 공동체' 설은 그러한 근대주의설 가운데 하나다. 그러나 서양에서도 이에 맞서 근대 이전, 예를 들어 15, 16세기 무렵부터 종족적 감정을 넘어서는 민족적 감정은 이미 존재했다고 주장하는 역사주의설도 또한 있다.

한국 민족의 형성 시기에 대해서도 역사주의설과 근대주의설이 맞서 있다고 할 수 있다. 역사주의설이란 적어도 통일신라 시기부터 민족이 형성되어 왔다는 주장이다. 반면에 근대주의설이란 근대 이후에 비로소 민족이 형성되었다는 주장이다. 곧 민족주의가 들어오고, 신분제가 폐지되면서 비로소 민족이 형성될 수 있었다는 주장이다. 역사학계에서는 한국의 경우, 오랜 세월 동안 '국가' 체제를 유지해 온 나라였기 때문에 근대 이후에 비로소 민족이 성립되었다는 주장에 대해서는 반론이 많다. 그러나 신분제가 엄연히 존재했던 시기에 하나의 민족이라는 의식은 성립하기 어려웠을 것이라는 점에 동의하는 이들도 많다. 이 때문에 어떤 이들은 전근대 민족, 또는 준민족과 근대 민족을 구분해 보아야 한다는 주장을 하기도 한다.

서양에서 근대 이후에 등장한 민족주의는 민족(국민)국가를 수립하기 위한 하나의 이념으로서 구실을 하였다. 한국의 경우, 또한 근대 이후에 등장한 민족주의는 제국주의 외세의 침략 앞에서 국가를 수호하기 위한 이념의 구실을 했다. 그리고 국권을 상실한 이후에는 국권을 회복하고 근대 민족국가를 수립하기 위한 이념으로서 구실을 하였다. 따라서 한국의 민족주의는 반제국주의적 성격을 강하게 띨 수밖에 없었다. 또 국권을 상실한 뒤, 국권회복의 물적 기반이 허약한 상황에서 한국의 민족주의는 관념적 성격을 강하게 띨 수밖에 없었다. 따라서 한국의 민족주의는 문화적 민족주의의 성격을 강하게 지녔다.

한국의 근대 민족주의는 한말에 태동하기 시작하여 1910년대 이념적 순화과정을 거쳐 1919년 3·1운동 때 확고히 자리를 잡았다. 3·1운동 당시 표출된 민족자결주의는 한국민족주의의 이념을 가장 분명하게 보여주는 것이었다. 하지만 민족주의는 본래 독자적인 사상체계를 갖춘 이념은 아니었다. 따라서 민족주의는 항상 다른 이념들과 접목되어 작동하는 성향을 지니고 있었다. 한국의 민족주의도 마찬가지였다. 한국 민족주의는 자유주의 · 민주주의 · 사회주의 · 공산주의 등과 같은 다른 이념과 결합하여 움직였다. 따라서 한국의 민족주의자들은 동시에 자유주의자이기도 했고, 사회주의자이기도 했다. 이러한 다양한 이념과의 결합으로 말미암아 한국의 민족주의는 1920년대 이후 점차 분화의 길을 걸어갔다고 생각한다.

1. 근대 민족의식의 형성과 민족주의의 수용

한국인들이 언제부터 민족의식을 가졌는가 하는 것은 쉽게 답할 수 있는 문제가 아니다. 먼저 '민족의식'이 무엇인가에 대한 인식 자체가 각기 다를 수 있기 때문이다. 한국사에서 민족의식과 비슷한 것으로는 먼저 조선시대 또는 그 이전부터 있었을 것으로 여겨지는 '족류(族類)' 의식을 들 수 있다. 《조선왕조실록》을 보면, 조선 초기부터 '족류'라는 말이 자주 등장한다. 이때 '족류'는 주로 여진족이나 왜와 조선 사람을 구분할 때 쓰는 말이었다. 그런데 이 말은 본래 공자의 《춘추》에서 "중화(中華)와 이적(夷狄)을 분변한 것은 같은 족류가 아니면 그 마음이 반드시 달라서 화하(華夏)를 어지럽히는 계제가 싹트기 때문입니다"라는 구절에서 나온 것이었다. 조선에서는 정부가 여진인이나 왜인들을 귀화시키고자 할 때, 이에 대한 반대론자들이 이 구절을 인용하면서 "우리 족류가 아니어서 반드시 그 마음이 다를 것"이라고 주장하였다. 결국 이 시기의 '족류'란 외족(外族)과 구분할 때 사용하는 단어였다고 할 수 있는데, 이는 타족류(他族類)와 경계 짓기를 통해서 아족류(我族類)의 정체성을 확인하는 것으로 이어지고 있었다고 할 수 있다.

조선시대에 비슷한 의미로 사용된 단어로는 '동포(同胞)'라는 말도 있었다. 동포는 본디 같은 어머니의 태반에서 나온 형제자매를 가리키는 말이었다. 그런데 장재(張載)의 《서명(西銘)》에서 이 말을 "백성은 나의 동포요, 만물은 나와 함께한다(民吾同胞 物吾與也)"라는 문구에서 사용했고, 주자가 이 말을 《근사록(近思錄)》에 인용하면서, 더 넓은 의미로 사용되어 왔다. 조선정부에서는 경연의 교재로 《근사록》을 사용하였고, 따라서 국왕이나 신료들은 자주 이 문구를 인용하면서, 백성을 동포와 같이 어여삐 여기고 긍휼히 보살펴야 한다고 말하였다.

동포라는 말을 가장 많이 쓴 군왕은 영조였다. 그는 지방의 방백과 수령들에게 백성들을 동포로 생각하고 잘 보살피라는 명을 자주 내렸다. 영조는 또 양반층에게 호포법 실시를 거론하면서 "백성은 나의 동포이니, 백성과 함께 해야 한다. 너희들 처지에서 백성을 볼 때에는 구별이 있을지 모르나 내가 볼 때에는 모두 나의 적자이다"라면서 양반층의 양보를 촉구하였다. 영조는 한 걸음 더 나아가 "백성은 나의 동포요 만물은 나와 함께한다 하였으니 아무리 하천(下賤)이라 하더라도 이미 온전히 세상에 태어났다면 그 육신을 온전히 가지고 돌아가려는 것은 인지상정"이라면서 사람의 발가락을 끊는 형벌은 금하라고 지시하였다. 비록 "아무리 하천이라 하더라도" 식의 비유를 빌린 것이긴 하였지만, 그 앞에 '백성은 나의 동포'라는 말이 있음에 비추어볼 때, 영조의 입장에서는 천민도 동포의 범주 안에 넣어서 생각하고 싶어했음을 알 수 있다. 이렇게 본다면 '동포'는 처음에는 애휼(愛恤)의 대상으로서의 백성이라는 의미로 주로 사용되었으나, 점차 수평적 의미의 동포, 곧 내부적 동질성을 갖는 백성이라는 의미로 사용되어 갔음을 알 수 있다. 다시 말해 앞서 본 '족류'가 외족과 경계짓기를 위한 용어였다면, '동포'는 내부의 동질성 확인을 더 강조하기 위한 용어였다고 볼 수 있는 것이다.

'동포'라는 말이 널리 쓰이기 시작한 것은 독립협회 운동기부터였다.《독립신문》은 '전국 동포형제' 라는 말을 자주 사용하였다. 당시 이 말은 '전국 인민' 이라는 말과 함께 자주 쓰였다. 갑오개혁 시기에 '국민' 이라는 말이 일시적으로 등장하였지만, 아직 국민주권의 개념이 없는 상황이었고, 대한제국기에는 군주주권이 강조되고 있었기 때문에 '국민' 이라는 말보다는 아직도 인민, 신민 등의 용어가 더 자주 사용되고 있었다. 그런 가운데 이와는 다소 다른 개념으로서 '동포' 라는 용어가 일반화하기 시작하였던 것이다. 독립협회 운동기에 '동포' 는 주로 계몽의 대상, 또는 서로 사랑해야 할 형제의 뜻으로 쓰였다. 또 동포는 동질성을 확인하고 무엇인가를 호소할 때 많이 쓰였다. 예를 들어 1907년 국채보상운동이 시작되었을 때 이 운동의 취지문을 보면 '2천만 동포' 의 적극적인 참여를 요청하고 있었다. 또《황성신문》은 노비제도란 인민의 평등과 자유를 박탈하고, 동포의 상호경애하는 덕의를 박탈하는 제도이므로 폐지해야 한다면서 노비도 동포 안에 포함시키고 있었다. 이 신문은 을사조약 이후 한인은 존비귀천을 막론하고 모두 타국의 노비가 되었다면서, 이로부터 해방되려면 먼저 내부의 노비를 해방해야 한다고 주장하였다.

'동포' 가 이와 같이 주로 동질성 확인의 용어로 쓰이고 있었다면, 역사의 주체라는 의미로 새롭게 쓰이기 시작한 용어는 '민족' 이었다. 동아시아에서 '민족' 이라는 단어는 먼저 일본에서 1890년 무렵부터 쓰기 시작했는데, 그것은 folk를 번역한 개념이었다. 중국에서는 1903년에 양계초가 블룬츨리(Bluntschli)의 학설을 소개하면서 '국민' 과 '민족' 의 개념이 어떻게 다른가를 설명한 바 있었다. 양계초는 "민족이란 동일한 언어와 풍속을 가지고 동일한 정신과 성질을 가지며, 그 공동심(公同心)이 차츰 발달해서 건국의 계제를 이루는 것이다. 다만 아직 연합하여 일국을 만들어 내지 못했을 때에는 끝내 인격이 법단이 되지 못하기 때문에 이를 가리켜 '민족' 이라 하지 '국민' 이라 하지는 못 한다" 고 정리하였다. 이와 같은 양계초의 글에 영향을 받아 《대한매일신보》는 〈민족과 국민의 구별〉이라는 논설에서 역시 민족이란 동일한 혈통 · 역사 · 거주 · 종교 · 언어 등으로 구성되는 것이지만, 국민은 그 밖에 정신 · 이해 · 행동 등이 동일해야 구성될 수 있는 것이라 하였다.

한말 '민족' 이라는 말이 처음 쓰인 것은 1906년 무렵부터였다. 그러나 본격적으로 쓰인 것은 1907년부터였는데, 《황성신문》과 《대한매일신보》는 '아 민족' 또는 '대한 민족' 이라는 용어로 한국민족을 언급하고 있었다. 이 신문들은 아민족은 단군의 자손으로서, 혈통과 기운, 생사영욕과 이해관계를 같이 해 온 동포형제라는 식으로 설명하였다. 그리고 《대한매일신보》의 〈20세기 신국민〉이라는 글은 2천만 동포, 이천만 민족의 신국민은 이제 새로운 국민적 국가의 기초를 굳건히 세워야 할 주체가 되어야 하며, 이를 위해 분발해야 한다고 주장하였다. 이 글은 '동포=민족=국민' 의 개념 위에서 새로운 국민이 주체가 된 새로운 국가를 세울 것을 제창하고 있었던 것이다. 여기서의 민족은 바로 근대민족국가의 주체가 될 근대 민족(nation)을 의미하는 것이었다.

이러한 근대 민족 개념의 형성과정은 근대 민족주의 형성과 거의 시기를 같이한다. 한국의 근대 민족주의는 이미 개항 전후 외세의 위협이 시작되었을 때부터 형성되기 시작하였다고 볼 수 있을 것이다. 특히 1894년 동학농민봉기, 갑오개혁, 그리고 1890년대 후반 독립협회운동기를 거치면서 중화질서로부터 탈피, 서구와 일본이라는 외세로부터 독립을 지향하는 움직임은 본격화하였다. 일부에서는 이와 같은 반외세 독립지향을 '민족주의' 라는 말로써 표현하기도 한다. 하지만 아직 근대 민족국가의 수립을 지향하지 못한 상황이었다는 이유로 이를 '민족주의' 운동이라고 표현하기는 이르다는 지적들도 있다.

한국에서 '민족주의' 라는 용어가 처음 사용되기 시작한 것은 '민족' 과 마찬가지로 1907년 무렵부터였다. 이 용어 또한 중국의 양계초로부터 영향을 받은 것으로 보이는데, 양계초는 "민족주의란 타 민족이 아 민족의 자유를 침범하지 못하도록 하고, 아 민족 또한 타 민족의 자유를 침범하지 않으며, 본국 안에서는 인권의 독립을, 세계 안에서는 국권의 독립을 지키는 것"이라고 설명하였다. 한말의 지식인들도 대체로 민족주의란 "같은 종족, 같은 언어, 같은 문자, 같은 습속의 사람들이 한 곳의 땅을 차지하여 서로 동포로 여겨 독립과 자치에 힘써서 공익을 도모하고 타족을 막아내는 것"이라고 이해하였다. 신채호의 경우, 민족주의란 타 민족의 간섭을 받지 않는 주의라고 이해하였다. 곧 한국의 지식인들은 민족주의를 하나의 민족이 하나의 근대국가를 세우는 주의로서보다는 외세의 침략을 막아내고 독립을 유지하는 주의로서 더 이해하였던 것이다.

한말의 민족주의는 이와 같이 국권회복을 위한 무기로서 등장하였다. 그리고 한국의 지식인들은 우선 문화적 측면에서 한국민족의 결집을 꾀하고자 했다. 곧 언어 · 역사 · 종교적 측면에서 민족의 동질성을 확인하고 고유성을 보존하는 것이 매우 중요하다는 생각을 한 것이다. 주시경의 한글 연구, 신채호의 역사연구, 나철의 대종교 창건 등은 모두 그러한 생각에서 나온 것이었다. 당시 지식인들은 이러한 것들을 모두 합하여 '국혼(國魂)'이라 일컬었으며, 이러한 국혼을 보존함으로써 훗날 국권을 회복할 수 있을 것이라는 기대를 강하게 가졌다. 여기서 한국민족주의는 문화적 민족주의의 성격을 강하게 띠기 시작했다.

한편 한말의 민족주의는 사회진화론과도 밀접한 관련을 가졌다. 이 시기 민족주의자들은 우승열패, 생존경쟁의 원리를 국제사회에서도 적용할 수 있는 공례로 받아들이면서, 그와 같은 국제사회에서 살아남기 위해서, 그리고 잃어버린 국권을 회복하기 위해서는 먼저 실력을 길러야 한다는 생각을 가졌던 것이다. 이른바 '자강론적 민족주의'였다. 이와 같은 자강론적 민족주의에 대해서는 오늘날 학계의 평가가 엇갈리고 있다. 한편에서는 당시의 국제정세에서 당연하고도 불가피한 논리였다고 평가한다. 하지만 다른 한편에서는 힘 있는 제국주의를 선망하고 힘이 없는 스스로를 비판할 수밖에 없는, 곧 제국주의자들의 침략 논리를 제대로 비판할 수 없는 논리였다고 비판한다. 자강론적 민족주의가 대세인 가운데 1909년 무렵부터는《대한매일신보》와 신민회를 중심으로 선실력양성보다는 선독립이 더 중요하다는 주장이 나오기 시작하였다. 그리고 신민회는 실력양성보다는 국외 망명과 무장투쟁이 필요하다는 생각에서 주요 회원들이 망명하기 시작하였다.

2. 1910년대 한국민족주의 이념

1910년 국망 이후 국외로 망명한 지식인들은 민족주의를 국권회복의 가장 강력한 이념적 수단으로 보았다. 특히 중국으로 망명한 지식인들은 대종교에 크게 의지하였고 신채호는 단군조선을 중심으로 역사연구를 진행하였다. 무장투쟁도, 실력양성도 불가능하였던 망명지에서 그들은 한민족은 모두 단군의 자손이라고 동질성을 강조하며 한민족의 애국심을 고취하고자 하였던 것이다.

1910년대 망명 지식인들은 제국주의를 인정할 수밖에 없었던 자강론적 민족주의에서 벗어나 제국주의를 정면 부정하는 평등주의, 민족자결론 위에서 민족주의 이론을 만들기 시작하였다. 예를 들어 박은식은 〈몽배금태조〉라는 글에서 "오늘날은 강권주의와 평등주의가 바뀌는 시기"라면서, '억강부약주의(抑强扶弱主義)'와 같은 평등주의를 대동 민족이 앞서서 제창하여야 한다고 주장하였다.

1910년대 민족주의를 한 단계 더 발전시킨 것은 1917년 신규식 · 박은식 등의 주도로 나온 〈대동단결선언〉이었다. 이 선언은 대한제국의 국망으로 이제 주권이 황제가 아닌 국민에게 돌아왔음을 선언하고 있었다. 이는 한국의 민족주의자들이 황제주권이 아닌 국민주권을 선언한 것으로서, 독립 이후 건설될 신국가는 공화제 국가가 되어야 한다는 것을 표방한 것이었다. 한국의 민족주의는 민주공화주의와 결합하고 있었던 것이다. 물론 이는 1911년 신해혁명, 1917년 독일혁명과 러시아혁명 등에 영향을 받은 것이었다.

1918년 미국의 윌슨 대통령은 민족자결주의를 제창하였다. 이에 나라 안팎의 민족주의자들은 자신들이 주창해 온 민족평등주의와 윌슨의 민족자결주의의 취지가 대체로 일치한다고 보고, 1차 대전 이후 세계사의 전환기를 맞이하여 민족평등주의를 앞세워 독립운동을 대대적으로 전개할 생각을 갖게 되었다. 1919년 3 · 1운동은 기본적으로 여기에서 시작되었다.

33인의 이름으로 발표된 〈3 · 1독립선언서〉를 보면, 민족자결주의라는 말 대신 '인류평등의 대의' 라는 말이 보인다. 33인은 '인류평등의 대의' 로써 조선의 독립국임과 조선인의 자주민임을 선언하였던 것이다. 그리고 이 선언문은 침략주의와 강권주의는 이제 구시대의 유물이 되었다고 주장하고, 도의(道義)의 시대가 눈앞에 전개되고 있다고 선언하였다. 물론 다른 선언문에는 민족자결주의라는 용어도 등장한다. 대한국민의회가 발표한 선언문은 민족자결주의의 시대가 도래하였음을 선언하고, 어느 민족이든지 자치 능력과 독립의 의지가 있다면 자결권을 가져야 한다고 주장하였다. 이는 한말 자강론적 민족주의자들이 약육강식과 생존경쟁이 천하의 공리이기 때문에 먼저 실력을 길러야 한다고 주장했던 것과는 판이하게 다른 것이었다. 이렇게 본다면 1910년대의 민족주의의 주류는 민족평등주의에 바탕을 둔 민족자결론(자결론적 민족주의)이었다고 말할 수 있을 것이다. 또 3 · 1운동은 한국의 민족운동이 절대독립을 지향하는 것이 되어야 한다는 것도 분명하게 천명하였다. 이후 이와 같은 민족자결론과 절대독립론은 한국 민족주의운동의 가장 중요한 지침이 되었다.

한편 3 · 1운동은 두 가지 점에서 중요한 역사적 의미를 지니는 사건이었다. 하나는 이 운동에 모든 신분 · 계급 · 지역의 사람들이 참여함으로써 한반도 주민들이 하나의 민족으로 결집하는 계기를 마련하였다는 점이다. 다시 말해 이 운동은 그동안 이념적으로만 거론되어 오던 '한국 민족'이 하나의 역사적 실체로 형성되고 역사의 주체로서 등장하는 계기를 마련하였던 것이다. 다른 하나는 이 운동으로써 민주공화제의 이념이 더욱 확고하게 되었다는 점이다. 이 운동과정에서 여러 정부안이 제기되었고, 이는 결국 대한민국 임시정부의 수립으로 수렴되었는데, 이때 제시된 정부의 체제는 대부분 민주공화제였다. 이는 한국의 민족주의운동이 민주공화제와 굳건히 결합되었음을 말해 주는 것이었다.

3. 1920년대 민족주의 운동의 분화

3 · 1운동은 민족자결론에 바탕을 둔 조선의 독립을 추구하였으나, 당시 국제정세는 이를 허용하지 않았다. 이 운동은 열강의 무관심과 일제의 강력한 탄압 앞에서 좌절할 수밖에 없었다. 이후에도 일부 민족주의자들은 워싱턴군축회의 등에 기대를 걸고 외교운동을 전개하기도 하였지만, 그러한 기대는 번번이 좌절당하였다. 그런 가운데 한말, 그리고 1910년대에 '선실력양성 후독립'을 주장하였던 일부 민족주의자들은 다시 이전의 논리로 되돌아갔다. 그들은 당장은 독립이 불가능하므로 우선은 실력을 양성해야 한다고 주장하였다. 그들은 특히 교육과 산업에서 실력양성을 주창하였다. 이러한 실력양성의 논리 위에서

전개된 대표적인 운동이 민립대학기성운동과 물산장려운동이었다. 이 운동은 한때 상당한 관심과 기대를 모으면서 진행되었다. 하지만 물산장려운동은 이내 민족주의자와 사회주의자들이 참여한 논쟁의 이슈가 되어 버렸다. 논쟁의 초점은 식민지 아래서 실력양성이 과연 가능한가, 설사 가능하다 하더라도 이는 조선인 자본가계급만을 위한 것은 아닌가 하는 점이었다. 특히 이 운동이 전개된 1923년은 사회주의자들이 전조선청년당대회를 중심으로 세력을 모으고 있는 시점이었다. 당시 사회주의자들은 자본가계급을 위한 물산장려운동보다는 노동자·농민계급을 위한 노동농민운동을 전개해야 한다고 주장하면서, 전국 각 지방의 청년단체들의 운동 방향을 실력양성운동에서 노동운동으로 방향을 전환시키는 데 큰 영향을 미쳤다. 그 결과 각 지방의 청년단체에 운동의 동력을 두고 있던 물산장려운동은 곧 정돈 상태에 빠져버렸다. 민립대학기성운동 또한 조선총독부가 경성제국대학 설립 계획을 발표하면서 추진력이 크게 약화되고 말았다.

물산장려운동이 좌절된 이후 실력양성론자들은 자치운동쪽으로 관심을 돌리기 시작하였다. 자치론은 이미 한말~1910년대에 싹이 트고 있었다. 하지만 한국의 민족주의는 '민족자결'과 '절대독립'을 뼈대로 하여 성립한 것이었기 때문에, 지식인이나 대중들은 자치론에 대해서는 매우 부정적이었다. 1920년대 중반 자치론자들이 주장한 '조선자치'란 일제의 지배를 받으면서도 조선에 의회와 같은 기구를 두는 것과 같은 자치권을 일부 확보하자는 내용이었다. 이러한 자치론은 당시 아일랜드나 인도의 자치운동에 큰 영향을 받은 것이었다. 동아일보 간부진과 천도교 신파쪽은 이와 같은 자치론에 관심을 가지면서 이를 언론에 흘렸다. 하지만 대다수의 민족주의자와 사회주의자들은 자치론에 대해 격렬히 반발하였다. 반대론자들은 식민지 조선의 실정은 아일랜드나 인도와는 다르다는 것, 따라서 조선의 민족운동은 절대독립만을 목표로 해야 한다는 것 등을 강조하였다. 반대론자의 대표적인 논객인 《조선일보》의 안재홍은 일제는 장차 한반도를 홋카이도나 오키나와처럼 완전히 일본의 영토로 만들고, 더 나아가 한반도를 만주나 중국 대륙진출의 발판으로 삼으려 하고 있기 때문에 일제가 조선에 자치를 허용할 리는 만무하다고 보았다. 따라서 안재홍은 총독부 측에서 한국인들의 민족운동 전선을 교란하기 위해 자치론자들을 부추기는 공작을 하고 있다고 보았다.

자치론은 1920년대 중반부터 1930년대 초까지 가끔 수면 위로 떠올랐다가 도로 사라지곤 했다. 자치론에 반대하는 민족주의자와 사회주의자들은 만약에 대비하여 반자치론자들의 세력을 결집하였는데, 신간회가 바로 그것이었다. 물론 신간회는 민족주의운동과 사회주의운동의 협동전선, 민족단일당의 매개체라는 성격을 지니고 있었지만, 다른 한편에서는 반자치론자들의 세력 결집이라는 성격도 갖고 있었다.

오늘날 학계의 자치운동에 대한 시각은 대체로 부정적이다. 하지만 최근 일부 논자들은 자치를 통해 실력을 양성하자는 자치론은 '정치적 실력양성론'으로서 재평가할 가치가 있다고 주장한다. 인도나 아일랜드의 경우에도 자치운동은 독립운동으로 가는 발판이 되었다는 것을 그 근거로 내세우기도 한다. 하지만 이러한 주장에는 영국의 인도 · 아일랜드 지배와 일본의 조선 지배는 그 성격이 달랐다는 점이 충분히 고려되고 있지 않다.

1920년대 한국의 민족주의운동은 물산장려운동과 자치운동을 둘러싼 논쟁과 함께 분화의 계기를 맞았다. 곧 물산장려운동과 관련해서는 자본가 중심의 운동이냐, 소생산자 중심의 운동이냐를 둘러싸고 노선의 분화가 일어났다. 또 자치론을 둘러싸고는 찬성이냐 반대냐로 갈리게 된 것이다. 그런가 하면 1920년대 중반에 이르러 민족주의자들 가운데 사회주의자로 분화되어 나간 이들도 많았다. 물론 사회주의자로 분화되어 나간 이들 가운데에는 여전히 민족주의적 성향을 다분히 갖는 경우들이 있었다. 이들을 대체로 '사회주의적 민족주의자' 라고 부를 수 있을 것이다. 이와 달리 여전히 민족주의의 입장을 고수하는 이들은 '부르주아적 민족주의자' 라고 부를 수 있을 것이다. 물론 사회주의자들 가운데에는 민족주의보다는 국제주의로 나아가야 한다고 생각하는 이들도 있었으나, 그들의 운동 목표는 여전히 조선의 독립이었고, 다만 운동의 방법에서 국제주의가 필요하다는 것이었기 때문에 그들도 민족주의자로서의 성격을 완전히 벗어버릴 수는 없었다.

맺음말

이상에서 살펴본 것처럼 한국의 민족주의는 한말, 일제시기 국망의 현실 속에서 국권회복을 위한 이념으로서 등장한 이래 한국의 독립운동의 중심적인 이념으로서 구실을 하였다. 곧 한국의 민족주의는 잃어버린 국권을 회복하고 다시 독립국가를 세워야 한다는 이념을 주요 내용으로 하였다. 따라서 한국의 민족주의는 민족자결, 절대독립을 가장 중요한 이념으로 삼고 있었다. 이는 서구의 민족주의가 중세의 분권체제를 청산하고 근대 국민국가를 세우기 위한 이념으로 등장한 것과 비슷하면서도 그 배경이나 내용에는 차이가 있었다. 하지만 최근 국내의 일부 학자들은 서구의 민족주의 대두와 민족 형성과정에 관한 근대주의 이론을 받아들여 한국에서도 민족주의가 민족을 형성시켰다는 견해들을 내놓고 있다. 앞으로 학계에서 이에 관한 좀 더 깊이 있는 논의들이 있을 것으로 여겨진다.

앞서 본 것처럼 한국민족주의는 문화적 민족주의를 그 중요한 특징으로 하고 있었다. 이에 대해서는 최근 정밀한 연구들이 나오고 있는

데, 이러한 문화적 민족주의가 '근대 민족' 만들기와 어떠한 관련을 갖고 있는지에 대해 더 깊이 있는 연구가 필요하다고 여겨진다. 또 문화적 민족주의가 한말, 1910년대, 1920년대, 1930년대를 거치면서 어떠한 발전과정을 밟았는지에 대해서도 정밀한 연구가 필요하다.

또 한국의 민족주의는 한말 이래 실력양성우선론과 독립우선론, 1920년대 자치론과 반자치론(절대독립론) 등으로 분화되었는데, 이를 어떻게 부를 것인지에 대해서도 여러 의견들이 있다. 민족주의 우파 · 민족주의 좌파로 나누어 사용하는 경우도 있고, 타협적 민족주의 · 비타협적 민족주의로 나누어 사용하는 경우도 있다. 일부에서는 사회주의적 성향을 띤 민족주의자들을 민족주의 좌파, 부르주아 민족주의자들을 민족주의 우파라고 불러야 한다는 주장도 있다. 이는 결국 민족주의의 개념을 어떻게 정의하느냐와 관련이 있는데, 앞으로 이에 대한 본격적인 논의가 필요하다고 여겨진다.

또 자치운동에 대해서는 당시 국내에서 벌였던 논의뿐만 아니라 일본 정계에서 벌였던 논의도 최근 소개되고 있고, 아일랜드나 인도의 경우와 비교하는 연구들도 나오고 있다. 앞으로 이 문제에 대해서는 일본의 조선지배에서 볼 수 있는 특성과 영국의 인도 지배의 특성을 먼저 비교하면서 조선과 인도의 자치론에 대해서 비교할 필요가 있다고 여겨진다.

■ 참고문헌

신용하, 《박은식의 사회사상연구》, 서울대 출판부, 1982.

홍선희, 《조소앙의 삼균주의연구》, 한길사, 1982.

신용하, 《신채호의 사회사상연구》, 한길사, 1984.

신용하, 《한국민족독립운동사연구》, 을유문화사, 1985.

서중석, 《한국근현대의 민족문제연구》, 지식산업사, 1989.

조동걸, 《한국민족주의의 성립과 독립운동사연구》, 지식산업사, 1989.

한국역사연구회 · 역사문제연구소 엮음, 《3 · 1민족해방운동연구》, 청년사, 1989.

박찬승, 《한국근대정치사상사연구》, 역사비평사, 1992.

김도형, 《대한제국기의 정치사상연구》, 지식산업사, 1994.

이균영, 《신간회연구》, 역사비평사, 1994.

한영우, 《한국민족주의역사학》, 일조각, 1994.

최기영, 《한국근대계몽운동연구》, 일조각, 1997.

유영렬, 《대한제국기의 민족운동》, 일조각, 1997.

박지향, 《제국주의》, 서울대 출판부, 2000.

장규식, 《일제하 한국기독교민족주의연구》, 혜안, 2001.

윤해동, 《식민지의 회색지대》, 역사비평사, 2003.

김희곤, 《대한민국임시정부연구》, 지식산업사, 2004.

김동명, 《지배와 저항, 그리고 협력》, 경인문화사, 2006.

박찬승, 《민족주의의 시대 - 일제하의 한국민족주의》, 경인문화사, 2007.

이지원, 《한국근대문화사상사연구》, 혜안, 2007.

사회주의 이념과 운동

전명혁(역사학연구소)

머리말

사회주의사상의 형성 · 발전과정은 자본주의의 형성과 더불어 성장했던 노동자운동과 맑스주의의 융합 과정이었다. 그러나 서구와는 달리 우리나라는 일본제국주의의 식민지라는 특수한 조건에서 성립한 식민지 자본주의 아래서 사회주의사상이 유입되었고, 이러한 특수성은 반제민족해방과 계급해방을 동시에 추구하는 이념적 지향을 띠게 되었다.

일찍이 한말《한성순보(漢城旬報)》등을 통해 사회주의, 아나키즘 등 사회사상이 소개되었지만 본격적으로 사회주의사상이 수용된 계기는 3 · 1운동의 영향이었다. 1917년 러시아혁명과 1919년 3 · 1운동을 커다란 분수령으로 나라 안팎에서 많은 식민지 지식인들은 사회주의를 수용하고 소개하면서 사상단체, 비밀 공산주의그룹들을 조직하여 민족해방과 계급해방을 위해 투쟁하였다.

국내에서 1925년 4월 조선공산당이 결성되어 코민테른의 공식 조선지부로 승인을 받았는데, 한국사회주의운동의 역사는 1918년 4월 러시아 하바로프스크에서 결성된 한인사회당에서 그 기원을 찾을 수 있다. 한인사회당은 1921년 고려공산당을 결성하는데, 이때 러시아 이르쿠츠크에서도 고려공산당이 결성되었다. 두 개의 고려공산당은 코민테른의 자금문제 등으로 갈등을 일으키기도 하지만 기본적으로 식민지 조선의 민족해방, 계급해방을 위해 투쟁하였다.

한국사회주의운동에 대한 연구는 국내에서는 1960년대 중반에 시작되었지만, 1980년대 중반부터 본격화하였다. 한인사회당, 고려공산당, 조선공산당의 성립에 대한 연구, 1930년대 당재건운동, 혁명적 노조, 농조 등에 대한 연구 등이 이루어졌다. 최근 아나키즘, 사상단체와 사회주의 그룹에 대한 연구, 사회주의 수용주체와 인식에 대한 연구 등으로 좀 더 연구주제가 구체화되어 가고 있다.

한국사회주의운동 연구에는 몇 가지 인식의 차이가 있다. 첫째, 여전히 반공이데올로기를 벗어나지 못하며 사회주의 · 공산주의운동에 대한 비판으로 일관하는 경향, 둘째, 1930년대 항일무장투쟁을 혁명전통으로 파악하는 경향, 셋째, 반공적 관점과 북한의 사회주의운동에 대한 공식적 해석에 모두 반대하면서 1920 · 30년대 국내 사회주의운동을 민족해방운동의 주류로 파악하는 경향, 넷째, 과거 사회주의운동에 대한 '내재적' 비판을 통해 그 공과(功過)를 평가하려는 경향이다.

필자는 과거 사회주의운동과 그 연구에 대한 '내재적' 비판으로 그 성과와 한계를 지적해 보고자 하였다. 특히 이 글에서는 사회주의 수용에 대한 문제에서 한인사회당, 고려공산당, 조선공산당의 활동과 해체, 당재건운동에 이르는 흐름을 개괄하면서 각각의 역사상을 제시해 보고자 하였다.

1. 사회주의의 수용과 한인사회당의 결성

국내에 사회주의가 처음으로 소개된 것은 한말인 1880년대《한성순보》 등의 신문을 통해 유럽의 사회당에 대한 개괄적인 소개가 이루어졌고, 1908년《대한매일신보》에는 외국의 아나키스트의 테러활동에 대한 기사가 소개되고 있었다. 이 시기에 소개된 사회주의사상은 맑스주의 뿐만 아니라 아나키즘 · 길드사회주의 · 페이비어니즘 등 복잡다기한 조류들이었다.

그러나 사회주의사상이 본격적으로 우리에게 수용된 계기는 무엇보다도 1919년 3 · 1운동의 영향이었다. 3 · 1운동은 식민지 민중에게 일본제국주의의 폭압성과 대중적인 정치의식을 각인시키는 거대한 역사적 경험이었다.

3 · 1운동 직후 작성된 한용운의 〈조선독립의 서(朝鮮獨立의 書)〉와 1920년 박은식의《독립운동지혈사(獨立運動之血史)》 등에는 1917년 러시아혁명의 결과에 따른 세계사의 새로운 전개를 말하고 있었다. 또한 3 · 1운동 직후 조직된 '조선민족독립대동단' 은 1919년 9월 조직을 재정비하면서 '사회주의를 철저적으로 시행한다' 는 노선을 내걸기도 하였다. 1916년 김철수 · 장덕수 등 일본유학생들이 결성한 '신아동맹당 그룹' 은 1920년 6월 서울에서 사회혁명당을 결성하여 '계급타파' 와 '사유제도타파' , '무산계급 전제정치' 를 선언하기도 하였다.

이 무렵 일간지와 정기간행물은 유물사관, 소비에트 혁명정부와 레닌에 관한 기사를 가끔 다루고 있었다.《동아일보》는 1921년 6월 3일부터 8월 31일까지 무려 73회에 걸쳐 〈니콜라이 레닌은 어떠한 사람인가〉라는 표제 아래 그의 일생 · 활동 · 볼세비키혁명 등을 연재하였다. 1920~1922년 무렵 국내에서 펴낸《개벽》·《공제(共濟)》·《아성(我聲)》·《신생활》과 같은 잡지에는 맑스의 계급, 계급의식, 프롤레타리아독재에 대한 사상과 러시아의 사상가 크로포트킨의 상호부조론 등 무정부주의에 대한 글이 소개되었다.

1921년 3월 《아성》 창간호에는 윤자영(尹滋瑛)이 맑스의 《정치경제학비판》 〈서문〉의 일부를 번역한 〈유물사관요령기(唯物史觀要領記)〉를 소개하였다. 1923년 《신생활》에 실린 정백(鄭栢)의 〈노농로서아의 문화시설〉에는 1917년 10월 러시아혁명 이후 건설된 노농정부는 미술·연극·문학·교육·정치경제학·사회과학 등 각 부분에서 새로운 민중적 문화를 성장시키고 있음을 소개하였다.

이와 같이 식민지 아래에서 사회주의·아나키즘 등의 이념은 러시아혁명의 영향과 1차대전 직후 고양된 국제혁명운동의 영향, 민족자결주의론에 대한 자각 등의 국제적 조건과 일제의 가혹한 식민통치에 따른 민족적, 계급적 모순의 첨예화, 3·1운동 이후 정치의식의 고양 등을 계기로 국내 신문, 잡지 등의 언론매체를 통해 받아들이게 되었다. 국내에서 3·1운동을 거치면서 일부 민족주의자와 식민지 지식인들은 자신의 이론적·실천적 무기력함을 고백할 수밖에 없었고 아나키즘, 사회주의 등 다양한 사회이념을 민족해방운동의 이념적 무기로서 받아들이게 되었다.

한편, 우리나라에서 사회주의 사상이 도입되는 과정에서 특이한 점은, 1917년 러시아혁명으로 성립된 최초의 사회주의국가인 러시아와 지역적으로 인접하다는 점이다. 국내에서 사회주의사상의 유입과 동시에 사회주의단체가 조직되기 시작했던 이유는 바로 이러한 특수성에 있었다. 다시 말해 러시아지역에서 한인사회주의단체의 존재와 밀접한 연관이 있었다.

1919년 3·1운동 이후 국내에 사회주의 사상이 본격적으로 도입·수용되기 이전 러시아 지역에 이주해 간 조선인들은 러시아혁명을 직접 경험하고 참가하면서 자연스럽게 사회주의를 수용하게 되었다. 이러한 이유 때문에 그들은 사회주의사상 수용과정에서 일반적으로 경험하는, 다른 사상적 조류와의 갈등을 겪지 않고 곧바로 전위당을 창립하게 되었다.

1918년 4월 이동휘 등이 중심이 되어 하바로프스크에서 한인사회당을 결성했다. 이들은 1919년 4월 블라디보스톡에서 2차 당대회를 열고 신민회 '좌파' 세력을 포함하여 당조직을 확대하였다. 이 대회에서 한인사회당은 조선혁명에 대한 전술문제, 코민테른 가입문제, 코민테른에 한인사회당 대표를 파견하는 문제 등을 논의하여 박진순 등을 모스크바에 파견하였다. 이후 한인사회당은 이동휘가 상해임시정부의 국무총리로 부임하면서 활동무대를 상해로 옮기게 되었고 1921년 5월 고려공산당(상해파)을 창립하였다.

'상해파' 고려공산당은 〈강령〉에서 '민족적 해방이 사회혁명의 전제'요 '이 역시 곧 세계혁명의 달성'을 위한 것이라고 하였다. '상해파'는 러시아와 중국에서 주로 활동하였지만 그들의 목적은 식민지 조선을 일본제국주의로부터 해방시키고 동시에 사회주의국가를 세워야겠다는 것이었다. 고려공산당 〈선언서〉는 맑스·엥겔스의 〈공산당선언〉에 바탕을 두고 민족해방운동과 무산대중의 해방을 토로하였고, 고려공산당 〈강령〉은 "우리는 무산계급의 집정(執政)을 자본주의의 폭위로부터 인류를 해방하는 최선의 방법으로, 또 보편적 절대 자치의 소비에트정치를 무산계급 집정의 유일의 정체(政體)"라고 하였다. 이와 같이 '상해파' 고려공산당은 〈강령〉에서 프롤레타리아독재에 따른 소비에트 정부의 수립을 최대 강령으로 선명하게 밝히고 있었다.

또한 1920년 1월 러시아의 이르쿠츠크에서 러시아공산당 이르쿠츠크현 위원회 산하에 한인공산당이 창립됐고, 이들도 1921년 5월 고려공산당(이르쿠츠크파)을 창립했다. '상해파'와 '이르쿠츠크파'라는 두 개의 고려공산당이 동시에 결성된 것이다. 이들은 국내 정세에 끊임없이 관심을 기울이면서 국내에 전위정당을 조직하기 위해 노력했다.

상해파와 이르쿠츠크파의 대립은 강령이나 노선의 차이보다는 통일전선의 대상과 관련된다. 첫 번째 대립은 상해임정 참여 문제였다. 상해파는 고심 끝에 임정 참여를 결정하지만 이르쿠츠크파는 이에 반대하고 대한국민의회 계열과 상해임정과의 '타협'을 거부했다. 또 상해파는 베르흐네우진스크의 통합대회에서 통일전선의 대상으로 민족주의진영 안의 점진적 문화운동론자를 포함하였으나 이르쿠츠크파는 이들에 대해 고립화 정책을 폈다.

2. '사회주의 그룹'의 결성과 분화

3 · 1운동 이후 국내에서는 수많은 운동단체들이 조직되기 시작하였다. 또한 조선청년회연합회기성회와 조선노동공제회 등은 전국에 존재하는 노동 · 농민 · 청년단체를 망라하는 위상을 가지고 조직되었다. 이들 내부에는 민족주의자 · 무정부주의자 · 사회주의자 등 다양한 사상적 스펙트럼을 가진 사람들이 섞여 있었다.

1920~1922년 무렵은 국내에서 민족주의 · 아나키즘 · 사회주의 등이 섞이면서 그 내부에 분화과정이 일어나는 시기였다. 서울청년회 출신인 김사국이 1924년 3월 코민테른에 보고한 〈조선 내 공산주의운동의 발생과 분화〉에서 "유죄판결을 받은 '독립단'의 모든 성원들은 1921년에 형기를 마치고 자유의 몸이 되었다. 그러나 그들은 이미 '문화주의자들', '테러리스트들', '마르크스-공산주의자들' 등 독자적 사상을 가진 세개의 그룹으로 나뉘어졌다"고 하였다. 그는 '조선민족독립대동단'이 문화주의자 · 아나키스트 · 사회(공산)주의자 등으로 분화되어 갔음을 지적하였던 것이다.

예컨대 1921년 일본 동경에서 박열 · 김약수 등이 주도하여 결성한 흑도회(黑濤會)는 일본의 저명한 아나키스트인 오오스기 사카에(大杉榮) · 이와사사구타로(岩佐作太郎)와 사회주의자인 도시히코(堺利彦) · 다카쓰(高津正道) 등의 후원 아래 창립되었다. 이후 흑도회는 1922년 9월 내부의 사상적 대립으로 사회주의 그룹인 북성회(北星會)와 아나키스트 그룹인 풍뢰회(風雷會)로 분화되어 해체되었고, 풍뢰회는 이후 흑우회(黑友會)로 명칭을 바꾸었다.

이 시기 국내의 대표적인 사상단체로는 1921년 서울청년회('서울파'), 1923년 북성회(→1924년 북풍회, '북풍파'), 1923년 신사상연구회(→1924년 화요회, '화요파'), 1924년 조선노동당 등이 있었다. 이들은 제각기 그 이면에 '공산주의 그룹'들을 비밀리에 가지고 있으면서 사상단체로서 합법적 활동을 하였다. 서울청년회 안에는 고려공산동맹이, 북풍회 안에는 까엔당(까엔당은 러시아어 КНДан으로 조선(고려)인민당 또는 조선(고려)민중당으로 추정된다)이, 조선노동당 안에는 스파르타쿠스당이 존재하였다. 화요회는 코민테른과 직접적으로 조직적 관계를 맺으면서 주로 러시아의 이르쿠츠크파 고려공산당 계열의 사회주의자들과 긴밀한 연관을 가지면서 활동하였다.

이 무렵 사회주의 그룹들이 독자적인 모습을 띠고 등장하게 되는 데에는 1922년 1월 '김윤식 사회장사건'과 1922년 4월 '사기공산당사건'이 하나의 계기가 되었다. 1921년 1월 한말의 대제학을 지냈고 일제로부터 작위를 받았던 김윤식의 장례를 둘러싸고 '일부 민족주의세력'과 '사회주의세력' 내부에서 벌어진 의견대립으로 결국 '김윤식 사회장'은 무산되었다. 또 상해파 고려공산당의 국내간부가 코민테른으로부터 받은 자금의 일부를 사적으로 남용하였다고 하여 이들을 주요 대중단체인 조선청년회연합회 · 노동공제회 · 서울청년회에서 축출하는 사건인 '사기공산당사건'이 발생하였다. 이 과정에서 '사회주의

세력' 은 민족해방운동의 주도적 세력으로 떠오르게 되었다.

한편 화요파 · 북풍파 · 조선노동당 · 서울파 등 '사회주의그룹' 은 이 무렵 조선노농총동맹과 조선청년총동맹 등 전국적인 대중운동체를 조직한 이후 본격적으로 국내에 전위당으로서 조선공산당을 결성하려고 하였다.

3. 조선공산당의 창립과 활동

1925년 4월 17일 황금정(을지로) 아서원에는 비밀리에 김재봉(金在鳳) · 김낙준(金洛俊, 金燦) · 김약수(金若水) · 주종건(朱鍾建) · 윤덕병(尹德炳) · 진병기(陳秉基) · 조동호(趙東祜) · 조봉암(曺奉岩) · 송봉우(宋奉瑀) · 김상주(金尙珠) · 유진희(兪鎭熙) · 독고전(獨孤佺) · 정운해(鄭雲海) · 최원택(崔元澤) · 이봉수(李鳳洙) · 김기수(金基洙) · 신동호(申東浩) · 박헌영(朴憲永) · 홍덕유(洪悳裕) 등 19인이 참석하였다. 조선공산당 조직을 위한 창당대회는 일경의 눈을 피하고자 표면적으로 전조선기자대회와 전조선민중운동자대회를 준비하면서 '비밀리' 에 개최되었다. 이것이 조선공산당 1차 당대회였다.

1차 당의 책임비서는 김재봉이었다. 조선공산당은 조직부 · 정치경제부 · 간부국 · 조사부 · 선전부 · 노농부 등을 조직하고 코민테른 집행위원회에 조선공산당의 창건을 알리고 승인을 얻기 위해 모스크바로 조동호와 조봉암을 파견할 것을 결정하였다. 1차 당대회에서는 조선혁명의 과제가 심의되었으며, 그것을 당면 단계에서는 민족해방혁명, 반제국주의 혁명으로 규정하였다.

조선공산당은 창립 당시 〈강령〉을 작성하지는 않았지만, 1926년 6월 7일에 상해에서 발행된 조선공산당의 기관지 《불꽃》에 수록된 〈조선공산당선언〉에는 강령적 내용을 담고 있었다. 〈조선공산당선언〉에는 민주공화국을 건설하되 국가의 최고 및 일체 권력은 국민으로부터 조직한 직접 · 비밀(무기명투표) · 보통 및 평등 선거로 성립한 입법부에 있을 일, 주 8시간 노동제 실시, 직업조합의 조직 및 동맹파업의 자유, 야간노동 금지, 아동노동 금지, 산모의 산전 2주 산후 4주간 노동 금지, 대토지 소유자와 회사 및 은행이 점유한 토지를 몰수하여 국가의 토지와 함께 농민에게 교부할 일, 소작료를 3할 이내로 할 일, 농민조합을 법률로 승인할 일 등 40개 항에 이르는 전술적 슬로건이 담겨져 있었다. 그 내용은 대체로 일반 민주주의적 과제, 곧 부르주아 민주주의혁명의 과제를 내용으로 하는 최소강령적 성격을 띠고 있었다.

조선공산당은 1924년 가뭄에 이은 을축년(1925년) 대홍수를 겪으면서 수해이재민에 대해 위원회를 조직하여 모금과 상황 조사를 하는 등 홍수 이재민들을 돕기 위한 전국적인 운동에 참여했다. 또한 전국 각지를 순회하여 농민 · 노동자 등에게 강연을 벌이고 일본인 사회주의자를 초대하여 강연회를 여는 등 선전사업을 활발히 벌였다.

조선공산당은 각 직업별 노동조합의 창설을 지도하여, 서울에 있는 인쇄공 조합 · 철공조합 · 구두직공조합 · 양말직공조합 · 물장수조합 등은 조선공산당의 영향 아래 전체대회를 개최했고 연맹을 조직했다. 조선공산당은 합법 출판물로서 《조선지광》과 《신흥청년》을 발행하여 사회주의를 선전하였다. 또한 《조선일보》, 《동아일보》, 《시대일보》 등 주요 일간지에 자신의 프랙션을 조직하고 언론을 장악하기 위해 노력했다.

조선공산당은 1926년 6월 10일 조선의 마지막 황제 순종의 장례식을 계기로 민중봉기를 계획하였다. 당시 조선공산당 산하 고려공산청년회의 책임비서인 권오설의 주도 아래 조선공산당은 '6 · 10투쟁특별위원회' 를 두고 〈격고문(檄告文)〉 〈복상(服喪) 통곡(慟哭)하는 민중에게 격(檄)함!〉등의 전단을 배포하여 일제에 대항하는 투쟁을 준비하였다. 그러나 이러한 계획이 사전에 발각되어 조선공산당은 1백여 명의 당원이 체포되었다.

조선공산당은 1925년 11월 '신의주사건' 과 1926년 6 · 10만세운동사건 등 '1,2차 조선공산당 사건' 으로 조직에 치명적 손실을 입었지만 파괴된 조직을 정리하고 '서울파 사회주의그룹' 인 고려공산동맹을 가입시켜 당세를 확장하여 1926년 12월 6일 조선공산당 2차 당대회를 열었다.

대회는 먼저 〈민족운동에 관한 방침〉을 통해 '민족주의자의 정당을 형성' 할 것을 결정하였다. 이 결정은 1927년 2월 신간회의 결성으로 구체화하였다. 대회는 또한 조선노농총동맹을 노동총동맹과 농민총동맹으로 분맹할 것과 노동쟁의 및 소작쟁의에 대한 구체적 전술을 세울 것을 결정하였다.

1928년 2월 '제3차 조선공산당사건' 에서 검거를 피한 당원들이 중심이 되어 1928년 2월 27~28일 조선공산당의 마지막 당대회였던 3차 당대회를 열었다. 대회는 노동자출신 차금봉을 책임비서로 선출했다.

1928년 3월 조선공산당 중앙집행위원회는 〈조선민족해방운동에 관한 테제〉(〈정치논강〉)에서 당시 조선혁명의 성격을 '부르주아 민주주의혁명' 으로 파악하면서, "조선의 장래 권력형태는 조선사회의 정세에 바탕을 둔 혁명적 인민공화국이어야 한다. 조선에 소비에트공화국을 건설하는 것은 좌익소아병적 견해이고 부르조아공화국을 건설하는 것은 우경적 견해"라고 하였다.

'혁명적 인민공화국' 에 대한 해석에는 '노농소비에트국가의 전단계로 설정된 과도적 중간정부론' , '노농민주독재의 국가형태론' , '부르주아민주공화국과 인민위원회 또는 소비에트의 중간적 성격' 등 다양한 견해가 있다. 소비에트정부의 수립과 시민적 부르주아정부의 수립을 각각 좌 · 우편향으로 비판하면서 조공이 권력형태로서 제기한 인민공화국은 프롤레타리아독재와 부르조아권력의 중간적 형태로서 '노농의 혁명적 민주주의적 독재' 를 상정하는 것 같다.

이와 같이 조선공산당은 일본 제국주의에 대항하여 식민지 조선에서 민족해방의 과제를 비롯한 일반 민주주의적 과제와 더불어 '인민공화국의 수립' 을 국가 건설의 가능한 형태로서 제기하였다.

4. 조선공산당의 해체와 당 재건운동

조선공산당은 1928년 7월부터 10월에 이르기까지 계속적인 일제의 검거로 책임비서 차금봉이 구속되는 등 조직이 와해되었고 코민테른의 〈12월테제〉의 지침에 따라 노동자와 빈농에 기초한 당 재건운동으로 나아가게 되었다.

1928년 12월 10일 코민테른 집행위원회 정치서기국에서 결의한 〈조선의 농민 및 노동자의 임무에 관한 결의〉(〈12월테제〉)는 "조선공산주의 운동의 주요방침은 프롤레타리아트 혁명운동을 강화하여 소부르주아지의 민족혁명운동에 대해서는 그 완전한 독립을 보장하는 한편, 민족혁명운동에 계급성을 부여하고 그것을 타협적인 민족개량주의로부터 분리시킴으로써 민족혁명운동을 강화해야 함" 을 제시했다. 또한 조선공산당이 지식인과 학생으로 구성되어 있고, 다년간의 파쟁이 그들의 발전을 지연시켰기 때문에 공장노동자와 빈농에 기초한 강철 같은 당조직의 복구 · 강화를 지시하였다.

당시 조공사건으로 체포된 당원들의 직업별 구성을 보면 소부르주아 (지식인, 학생, 상인 등)의 비율이 42.4퍼센트, 농민이 13퍼센트, 노동자 11.6퍼센트, 무직 29퍼센트 기타 4퍼센트 등으로 노동자계급의 비율이 매우 열악함을 알 수 있다. 혁명정당은 노동자계급의 당이므로 구성원 대다수가 노동자로 이루어져야 한다. 그러나 아직은 계급에 뿌리내리는 걸음을 시작한 조선공산당에게 이러한 요구는 과도했다.

〈12월테제〉는 명시적으로 조공의 해체를 지시하지는 않았다. 그러나 코민테른이 제시한 노동자 · 농민에 바탕을 둔 당재건의 과제는 조선의 사회주의자들에게는 과도한 요구였다. 따라서 많은 조선의 사회주의자들에게 이것은 실질적인 조공의 해체 지침으로 받아들여졌다. 이후 코민테른의 일국일당주의에 따라 1930년 3월에 조공의 만주총국이, 1931년 10월에 일본총국이 각각 해체되었다.

한편, 이러한 새로운 요구는 프로핀테른의 〈9월테제〉(〈조선의 혁명적 노동조합운동의 임무에 관한 테제〉), 프로핀테른 산하 범태평양노동조합의 〈10월서신〉(〈조선의 범태평양 노동조합 비서부 지지자에 대한 동비서부의 서신〉) 등 국제 혁명지도기관에 따라 노선적으로 뒷받침되고 고무되었다.

1929년 세계자본주의체제는 대공황을 맞게 되면서 위기적 상황에 처하게 되었다. 일본제국주의는 자국의 공황을 타개하기 위해 파쇼군벌체제를 강화하여 국내의 혁명운동에 대한 탄압을 더욱 강화하였다. 한편 국내에서는 1929년 원산총파업을 계기로 전국 각지에서 노동자 · 농민들의 대중적인 투쟁이 활발히 전개되었다. 이러한 정세 속에서 〈12월테제〉 · 〈9월테제〉 · 〈10월서신〉 등에 따라 사회주의그룹들은 노동자 · 농민에 기초한 대중적 당재건운동에 주력하게 되었다.

김규열 · 이동휘 · 김철수 · 윤자영 · 영만 등 과거 서울파와 상해파 그룹들은 1929년 3월 만주 길림성(吉林省)을 중심으로 조선공산당재건설준비위원회 발기회를 조직하고 《볼세비키》, 《노력자신문》을 펴내며 당 재건운동을 벌였다.

1931년 2월 양명 · 한위건 등 'ML파' 사회주의자 그룹은 상해에서

기관지《계급투쟁》을 발행하고 조선공산당재건설동맹을 결성하고, '화요파' 출신인 김단야 · 권오직 등은 1929년 11월 서울에서 조선공산당재조직준비위원회를 결성하였다. 이후 블라디보스톡 등지에서 활동하던 김단야 등은 1931년 3월 박헌영과《콤뮤니스트》창간호를 펴내 공장세포(공산주의자 소그룹, 독서회) → 시위원회 → 지역위원회(지역당조직, 지역별 공산주의자단위) → 전국협의회를 통한 조선공산당 재건 방침을 시도하였다.

또한 1933년 8월 서울에서 이재유를 중심으로 경성트로이카그룹이 결성되어 1934년 11월 경성재건그룹, 1935년 9월 조공재건경성준비그룹 등을 거치면서 조선공산당 재건을 위해 투쟁하였다. 한편, 1930년대 들어와 혁명적 노동조합, 혁명적 농민조합 결성 운동이 활발히 일어나 전국적으로 수만 명에 이르는 검거자가 발생하였다. 이들은 코민테른의 당 재건 방침에 따라 '아래로부터 위로의' 전국적 조직건설을 통해 당을 재건하려고 시도하였다.

이와 같이 1925년 4월 창건되어 1928년 12월 해체된 조선공산당의 재건을 위한 각 분파들의 당재건운동은 1945년 해방이 되기까지 성공하지 못하고 실패를 거듭했지만 1920년대 말부터 1940년 초에 이르는 당재건 운동의 결과는 1945년 8월 해방 직후 박헌영 등 과거 화요파가 중심이 된 '조선공산당재건준비위원회'를 통한 조선공산당의 재건으로 이어지게 되었다.

맺음말

한국사회주의운동에 대한 연구는 그동안 일제 관헌 측 자료로 말미암은, 사실에 대한 고의적인 왜곡과 반공주의적 시각 속에서 한쪽으로 치우쳐 서술이 이루어졌지만, 1990년대 중반 이래 러시아 코민테른 자료의 공개 등으로 그동안 밝혀지지 않았던 사실들이 새롭게 조명되고 있다. 그러나 연구조건의 성숙과는 반대로 이 분야에 대한 연구자는 그리 많지 않은 게 현실이다. 이론과 자료접근의 난해함과 더불어 사회 현실을 반영하는 현상일 것이다.

일제하 사회주의운동은 중국 · 인도 · 베트남 등 식민지 · 반(半)식민지 국가의 사회주의운동과 견줄 때 매우 유사성을 지닌다. 이들 국가에서도 사회주의의 수용과 공산당의 결성은 반제 민족해방운동의 일환이었고, 초기 당결성 과정은 여러 이념 · 조직 노선을 달리하는 사회주의 그룹(Group) · 경향(Tendency) · 분파(Faction) 사이의 우여곡절 속에서 이루어졌다. 당결성 과정에서 일어난 이러한 복잡함은 동아시아뿐 아니라 세계사회주의운동사에서도 예외가 없었다.

당시 각국의 사회주의운동은 코민테른(Comintern)의 영향 아래 있었다. 코민테른은 세계 각국의 사회주의운동을 지원하는 구실을 하였지만, 식민지 조선의 구체적 특수성을 간과하여 유럽이나 중국의 상황을 그대로 적용하는 잘못을 범하기도 하였다. 사회민주주의의 사회파시즘론이나 민족부르주아에 대한 '초좌익적' 경향 등은 1930년대 식민지 조선에까지 부정적 영향을 미쳤다.

일제하 사회주의운동사는 그동안 많은 연구성과가 이루어졌지만 아직 사회주의운동 초기 러시아 지역에서의 무장투쟁에 대한 연구, 코민테른과 사회주의 분파와의 관련성, 대중운동과 사회주의운동의 관련성 등 아직 연구되어야 할 많은 과제가 산적해 있다.

앞으로 한국사회주의운동 연구가 진일보하려면 무엇보다도 남북한 역사학의 교류와 이 분야에 대한 자료의 공유가 이루어져야 할 것이다. 이데올로기를 넘어 '잊혀진 역사'에 대한 객관적 규명이 이루어져야 할 것이다.

■ 참고문헌

강만길 · 성대경 편, 《한국사회주의운동인명사전》, 창작과비평사, 1996.

김경일, 《이재유연구》, 창작과비평사, 1993.

김기승, 《한국근현대사회사상사연구 -배성룡의 진보적 민족주의론》, 신서원, 1994.

박종린, 〈일제하 사회주의사상의 수용에 관한 연구〉, 연세대 박사논문, 2006.

박철하, 〈1920년대 사회주의사상단체 연구〉, 숭실대 박사논문, 2003.

역사학연구소 편, 《한국공산주의운동사연구 - 현황과 전망 -》, 아세아문화사, 1997.

———————— 편, 《역사속의 미래 사회주의》, 현장에서 미래를, 2004.

이현주, 《한국사회주의세력의 형성 : 1919~1923》, 일조각, 2003.

이호룡, 《한국의 아나키즘 - 사상편 - 》, 지식산업사, 2001.

임경석, 《한국사회주의의 기원》, 역사비평사, 2003.

전명혁, 《1920년대 한국사회주의운동연구 - 서울파 사회주의그룹의 노선과 활동》, 선인, 2006.

전상숙, 《일제시기 한국사회주의 지식인연구》, 지식산업사, 2004.

최규진, 〈코민테른6차대회와 조선공산주의자들의 정치사상연구〉, 성균관대 박사논문, 1996.

한국근현대사연구회 1930년대 연구반, 《일제말 조선사회와 민족해방운동》, 일송정, 1991.

한국역사연구회 1930년대 연구반, 《일제하 사회주의운동사》, 한길사, 1991.

———————— 편, 《한국근현대청년운동사》, 풀빛, 1995.

항일전선 통일과 민족해방운동

염인호(서울시립대 국사학과)

머리말

국망 이후 한인들의 저항운동은 끊이지 않았다. 긴 세월 동안 저항방식도 다양하게 나타났다. 산악에 웅거하여 펼친 무장투쟁, 일본의 침략 거두나 친일파를 저격하는 의열투쟁, 열강의 정부와 인민들을 설득하는 외교활동, 실력 양성에 주력하는 방법, 농촌과 공장 · 학교에서 조직을 결성하여 전개하는 대중투쟁이 있었다.

사상면에서는 공산주의를 신봉했는가 하면 자본주의를 신봉한 사람도 있었다. 또 동양 전래의 사상에 의지하려 했던 사람도 있었다.

항일 민족해방운동에 대한 연구는 거슬러 올라가면 항일운동을 전개하고 있던 당대부터 시작되었다. 해방 뒤 연구는 남북한은 물론이고 일본에서도 광범위하게 이루어져 왔다. 수많은 연구들을 여러 가지 기준을 갖고 분류할 수 있다. 특히 정치적 입장을 기준으로 삼으면 아래와 같은 세 가지의 흐름이 있었다고 할 수 있다.

첫째, 우익 입장에서의 연구이다. 주로 대한민국 임시정부를 민족해방운동의 핵심 축으로 본 반면 공산주의자들의 운동을 민족운동을 파괴하고 방해한 것으로 보았다. 1960, 70년대 남한 안의 연구는 대체로 이러하였다.

둘째, 좌익 입장에서의 연구이다. 우익 민족주의자들은 3.1운동 이후 대부분 일제에 협조하거나 아니면 항일운동을 그만두었던 반면 공산주의자들이 민족해방운동을 주도했다고 본다. 이러한 연구는 다시 김일성 등 재 만주 항일 빨치산을 운동의 주류로 보는 연구 경향과 1920년대 결성된 조선공산당을 주류로 간주하는 두 가지 경향이 있다. 전자의 경우는 주로 북한의 연구가 그러하고, 후자의 경우는 1980년대 국내 민주화운동이 활발한 가운데 이 경향의 연구가 많이 나왔다.

셋째, 신간회 · 유일당운동 · 민족혁명당 · 민족전선연맹 · 동북항일연합군, 후기 대한민국 임시정부 등 통일전선을 지향했던 운동들을 민족운동의 중심축으로 놓는 연구 경향이다. 강대한 일제에 맞서 싸우기 위해서는 좌익 진영 또는 우익 진영 단독으로 할 수는 없었고 전선을 통일해서 뭉치는 방법밖에 없었다고 본다. 물론 우익 중심적 운동이나 좌익 중심적 운동은 옳지 않다고 본다. 최근 한국 사학계의 경향이 대체로 이 셋째에 해당한다. 필자 또한 여기에 해당함을 미리 밝혀두는 바이다.

항일 민족해방 운동은 고립되어 전개한 것이 아니라 중국이나 세계 각지의 우호 세력과 연계하여 이루어졌다. 또 늘 세계 정세의 변화에 영향을 받았다. 이 글에서는 중국과 코민테른 등의 구실을 부각하여 서술하고자 하였다.

1. 코민테른의 대한(對韓) 방침과 신간회 운동

러시아혁명의 성공과 소련의 식민지 해방운동에 대한 지원은 한인들에게 많은 영향을 주었고, 한인들 가운데 공산주의 사상을 받아들이는 사람이 많이 나왔다. 1925년에는 조선공산당이 서울에서 결성되었다. 이러한 공산주의운동의 확산은 거꾸로 민족운동 내부의 갈등을 가져왔다.

갈등의 시작과 함께 이러한 갈등을 극복하고 전선의 통일을 이루려는 움직임은 동시에 전개되었다. 일찍이 코민테른 대회에서 공산주의자들은 민족주의 운동을 지원해야 한다는 방침을 선언한 바 있었다.

국내 공산주의자들과 민족주의자들 가운데 비타협적 태도를 고수해온 세력 사이에 통일 합작이 이루어져 1927년 초 신간회가 발족하였다. 이후 각 지방에서 신간회 지회가 속속 결성되었다. 1928년 말 신간회 지회 총수는 143개, 회원 수는 2만 명에 이르렀다.

신간회 본부와 각 지회는 당시 활발하게 전개되고 있던 각종 대중운동을 주도하거나 지원했다. 신간회는 함남의 수력발전소 건설에 따른 매립지 보상운동이 전개되자 주민들 편에 서서 그들을 지원했다. 1929년에는 일제가 화전민에 대해 아무런 생계 대책도 마련해주지 않은 채 함북 갑산 지방 화전민의 가옥에 불을 지르자, 진상보고대회를 열어 일제의 부당한 조치를 비난하는 사회 여론을 불러 일으켰다. 또한 1929년 11월에 광주학생사건이 일어나자 진상조사단을 현지에 파견하는 한편 12월에는 서울에서 대규모 민중대회를 준비하는 등 학생운동을 전국적으로 확산시켜 갔다.

그러나 신간회는 1931년 5월 해체되었다. 여기에는 민족주의자들이 점차 일제에 타협적인 태도를 취해 갔던 것도 원인으로 작용했지만 더 근원적으로는 민족 내 계급 사이의 통일보다는 노동자 농민 계급의 통일을 강조하는 전 세계 공산주의 진영의 방침에서 더 영향을 받았다. 이미 구미 선진국의 노동운동에서는 1927년 이래 사회민주주의 정파와의 상층 통일전선보다는 그들의 영향 아래 있는 노동자들과의 하층 통일전선을 중시하는 흐름이 주조를 이루었고 1928년에 개최된 코민테른 제6차 대회에서는 하층 통일전선을 방침으로 결정하였다. 이러한 국제적인 흐름은 중국과 한국에도 영향을 주었다.

특히 1928년 코민테른 제6차 대회에서 채택한 '식민지 반식민지 국가들의 혁명운동에 관한 테제' 와 이에 바탕을 둔 코민테른 집행위원회 정치 서기국에서 채택한 '조선의 농민 및 노동자의 임무에 관한 테제' (이른바 '12월 테제')에서는 민족해방운동에서 부르주아 민족주의자들의 불철저성과 동요성을 지적하였다. 이는 전선통일운동에 악영향을 주어, 전선 통일체였던 신간회 운동에 부정적인 결정을 내렸다.

특히 코민테른의 자매단체인 국제적색노조(프로핀테른)는 한인 공산주의자들에게 주는 '9월 테제' (1930. 9.)에서 신간회를 동아일보 조선일보 천도교 단체와 마찬가지로 민족개량주의 단체라고 규정하였다. 민족개량주의는 일제 못지않게 혁명운동에 부정적인 영향을 끼치는 존재로 보고 있었던 당시 상황에서 이러한 테제는 사실상 신간회에서 손을 떼라는 방침으로 인식될 수밖에 없었다.

이후 부산(1930. 12. 6.), 평양(1930. 12. 27.) 등 각지의 지회에서 신간회 '해소' 를 선언하였다. 김병로가 위원장으로 있던 신간회 중앙집행부에서는 지회 차원에서 일어나는 신간회 '해소' 결의를 중앙 차원에서 역전시키기 위해 1931년 5월 서울에서 열린 제2회 전국대회에서 43:3으로 '해소' 가 결의되었다. 신간회의 해체 뒤 공산주의자들은 혁명적 농민조합 · 노동조합 조직운동과 이를 통한 당 재건운동에 매진하였다. 반면 이후 일제가 패망할 때까지 단 한번도 전국적 범위의 민족 통일적 조직은 결성되지 못하였다.

한편 해외에서도 전선통일운동이 펼쳐졌다. 만주에서는 · 참의부 · 정의부 · 신민부 등 민족주의 단체와 공산주의 단체들이 유일당 건설을 위한 모임을 1928년 반석과 화전에서 열었으나 개인 본위로 할 것인가 단체 본위로 할 것인가를 두고 의견이 엇갈려 성공을 거두지 못하였다. 중국 관내지방에서도 유일당운동이 전개되었다. 각 도시에서 대독립당 조직 북경촉성회(1926. 10.)나 한국유일독립당 상해촉성회(1927.4.) 등의 조직들이 잇달아 결성되었으나 중국 국 · 공 분열의 영향으로 성공을 거두지 못하였다.

2. 소비에트 결성 노선과 재만 항일무장투쟁

간도는 1932년 말 현재 총 인구 52만 418명 가운데 한인은 40만 6,341명으로 전체 인구의 77퍼센트를 차지하였다. 이곳은 일찍부터 항일 무장투쟁의 중심지 구실을 하여 1920년 봉오동전투와 청산리전투가 이곳에서 전개된 바 있다. 경신년 대참변을 계기로 항일무장투쟁의 역량은 약해진 반면 이후 공산주의운동은 한인들 사이에서 광범위하게 전개되었으며 1925년 조선공산당 창건 이후 이곳에서 조선공산당 지부가 조직되어 세력을 확장해 나갔다.

코민테른의 결정에 따라, 1930년 이후 간도(연변)를 비롯한 만주의 한인 공산주의자들은 중국공산당 조직에 가입해야 했고 또 중국공산당의 지시에 복종해야 했다. 당시 중국공산당은 간도를 만주 공산주의운동의 주요 거점으로 삼고자 했다. 특히 중국공산당은 대중폭동, 토지개혁, 소비에트 결성 등 중국 남부에서 실시했던 노선으로 이곳에서도 실천코자 하였다. 그 첫 시도로 1930년 5월 간도에서 폭동(간도 5 · 30봉기)을 일으켰다.

폭동은 1930년 5월 29일 밤부터 시작되었다. 이날 봉기자들은 일본과 중국의 관헌 시설, '반혁명분자' 들의 저택에 방화하였다. 30일 밤, 봉기자들은 철도, 전등공사, 동척 간도출장소에 폭탄을 투척하였다. 며칠 동안 전개된 봉기 가운데 19개의 가옥이 방화 소실되었고 4개의 교량이 파괴되었으며 전화 절단 10건 폭탄 투척 3건 발전소 파괴가 1건이 있었다. 당시 일제 영사관은 봉기 참가자가 515명이라고 파악하였다.

일제는 조선군 75연대를 간도에 투입하여 1930년 6월 10일부터 7월까지 한인을 대량 검거하고 85명을 서울로 압송하였다. 봉기는 실패하였고 압송된 사람 가운데 적지 않은 사람이 형장의 이슬로 사라졌다.

1931년 9월 만주사변이 발발하자 간도에서는 무장투쟁과 소비에트 결성운동이 동시에 전개되었다. 1931년 12월, 간도의 중국공산당은 항일무장부대를 창설하고 유격투쟁을 전개하기로 결정하였다. 이 결정에 따라 1932년 2월부터 무기 탈취 투쟁이 본격화하였다. 대표적으로 두 곳만 보면 2월에 연길현 의란구의 적위대는 위자구에서 총 8자루를 탈취하였고, 연길현 노두구에서는 4월 적위대가 그곳 경찰서를 습격하여 총 7자루를 탈취하였다.

무기가 확보되자 각지에서 유격대가 창설되었다. 간도의 각 유격대는 1933년 1월 중국노농홍군 제32군 동만유격대라는 정식 호칭을 부여받았다. 당시 대원은 약 400여 명이었는데 대부분이 한인이었다.

간도 각지의 유격대는 반일 · 반만주국 · 반지주 투쟁을 전개하는 가운데 유격근거지를 창설하였다. 각 유격근거지에는 노 · 농 · 병사 혁명정부, 곧 소비에트가 수립되었다. 소비에트의 기본단위는 촌 소비에트이고 최고 권력기관은 구 노농병사 대표회의였으며, 대표회의에서는 집행위원회를 구성하고 집행위원 가운데 상무위원이 선출되어 주석 · 총무 · 경제 · 교양 · 민경 · 식량 등 일상 업무를 담당하였다. 소비에트는 달아나고 없는 친일파 그리고 지주의 땅을 그 지역 농민들에게 분배하여 주었다.

항일애국적인 지주나 자본가 유지 등을 배척하는 소비에트 결성 노선은, 일제에 반대하는 각계각층의 사람들을 끌어 모을 수 없는 한계를 지녔다. 이 점을 보완하고자 1933년 이후에는 소비에트를 참가층을 확대한 인민혁명정부로 개편하고 노농홍군을 동북인민혁명군으로 개편하였으나 모든 반일 세력을 결집시키는 데는 여전히 한계가 많았다.

간도의 유격근거지에 대해 일제는 몇 차례에 걸쳐 집요하게 탄압을 가했다. 특히 1934년 9월부터 이듬해 봄까지는 관동군 · 만주군 정예부대, 경찰 등 수만 명을 동원하여 유격대 토벌전을 감행하였다. 토벌군은 유격근거지 안에 있는 부락들을 불태웠고 농토를 못 쓰게 만들었다. 유격 투쟁은 위축되었고 근거지는 유지하기 어렵게 되었다.

유격투쟁이 침체상태에 빠지자 이를 타개하기 위해 간도의 중국공산당은 1935년 2월 당 · 유격대 지도자회의를 개최하였다. 이 회의에서는 기존 혁명근거지를 사실상 폐기하고 인민혁명군 유격대를 몇 개의 부대로 나누어 간도 밖으로 진출시켜 남만 북만의 항일 부대들과 합동작전을 전개하기로 하였다. 이 결정에 따라 간도의 부대들은 밖으로 진출하였다.

3. 민족통일전선 노선과 재만항일무장투쟁

일제가 만주로 만족하지 않고 침략의 마수를 중국 화북 일대로 깊숙이 뻗치자 중국 안에서 항일구국운동이 급격히 확산되었다. 이러한 정세를 배경으로 중국공산당 주코민테른 대표단은 1935년 8월 1일 중공중앙과 소비에트 중앙정부의 명의로 '항일구국을 위한 전체 동포에게

고하는 글' 을 발표하였다. 이 선언에서는 각 당 · 각 파 · 각 계 · 각 민족의 항일을 위한 대연합을 호소하였다. 이러한 민족통일전선 노선은 당시 개최되었던 코민테른 제7차 대회의 통일전선 노선 채택과 관련이 있었다.

이러한 호소에 발맞추어 만주의 한 · 중 공산주의자들은 기존의 인민혁명군 부대를 항일 민족주의자들도 참가할 수 있는 동북항일연합군으로 개편하였다.

이때 재편성된 동북항일연합군 제1~제11군 가운데 제2군에는 2000여 명의 대원들 가운데 한인들이 50퍼센트나 차지해 '민족대연합의 무장부대' 라고 불렸다. 제2군 산하의 제3사(사장 김일성)은 임강현과 무송현에 진출하여 노령전투(5월), 서강전투와 동강전투(6월)를 전개하면서 백두산지구로 진출하였다.

한편 중공 만주성위원회는 1935년의 '동북임시혁명정부 강령' 에서 소수민족의 자치권을 인정하기로 했고 이에 따라 1936년 5월에는 "전 민족의 계급 · 성별 · 지위 · 당파 · 연령 · 종교 등의 차별을 불문하고 반드시 일치단결 궐기하여 원수 왜놈들과 싸워 조국을 광복시킬 것" 을 천명한 재만한인조국광복회가 결성되었다. 이후 조국광복회는 장백현과 함남 일대에 조직을 확대해 나갔다. 조국광복회는 천도교세력과의 통일전선을 이루기 위해 함경도지방과 중국 장백현 안의 도정 · 종리원장 · 청년당 대표 등을 포섭했으며 한때는 천도교 중앙교단과도 연결을 맺기 위해 공작원을 서울로 보내기도 했다.

한 · 만 국경지대에서 지하조직을 강화한 가운데 1937년 6월 4일 밤, 80여 명의 동북항일연군 소속 한인 유격대는 압록강을 건너, 혜산 보천보로 통하는 도로와 통신선을 차단한 뒤 순식간에 보천보 시가지를 점령하여 경찰 주재소, 면사무소 등 일제 통치기구를 불태우고 돌아갔다. 성공적인 보천보 습격 소식은 국내 민중은 물론이고 해외 각지의 민족해방투사들을 고무하였다. 이후에도 유격대는 무산전투(1939. 5.), 홍기하전투(1940. 봄) 등 여러 전투에서 전과를 올렸으며 이 부대는 1940년 말 하바로프스크 회의 결정에 따라 소련으로 이동하였다. 같은 시기에 여타 항일연군 대오들이 소련으로 이동하였다.

4. 중국 전국(戰局)의 추이와 관내지방 한인들의 전선통일운동

중국 국민당과 공산당 사이에 내전이 발발함으로써 한때 중국 관내(關內)의 한인들의 민족해방운동은 침체를 면치 못했다. 그러나 만주사변의 발발은 한인 항일투사들에게 새로운 기회였다.

만주사변이 발발하자 관내의 각 민족운동 단체들은 전선통일운동을 전개하였는데 그 결과 1932년 말 한국대일전선통일동맹을 결성하였다. 이어서 1935년 7월, 5개의 민족운동 단체가 각각 해산을 선언하고 전선통일체인 민족혁명당을 결성하였다. 이때부터 일정기간 민족혁명당은 관내의 민족해방운동을 대표하게 되었다. 김구가 이끄는 한국국민당은 전선통일운동이 코민테른과 관계가 있다는 이유로 참가하지 않았다.

민족혁명당의 결성에는 통일 단결이라는 대의도 작용하였지만, 다른 한편에서는 각 당파의 구체적 이해관계가 작용한 것이었다. 통일을 주도했던 의열단은 자파가 갖는 급진주의 이미지를 약화시킨다는 목적을 지녔다면 여타의 당파들은 의열단의 자금동원 능력에 기대를 걸었던 것이다. 그런 만큼 이해관계에 충돌이 생기자 곧 재분열의 길을 걷게 되었다. 창당 뒤 조소앙 등이 이탈하여 한국독립당 재건을 선언했고, 이후 당내 지분문제의 갈등으로 이청천 등이 이탈하여 조선혁명당을 창당하였다.

1937년 7월의 중일전쟁 발발은 다시 한번 전선통일운동을 촉진시켰다. 민족혁명당 등 좌파 단체들은 조선민족전선연맹을 결성하는 한편 중국의 지원을 얻어 조선의용대를 창설하였다(1938. 10.). 조선의용대는 각 처의 국민당 군대에 배속되어 대적 선전, 포로 심문 등의 활동을 전개하였다. 한국국민당 · 한국독립당 등 우파 단체들은 한국광복운동단체연합회를 결성하였다. 1939년 좌파인 민족전선연맹과 우파인 광복운동단체 사이의 통일운동이 전개되었으나 조선의용대 지휘권 문제 등이 해결되지 않아 성공하지 못하였다. 우파의 당파들은 1940년 한국독립당으로 통합하는 한편 임시정부를 강화하고 한국광복군을 창설하였다.

한편 좌파는 화북의 청년들을 흡수하여 대열을 확대하고 효율적인 항일무장투쟁을 전개할 목적으로 조선의용대 주력을 화북 중국공산당 작전 지구로 이동시켰다. 이동한 의용대원들은 현지의 화북조청년연합회와 결합하여 조선의용대 화북지대를 결성하고 본격적인 항일무장선전투쟁을 전개하였다. 화북지대원들은 1941년 12월 호가장전투 등에서 격렬하게 싸웠으며 그 과정에서 많은 희생자를 냈다. 이후 한인들은 화북조선독립동맹을 조직하고 조선의용대 화북지대는 조선의용군 화북지대로 개편하였다.

5. 태평양전쟁의 발발과 전선통일운동

1941년 6월 독일군이 소련을 공격함으로써 독소전쟁이 발발하였다. 이어서 일본은 1941년 12월 하와이 진주만을 공격함으로써 태평양전쟁이 발발하게 된다. 독일과 국가의 명운을 건 전쟁을 하게 된 소련과 코민테른은 중국·한국을 비롯한 동아시아의 혁명투쟁에 대한 지도력을 점차 잃었다. 1943년 코민테른은 해산을 선언하였다. 반면 태평양전쟁 발발을 계기로 미국의 동아시아에 대한 영향력이 급증하였다.

태평양전쟁이 일어난 뒤 국민정부 임시수도 중경에 집결한 각 민족운동 단체들은 급변하는 국제정세에 기민하게 대응하였다. 먼저 1942년 봄 조선의용대를 한국광복군에 통합시킴으로써 군사적 통일을 이루었다. 그해 가을, 민족혁명당 등 좌파 단체가 임시의정원에 가담함으로써 의회 차원에서 전선통일을 이루었다. 1944년에는 좌파 단체 인사들이 임시정부 국무위원회의 주요 요직을 맡게 됨으로써 정부 차원까지 전선통일이 이루어졌다.

대한민국 임시정부와 한국광복군으로 형식적으로는 통일했지만 내부에서는 광복군 지휘권 문제, 자금 배분 문제, 연합국과의 접촉 문제, 화북 조선의용군에 대한 대책 등을 두고 갈등이 있었다.

중경에 집결한 민족운동가들이 이 시기 이룩한 업적은, 미국과 교섭을 통해 한국광복군을 재중국 OSS에 위탁하여 훈련을 받게 했던 점, 영국과 교섭하여 한국광복군을 인도 버마 전선에 파견해 연합군의 일원으로 활동하게 한 점 등을 들 수 있다. 일제가 패망한 뒤 임시정부 요인들은 먼저 귀국하였고 나머지 사람들은 1946년 대부분 귀국했다.

중국국민당 지구와는 달리 중국공산당 지역에서는 공산당의 적극 개입으로 내부 단결은 비교적 잘 이루어졌다. 1943년, 중국공산당이 매우 신임하는 한인 무정(金武亭)의 주도 아래 화북조선독립동맹·조선의용군 대오 내부에서 정풍운동이 실시되었다. 운동 기간 대원들은 모택동의 저작을 학습하고 거기에 비추어 자신들의 과거사와 행동 작풍을 비판하고 교정하는 작업을 진행하였다. 그런 가운데 대오의 사상적 통일, 대오 내부의 단결은 비교적 잘 이루어졌다.

내부 단결은 잘 된 반면, 중국국민당 지구 한인 민족운동가들과의 전선통일에는 소극적이었다. 한편으로는 국민당 지구 한인에 대한 경쟁심이 작용했고 다른 한편, 당시 중국국민당과 중국공산당 사이가 다시 악화하고 있었던 점도 작용하였다.

화북조선독립동맹 · 조선의용군은 1944년 이후 중국공산당의 부대인 팔로군과 신사군과 긴밀하게 협조하면서 활동하였다. 특히 화북지방의 도시와 농촌, 만주와 한반도 국내에 공작원을 파견하여 세력을 확대하였다. 아울러 중국공산당의 각 근거지에 혁명간부학교를 개설하여 일본에 대항하고, 일제 패망 이후를 대비하여 정치 군사 간부를 양성하였다. 일제가 패망하자 독립동맹 · 조선의용군은 팔로군을 따라 만주로 들어가 그곳에서 교민보호 활동과 확군 운동을 전개하였다.

한편 1940년부터 소련 경내로 이동한 동북항일연군은 1942년 7월 동북항일연군 교도여단으로 개편되었다가 같은 해 8월 1일에는 소련 적군 88특별저격여단으로 개편하였다. 여단 산하에 4개 대대를 두었는데 여단장은 중국인이 맡았지만 2개 대대의 대대장은 한인이 맡았다. 88여단 안에 한인은 140~180명 정도였던 것으로 알려져 있다. 일제가 패망한 뒤 중국인들은 만주로 들어갔고 조선인들 다수는 북한으로 들어와 소련점령군과 협조하면서 북한의 주요 주도세력이 되었다.

맺음말

이상에서 보았듯이 한인들의 민족해방운동가들은 끊임없이 전선의 통일을 위해 노력해 왔다. 이 점은 거꾸로 민족해방운동은 항상 분열의 위험에 처해 있었다는 점을 말해주기도 한다.

일제가 패망하기 전 중국국민당 지구와 공산당 지구 그리고 소련, 나아가 미국의 항일 민족운동 세력이 긴밀한 연계를 구축하고 전선통일에 노력했더라면 해방 뒤 대연합국 발언권이 훨씬 강화되었을 것이다.

향후 민족통일전선이나 민족해방운동에 대한 연구를 더욱 심화하기 위해서는 첫째, 해외 독립운동의 경우, 그 지역 역사에 대한 연구를 강화할 필요가 있다.

둘째, 비슷한 처지에 있는 나라 · 민족의 해방운동과 비교 서술할 필요가 있다. 그럴 때만이 우리는 각각의 민족해방운동에 대한 평가를 좀 더 객관적으로 내릴 수 있기 때문이다. 이를테면 베트남 독립동맹의 반불 · 반일 운동과 화북조선독립동맹의 민족해방운동을 견주어보면 후자가 갖는 위상이 좀 더 분명히 밝혀질 것이다.

■ 참고문헌

李羅英, 《朝鮮民族解放鬪爭史》, 東京 : 新日本出版社, 1960

김준엽, 《김창순, 한국공산주의 운동사》, 아세아문제연구소, 1976.

이현희, 〈대한민국 임시정부사 연구〉, 동국대 박사논문, 1982.

강만길, 《조선민족혁명당과 통일전선》, 화평사, 1991.

박 환, 《만주한인 민족운동사 연구》, 일조각, 1991

임경석, 〈고려공산당연구〉, 성균관대 박사논문, 1993.

지수걸, 《일제하의 농민조합운동연구-1930년대 혁명적 농민조합운동》, 역사비평사, 1993.

한시준, 《한국광복군 연구》, 일조각, 1993.

한상도, 《한국독립운동과 중국군관학교》, 문학과 지성사, 1994.

김영범, 〈의열단의 민족운동에 관한 사회사적 연구〉, 서울대 박사논문.

김희곤, 《중국 관내 한국독립운동단체연구》, 지식산업사, 1995.

김성호, 《1930년대 연변 민생단 연구》, 백산자료원, 1998.

신주백, 《만주지역 한인의 민족운동사(1920~45)》, 아세아문화사, 1999.

염인호, 《조선의용군의 독립운동》, 나남, 2001.

고정휴, 《이승만과 한국독립운동》, 연세대 출판부, 2004.

장세윤, 《중국 동북지역 민족운동사과 한국현대사》, 명지사, 2005.

장석홍, 《임시정부 버팀목 차리석 평전》, 역사공간, 2005.

윤대원, 《상해시기 대한민국 임시정부 연구》, 서울대 출판부, 2006.

이정식 면담/김학준 편집 · 해설/김용호 수정증보, 《혁명가들의 항일회상》, 민음사, 2006.

현 대

세계화시대 한국의 민족문제와 민족주의

미 · 소의 분할점령과 한반도 냉전구조의 형성

해방 후 정치 · 사회갈등과 민족분단

한국전쟁

분단과 전쟁기의 국가와 시민, 대중생활

전후 한국사회와 4 · 19

박정희 정부 시기의 한국 사회

개발독재시기 한국의 사회와 문화

민주화운동과 시민 · 민중운동

전후 북한사회의 변천

남북관계의 변화와 통일정책

세계화시대 한국의 민족문제와 민족주의

도진순(창원대 사학과)

1. 세계화시대 민족과 민족주의

민족 또는 민족주의는 논쟁적이기로 '악명 높은 주제' 이다. 20세기 말 미 · 소냉전체제가 무너진 이후 세계화가 본격적으로 진행되고 있으며, 21세기 탈냉전 세계화 시대의 민족과 민족주의 문제에 대해서도 다양한 논쟁과 진단이 진행되고 있다. 저명한 역사학자 홉스봄(Eric J. Hausbaum)은 아직도 민족주의가 부흥하고 재생하는 현상이 있지만 그것은 결코 제1선의 문제가 아니라고, 곧 민족 또는 민족주의는 전반적으로 퇴조할 것이라고 단언한 바 있다. 이와 달리 저명한 미래학자인 나이스비츠(John Naisbitt)나 스미스(Anthony D. Smith), 카스텔(Manuel Castells) 등은 탈냉전 이후 세계화의 진척과 더불어 민족주의, 특히 문화민족주의(cultural nationalism)의 재생 또는 부상을 강조하고 있다.

한국에서도 민족문제와 민족주의에 대해서도 실로 다양한 논의가 있다. 민족주의의 소멸을 예견하거나 강조하는 견해, 폐쇄적 · 종족적 · 저항적 민족주의에서 벗어나 개방적 · 시민적 · 문화적 민족주의로 전환되어야 한다는 견해, 남과 북을 포괄하는 민족보다는 대한민국의 민주화 또는 선진화가 당면과제라는 견해 등등 실로 만만치 않은 주장들이 제기되고 있다.

이러한 문제 하나하나에 대해 여기서 상세하게 분석할 여유는 없다. 다만 민족 또는 민족주의에 대한 담론을 생산적으로 정리하기 위해서 다음 사항들을 고려할 것이다. ①먼저 '제3의 개항'이라 일컬어지는 한미자유무역협정(KORUS-FTA)의 타결로 표현되듯 대한민국에서 세계화가 한층 심화되고 있다. ②아울러 국제결혼 등으로 실제 민족구성에 무시할 수 없는 내적 변화가 일어나고 있으며, 또한 세대 사이의 민족과 민족주의에 대한 인식의 차이가 작지 않은 실정이다. ③세계화에 따르는 많은 변화에도 불구하고, 한반도에는 '북핵문제'로 표현되듯 냉전적 분단체제의 대립과 갈등으로 민족문제가 아직 해결되지 못하고 있다. ④탈냉전 이후 동북아, 곧 한 · 중 · 일 사이에는 민족주의의 파고가 오히려 높아지는 경향이 있으며, 이로 말미암아 역사와 외교절 갈등이 일어나고 있다.

2. 여전한 문제: 국가 · 민족 · 계급

분단과 전쟁을 겪으며 구조화한 한국현대사의 핵심은 남 · 북 · 미 삼각관계를 중심으로 하는 전쟁과 평화, 분단과 통일 문제로 요약할 수 있을 것이다(《분단의 내일, 통일의 역사》). 따라서 한국의 민족과 민족주의에 관한 담론도 심리적 또는 원초적 정서의 문제보다 현대사의 핵심의제인 전쟁과 평화, 분단과 통일에 대한 견해를 먼저 분석하는 것이 타당할 것이다.

1) 남 중심의 민족 또는 민족주의

소련과 동구의 해체 이전, 반세기 이상의 미소냉전체제 아래서 남(南)의 주류적 민족주의는 반공을 이념으로 하는 대한민국 중심의 국민 만들기로 주조된 것이라 할 수 있다. 물론 이것도 깊이 들어가면 근대화론적 · 경제적 민족주의에 기울어지는 견해와 전근대의 민족 전통을 강조하는 전통적 견해 등 다양한 갈래들이 있고 또 서로 뒤섞이기도 한다. 또한 분단과 통일문제에 대해서도 남한 중심의 "통일"을 강조하는 견해와, "선 건설 후 통일" 류의 남한에서 경제건설을 우선시하는 견해로 나눌 수 있으며, 최근에는 통일 또는 민족, 민족주의 개념의 폐기를 주장하는 의견도 제기되고 있다.

이러한 다양한 갈래들을 통괄하는 공통성을 추적하기 위해서 민족이나 민족주의라는 개념적 논의보다는, 그것이 대한민국이라는 민족국가(nation-state)를 기반으로 추진하고 있다는 그 현실적 바탕에 주목해야 할 것이다. 이러한 담론의 주류적 경향은 대외적 개방성을 강조하여 한미동맹이나 (신)자유주의적 세계시장에 친화적이며, 현재 진행되고 있는 세계화에 대해서도 대체로 적극적인 태도를 보이고 있다. 《해방전후사의 재인식》에서 대한민국을 강조하는 태도나, 민족의 통일보다 대한민국의 세계화와 선진화를 강조하는 뉴라이트의 견해도 이에 해당한다고 할 수 있다.

개디스(John Lewis Gaddis)가 탈냉전 이후 "이제 우리는 안다(We Now Know)"라는 제목으로 냉전사를 다시 기술한 바와 같이, 사실 소련 및 동구의 해체는 그동안의 냉전사 인식이 지니는 좁은 시야와 많은 오류를 드러내 주었다. 한국현대사 인식에서도 새로 공개된 소련이나 중국의 자료를 통해서 "이제 우리는 안다" 식의 새로운 사실이 많이 드러났으며, 이를 통해 인식의 지평을 확대시켜야 할 것이다.

그러나 냉전체제가 전면적으로 해체된 유럽과는 달리, 한반도에서는 최근의 북핵문제에서 보듯 정전적(停戰的) 분단체제가 아직 해결되지 않고 있다. 때문에 분단체제가 평화체제로 안정적으로 바뀌지 않고서는 남한에서 전면적인 선진화나 세계화가 가능하지 않다는 비판, 곧 한반도에서 민족문제의 중요성이 여전히 남아 있다는 주장도 주목할 필요가 있다. 정전적 분단체제에서 비롯된 이른바 "한반도 리스크"라는 명목으로 겪은 대한민국 주식·금융시장의 경험도 그러하거니와, 중국 본토의 개혁 개방과 경제적 발전도 미중수교를 통한 평화체제의 수립 이후 가능했다고 할 수 있다. 요컨대 우리는 냉전해체 이후, 많은 진보적 민족주의의 주장과는 다른 새로운 사실을 많이 알게 되었지만, 그럼에도 한반도에서는 정전적 분단체제라는 민족문제가 여전히 핵심적인 사안으로 남아 있다. 이 문제의 평화적 전환 없이 남쪽의 선진화와 민주화, 나아가 남쪽 중심의 국민 만들기는 일정한 한계를 지닐 수 밖에 없을 것이다.

2) 북의 애국주의와 민족주의론

북쪽은 역사적으로 민족 문제의 중요성을 대단히 강조하는 일관성을 띠고 있지만, 민족주의에 대해서는 개념과 태도에서는 전환이 있었다고 하는 것이 정확할 것이다. 북은 원래 민족주의를 "국제적 인민간의 친선을 반대할 뿐만 아니라 자기 나라 전체의 민족적 이익과도 배치되는" 부정적인 것으로 비판하였다. 또한 1960년대 중소분쟁을 겪으면서 북이 독자적인 태도를 강화할 때에도 민족주체성을 강조하는 "사회주의적 애국주의"가 기본원칙이었지만, 민족주의는 "계급적 이익을 전민족적 리익으로 가장하여 내세우는 자본계급의 사상"(《철학사전》, 1970)으로 비판하였다.

주체사상이 본격화하면서도 원론적으로 민족주의 개념에 대해서는 비판적이었다. 1986년 김정일의 〈주체사상교양에서 제기되는 몇가지

문제에 대하여〉에서 "우리민족제일주의"라는 표현이 처음으로 등장하지만, 여전히 공산주의자들은 "참다운 애국주의자인 동시에 참다운 국제주의자"이며 "민족주의자로 될 수 없다"고 규정하였다. 다시 말해 민족주체성과 사회주의적 애국주의를 강조하지만, 민족주의와는 현격한 거리를 유지하였다.

소련과 동구권의 붕괴 이후, 1991년 8월 김일성의 〈우리 민족의 대단결을 이룩하자〉에 와서야 민족주의 자체에 대한 긍정적인 태도를 보인다. 곧 그동안 비판하던 "부르주아민족주의"와는 별개로 "참다운 민족주의"를 설정하고, 그것을 그간 옹호하던 애국주의와 일치시키게 된다.

> 원래 민족주의는 민족의 리익을 옹호하는 진보적인 사상으로서 발생하였습니다. … 민족주의가 처음부터 자본가계급의 사상이었다고 볼 수는 없습니다. … 부르죠아민족주의는 진정으로 민족의 리익을 옹호하는 참다운 민족주의와는 배치되는 사상입니다. … 단일 민족국가인 우리나라에 있어서 진정한 민족주의는 곧 애국주의로 됩니다 … 이런 의미에서 나는 공산주의자인 동시에 민족주의자이고 국제주의자라고 말할 수 있습니다.

민족주의 담론의 측면에서 북의 사상사를 정리한다면, 사회주의적 애국주의와 민족주의가 분리에서 결합으로 나아가는 과정으로 요약할 수 있다. 또한 이것은 중 · 소 대립과 북의 독자노선 강화, 북의 주체사상화, 소련과 동구의 붕괴와 남북관계에 대한 비중 강화 등과 맥락을 같이하는 것이라 할 수 있다.

북은 이러한 민족관, 곧 사회애국주의와 결합한 조선민족제일주의를 아직 그대로 계승하고 있으며 별다른 변화를 보이지 않는다. 그러나 반세기 이상 지속된 정전적 분단체제가 개방적인 평화체계로 전환하고 난 이후에도 이러한 민족주의관이 북에서 계속될 것인지는 주목할 만한 일이다.

3) 대안적 담론들: 민족 · 계급 · 탈민족

위의 두 가지 기조는 남북 분단국가를 각각의 현실적 주체로 출발한다는 점에서는 동일하다고 할 수 있다. 그러나 그 지향점은 남은 세계로, 북은 민족으로 향하고 있다는 점에서 서로 대비되는 경향을 가지고 있다. 이러한 두 가지 관점 사이에서 민족과 계급 문제를 중심으로 여러 가지 대안이 제시되고 있다.

먼저, 민족 또는 통일을 강조하는 견해이다. 분단 전후 김구 · 김규식의 민족주의나 통일론, "선건설 후통일론"에 맞선 장준하 · 문익환의 통일우선론, 강만길의 《분단시대의 역사인식》이나 최근 백낙청의 일련의 저작들은 서로 차이가 있지만, 민족과 통일을 강조하는 것이라는 점에서는 같다고 할 수 있다.

이러한 주장이나 논의들이 적대적 분단체제에서 남북 대결의 장벽을 낮춘 의의는 각별하다고 하겠다. 그런데 한반도에서 정전체제를 평화체제로 전환하는 것과, 분단에서 통일로 나아가는 것은 서로 차원을 달리하는 측면이 있다는 점에 세심하게 유의할 필요가 있다. 예를 들면 중국의 경우 1979년 미국과 수교하여 평화체제가 성립된 지 한 세대 가까이 지났지만, 아직 대만과의 통일문제는 해결되지 않고 있다.

그동안 한반도에서 평화체제의 수립은 북미관계를 축으로, 통일문제는 남북관계를 축으로 진행되었다. 따라서 평화체제의 수립에는 미국을 비롯한 국제적 변수가 개제되어 있으며, 돌발적인 급변이 아닌 한 이 문제를 뛰어 넘고 통일문제를 도출하기는 쉽지 않은 것이다. 김구 · 김규식이 남북의 차원을 넘어서는 냉전적 세계체제의 지속력에 대한 감상적 판단, "이미 통일은 되었다" 던 문익환의 판단이 선언적 의미를 넘어서기 힘든 것도 이러한 분단체제가 지니고 있는 국제적 측면에 대한 경시 때문이었다고 할 수 있다.

또 하나의 문제는 민족과 통일 문제에 대한 세대간의 인식 차이이다. 뒤에서 좀 더 자세하게 살펴보겠지만, 신세대의 경우 한반도의 탈냉전에 대해서는 대단히 적극적인 인식을 지니고 있지만 통일문제에 대해서는 매우 소극적이다. 다시 말해 이제 민족주의적 접근만으로는 통일문제를 도출하기 어려운 시대를 맞이하고 있는 것이다.

다음, 통일보다는 남한 사회내부의 민주화를 강조하는 입장으로, 민족보다 사회 또는 계급 문제를 선차적으로 보는 견해가 있다. 박현채의 《민족경제론》이나 최근 최장집의 주장이 이에 해당한다고 할 수 있다. 이러한 주장은 민족주의에 대해 비판적인 경우가 많으며, 남한안에서 사회적 민주주의의 문제를 본격적으로 제기한 공헌이 있다고 할 수 있다. 그런데 남측의 사회민주화나 계급 문제도 한반도의 정전적 분단체제라는 틀에 얽매여 있으며, 이 점에서 서구나 보편적인 국민국가의 사회와 계급 문제와 다르다는 것에 좀 더 유의해야 할 것으로 생각한다.

한반도의 분단체제가 민족과 체제 두 측면의 문제를 모두 지니고 있듯이, 민족과 계급의 상관관계와 비중에 대한 논란은 비교적 오랫동안 계속되어 왔다. 1980년대까지 두 가지 흐름은 민주화운동에 동참하며 병렬 내지 공존하는 경향이 강했다면(《해방전후사의 인식》), 1980년대 중반 NL과 PD 논쟁 이후 양측은 논쟁적인 측면이 더 강하다고 할 수 있다. 2007년 통일문제를 강조하는 백낙청과 사회민주화를 강조하는 최장집의 논쟁도 같은 맥락에서 이해될 수 있다.

위의 두 가지 주장과 다른 제3의 흐름으로 탈근대 또는 탈민족을 주장하는 것이 있다. 이러한 견해는 때로는 "개방적" "시민적" 민족주의를 표방하기도 하지만, 내용의 핵심은 민족 또는 민족주의의 억압성과 폐쇄성에 비판적이며, 보편적 가치라 할 수 있는 인권과 민주주의를 강조하며 나아가 탈냉전 · 탈근대 · 탈민족을 주창하는 흐름이다. 이러한 견해는 1990년대 말부터 떠오르기 시작하여, 현재 더욱 확산되는 경향을 보이고 있다. 《민족주의는 반역이다》《국사의 신화를 넘어서》《근대를 다시 읽는다》 등이 이러한 흐름을 대변하는 결과물이라 할 수 있다.

이러한 견해는 이른바 순혈(純血)주의 또는 민족주의의 폐쇄성과 억압성, 그리고 일국사적(一國史的) 협애성을 비판하는 데 적지 않게 기여하였다. 또한 그동안 민족주의적 담론이나 국가 중심의 역사서술에서 소외되었던 여성문제, 변경사의 문제, 식민과 근대의 문제에 대해 역사상(像)을 풍부하게 드러낸 공헌이 있다. 그러나 이러한 입장은 한국 현대사에서 여전히 핵심으로 유지되고 있는 남 · 북 · 미 삼각관계의 정전적 분단체제의 요체를 드러내고, 이를 평화체제로 전환하는 문제에 대해서 취약성을 다소 보이고 있다. 이러한 취약성은 정전적 분단체제 아래 있는 남과 북을 여타의 국민국가 일반과 동일시하는 것에서 비롯한 것이 아닌가 생각한다.

3. 새로운 문제: 종족 · 세대 · 이웃나라

1) 민족 구성원의 변화와 순혈주의 비판

한국현대사는 냉전체제의 유산인 위의 구조적인 문제를 여전히 해결하지 못하고 있지만, 세계화의 진전과 더불어 여러 가지 새로운 문제들이 나타나고 있다. 특히 민족의 실질적 구성이나 이에 대한 심상(心像) 구조가 뚜렷하게 바뀌고 있다.

먼저, 아시아 다른 국가나 민족의 노동자들이 대거 국내로 유입되어 민족 문제는 실생활에서 다면화하고 있으며, 더욱이 국제결혼의 급속한 확대로 실질적인 민족 구성이 바뀌고 있다. 특히 농촌의 경우 어느 지역에서나 "베트남 처녀와 결혼하세요"라는 펼침막을 볼 수 있듯이, 2004년의 농촌에서 4명 가운데 1명, 2005년 3명 가운데 1명이 국제결혼을 하고 있다. 또한 2007년 8월 국내 외국인 수는 100만 명을 넘었다. 이러한 현실은 순혈주의 인식이 강한 그동안의 단일민족주의와 충돌하지 않을 수 없다. 2006년 5월 17일 해상분계선(NLL) 설정 문제를 두고 열린 남북 장성회담에서 벌어진 설전(?)도 그 하나의 예다.

> 남: 농촌인구가 줄어 농촌 총각들이 몽골 · 베트남 · 필리핀 처녀들과 결혼하는 경우가 많다.
>
> 북: 우리나라는 하나의 혈통을 중시해 왔는데 민족의 단일성이 사라질까 걱정이다.
>
> 남: 한강물에 잉크 한 방울 떨어뜨리는 수준이다. 주류가 있기 때문에 다 같이 어울려 살면 큰 문제가 없다.
>
> 북: 우리는 예로부터 삼천리 금수강산이다. 잉크 한 방울도 떨어뜨려서는 안 된다.

사실 우리는 한편으로 다민족 국가였던 고구려에 대해 우리 역사의 귀속성을 강하게 주장하면서도, 다른 한편으로 순혈주의적 단일민족주의를 엄격하게 고수하는 모순을 보이고 있다. 2006년 슈퍼볼 MVP 하인스 워드(Hines Ward)의 입국을 계기로 혼혈문제에 대한 순혈주의의 억압성과 배타성, 동남아 출신 노동자들에 대한 배타적인 태도, 북한출신 새터민의 정착 갈등 등이 문제점으로 제기되고 있다. 또한 2007년 8월 유엔 인종차별철폐위원회(CERD)는 실제와 다른 단일민족

이미지가 "한국 땅에 사는 다양한 인종들 사이의 이해와 관용, 우호 증진에 방해가 될 수 있다"고 우려하며 "다인종적 성격을 인정하고 적절한 조치를 취하라"고 권고한 바 있다. 이처럼 우리는 한국의 민족 구성 문제에 대한 새로운 검토와 개념화 작업, 순혈주의 또는 패쇄적 민족주의를 넘어서는 대안 모색에 맞닥뜨리고 있다.

2) 신세대의 오렌지 민족주의

신세대의 민족과 민족주의에 대한 인식은 미래의 향방을 가늠하는데 중요한 표본이다. 어떤 논자들은 "아! 대한민국"으로 표현되는 2002년 월드컵신드롬이나, '효순이 미선이 사건'으로 말미암은 촛불데모 등을 거론하면서 신세대에도 민족주의가 여전하거나 또는 오히려 지나치게 넘쳐난다고 주장하기도 하지만, 상황은 그리 간단한 것이 아니다.

2005년 광복 60주년 기념으로 모 신문사에서 신세대(16~25세) 민족주의에 대해 다각도로 조사한 바 있는데, 여기에서 몇 가지 주목할 만한 현상들이 드러났다. 먼저, 신세대들은 기성세대와는 달리 미국에 대한 호감도와 북에 대한 적대감은 뚜렷하게 줄어들었다. 즉 신세대들에게 미국에 대한 수직적 또는 동맹적 의존도, 북에 대한 적대적 장벽도 동시에 사라지고 있었다. 이처럼 미국과 북에 대한 거의 동등한 호감도를 나타낸 것은 분명 냉전적 인식에서 벗어난 것이라 할 수 있다. 그런데, 북에 가서 살겠다는 사람은 하나도 없을 정도로 통일에 대해서는 소극적이었다. 즉 신세대들은 냉전적 인식에서 벗어나 세계를 더욱 균형적으로 인식하지만, 민족적 동일성이나 민족주의적 당위만으로 통일을 바라고 있진 않는 것으로 드러났다.

홉스봄은 두 차례의 독일 통일에 관해 재미있게, 대단히 중요한 점을 설명한 바 있다. 즉 19세기 말(1871년) 비스마르크에 의한 독일 통일은 확실히 민족주의적 통일이라고 할 수 있지만, 20세기 말(1989년) 독일의 통일은 동서독의 민족주의적 통일운동이나 열기에 의해서가 아니라 소련의 해체와 고르바초프의 양해에 따라 이루어지게 되었다는 것이다. 즉 1989년 독일 통일에서 민족주의적 요소는 있더라도 주변적 변수였다는 것이다.

신세대 민족주의에서 또 다른 현상은 정치적 또는 저항적 민족주의보다는 자랑스럽고 긍정적인 스포츠 문화를 중심으로 하는 "오렌지민족주의"가 부상하고 있다는 점이다. 세계화와 더불어 문화민족주의의 부상은 우리의 신세대에게만 국한하는 문제가 아니라 나이스비츠 · 스미스 · 카스텔 등도 주장한 바 있는 것으로, 하나의 경향으로, 앞으로 그 향방에 대해 주목할 필요가 있을 것이다.

3) 동북아에서 민족주의의 부상

21세기 동북아는 경제적으로 세계화가 가장 급속하게 진행되는 지역임에도 한 · 중 · 일 삼국에서는 민족주의가 심각하게 고양되는 경향이 있으며, 이로 말미암아 현재 역사와 외교 갈등이 일어나고 있다. 다시 말해 중국에서 중화민족주의의 전반적 강화와 동북공정으로 말미암은 한국과의 역사 갈등, 일본의 보통국가화 프로젝트의 진척과 역사교과서 수정에 나타나는 우익적 민족주의의 강화, 이로 인한 중국 및 한국과의 역사 갈등 등이 그것이다.

이러한 갈등의 배경에는 물론 현실적인 근거와 추동력들이 자리하고 있다. 먼저 서구와 달리 한 · 중 · 일 세 나라가 종족적 단일성을 강력하게 인식하고 있다는 문제이다. 일찍이 홉스봄은 한 · 중 · 일은 인구의 절대다수가 단일종족에 속하는 "역사적 국가(historic states)"라고 규정한 바 있다. 각국의 민족 구성에서 실질적 DNA 분포는 별도의 분석을 필요로 하겠지만, 세 나라가 이미 근대 이전부터 오늘날과 비슷한 영역적 경계로 나뉘어져 오랫동안 역사적 단일성을 계승하고 있다는 인식은 분명 다른 지역에 견주어 강한 편이다.

다음, 현재 동북아는 역사적으로 유래가 없을 정도로 더불어 약진하면서 패권 경쟁이 치열하게 전개되고 있는 곳이다. 전통시대 동북아가 대개 중화주의적 패권 아래 있었다면, 근대 이후 동북아는 일본의 해양적 패권 아래 있었다고 할 수 있다. 그러나 오늘날에는 일본과 중국이 모두 강대국이며, 한국 또한 만만찮은 국력을 지니고 있다. 동북아에서 세 나라가 동시에 경쟁하면서 발전하는 이러한 모습은 역사적으로 드문 사례이다. 이러한 것을 배경으로 경제적인 측면을 중심으로 보면 동북아는 매우 상호의존적이지만, 정치 · 안보 · 역사 문제에서는 장벽과 갈등이 높아지고 있다.

홉스봄이 탈냉전 이후 민족주의가 고양되어 충돌하는 동유럽을 방문하여 "역사가 핵물리학보다 위험할 수 있다"고 우려한 바 있듯이, 동북아에서 패권 경쟁의 산물로서 역사인식에서 민족주의적 고양과 충돌은 동북아를 제2의 발칸으로 만들 수도 있다. 이와 달리, 동북아에서 민족주의적 장벽과 갈등을 해결하고 수평적 평화를 열어간다면 그것은 그동안의 패권적 역사를 청산하고 새로운 미래를 열어가는 시금석이 될 것이다. 이러한 점에서 동북아 세 나라에서 패권적 민족주의를 넘어서 서로의 역사 인식을 소통하는 것은 대단히 중요한 과제이다(《미래를 여는 역사: 한중일이 함께 만든 동아시아 3국의 근현대사》).

물론 이러한 문제는 삼국 사이의 역사인식을 병렬적으로 나열한 삼국지(三國志)를 저술한다고 해결되는 문제는 아니다. 민족주의와 국경의 한계를 넘어서 보편적인 척도로 삼국의 역사인식이 연결될 때 국가와 민족 사이의 장벽은 낮아질 수 있을 것이다. 사실, 동북아의 역사에는 강력한 보편적인 토대의 문명, 예컨대 불교나 유교 등이 존재한 바 있으며, 서로들 사이의 문화교류 또한 빈번하였다. 이러한 소통과 보편의 동북아에서 역사적으로 늘 문제가 되는 것은 수직적 패권의 문제였다.

21세기 동북아의 수평적 선린과 연대를 위해서, 과거의 수직적 패권에 가장 큰 피해자였던 한국의 지성들이 누구보다도 적극적으로 앞장서야 할 것이다. 넬슨 만델라(Nelson Rolihlahla Mandela)가 대통령 취임 연설에서 흑백이 자기의 색깔을 가지면서 평화로이 공존하는 무지개 공화국, 나아가 무지개 아프리카, 무지개 세계를 주창한 바 있다. 우리도 한 · 중 · 일이 각각의 색깔을 지니면서 공존과 평화로 함께하며 동북아시아와 세계에 소통하는 역사인식을 만들어 내야 하는 과제를 안고 있다.

■ 참고문헌

강만길, 《분단시대의 역사인식》, 창작과비평사, 1978.

강원택 · 곽진영 · 배영 · 임성학 등, 〈광복60주년 신세대들의 민족주의〉, 《조선일보》 2005. 8. 14 ~ 16.

국가안전기획부, 《북한의 민족주의 선전 자료집》, 1995.

김일영, 김철, 박지향, 이영훈 외, 《해방 전후사의 재인식》 1 · 2, 책세상, 2006.

도진순, 《분단의 내일, 통일의 역사》, 당대, 2001.

백기완, 송건호, 임헌영 외, 《해방전후사의 인식》 1~6, 한길사, 1979~1989.

백낙청 엮음, 《민족주의란 무엇인가》, 창비, 1990.

——, 《한반도식 통일, 현재진행형》, 창비, 2006.

윤대석 · 윤해동 외, 《근대를 다시 읽는다》 1 · 2, 역사비평사 , 2006.

임지현, 《민족주의는 반역이다》, 소나무, 1999.

—— · 이성시 엮음, 《국사의 신화를 넘어서》, 휴머니스트, 2004.

장문석,《민족주의 길들이기》, 지식의 풍경, 2007.

전재호, 〈세계화 · 정보화 시대 북한과 중국의 민족주의: 지속성과 변화〉,《한국과 국제정치》 20-3, 경남대 극동문제연구소, 2004.

한 · 중 · 일3국공동역사편찬위원회,《미래를 여는 역사: 한중일이 함께 만든 동아시아 3국의 근현대사》, 한겨레출판, 2005.

Anderson, Benedict, *Imagined Communities: Reflections on the Origin and Spread of Nationalism* 2nd Revised Edition ed., London: Verso, 1993(윤형숙 옮김,《민족주의의 기원과 전파》, 나남, 1991 ; 최석영 옮김,《민족의식의 역사인류학》, 서경문화사, 1995).

Castells, Manuel, *The Power of Identity*, Oxford: Blackwell, 1996.

Gaddis, John Lewis, *We Now Know: Rethinking Cold War History*, Oxford Univ. Press, 1998(박건영 옮김,《새로 쓰는 냉전의 역사》, 사회평론, 2002).

Hobsbawm, Eric, J., *Nations and Nationalism Since 1780: Programme, Myth, Reality*(2nd ed.), Cambridge: Cambridge Univ. Press, 1992(강명세 옮김,《1780년 이후의 민족과 민족주의》, 창작과비평사, 1994).

Smith, Anthony, D., *Nations and Nationalism in a Global Era*, Oxford: Blackwell, 1995.

미 · 소의 분할점령과 한반도 냉전구조의 형성

정용욱(서울대 국사학과)

머리말

해방의 그날로부터 60년이 흘렀지만 1945년 8월과 1948년 8월 사이의 기간은 해방과 건국이라는 병치(竝置)보다 해방과 분단이라는 병치로 더 절실하게 다가온다. 해방 직후 시기는 분단과 통일의 상관성을 해명할 수 있는 원형(原型)의 시기이다. 해방의 그날에 해방을 분단의 시초로 이해한 한국인은 아마 없었을 것이다. 오히려 일제의 패망은 곧 조선의 독립이라는 인식이 해방의 감격을 지배했다. 김구가 일제 패망 소식을 접했을 때 기쁨을 토로하기보다 먼저 우려를 나타냈다고 하지만, 그것은 해방에 주동적으로 참여하지 못한 독립운동 지도자로서 건국도정의 험난한 앞날을 염려한 것이었지 분단에 대한 걱정은 아니었을 것이다. 그러나 해방은 곧 독립이 아니었고 한국인의 독립국가 건설은 외국군대의 점령이라는 특이한 상황에서 시작되었으며, 미 · 소 양국의 분할점령은 분단으로 귀결되었다. 해방과 건국에 대한 탐구는 분단의 형성과정과 성격을 이해하고, 그 해소를 위한 전망을 마련하는 것과 관련되어 있다.

해방 직후의 시기는 제2차 세계대전을 거치며 새로운 세계질서가 마련되고, 각 국별로 전후처리, 독립 이후의 국가건설 등 새로운 체제의 형성과 정비가 이루어진 대단히 역동적인 시기였다. 해방에서 건국에 이르는 기간에 한반도는 격렬한 변화의 소용돌이 속에 있었다. 그 기간에는 한반도뿐만 아니라 주변의 동아시아 전체가 격렬하게 요동하며, 새로운 질서를 모색했다. 새로운 질서의 모색은 한반도에서는 남북분단과 한국전쟁이라는 무력대결로 귀결되었고, 한국전쟁은 한반도에서는 물론이고 전세계적 차원에서 냉전체제를 강화하고, 미·소 사이의 대결이 심화하는 계기가 되었다.

제2차 세계대전 직후 한반도에서 벌어진 사태의 전개가 갖는 국내외의 중요성 때문에 미·소의 대한정책과 한반도 분단에 관한 연구는 꽤 이른 시기부터 활발했다. 특히 미국 학계에서 해방 전후 미국의 대한정책 연구는 2차대전 이후 냉전의 도래와 미국 대외정책의 변화과정을 설명하는 좋은 사례로 간주되었다. 한국에서도 미·소의 대한정책 연구는 한반도 분단의 기원과 책임 해명이라는 문제의식 속에서 상당히 많은 축적이 이루어졌다. 하지만 미·소의 대한정책이라 해도 미국의 대한정책과 미군정의 연구, 소련의 대한정책과 소군정의 연구는 양적으로 매우 불균형한 것이 현실이다. 미국의 대한정책과 미군정 연구가 소련의 대한정책과 소군정 연구에 견주어 압도적으로 많은 편이다.

1. 38선 획정과 미·소의 분할점령

1945년 8월 15일, 일본이 연합국에게 무조건 항복함으로써 한반도는 일본제국주의의 식민지 상태로부터 벗어났다. 8 · 15 해방은 연합국의 대일전(對日戰) 승리의 결과 얻어진 것이지만, 그러한 역사적 사변을 맞이하기 위해 한국인들이 일본제국주의에 맞서 오랫동안 나라 안팎에서 간고한 투쟁을 벌이며 피를 흘렸던 것 또한 사실이다. 하지만 해방은 미국과 소련에 의한 분할점령으로 이어졌고 그것은 마침내 남북 분단으로 귀결되었다. 이러한 사정이 해방 곧 분단이라는 결과론적 인식을 만들어 낸 하나의 요인이 되었다.

20세기 전반 일본제국주의는 영국 · 미국 등 구미제국주의 국가들의 양해 아래 '동아시아의 헌병' 으로 등장했지만 세계대공황 이후 일본의 침략이 아시아 전역과 태평양지역으로 확대됨에 따라 차츰 이들 국가와 대립하게 되었다. 일제는 만주사변(1931년)과 중일전쟁(1937년)을 일으켜 만주와 중국으로 침략을 확대했고, 이 단계에서 일본의 제국주의 침략에 대항했던 것은 이 지역의 민족해방운동 역량이었다. 이 시기 조선의 반제운동, 만주의 조선인 · 중국인 연합 항일무장투쟁, 중국 화북지역의 중국공산당 지도 아래 항일전쟁, 중국 관내 중국국민당 지도 아래 항일전쟁은 일본의 천황제 파시즘에 맞서 아시아 대륙에 대한 일제의 침략을 저지하고 민족해방과 독립을 이루기 위해 고난에 찬 싸움을 벌였지만 일제의 침략을 저지할 수는 없었다. 그러나 유럽에서 제2차 세계대전 발발 이후 일본이 동남아시아로 침략을 확대하면서 이들 지역을 지배한 영국 · 네덜란드 · 프랑스 등 구제국주의 국가들과 대립이 격화하더니, 일본의 하와이 진주만 기습을 시발로 마침내 미국과 전면적인 전쟁상태에 돌입했다. 이로써 동아시아 지역의 반파시즘 투쟁은 식민지 · 반식민지의 민족해방운동 세력과 미국을 중심으로 한 연합국 대 일제의 전면전으로 비화했다.

태평양전쟁에서 일제에 대항해 연합국의 군사적 대응을 주도한 미국은 전후 동아시아질서 재편에 가장 적극적이었다. 이 무렵 정식화한 미국의 '대지역(Grand Area)' 구상은 일본의 대동아공영권을 대체할 만한 것이었다. 미국은 구제국주의체제의 식민지 분할방식이나 태평양전쟁 이전 동아시아에 대해 미국이 가졌던 세력균형책과 질적으로 다른 단일한 세계체제의 수립에 바탕을 둔 '신세계질서(New World Order)'를 상정했고, 여기에서 동아시아와 태평양지역은 전후 신질서를 위한 핵심지역(a key world area)으로 간주되었다.

이러한 전략적 구상에 바탕을 둔 미국의 동아시아정책은, 전후 미국이 이 지역에서 결정적 영향력을 행사할 것이라는 가정에서 출발했다. 그리고 전후 태평양지역에서 미국의 패권과 주도권을 상정하면서 한반도를 포함한 동아시아 지역문제 해결의 일반적 방침으로 마련한 것이 신탁통치안이었다. 여기에는 두 가지 고려사항이 포함되었다. 첫째는 전후 유럽의 구제국주의국가들과 여타 강대국의 동아시아 지배를 더 이상 허용해서는 안 된다는 점이었고, 둘째는 이 지역의 각성한 민중들이 벌이는 민족주의운동이 차츰 강해졌기 때문에 이들의 독립열망을 어느 정도 개량적으로 흡수할 수 있는 '안전밸브'가 필요하다는 것이었다. 신탁통치안은 이 지역에서 미국의 군사력과 경제력이 다른 국가들을 압도하게 될 조건에서 미국의 안보와 미국 자본의 자유롭고 안전한 전세계적 활동을 위한 장치이자 식민지역에 대한 새로운 관리방식으로 고안되었다.

미국은 태평양전쟁 동안 당면한 대일전을 승리로 이끌기 위해 총력을 기울였지만, 동시에 전후구상 실현을 위한 조건 마련에 골몰했다. 미국은 카이로회담 · 얄타회담 · 포츠담회담 등 전시 연합국 회담에서 영국 · 중국 · 소련으로부터 신탁통치안에 대한 동의를 얻어내려 했고, 종전이 다가오면서 특히 소련으로부터 확약을 받아두려고 했다. 전후 한국의 장래에 대한 최초의 국제공약인 카이로선언에서 "조선 인민의 노예상태에 유의하여 '적당한 절차를 거쳐(in due course)' 조선을 자주독립시킬 것을 결의한다"는 한국 조항은 미국의 주도적 노력에 따라 이루어졌다. 그러나 영국 · 중국 · 소련은 한국의 독립에 대해 원칙적으로 동의했으나 신탁통치안에 대해서는 암묵적으로 동의하는 태도를 취했을 뿐이고 미국은 종전(終戰)까지 명문화한 국제적 협정을 끌어내지 못했다.

또 종전시 이 지역의 군사정세가 이후 한국문제 처리에 중요하게 작용할 것이므로 미국은 자신의 발언권과 주도권 확보를 위해서 정치 · 군사 상황을 미국 측에 유리하게 조성할 수 있는 현실적 대비책이 필요했다. 태평양전쟁에서 일본과 군사적으로 대항한 것은 주로 미국이었으며, 다른 연합국들의 전쟁 수행에도 미국의 군비 지원이 중요한 구실을 했지만, 막강한 소련 지상군의 존재와 소련의 대일전 참전이 동북아시아에 초래할 정치적 영향력은 미국으로서는 걱정할 만했다. 미국 군부는 이러한 불투명성에 대비해 연합국 공동점령 · 공동시정 방침 또는 분할점령안을 마련했다. 38도선 분할점령도 이러한 고려의 연장선에서 한반도의 전략적 중요성과 현실적인 군사력 배치의 애로, 소련의 대응을 조화시키기 위해 나왔다. 1945년 8월 8일 소련군이 대일전 참전을 선포하고 이미 한반도 북부에 진입한 상태에서 일본이 일찍 항복하자, 미국은 소련의 한반도 단독점령을 막고자 38선 분할점령안을 소련에 제안했다. 소련은 일본 점령에 주도적으로 참여할 수 없었던 만큼 전후 대일 발언권 확보 차원에서 미국의 제안에 순순히 동의했다. 38선 획정은 일본이 예상 밖으로 빨리 항복함에 따라 급작스럽게 정해졌지만, 그 결정 뒤에는 양국의 전략적 이해관계가 도사리고 있었던 셈이다.

해방 이전 소련의 동북아시아 정책에서 한반도 지역은 결코 부차적인 관심의 대상이 아니었다. 소련은 대일전 참전에 앞서 이 지역에 소련에 우호적인 정부를 수립하겠다는 구체적 원칙을 세웠다. 소련의 대일참전이 준비단계에 들어선 시점에 소련정부의 대한정책 담당자들은 친소적인 한국독립정부의 수립을 우선으로 하고 소련의 주도적인 구실이 보장되는 조건에서 신탁통치 실시를 차선의 방책으로 하는 대한정책을 구상했다.

1945년 6월 소련 외무성이 작성한 보고서는 "한국이 일본만이 아니라 장차 극동으로부터 소련에 압박을 가하려는 임의의 다른 강대국이 소련을 공격하는 전초기지로 전환하는 것을 저지할 수 있을 만큼, 한국의 독립은 효과적이지 않으면 안 된다. 소련과 한국이 우호적이고 긴밀한 관계를 확립하는 것이야말로 한국의 독립과 소련 극동지역의 안전을 보증하는 더 현실적이고 올바른 방안이 될 것"이라고 적었다. 전체적으로 해방 이전 소련의 대한정책은 대동아시아정책의 일환으로 간주되었고, 소련의 만주와 한반도 진공은 소련에 우호적인 국가들로 방어망을 구축하기 위한 작업의 일환이라는 성격을 가졌다.

2. 모스크바 삼상회의 결정과 미소공동위원회

해방 이전 미국이 한국문제 해결책으로 내놓은 신탁통치안은 4강대국이 한국의 점진적 독립과정에 개입하고 발언권을 행사함으로써 한국문제를 국제적으로 해결한다는 것이었다. 그러나 미국의 이러한 구상은 한국인들의 자주독립국가 건설 요구에 부딪히면서 점령 초기부터 동요하기 시작했다. 미국은 신탁통치안을 한국인들에게 납득시키는 것이 쉬운 일이 아니라는 것을 알고 있었지만, 소련과 신탁통치 협정을 조속히 마련함으로써 이 문제를 해결하려 했고, 미 · 영 · 소 3국은 1945년 12월에 열린 모스크바 삼상회의에서 마침내 '조선에 관한 결정'에 합의했다.

모스크바 삼상회의에서는 카이로선언에서 밝힌 한국 독립에 관한 국제적 합의의 애매모호한 내용을 구체화했다. 그 내용은 '미소공동위원회(이하 미소공위) 설치 → 미소공위와 한국의 정당 · 사회단체가 협의하여 조선민주주의임시정부 수립 권고안 제출 → 4대국의 심의 → 임시정부 수립 → 임시정부는 미소공위 밑에서 구체적인 신탁통치 협정의 작성에 참가 → 4대국의 신탁통치 협정 공동심의' 라는 복잡한 절차를 예상했지만 통일정부 수립을 제시하여 주권문제 해결의 경로를 구체화했다는 점에서 근대 이래 한국인의 독립국가 건설 역사에 커다란 전환점이 될 만하였다.

모스크바 삼상회의 결정은 그 자체로도 중요했지만, 이 결정의 국내 유입이 남한 정치의 전개과정에서 중요한 획기가 되었다는 점에서도 중요하다. 모스크바 삼상회의 결정의 핵심은 민주주의임시정부 수립 방법에 관한 것이었으나, 그 결정이 처음 국내에 전해졌을 때 그 부분이 생략된 채 신탁통치 실시만이 부각되었고, 특히 소련을 신탁통치의 제안자로, 미국을 즉시독립의 제안자로 지목하는 등 삼상회의 논의사항과 결정사항을 정반대로 왜곡해서 전달했다. 이러한 국내의 신문 보도를 기화로 1945년 연말과 1946년 연초에 국내에서는 격렬한 반탁운동이 전개되었다. 그리고 신탁통치 파동을 계기로 국내의 정치적 대립의 성격이 민족 대 반민족의 대립구도에서 좌우 대립구도로 바뀌어졌다.

1946년 3월부터 5월 사이에 열린 1차 미소공동위원회는 미소공위 협의대상 단체를 둘러싼 미소간 대립으로 마침내 결렬되었다. 소련은 반탁단체들을 임시정부 수립을 위한 협의 대상에서 제외할 것을 주장하였고, 미국은 '표현의 자유' 를 내걸고 소련의 주장을 반대하였다. 미소공위에서 미국 측 대표들은 협상 결렬의 원인을 양측의 민주주의에 대한 철학의 차이로 몰아갔고, 남북관계는 38도선 철폐를 통한 행정 · 경제 통합의 문제에서 이제 전한반도 차원에서 자유민주주의와 공산주의 사이의 정치적 · 이념적 대립의 문제로 바뀌었다.

1947년에 들어서 미국은 트루만 독트린을 발표하고, 서유럽의 부흥을 위해 마샬안을 마련하는 등 차츰 강경한 대소련 정책을 표방하기 시작했다. 하지만 유럽과 달리 한반도에서 미국은 한국문제를 해결하고자 다시 미 · 소공위를 재개할 수밖에 없었다. 1947년 중반 미국과 소련은 미 · 소공위에서 타협점을 찾으려 했지만 모스크바 삼상회의 결정 실행의 경과점인 한국의 정당 · 사회단체와 협의 문제에서 다시 회의가 결렬되었다. 미군정은 남한에서 대중적 지지기반을 강화하고, 미 · 소공위에서 소련에 견주어 우월한 자리에 서고자 1946년 중반부터 좌우합작운동을 지원하여 남조선과도입법의원을 설치하고, 한국인 중간파 정치세력을 이용하여 남조선과도정부 설치를 추진했으나 이 계획은 미국의 의도대로 진행될 수 없었다. 미국의 계획에서 중요한 자리에 있던 입법의원 의장 김규식은 2차 미 · 소공위 재개가 임박하자 미군정의 과도정부안에 대한 기대를 버리고 미 · 소공위 협상을 통한 전조선임시정부의 수립과 이를 위한 민족통일전선의 확대 · 강화로 활동방향을 수정했다.

미국은 미 · 소공위가 실패할 것 같다는 최종적 판단에 이르자 한국문제를 UN에 이관하였다. 이것은 전후 한국문제 해결의 주된 당사자로 보았던 소련을 미국 주도의 4강 구조에 묶어놓지 못하고, 또 남한에 수립된 물리적 통제기구 이외에 한반도에 안정적인 지지기반을 확보하지 못한 현실적 여건에서 미국에게는 자연스러운 귀결이자 미래에 행동에서 자유롭기 위한 보장책이었다. 소련은 UN 창설 당시 전후처리 문제는 UN이 처리하지 않기로 했음을 들어서 한국문제의 UN 이관을 반대하였다. 소련은 대신 1947년 9월 26일 양군 동시철군과 한국인 스스로의 힘에 따른 해결을 제안하였다. 당시 주한미군사령관 하지

(John R. Hodge) 장군은 소련의 제안을 "우리가 한국에 온 이래로 가장 감내하기 힘든 선전책동이다. 그것은 광범한 파급효과를 가지고 있고, 한국인들뿐만 아니라 전세계 약소국들의 지지를 광범하게 얻어내기 위한 시도"라고 평가했다. 소련의 제안은 전후 각지에 불어닥친 민족운동 열기에 편승하여 자신의 정치적 의도를 실현하려는 것이었고, 미국은 이 제안으로 한국의 민족운동이 소련으로 대표되는 사회주의 노선으로 넘어가지 않을까 걱정하였다.

3. 한반도 분단과 냉전구조의 형성

한국문제의 UN이관은 모스크바 삼상회의 결정이 폐기되고 점령의 근거가 사라짐을 뜻했고, 한국문제를 거듭 국제화하는 것을 뜻했다. 다른 한편 국내적으로는 단독정부 수립 대 통일정부 수립의 대립구도가 형성됨을 뜻했다. 다시 말해, 소련이 참여하지 않는다면 UN 결정은 남한에만 적용될 테고 그것은 남한 단정 수립의 현실화를 뜻했다. 그러나 그것은 남한의 양식 있는 지도자들이 모두 걱정하는 사태였으므로, 그들은 대부분 한국문제의 UN 이관을 반대하였다. 또 소련의 동시철군 제안 의도가 미군정의 입지를 축소시키고, 남한 점령의 효과를 무력화하는 것이었으므로 미국은 외교적 대응 이상의 구체적 대책을 마련하지 않으면 안 되었다.

미국 측 내부에서는 이 무렵 주한미군 철군을 둘러싼 논의가 활발했지만 '소련의 한반도 지배, 곧 극동에서 미국의 안보와 이해관계 위협'이라는 미국의 인식이 이 시기에 와서 특별히 바뀌었다고 할 수는 없다. 미국은 미 · 소공위 결렬로 미군의 장기주둔이 더 이상 불가능해진 상황에서 한반도에서 미국의 전략적 지위를 유지할 수 있는 방안을 모색하지 않으면 안 되었다. 그것은 한반도의 공간적 분리와 정치적 분단으로 귀결되었고, 한반도 주민의 지향과 열망을 담아내지 못한 채 이후의 무력 대결을 예감하게 하는 것이었다. 미국은 한국문제의 UN 이관을 준비하면서 동시에 남한 단정 수립에 따른 현실적 대응책을 군사 · 정치 · 경제의 영역으로 나누어 준비했다. 이 시기 미국은 한반도에서 좌우대립이 정치적 대립을 넘어 군사적 대결의 형태로 격화할 것을 예상하면서 대응책을 마련했다. 미국은 대체로 한반도에서 군사적 대결형태는 남한 안의 소요와 전복활동, 이북으로부터의 대량침투, 그것에 이은 내전이 될 것이라고 예상했다.

미국이 한국문제를 UN으로 이관하자, 당시 미국의 절대적 영향 아래 있던 UN은 UN임시조선위원단 설치, 신탁통치를 거치지 않는 독립, UN 감시 아래 남북총선거 실시를 가결하여 8개국으로 이루어진 UN조선임시위원단을 한국에 파견했다. 위원단은 1948년 1월 13일 소련의 반대로 입북을 거절당하자, 임무 수행이 불가능하다는 이유로 이 문제를 UN 소총회에서 다루어 줄 것을 요청했고, 소총회는 1948년 2월 '가능한 지역만의 총선거' 를 가결했다.

남쪽만의 정부 수립이 차츰 가시화하면서 이에 반대하는 운동이 광범하게 일어났다. 1948년 2월 남로당을 중심으로 '2 · 7 투쟁' 이 전국적으로 벌어졌다. 단독선거에 반대하는 대중운동의 소용돌이 속에서 김구 · 김규식 · 조소앙 · 홍명희 등 반탁진영에 속해 있던 정치지도자들이 단선 · 단정을 반대하고, 남북지도자협의회를 거쳐 남북총선거로 통일정부를 수립하자는 입장을 밝혔다. 이들 민족주의세력이 모여 남북협상 쪽으로 치닫자 이승만을 중심으로 한 대한독립촉성국민회와 한민당 쪽에서는 UN 결의대로 단선 · 단정을 성사시키기고자 맹렬한 활동을 벌였다. 이전 '모스크바 삼상회의 결의 지지' 대 '반탁' 의 대결구도가 이제는 남한 단정 수립을 축으로, 하나는 그것을 지지하고 다른 하나는 그것을 저지하려는 투쟁으로 갈라졌다.

김구와 김규식의 남북협상 제안에 북측이 호응함으로써 그 해 4월 하순 평양에서 남북연석회의가 성사되었으나, 남북협상의 정신은 선언으로 남을 수밖에 없었고, 1948년 5월 10일 남한에서는 총선거가 실시되었다. 5 · 10선거로 구성된 제헌국회는 대한민국 헌법을 제정하고 간선제로 이승만을 대통령에 선출했다. 이로써 1948년 8월 15일 남한에서는 대한민국 정부가 수립되었다. 이에 대응해서 북한에서는 8월 21일 해주에서 남조선인민대표자대회를 열어 남한 대표를 선출한 뒤 9월 초 최고인민회의를 구성하여 조선민주주의인민공화국 헌법을 채택하고 9월 9일 정부를 수립하였다. 이로써 한반도의 남과 북에는 유일 합법정부를 주장하는 두 개의 정부가 남과 북에 각각 수립되었고, 2차대전 종전 이후 미 · 소 양군의 한반도 점령은 마침내 남북분단으로 귀결되었다.

맺음말

국제질서 속에서 유동하는 한반도의 위상이나 한반도 내부의 격렬한 변화를 반영하기라도 하듯 미 · 소의 분할점령과 한반도 냉전구조의 형성에 관한 연구자들의 견해는 매우 다양하고, 또 독특한 자기설명의 기제들을 발달시켰다. 그 가운데 어떤 것은 지금 시점에서 보면 사실이라는 프리즘을 통과할 수 없거나 부분적 진실만을 포함하였고, 어떤 것은 인과관계 설정이 잘못되었거나 논리적 정합성을 잃고 있다. 각론별로 보자면 어떤 분야는 꽤 깊이 연구가 진행되었고, 어떤 분야는 연구의 질 · 양 모두 일천하여 전체적으로 들쭉날쭉한 편이다.

미 · 소의 대한정책과 분할점령 연구는 그 연구사가 짧지 않지만 결론적 대비라는 측면에서 볼 때 몇 개의 논점을 축으로 논의가 전개되었다. 그 가운데에서도 분단의 기원 · 책임론과 미 · 소간 분단의 선도성 문제는 연구자의 견해와 연구경향을 대별하는 가장 큰 잣대가 되었다. 이 두 개의 논점은 또 냉전체제가 한반도에서 현실화하는 시점과 계기, 단독정부 또는 분단체제 수립구상의 기원과 현실화 과정, 38선 분할결정과 신탁통치안 · 미소공동위원회에 대한 미 · 소 양국의 정책구상과 정치적 의도, 북한 정권의 자율성 문제와 소군정의 역할 문제 등 하위논점들을 발전시켰다. 이 가운데 어떤 논점들은 그 논점을 구성하는 사실적 기초의 해명조차 불충분한 것이 현실이고, 해명을 기다리는 연구과제들이 여전히 많이 남아 있다.

이후 연구가 한 단계 전진하기 위해 먼저 지적해야 할 것은 기초적 연구를 거쳐 논의의 토대를 강화하는 문제이다. 미 · 소의 대한정책 담당자들이나 관련기구 및 그 변천과정, 미 · 소 군정의 기구와 관리들 및 그 변천과정, 점령정책의 다양한 측면을 나타내는 법적 · 제도적 장치, 지방군정의 실태 등 기초적 연구들이 충실하지 못한 상태에서 일부 정책문서에 나타난 주장들을 토대로 정책의 성격을 살피는 것은 표피적인 이해만을 가져올 위험성이 있다. 해방 직후 미 · 소의 대한정책과 군정이 한국사회의 발전에 미친 압도적 영향력의 실체와 그것의 관철기제, 관철방법과 수단을 좀 더 구체적으로 이해하려는 노력이 계속되어야 할 것이다.

연구 시각이나 관점과 관련하여 먼저 지적해야 할 것은 미 · 소의 대한정책을 단순히 냉전정책의 연장으로 파악하거나, 대한정책의 결정요인을 워싱턴과 모스크바에서 구하는 일방통행식 인식태도의 문제이다. 우선 냉전체제(구조)의 성격에 대한 재검토가 필요하다. 냉전체제의 해체는 냉전의 역사적 성격에 대한 재성찰을 요청한다. 냉전의 본질은 동서대립이 아니고 사실은 남북관계의 다른 표현이라는 지적이나, 냉전은 대소봉쇄라는 차원도 존재하지만 다른 한편으로 미국이 자본주의세계에 대한 헤게모니를 유지하기 위해 고안해 낸 헤게모니 사업의 일환이었다는 지적은 음미해 볼 가치가 있다. 또 아시아의 냉전에서는 미 · 소 사이 냉전보다 미 · 중 사이 냉전이 더 심각했으며, 아시아에서는 미 · 소, 미 · 중, 중 · 소, 미 · 북, 남 · 북, 미 · 베트남, 중 · 베트남 등의 중층적인 소냉전구조를 가졌다는 지적도 음미할 필요가 있다.

냉전체제는 해체되었지만 아직도 한반도는 여전히 긴장과 갈등이 지속되고 있다. 냉전은 분단체제의 성립과 발전의 근거로 작용하였지만, 분단체제가 냉전체제 그 자체는 아니다. 분단체제와 냉전체제의 차별성과 상관성에 대한 이해로부터 해방 직후 미 · 소의 대한정책을 새로 검토할 필요가 있다. 냉전 그 자체는 미국과 소련이 자신의 국익을 극한적으로 추진하는 과정에서 초래된 것이다. 냉전적 관점으로는 제2차 세계대전 이후 새롭게 발전, 또는 왜곡된 민족문제의 성격과 내용을 제대로 포착하지 못하게 될 것이다. 미국이 지배하는 일원적 세계질서의 수립에 대항하는 소련식 진영 구축이 양자의 주변에서 일으켰던 문제점들이 반세기가 지난 지금 폭발하고 있다. 체제대립이 해방 이후 남북한 사회의 구조 형성에 심각한 영향을 준 것은 틀림없지만, 적어도 초기에 그 모순이 형성되는 과정과 이후 그것을 극복하는 과정은 체제대립만을 매개로 해서는 설명하기 힘들 것이다. 또 이러한 체제대립이 우리 민족 내부에 고유한 것이라기보다는 미 · 소의 강대국 정치를 매개로 의제화하고 이식된 것이었다는 점을 이해하고, 이를 구체적으로 해명하려는 노력이 필요하다.

시야의 시 · 공간적 확대도 필요하다. 해방 직후 미국의 한국 점령정책을 이해하기 위해서는 먼저 해방 이전 미국의 대한정책 준비과정이나 점령 이후 대한정책의 변화상을 같이 이해해야 할 것이다. 점령 이후에 관해서는 한국전쟁이라는 획기적 사변의 기원과 전개과정에만 초점이 맞추어져 있는 느낌이다. 전쟁 시기를 포함하여 이후 시기로 대한정책의 본질이 어떻게 연결되고, 변화하는지를 본격적으로 분석해야 할 것이다.

공간적으로는 당시 미국의 한국 점령정책을 다른 지역에 대한 미국의 점령정책과 비교해 볼 필요가 있다. 미국은 일본과 독일에서는 초기에 민주적인 개혁정책들을 시행하였으며 그러한 점령정책이 가지는 국내적 효과는 한국에서 이루어진 점령정책과는 매우 다른 것이었다. 이러한 정책의 차이가 나타나는 원인을 해명할 필요가 있다. 일본이나 중국에 대한 정책과 한국에 대한 정책을 비교사적으로 검토하는 것은 당시 미·소 대외정책의 본질이나 각 국별 차이를 이해하는 데 매우 유용할 것이다.

연구의 진전을 위해서 자료 발굴 또한 미루어서는 안 될 문제이다. 이미 이 분야 연구에서 상당량의 미국 측 문서가 발굴되었지만, 여전히 새로운 자료의 발굴 가능성은 크다고 할 수 있다. 특히 기존의 자료 발굴은 정치를 중심으로 이루어졌는데, 경제나 사회, 사상·문화 등으로 연구영역의 확대와 자료발굴 노력이 동시에 이루어져야 할 것이다. 그리고 균형 있는 연구를 위해서 러시아 측의 전면적인 자료공개가 필요하다. 또 그 당시 활동했던 미·소 대한정책 관련자들과 군정의 미국인·소련인·한국인 관료들·당시의 정치인들로부터 구술자료를 확보하는 것도 서둘러야 할 과제이다.

■ 참고문헌

브루스 커밍스, 《한국전쟁의 기원》, 일월서각, 1986.

Bruce Cumings, *The Origins of the Korean War*, Vol. 2(Princeton University Press, 1990)

한국역사연구회,《한국현대사》1, 풀빛, 1991.

강만길 외 편,《한국사》17, 18, 한길사, 1994.

서중석,《한국현대민족운동연구》1, 2, 역사비평사, 1991, 1996.

도진순,《한국민족주의와 남북관계》, 서울대 출판부, 1997.

김성보,《남북한 경제구조의 기원과 전개 : 북한 농업체제의 형성을 중심으로》, 역사비평사, 2000.

이완범,《38선 획정의 진실 — 1944~1945》, 지식산업사, 2001.

김광운,《북한정치사연구 Ⅰ》, 선인, 2003.

정용욱,《미군정 자료 연구》, 선인, 2003.

———,《해방전후 미국의 대한정책》, 서울대 출판부, 2003.

정병준,《우남 이승만 연구》, 역사비평사, 2005.

김기조,《한반도 38선 분할의 역사 : 일제 15년전쟁 정전략과 미 · 소 외교 전략 비사(1931~1945)》, 한국학술정보, 2006.

김성보,〈소련의 대한정책과 북한에서의 분단질서 형성, 1945~1946〉,《분단 50년과 통일시대의 과제》, 역사비평사, 1995.

전현수,〈소련군의 북한 진주와 대북한정책〉,《한국독립운동사연구》9, 한국독립운동사연구소, 1995.

기광서,〈해방 후 소련의 대한반도정책과 스티코프의 활동〉,《중소연구》26권 1호, 2002.

———,〈소련군의 북한 진주와 "부르주아민주주의" 노선〉,《동북아연구(구 통일문제연구)》20, 조선대 동북아연구소, 2005.

해방 후 정치 · 사회 갈등과 민족분단

김성보(연세대 사학과)

머리말

대개 1945년 8월 '해방(광복)'의 시점부터 분단정부가 수립되는 1948년 8 · 9월까지의 역사를 '해방 3년사'라고 부른다. 이 짧은 기간에 한반도는 급속한 변화의 물결에 휩싸였다. 국제적으로는 북위 38도선을 경계로 미국과 소련이 각각 군사력을 주둔시키고 영향력을 행사하였다. 정치적으로는 사회주의계열과 민족 · 자본주의계열의 대립이 격화하였다. 사회경제적으로는 친일반민족행위자 청산과 토지개혁 등의 개혁의제를 놓고 계층갈등이 깊어졌다. 국제관계와 정치, 사회경제의 3층위에 걸친 갈등은 서로 상승작용을 일으키면서 하나의 통일된 국민국가 건설을 어렵게 만들었다. 결국 한반도에는 체제를 달리하며 서로를 적대시하는 두 개의 분단정부가 들어서게 된다. 1948년 8월과 9월에 각각 대한민국과 조선민주주의인민공화국이 수립된 것이다.

1970년대 말까지 학계에서 해방3년사는 관심의 대상이 아니거나 관심을 가지더라도 냉전과 분단의 조건에 제한된 연구가 대부분이었다. 1980년대에 민주화운동이 거세지고 민족문제에 대한 관심이 크게 늘면서, '해방 3년사'에 대한 연구가 폭발적으로 증가하기 시작하였다. 분단과 전쟁의 원인에 대한 체계적인 연구가 진행되었는데, 특히 미국과 친미 우익세력에 대한 비판의식이 강하였다. 아울러 통일과 혁명, 평화를 위해 노력하였던 인물과 세력들을 밝히는 연구가 많이 나왔다. 1990년대 중반 이후에는 시각이 더욱 다양해져서 소련과 미국 및 좌우익 양측의 문제점을 함께 비판하거나 대한민국의 역사적 의의를 강조하는 경향도 나타나고 있다.

해방 3년사에 대한 연구가 깊어지면서 새로운 자료발굴도 많이 이루어졌다. 미국의 문서보관소 등에 소장되어 있는 미군정 자료와 한국전쟁기 북한 '노획문서'가 활용되었고, 옛 소련의 문서보관소에서도 일부 자료를 볼 수 있게 되었다. 국내에서 발간된 다양한 신문 · 잡지와 단행본들도 광범하게 이용되고 있으며, 생존 인물에 대한 증언채록도 조금씩 이루어지고 있다.

1. 해방 직후 주요 정치세력의 동향과 탁치정국

제가 패망하자 나라 안팎에서 활동하던 여러 성향의 인물과 단체들은 새로운 국가건설을 위해 기민하게 움직이기 시작하였다. 가장 먼저 드러난 조직은 조선건국준비위원회(이하 건준)이다.

일제가 패망한 직후 여운형과 안재홍 등은 조선건국동맹을 모태로 하여 건준을 조직하였다. 건준은 독립국가 건설을 위한 과도적 조직체를 표방하였으며, 친일반민족행위자를 제외한 모든 정치세력을 포용하고자 하였다. 그 호응은 전국적이어서 속속 지방 지부들이 만들어졌다. 그러나 미군이 서울에 들어올 것이 확실시되면서 건준에 참여했던 우익 성향의 인사들은 여기서 탈퇴하였다.

좌익이 주도하게 된 건준은 9월에 전국인민대표자대회를 열어 조선인민공화국 수립을 선포하였다. 곧 진주하게 될 미군에 대해 통일된 정부로서 대처하기 위함이었다. 지방의 건준 지부는 대개 인민위원회로 개편되었다. 그러나 인민공화국은 군정을 선포한 미국에게는 물론 소련에게도 인정받지 못하였고 결국 소멸되었다. 각 지방에서 자치기관 노릇을 맡았던 건준 지부나 인민위원회는 남북한에서 다른 처지가 되었다. 남에서 군정을 선포한 미군은 인민위원회를 해체하고 군정기구를 지방에까지 확대하는 방법을 취하였다. 반면 북에서 소련군은 좌우연립 형태의 인민위원회에 자치를 인정하였으며, 이를 토대로 소련에 우호적인 인민권력이 강화되도록 하는 방법을 취하였다.

건준은 연합군이 한반도를 분할 점령하기 전 한 달도 채 안 되는 짧은 기간만 존재했을 뿐이다. 그렇지만, 한반도 주민의, 통일되고 자주적인 정부수립의 열망을 대변하였다는 점에서 한국현대사의 출발점으로서 평가된다. 특히 좌우세력을 망라하였다는 점에서 일제하 신간회와 함께 분단극복을 위한 역사적 경험으로서 주목받고 있다.

한편 구체적인 합의 없이 한반도를 분할 점령했던 연합국 미국과 소련은 1945년 12월 모스크바삼상회의에서 비로소 한반도 문제에 대한 합의를 하였다. 그 결정은 신탁통치안이라고 국내에 알려졌고, 즉각적인 독립을 원하는 한반도 주민의 반발을 불러일으켰다. 신탁통치에 대한 거부감은 좌익측에도 있었다. 그렇지만 모스크바삼상회의 결정문에 민주적인 임시정부를 수립한다는 내용이 있으며 본래 신탁통치안을 제기한 쪽은 미국이고 이에 소련이 수정안을 낸 사실을 알게 된 좌익측은 모스크바삼상회의 결정을 지지하게 되었다. 그 이후 우익의 반탁운동과 좌익의 모스크바삼상회의 결정 지지운동의 대립으로 정국은 극심한 이념 대립의 양상을 띠게 된다.

탁치정국에서 빚어진 좌우익의 서로 다른 대응 양상에 대해서는 학계에서 평가가 엇갈리고 있다. 한편에서는 반탁이 타당했다는 관점에서서 좌익이 찬탁으로 돌아선 것은 소련에 대한 사대주의 때문이라고 비판한다. 다른 한편에서는 분단을 막기 위해서 좌우익이 함께 임시정부 수립 방안을 수용했어야 한다고 본다.

탁치정국을 거치면서 국내 정치지형은 크게 바뀌게 된다. 그 이전까지 우익은 좌익에 견주어 열세에 있었다. 그렇지만 김구의 대한민국임시정부 계열과 이승만의 독립촉성중앙협의회 계열이 반탁운동에 공감하여 연합하게 되었으며, 한반도 주민의 민족정서를 자극하여 반탁운동을 전국화하면서 우익은 좌익에 비견할 만한 세력을 갖추게 되었다. 또한 친일반민족행위자들은 반탁운동 · 반소반공운동을 통해 민족주의자, 또는 민주주의자로 변신할 수 있었다.

반탁의 처지에서 공동전선을 취했던 우익은 제1차 미소공동위원회가 휴회된 이후 주도권을 놓고 분열하기 시작하였다. 이승만과 한국민주당은 차츰 단독정부 수립의 길을 걸어갔으며, 임시정부 계열은 단독정부 수립에 반대하면서 남북협상에 나섰다. 단독정부파와 남북협상파로의 분열이다.

한국민주당은 김성수 · 송진우 등 동아일보 그룹에 따라 1945년 9월에 창당된 해방 뒤 최초의 우익 정당이다. 한국민주당은 좌익에게서 '지주 · 자본가 및 친일반민족행위자' 의 정당이라는 비난을 받았지만, 초기에는 원세훈 · 김병로 등 항일운동가들도 동참하는 등 공산주의에 반대하는 다양한 정치인들이 집결한 정당이었다. 한국민주당은 인민공화국에 반대하고 미군정에 협조하였으며, 임시정부를 지지하였다가 이승만 지지로 돌아섰다. 개인자격으로 환국한 임시정부 계열은 한국독립당을 결성하였다. 이 정당은 삼균주의에 바탕을 둔 대한민국건국강령의 이념을 계승하였으며, 임시정부의 법통을 주장하며 반탁운동을 펼쳤다. 맥아더의 지원을 받으며 귀국한 이승만은 독립촉성중앙협의회를 결성하였다. 노선은 '대동단결론'과 '반공'이었으며, 1946년 6월에 이미 단독정부 수립 발언을 하는 등 반공분단정부 수립의 길을 걸어갔다. 신민주주의·신민족주의를 표방한 안재홍의 국민당은 중도우파에 해당하는데 좌우연합 등 민족대단결을 중시하였다.

좌익의 대표적인 정치세력은 조선공산당이었다. 1945년 9월에 박헌영을 중심으로 재건된 조선공산당은 8월테제에서 부르주아민주주의 혁명—토지혁명을 현단계노선으로 내놓았다. 조선공산당은 1946년 초에는 미군정에 협조적이었고 당조직과 대중조직의 확대를 위해 노력하였다. 그러나 그 이후 신전술을 채택하면서 미군정의 탄압을 받기 시작하였다. 중도좌파에 속하는 정당으로는 조선인민당과 조선신민당이 있었다. 조선인민당은 1945년 11월에 여운형 중심으로 발족하였다. 이 정당의 국가건설론은 조선공산당과 많이 비슷했지만, 민족 단결을 중시하고 폭력 혁명보다는 합법적인 민주주의 절차를 중시한 점에서 차이가 있었다. 조선신민당은 화북조선독립동맹의 후신으로 김두봉·최창익이 1946년 2월에 북한 지역에서 먼저 창립한 정당인데, 백남운을 위원장으로 하는 경성특별위원회를 따로 두었다. 백남운은 연합민주정권의 수립을 지향하는 연합성 신민주주의를 제창하였다. 신전술 이후 좌익은 대분열을 맞게 된다. 8월에 3당 합당이 추진되었지만 박헌영 지지세력과 여운형 지지세력으로 분열하였고, 전자가 중심이 되어 11월에 남조선로동당이 결성되었다.

북한에서는 1945년 10월에 조선공산당 북조선분국이 만들어지는데, 12월에 김일성이 책임비서가 되었다. 그해 11월에는 조만식 등 민족주의자들을 대변하는 조선민주당이 창당되었는데, 탁치문제로 조만식을 비롯한 우파가 배제되는 곡절을 겪게 된다. 1946년 2월에는 조선신민당과 더불어 북조선천도교청우당이 창당되었다. 이 정당들과 지방 인민위원회들을 바탕으로 해서 북한에서는 2월에 북조선임시인민위원회가 창설된다. 이 위원회는 토지개혁과 중요산업 국유화 등 '민주개혁'을 실시하였다. 북의 정책에 반대하다가 탄압을 피하여 월남한 인물들 가운데 상당수는 남한에서 반공세력에 합류하였다.

2. 좌우합작 · 남북협상운동과 사회운동

1946년 5월에 제1차 미소공동위원회가 휴회되어 남북에 분단정부가 들어설 위험성이 가시화되자, 남한의 중도세력은 좌우합작운동을 추진하였다. 그러나 1947년에 여운형이 암살되고 제2차 미소공동위원회도 결렬되면서 좌우합작운동은 좌절하였다. 중도세력은 김규식을 중심으로 민족자주연맹을 결성하여 남북 분열의 비극을 막기 위해 계속 노력하였다.

1947년 11월에 유엔총회는 유엔감시 아래 남북총선거안을 통과시켰다. 1948년 1월 유엔조선임시위원단이 서울에 왔으나 소련 측은 이들이 북에 들어오는 것을 허용하지 않았다. 이에 남북 분열을 막기 위한 남북협상이 4월에 평양에서 열리게 되었다. 남북협상은 두 가지 양상으로 전개되었다. 북의 주도로 열린 남북제정당사회단체대표자연석회의는 남의 단선단정을 반대하는 데만 주력하였다. 김구 · 김규식은 이에 별도의 남북요인회담을 열 것을 강력히 요구하였다. 결국 요인회담에서 통일국가의 건설 방안이 마련되었으며, 남북조선정당사회단체지도자협의회 명의로 미 · 소 양국군 철수, 전국 총선에 따른 통일정부 수립을 내용으로 하는 공동성명서가 발표되었다. 남북협상은 분단정부 수립을 막는 데 한계가 있었지만 동족상잔의 전쟁을 막고 대화로 민족문제를 해결하려 한 평화통일운동이었다는 점에서 꾸준히 주목받고 있다.

한편 남한의 사회 저변에서는 광범한 사회운동이 '해방3년기' 내내 지속되었다. 1946년 9월에는 부산 철도노동자의 파업을 시작으로 전국의 전 산업분야에 걸쳐 총파업이 벌어졌다. 노동자들의 총파업은 식량부족, 실업문제, 열악한 노동조건 등으로 말미암은 사회적 불만이 배경이 되었지만, 그와 더불어 조선공산당의 신전술에 영향을 받은 강경 노동운동세력이 미군정에 정면으로 맞서게 된 것이 직접적인 계기가 되었다.

미군정은 총파업을 좌파 진영의 정치 공세로 판단하고 강력하게 탄압하였다. 그러나 경찰의 폭력적인 탄압은 오히려 노동자 이외의 다른 계층들도 항의에 합류하게 하는 계기가 되었다. 대구에서 발생한 대규모 항의시위는 경북 전역으로 확산되었다('10월 항쟁' 사건). 9월총파업과 10월항쟁은 미군정의 강력한 탄압으로 결국 12월에 종료되었다.

1948년 4월에는 미군정의 탄압과 단독정부 수립 움직임에 맞서 제주도에서 무장봉기가 일어났다. 고립된 섬에서 벌어진 토벌대의 초토화작전은 수만 명의 인명 학살을 가져왔다('제주 4 · 3항쟁' 사건).

3. 대한민국과 조선민주주의인민공화국의 수립

1948년 5월에는 남에서 역사상 처음으로 보통선거가 실시되었으며, 그 결과 제헌국회가 소집되었다. 7월 17일에는 대통령중심제와 시장경제를 바탕으로 하면서도 균등경제의 지향성을 담은 헌법이 공포되었다. 곧이어 국회에서 이승만이 대통령으로 선출되었으며, 이범석을 국무총리로 한 내각이 구성되어 8월 15일 정부수립이 공포되었다.

제헌국회는 반민족행위특별조사위원회를 조직하고 농지개혁법령을 제정하는 등 반공주의의 틀 안에서 개혁적인 면모를 보였다. 국회 안에 소장파를 비롯하여 개혁적인 성향의 다양한 국회의원들이 포진하고 있었기에 가능한 일이었다. 제헌국회가 보여준 구성원들의 다양성과 개혁성은 국회프락치사건과 한국전쟁 시기 납월북 사건을 겪으면서 크게 위축된다. 초대 헌법에 담긴 균등경제의 지향성은 1954년 헌법 개정 때에 삭제되고 자유시장경제 일변도의 내용으로 대체된다.

북에서는 1946년 11월 인민위원회 선거를 거쳐 1947년 2월에 북조선인민위원회가 수립된다. 북한에서 북조선인민위원회는 북의 첫 프롤레타리아 독재정권으로 간주된다. 이 정권이 성립하면서 반제국주의 · 반봉건 민주주의 혁명단계에서 사회주의 혁명단계로 이행했다고 본다. 1947년 11월에 유엔에서 한국임시위원단 조직을 결정하자, 그 직후 북조선인민회의는 헌법 제정 논의를 공론화하였으며, 남북제정당사회단체연석회의가 종료된 직후인 1948년 4월 29일, 북조선인민회의 특별회의에서 헌법 초안을 채택하였다. 헌법초안은 인민위원회를 국가권력의 기초로 하는 인민적 국가형태와 인민주권형식을 담고 있으며, 특히 경제구성에서 국가소유, 협동단체의 소유, 개인소유를 모두 인정하는 점에서 '인민민주주의' 적인 성격을 지닌다. 1948년 8월에는 총선거를 실시하여 최고인민회의 대의원을 선출하였다. 최고인민회의는 9월에 헌법을 채택하였고, 김일성을 수상으로 하는 내각이 조직되었다.

4. 친일반민족행위자 청산문제와 토지개혁 · 농지개혁

해방 이후 한반도에는 일제 식민지 지배의 유산을 청산하고 새로운 국가 건설의 기틀을 마련하기 위한 여러 사회경제적 개혁의 과제가 제시되었다.

일제 식민지 지배의 유산을 청산하는 문제에서 가장 곤란한 사항은 친일반민족행위자의 처벌 문제였다. 이 문제의 해결과정은 남북이 서로 달랐다. 대개 북한에서는 친일반민족행위자를 철저하게 숙청한 것으로 알려져 있다. 그렇지만 막상 북한정권은 이들의 처벌에 관한 별도의 법률을 제정한 적이 없으며, 구체적으로 어떻게 처벌이 진행되었는지 밝힌 자료나 연구도 아직 없는 형편이다.

여기에는 몇 가지 사정이 복합되어 있는 것으로 보인다. 첫째, 북한에서 사회주의세력과 소련군은 해방 직후 주민들에 의해 자연발생적으로 이루어진 친일반민족행위자 숙청을 용인하였고, 다만 이를 '인민재판'의 형식으로 받아들이는 방식을 취하였다. 둘째, 친일반민족행위자 가운데 일부는 반소련·반혁명자로 보아 소련군이 직접 처벌하였을 것으로 보이는데 이를 확인할 수 있는 자료는 공개되어 있지 않다. 셋째, 북한에는 상대적으로 거물급 친일반민족행위자가 적었고 상당수가 월남의 길을 택하였다. 넷째, 북에서는 개개인을 처벌하는 인적인 청산보다는 제도적인 청산 방식을 중시하였다. 피선거권에서 이들을 제외하거나 토지개혁에서 이들의 토지를 몰수하는 방식 등이다. 이들의 권력과 경제 기반을 구조적으로 해체한 것이다. 일제하에 기술전문직에 있었던 자는 반민족행위자로 보지 않고 새 국가건설을 위해 필요한 인재로 활용하였다.

친일반민족행위자들의 상당수가 활동하고 있던 남한에서는 사정이 달랐다. 미군정은 이들의 청산을 외면했을 뿐만 아니라 그들 가운데 상당수를 전문가로서 경력을 인정하여 관료·군·경찰로 재등용하였다. 친일반민족행위자는 반소·반공주의에 앞장서면서 자신의 가치를 미군정과 이승만 등 우익 정치인들에게 확인시켜 줄 수 있었다. 이들을 처벌하는 문제는 정부 수립 이후로 넘어갈 수밖에 없었다.

1948년에 제헌국회는 개원과 동시에 이들을 숙청하고자 하였다. 국회는 반민족행위처벌법을 제정하고, 반민족행위특별조사위원회를 조직하였다. 그러나 이 특별위원회는 친일반민족행위자와 이승만 정부의 방해를 받았고, 조사활동을 시작한 지 단 6개월 만에 국회 프락치 사건, 반민특위 습격사건 등 일련의 반공정국 속에서 소멸하였다. 남북분단은 이처럼 친일반민족행위자 청산을 가로막는 억제요인으로 작용하였다.

토지개혁은 이와 반대로 분단의 조건이 그 개혁을 촉진한 측면이 강하다. 일제 식민지 지배의 주된 바탕이었고 농민생활 압박의 주요인이던 지주제에 대한 해체 요구는 우익조차 거부하기 힘들만큼 하나의 대세였다. 그리고 사회주의국가 소련은 물론 당시 미국도 토지개혁을 통해 농촌이 안정화하는 것이 반공주의 강화에 유리하다고 인식하는 상황이었다.

이러한 상황에서 토지개혁을 먼저 주도한 쪽은 북한이다. 1946년 3월 북조선임시인민위원회는 토지개혁을 전격 시행했다. 모든 소작지를 농민에게 무상몰수 무상분배하는 방식이었다. 특히 5정보 이상의 토지를 가지고 소작을 주었던 자는 지주계급으로 규정하여 토지이외의 재산까지 몰수한 다음 다른 군으로 이주시키는 급진적인 정책을 택했다. 소유권은 농민에게 부여됐는데, 매매와 소작, 저당이 금지되고 경작하는 전제에서만 소유권이 인정되는 근로농민적 토지소유권이었다. 해방 이후 1년도 안 되어 이토록 급진적인 토지개혁을 실행한 것은 미소공동위원회가 열리기 전에 북한 지역에 우선 인민권력의 기반을 강화해 두려는 정치적 의도가 작용했다. 분단상황에서 경쟁의식이 토지개혁을 이른 시일에 급진적으로 실시하도록 영향을 미친 것이다.

북한의 급진적 토지개혁을 보면서 미군정도 토지개혁의 요구를 수용하지 않을 수 없었다. 1948년 3월에 미군정은 일본인 소유 농지였던 귀속농지를 소작인에게 우선권을 주어 매각하였다. 그렇지만 한국인 소유의 농지를 분배하는 문제는 신생 대한민국 정부의 과제로 넘어갔다. 정부 수립 이후에도 국회 안의 정당 · 세력 사이의 갈등과 국회 대 정부의 의견대립이 지속되어 1950년 3월에 가서야 개정 농지개혁법 개정법이 공포되었다. 상환액과 보상액을 150퍼센트로 하는 유상매수 유상분배 방식이었다.

남한 농지개혁에 대한 학계의 평가는 엇갈리고 있다. 대체로 1980년대 초반까지의 평가는 부정적이었다. 지주들의 농지 사전 방매와 은닉, 전쟁으로 말미암은 혼란으로 개혁사업이 철저하지 못했고, 농민들은 지가상환 등의 과중한 부담 때문에 몰락했으며 지주들도 지가증권을 제대로 활용하지 못하고 쇠락하였다는 견해가 우세하였다. 그렇지만 1980년대 중반 이후 실증적인 사례연구들이 발표되고 한국 자본주의 발전에 대한 재해석이 이루어지면서 농지개혁에 대해 긍정적인 평가가 늘어나고 있다. 농지개혁으로 지주적 토지소유가 해체되고 농민적 토지소유가 확립됨으로써 자본주의 경제발전의 토대가 마련되었다는 견해이다.

남북의 농지개혁(토지개혁)은 단지 농업 문제, 토지 문제만을 해결한 것이 아니었다. 북의 토지개혁이 인민민주주의 경제건설의 토대가 되었듯이, 남의 농지개혁은 자본주의 경제건설의 바탕이 되었다.

맺음말

해방 이후 분단정부가 들어서는 3년 동안은 현대 한국사회의 기본 골격이 형성된 시기로서, 나라 안팎에서 활발한 연구가 진행되어 왔다. 각 정치세력의 이념과 정책, 중심인물에 대한 연구가 이루어졌고, 주요한 사건들에 대한 연구도 다른 시기에 견주면 많이 진전되었다고 하겠다. 그럼에도 해방3년사는 여전히 해소되지 않은 수많은 쟁점과 새롭게 밝혀야 할 부분들을 많이 포함하고 있는 영역이기도 하다. 사실을 해명하기 위한 자료의 발굴에도 아직 한계가 많다.

국가 형성의 문제는 단지 정치인들의 선택과 행동을 확인하는 것만으로는 이해하기 어려우며 국제관계의 변동 및 사회경제의 구조적인 변화와 사상 · 문화의 거시적인 흐름을 포착함으로써만 종합적으로 이해가 가능한 연구영역이다. 그렇기에 해방 뒤 형성되는 두 개의 분단국가의 성격을 파악하려면 제2차 세계대전 이후 동북아시아의 국제질서 변동에 대한 이해와 함께 중앙과 지방, 좌와 우, 남과 북의 상호 역학관계를 염두에 두면서 정치 · 경제 · 사회 · 문화의 거대한 변화를 총체적으로 파악할 필요가 있다. 그러한 변화를 한국사의 주체적인 시각에서 파악하려면 무엇보다도 일제하 이래 다양한 계열의 국가건설운동의 흐름을 계통적으로 파악하고 그 흐름이 미국 · 소련의 분할점령이란 상황에서 어떻게 계승 · 굴절하는지를 파악하는 연구방법이 요청된다.

더 나아가 국가의 형성이라는 관점 자체를 넘어서서 일반 민의 시각에서 이 시기 변화의 의미를 파악하는 작업은 또 다른 신개척의 연구영역이다.

■ 참고문헌

정병준, 《우남 이승만 연구》, 역사비평사, 2005.

김광운, 《북한정치사 연구 Ⅰ-건당 · 건국 · 건군의 역사》, 선인, 2003.

이강수, 《반민특위 연구》, 나남출판, 2003.

국사편찬위원회, 《한국사 52 - 대한민국의 성립》, 국사편찬위원회, 2002.

신복룡, 《한국분단사연구 1943~1953》, 한울아카데미, 2001.

김성보, 《남북한 경제구조의 기원과 전개 - 북한 농업체제의 형성을 중심으로》 제2부, 역사비평사, 2000.

도진순, 《한국민족주의와 남북관계 - 이승만 · 김구 시대의 정치사》, 서울대 출판부, 1997.

박명림, 《한국전쟁의 발발과 기원 2》, 나남출판, 1996.

방기중, 《한국근현대사상사연구 - 1930 · 40년대 백남운의 학문과 정치경제사상》, 역사비평사, 1992.

서중석, 《한국현대민족운동연구 — 해방후 민족국가 건설운동과 통일전선》, 역사비평사, 1991.

김기원, 《미군정기의 경제구조》, 푸른산, 1990.

강정구, 《좌절된 사회혁명》, 열음사, 1989.

심지연, 《조선신민당 연구》, 동녘, 1988.

최상용, 《미군정과 한국민족주의》, 나남출판, 1988.

송건호 외, 《해방전후사의 인식 1~6》, 한길사, 1979~1989.

Cumings, Bruce., *The Origins of the Korean War*, Vol. Ⅰ · Ⅱ, Princeton : Princeton Press, 1981 · 1990.

이완범, 〈해방 직후 국내 정치 세력과 미국의 관계, 1945~1948〉, 《해방전후사의 재인식 2》, 책세상, 2006.

임종명, 〈여순 '반란' 의 재현을 통한 대한민국의 형상화〉, 《근대를 다시 읽는다 1》, 역사비평사, 2006.

심지연, 〈1945~1948년 남한 정치세력의 노선과 활동 연구〉, 《韓國史論》 27, 국사편찬위원회, 1997.

신병식, 〈토지개혁을 통해본 미군정의 국가성격〉, 《역사비평》 창간호, 1988.

한국전쟁

정병준(이화여대 사학과)

머리말

1950년부터 1953년까지 3년 동안 벌어진 한국전쟁은 한국역사에서 가장 참혹한 비극 가운데 하나였다. 국내적 대결과 국제적 충돌이 결합된 이 전쟁으로 3백만 명 이상의 한국인이 희생되었다. 전쟁은 식민과 분단으로 점철된 20세기 한국사를 전전과 전후 시기로 갈라놓았다.

전쟁은 패배와 승리로 종결된 것이 아니라, 휴전으로 미봉되었다. 종식되지 못한 열전의 영향으로 한반도에는 적대적인 체제와 전시상태가 유지되었고, 갈등의 상처는 치유되지 못했다. 상대편에 대한 적대의식과 증오심에 바탕을 둔 정치체제가 운영되었고, 남북사이의 대결·대립 구도는 공고해졌다. 1990년대 이래 국제적으로는 냉전이 종식되었지만, 한반도에서는 열전의 여진이 계속되고 있다.

한국전쟁사 연구는 처음부터 현실정치와 이데올로기의 차원에서 시작되었다. 전쟁의 기원과 성격에 대한 논쟁은 전쟁과 체제의 정당성을 입증하고자 심리전 · 선전전의 차원에서 벌어졌고, 후방과 국제사회에서 이데올로기 전쟁의 양상을 나타냈다.

1. 전쟁의 기원과 배경

전쟁은 개전 당시부터 도발자와 기원을 둘러싼 의혹으로 미궁상태였다. 전후 남 · 북 · 미 · 소 · 중 등 교전 당사국들의 공식 견해가 이어졌고, 이후 국제학계의 연구성과가 뒤를 이었다.

1950~60년대의 냉전기에는 교전 당사국이 제시한 공식견해가 지배적이었다. 1970년대 중반 미국의 비밀문서들이 공개되기 시작하면서, 미국 측 입장과 정책에 대한 분석이 정교해졌다. 미국자료에 근거한 새로운 연구성과는 1980년대에 제출되었다. 이 연구들은 한반도 분단 · 전쟁에서 미국의 책임을 부각시키는 수정주의적 경향을 보였다. 특히 1950년대 이래 스톤(I. F. Stone)-콘데(Conde)-굽타(Gupta)-콜코부부(Kolkos)-커밍스(Cumings)로 이어지는 수정주의적 견해들이 확산되었다.

그러나 1990년대 중반 구소련 정치 · 외교문서들이 공개되면서 상황은 역전되었다. 고위급 외교 · 정책문서로 구성된 구소련문서들은 북한 · 중국 · 소련의 책임을 증명하기 시작했고, 특히 북한지도부의 개전 전후 모습이 복원되었다. 구소련문서를 바탕으로 한 연구들을 통해 개전주체를 둘러싼 논쟁과 개전의 비밀들이 상당부분 해명되었다. 2000년대 이후 한국전쟁사 연구는 이념과 가설을 뛰어넘는 다국적 사료교차 · 분석에 집중하게 되었다.

전쟁의 명칭 · 성격 · 발발을 둘러싸고 다양한 가설이 제기되었다. 명칭에 관해서 한국(조선)전쟁, 남북전쟁, 6 · 25동란 · 사변 · 전쟁 ·

남북전쟁 등이 제시되었다. 성격의 측면에서는 내전설, 국제전설(민족해방전설), 국제전적 내전설, 내전적 외형의 국제전설 등이 제시되었다. 발발과 관련해서 남침설, 북침설, 남침유도설 등이 각축을 벌였지만, 구소련문서가 공개됨으로써 오랜 논란에 종지부를 찍었다.

전쟁을 바라보는 가장 큰 대립각은 전쟁의 기원·배경과 그 시기적 연원, 전쟁의 도발자·책임자 규명을 둘러싸고 형성되었다. 내전(civil war)론은 한국전쟁이 국가 간의 교전행위나 전쟁이 아니라 서로 정통성을 주장하는 상호대립하는 국가·체제 내의 갈등과 대립의 폭력적 해결방안이었다고 해석했다. 때문에 한국전쟁은 내전을 의미하는 다양한 용어(civil warfare, civil conflict, internal warfare)로 불리웠다. 이런 견지에서 전쟁은 1948년 남북한 정부 수립이후, 또는1945년 해방과 남북분단 이후, 아니면 1930년대 이후 한국 사회 내부의 계급·신분·사상갈등에서 기본적으로 비롯된 것으로 파악된다. 다시 말해 한국전쟁은 출발점이 아니라 종착점이었으며, 1945년 해방 이후 즉각적으로 뒤엉켰던 여러 문제를 둘러싼 내부의 혁명투쟁이자 남북에서 인민위원회를 수립하려고 한 1945, 46년의 정치적 단계를 거쳐, 1946년 가을의 대중봉기단계, 1948년 초부터 1950년 초까지의 비정규전 기간을 거쳐 1950년 여름 개시된 소규모의 재래전 단계, 마지막으로 인민군이 몇 주일 만에 한반도를 거의 장악하는 열전의 단계로 돌입했다는 설명들이다.

내전론에 입각한 연구들은 남북·좌우의 갈등을 중심적으로 분석했으며, 이에 따른 전쟁사 서술은 1945년 38선 분단 — 1945~48년간 좌우·남북갈등 — 1948년 정부수립 이후 반란·폭동·38선 충돌 — 1950년 한국전쟁 발발이라는 남북·좌우의 갈등·충돌을 강조하는 서술체제를 중시했다. 곧 전쟁은 한국인들의 대립과 갈등 속에 자라난 것이라는 설명들이었다.

국제전(international war)론은 여러 갈래로 나뉘는데, 소련이 전쟁의 도발 · 책임자라는 전통주의적 견해, 전쟁의 성격은 개전이 아닌 전개 과정에 있다는 신전통주의적 견해, 북한과 '미제국주의' 간의 민족해방전쟁이었다는 북한의 견해 등이 있다. 이 경우 전쟁사는 남북한이 아니라 미국과 소련을 주어로 하는 국제정치사로 서술되었다.

한편 한국전쟁이 내전적 성격을 갖고 있음은 분명하나 국제냉전의 영향과 복합되면서 일어난 국제적 내전론이라는 견해가 있다. 이 입장은 한반도 냉전에 영향을 준 냉전 국제정치의 요소들을 중시하며 미소 냉전과 남북냉전을 복합적으로 평가해야한다고 주장한다. 이와 유사하게 전쟁은 남북한 간 내전으로 출발했지만, 미국 · 유엔 · 중국 · 소련이 개입해 결국 국제전이 되었다는 내전에서 국제전으로의 전환론도 있다.

가장 최근에는 한국전쟁이 미 · 소의 한반도 분단 · 대한정책의 결과로 형성된 결과물이며, 1948년 이후 남북 간의 갈등이 외형적으로는 1950년 폭발한 것이지만, 전쟁의 주요 동력은 미소의 국가주의적 정책과 개입의 결과였다는 입장이 제출되었다. 곧 전쟁은 내전적 형태의 국제전이며, 발발시점에서 이미 내전적 요소와 국제전적 요소가 결합되었다는 것이다. 이런 입장에서 전쟁사의 서술은 남북 · 좌우의 내부 갈등보다는 1945년 38선 분단 — 1945~48년간 미소의 분단정책 — 1948~50년간 남북갈등 — 한국전쟁이라는 외적 규정력을 강조하는 설명들이 제시되었다.

2. 전쟁의 발발과 전개과정

전쟁을 둘러싼 가장 치열한 논쟁은 최초의 발화자 · 도발자가 누구인가를 둘러싸고 벌어졌다. 북한이 남한에 대규모 선제공격을 가했다는 남침설, 남한이 선공했다는 북침설이 대립했으나 북한을 포함한 교전당사자들이 모두 6월 25일 이른 아침 북한의 대규모 공격 개시를 인정했기에 북침설은 설득력을 얻지 못했다. 그렇지만 북한은 남한이 해주 방향 서쪽 등에서 선제공격을 가한 뒤 자신들이 반격했다는 '도발받은 정의의 반공격전'을 주장했고, 남한정부는 개전 직후 한국군이 해주를 점령했다고 주장했다. 이런 양자의 주장이 결합되어 남한이 옹진반도 등 특정지역에서 북한을 선제공격한 뒤 북한의 대규모 공격이 이어졌을지도 모른다는 남침유도설이 1970년대 이후 제기되었다. 한국정부는 이를 신문기자의 오보설로 치부하며 소극적으로 부정했다. 이후 30년 이상 한국군이 해주를 공격·점령했을지도 모른다는 음모론·의혹이 만연했다. 최근 구소련문서와 북한노획문서, 한국군 작전명령서들을 종합한 연구에로 오랜 논쟁은 종식되었다. 이에 따르면 한국정부는 북한의 대규모 공격에 대비한 방어계획의 일환으로 해주공격계획을 준비했으며, 실제 상황이 부여되자 공격명령을 내렸다. 그러나 이는 전황상 실현불가능했다. 그 소용돌이 속에 해주에서 철수하던 17연대가 양분되어 한 부대가 한동안 연락이 두절되었고, 방어계획상 해주공격을 명령했던 육군본부는 해당 부대가 해주를 점령했을지도 모른다는 주관적이고 낙관적인 추정을 했다. 그 결과 국내 언론, 미극동군사령부에 해주점령설이 유포되었으나 해당 부대의 인천철수가 확인되자 이는 해프닝으로 끝났다.

한국은 사활적 이해가 걸린 지역이 아니었지만, 미국은 선전포고도 없이 전쟁에 개입하며 이를 경찰활동으로 명명했다. 왜 미국이 신속히 개입했는가와 관련해 미국의 개입이 사전에 준비된 시나리오의 실현이었다는 주장과 트루만행정부가 제2차 대전 때 일본·독일의 침략을 사전에 대비하지 못한 '1930년대의 역사적 교훈'에 기초해 단호한 태도를 취한 것이란 주장이 있다. 김일성과 스탈린은 방대한 중국의 공산화에 개입하지 않은 미국이 한국같은 전략적 가치가 낮은 지역에 참전할 가능성이 적고, 개입하더라도 본격적으로 병력을 투입하기 전에 상황을 종결할 수 있으리라 생각했다. 정반대로 미국은 한반도를 상실한다면 아시아에서 미국의 위신과 신뢰가 추락하고 이는 연쇄적으로 유럽과 다른 세계에서 미국의 정치적 · 심리적 위신과 영향력의 몰락과 직결된다고 생각했다. 미국의 전쟁개입과 관련해 미국가안보회의(NSC)의 세계정책 마스터 플랜 NSC 68과 그의 아시아판 NSC 48이 과연 냉전의 기본전략인 봉쇄정책(containment)인가 아니면 공격적인 반격(rollback)정책을 포함하는 것이었는가를 둘러싼 논란이 있다.

스탈린은 전쟁의 최종 결정권자였지만, 전체적으로는 아시아-북한에 큰 관심을 갖고 있지 않았고, 동유럽에 집중해 있었다. 1949년 말 이래 아시아에서는 스탈린이 모택동의 동의를 얻어 정책을 결정한다는 소련-중국간 권위의 이양 · 서열화가 이뤄졌다. 때문에 1949년 3월과 1950년 4월 김일성 · 박헌영의 모스크바 방문시 스탈린의 전쟁결정은 미국의 전쟁 불개입에 대한 보증, 북한군의 병력 · 화력 우위 보증, 모택동의 원조 보증이라는 전제조건이 충족된 뒤에야 이뤄질 수 있었다. 스탈린은 전쟁에 소련이 개입한 것을 위장하는 데 주력했고, 군사고문단의 38선 이남 월경조차 허용하려 하지 않았다. 공산주의권이라는 대영역의 지배자였던 스탈린은 미국과의 대결, 제3차 대전 발발 가능성에 초점을 맞췄고, 1950년 10월 유엔군의 북진 이후 김일성의 패배와 유엔군의 한반도 석권을 용인하려는 태도를 보이기까지 했다. 그렇지만 소련은 개전 초기 북한군 편제 · 무장 · 훈련은 물론 작전계획 수립에 이르기까지 북한군의 본질적 근원이었다. 개전 이후 소련군사고문단이 북한군 지휘부를 따라 낙동강 계선까지 진출했으며, 유엔군의 북진 이후 소련군의 제64전투비행군단이 참전했다.

북한군의 전면 기습공격으로 개시된 한국전쟁은 미국과 UN이 개입하면서 국제전의 양상을 보이게 된다. 북한군의 진격을 늦추기 위한 지연전이 전개되었고, 8월 전선은 낙동강에서 교착되었다. 제공 · 제해권을 장악한 유엔군의 반격으로 북한군은 낙동강전선에 다다르면서 이미 병력의 절반 이상을 잃었다. 8월 말 북한군은 대공세를 펼쳐 유엔군을 궁지로 몰았으나 병력 · 화력 · 전투의지에서 앞선 한국군 · 유엔군의 방어선을 붕괴시킬 수 없었다. 이 시점에서 모택동은 북한군의 길어진 병참보급선과 병력분산 상태를 이용해 미군이 인천이나 원산에 상륙할 것이며, 북한군이 유연하게 전선에서 철수해 '적을 유인' 해야 한다는 관측을 내놓았다.

맥아더는 1950년 9월 중순 육해군 합동의 인천상륙작전을 지휘했다. 미군이 노획한 북한문서에 따르면, 북한은 이미 미군의 인천 · 원산 상륙작전을 감지하고 대비책을 세우려 노력했으나, 미군의 화력과 물리력 앞에 속수무책이었다. 9월 말에 이르러 유엔군은 침략의 출발점이었던 38선을 원상회복했다. 이미 전쟁 중이던 7월부터 38선 돌파와 북진에 대한 논의들이 있었고, 이는 NSC 81로 구체화되었다. 트루만은 맥아더에게 북한으로 진격할 권한을 부여했다. 반격(rollback)으로 명명된 이 결정의 결과 10월 초순 유엔군은 북진을 결정했고, 압록강 부근까지 전선을 밀고 올라갔다.

그러나 맥아더의 원폭투하 위협과 중 · 한 국경지대에 대한 폭격에도 불구하고 체제위기에 직면한 중국이 전격적으로 한국전쟁에 개입했다. 이로써 자본주의진영 대 사회주의진영의 열전으로 아시아는 제3차 세계대전의 발발 위기에 놓였다. 트루만과 맥아더는 한국전장에서 원폭 사용을 공언했을 뿐만 아니라 실제로 그 가능성을 탐색했다. 맥아더는 30~50기의 핵폭탄 사용을 주장했고, 소련의 마리노프스키장군도 12개의 핵이면 한반도 전장을 정리할 수 있다고 주장했다.

중국은 항미원조(抗美援朝) · 보가위국(保家爲國)을 내걸고 지원군의 형태로 전쟁에 끼어들었다. 항일전쟁과 국공내전의 과정에서 사회주의 상호연대를 경험한 북한 · 중국 모두 참전을 당연시했다. 또한 중국이 곤경에 처한 북한을 돕는다는 원칙은 이미 1950년 4~5월 스탈린 · 모택동 · 김일성 사이에 합의된 사안이었다. 1951년 1월 초 중국인민지원군이 서울을 점령했다. 중국인민지원군의 참전 목적은 무력 공산통일의 완성보다는 38선의 원상복구와 중국을 방어할 수 있는 완충지대의 확보였기 때문에 전쟁을 확대시키길 원하지 않았다. 확전을 우려한 중국과 공격지속을 주장한 북한 · 소련의 의견이 엇갈렸다. 미국은 한국의 상실을 우려했고, 이승만정부와 한국의 지도층을 제주도 등지로 망명시킬 계획을 세우기도 했다.

기동전 · 운동전으로 전개되었던 전쟁은 서울의 주인이 네 번째 바뀐 1951년 3월 전전(戰前) 38선과 비슷한 위치에서 진지전으로 교착되었다. 이 시점에서 전쟁은 이미 끝난 것이나 다름없었지만 승리선언을 향한 위신의 대결 결과 2년 이상을 더 끌었다. 위험한 반격보복 정책보다는 안정적인 봉쇄정책이 타협안으로 미국 조야의 광범한 지지를 얻게 되었다. 맥아더는 지속적인 명령불복종 원폭사용과 지속적인 확전 시도 등의 이유로 해임되었다.

전쟁은 남북 간의 전쟁이라기보다는 국제적 대리전이었다. 한국군의 지휘권은 대전에서 작성한 이승만의 서한에 따라 유엔군사령관에게 이관(1950. 7.)되었고, 직접적으로는 미군이 한국군을 지휘했다. 북한군 또한 연합사령관 펑더화이(彭德懷)가 지휘하는 조중연합사령부(1950. 12.)의 지휘 아래 놓여졌다. 병력 · 무기 · 작전이라는 전쟁의 3가지 구성요소 가운데 남북한이 제공할 수 있었던 것은 병력뿐이었다.

전쟁 동안 가장 많은 희생자는 전선의 군인들이 아니라 후방에 있던 비전투 민간인들 가운데서 발생했다. 대다수는 공중 폭격에 희생되었고, 남한·북한의 예방·보복학살이 잇달았다. 남한의 보도연맹·형무소 수감자 처형, 북한의 서울대병원·대전 학살, 북한점령 시기 지역 좌익·빨치산 등에 의한 보복·예방학살, 남한·미국의 수복·토벌과정에서 학살 등 보복의 악순환이 반복되었다. 미군도 남북한에서 노근리사건과 오폭사건 등에 관련되었다.

북한은 점령지역에서 인민위원회를 복구하는 한편 토지개혁 등 '반제반봉건민주주의개혁'을 실행했고, 유엔군은 공산당관계자와 전쟁부역자의 처단·우익조직 부흥 등을 꾀했다. 38이북 지역의 통치권을 둘러싸고 한미 동맹에 균열의 틈이 생기기도 했다.

1951년 말에 이르러 북한과 중국은 미군이 북한과 만주지역에 세균전을 감행했다고 비난했다. 미군 측은 허위의 선전전이라고 맞섰고, 양측의 주장은 평행선을 달렸다. 최근 공개된 구소련문서들은 공산 측의 세균전 주장이 조작이었으며, 전시 위생·방역의 미비로 말미암은 전염병이었을 가능성을 시사하고 있다.

지루한 공방전이 지속되자, 두 진영은 제2전선 구축을 위한 유격부대 침투와 공작활동을 본격화했다. 첩보전도 가열되었다. 미군 산하의 다양한 특수·첩보부대들이 북파되었고, 남한에 잔류한 인민군·토착좌익 등이 빨치산투쟁을 벌였다. 1953년 휴전을 계기로 미군 산하 특수부대의 활동은 중단되었고, 남한 빨치산운동은 군경토벌로 소멸되었다. 남한 내 빨치산투쟁과 제2전선 구축 실패에 대한 책임논란은 종전후 북한 권력구도를 재편하는 데도 영향을 미쳤다.

3. 휴전과 전쟁의 영향

최초의 휴전 제안은 전쟁발발 다음날 미국이 제시했지만, 전쟁은 그대로 진행되었다. 미국과 소련은 전황에 따라 휴전안을 내놓기도 하고 상대방의 제안을 거부하기도 했다. 진지전에 돌입하고 난 뒤인 1951년 7월에야 양측은 유리한 조건에서 명예롭게 전쟁을 끝낼 목적으로 무력충돌과 정전회담을 병행했다. 포로교환 원칙을 둘러싼 대결이 심화되었고, 거제도포로수용소에서는 폭동과 살육극이 벌어졌다. 협상은 체제우위와 승리선언을 위한 선전장이 되었다. 575차례의 공식회담을 거쳐 2년 뒤인 1953년 7월 27일에야 휴전협정이 타결되었다.

극단적 휴전반대와 북진통일을 주장한 이승만은 작전지휘권을 환수해 북진하겠다고 위협하는 한편 반공포로를 석방했다. 미군포로의 귀환이 위태로워진 미국은 이승만제거계획을 심각하게 고민하는 한편 작전지휘권을 유엔군에 두는 조건으로 한미상호방위조약 협상에 동의했다. 이승만은 20개 사단 규모의 군대 확보와 이를 유지할 수 있는 군사 · 경제원조를 확보했다. 한국군의 지휘권은 유엔군사령관에게 주어졌고, 법률적 근거를 마련하기 위해 1954년 한미합의의사록에 작전통제권이란 명칭이 첨부되었다.

전쟁은 승패가 분명한 종전이 아니라 휴전상태로 중단되었고, 그 영향은 정치 · 경제 · 사회 · 문화 · 이데올로기 등 거의 모든 차원에서 한국현대사를 지배했다. 전쟁은 한국현대사를 전전 시기와 전후 시기로 극명하게 양분시켰다.

전쟁으로 말미암은 사상자는 남북한 약 280~369만 명(전체 인구대비 10%) 수준으로 추산되었고, 월북 · 납치 약 30만 명, 월남 45~100만 명 등 민족의 대이산과 가족해체가 이뤄졌다. 미군은 전사 · 사망자 36,940명, 부상 92,134명, 실종 3,737명, 포로 4,439명의 인명피해를 입었다. 전쟁의 물적 피해는 남한 제조업의 경우 1949년 대비 42퍼센트 파괴, 북한은 1949년 대비 공업 60퍼센트, 광업 20퍼센트, 농업 78퍼센트가 파괴된 것으로 추정되었다. 전쟁의 후유증으로 민족공동체의식이 파괴되고 분단의식이 내면화되었다.

정치적인 측면에서 북한은 1952년부터 전쟁 책임론과 결부된 반대파 숙청작업을 통해 김일성의 패권이 강화되기 시작했다. 소련파에 이어 이승엽 · 박헌영 등 남로당계열이 전쟁 책임과 정치적 이유로 숙청되었고, 김일성 단일지도체제가 한층 강화되었다. 북한은 이후 정치 · 경제 · 사회 · 문화 전반에서 군사동원체제가 되었다. 남한에서 이승만은 전쟁 중이던 1952년 여름 부산정치파동을 통해 대통령 직선제를 관철시켰다. 헌병 · 특무대 · 경찰 등 억압기구와 국민회 등 5대 사회단체를 동원한 반공독재체제가 강화되었다. 한국전쟁을 거치면서 분단의식 · 대결의식이 심화되고, 반공이데올로기가 생사의 경험을 통해 국민들 속에 내재화되었다.

군사적 측면에서 남북 모두 군사 중시노선을 택했다. 한국군은 전전 10만 규모였던 정규군이 63만으로 강화되었다. 또한 한국군은 대북 방어군의 차원을 넘어서 자본주의 체제유지군 · 대소전진군의 위상을 지니게 되었다. 이렇게 강화된 군은 필연적으로 정치개입과 군부집권을 향해 나아갈 위험성을 안게 되었다.

경제적 측면에서 북한은 전후복구를 거쳐, 사회주의경제체제로 돌입했고 농업집단화 · 상공업 국유화 · 중공업 우선주의 노선을 택했다. 남한은 전후 미국의 원조에 의존해 대외종속적인 관료자본주의체제를 형성하기 시작했고, 수입대체공업화를 필두로 공업화의 길에 접어들기 시작했다. 1945~65년 사이 미국의 원조로 약 120억 달러가 한국에 투여되었다.

국제적으로도 한국전쟁은 냉전 양극체제의 세계적 심화, 동서진영 사이의 이데올로기적인 대결, 군비증강, 군사블럭형 군사대결, 동북아시아 냉전구조의 심화 등을 가져왔다.

맺음말

냉전이 해체되고, 구소련문서가 공개된 이후 한국전쟁사 연구는 이데올로기적, 이론적 입장보다는 각국 사료에 기초한 실사구시적 연구방법, 또는 다국적 사료교차 연구방법이 중시되고 있다. 자료적 가치와 분량으로 볼 때 최근 공개 · 활용되기 시작한 구소련문서와 북한노획문서들을 기존의 연구지형에 잘 결합시킨다면 좀 더 진전된 연구성과를 얻을 수 있을 것이다.

지금까지의 연구들은 대부분 큰 정치적 맥락에서 남북한, 미국 · 소련 · 중국의 정치 · 군사 · 외교문제들을 다루었기에 구체적인 해결과제는 산적해 있다. 북한군 · 중국인민지원군의 전투서열, 단위부대의 대외 호칭인 단대호 등 군사사의 기초는 물론이고 한국군의 작전지휘권 이양, 전시 지휘체제, 전투사를 포함한 전쟁사는 거의 다뤄지지 않았다. 미국 · 소련 · 중국 등 주요 참전국과 일본 · 유엔참전국 등에 대한 본격적인 연구도 이뤄지지 않았다. 전쟁 중의 정치 · 사회 · 경제 · 문화에 이르기까지 해명된 과제보다는 미해명된 부분이 많다. 민간인 학살 · 노근리사건 등 수많은 불행한 사건들에 대한 진실규명도 연구과제로 남아 있다.

한반도는 냉전시기 국제관계가 창출한 마지막 분단국가이지만 종국적으로는 평화체제 정착을 통한 통일로 나아갈 것이다. 한국전쟁의 유산들은 분단체제가 해체된 이후에야 비로소 온전한 청산이 시도될 것이다. 그리고 그때에 이르러야 한국전쟁은 더욱 완전하고 자유로운 역사로 새롭게 서술될 것이다.

■ 참고문헌

국방부 군사편찬연구소 편,《한국전쟁사의 새로운 연구》1~2, 2001~2002.

―――――――― 편,《6 · 25전쟁사》1~3, 2004~2006.

김동춘,《전쟁과 사회》, 돌베개, 2000.

김영호,《한국전쟁의 기원과 전개과정》, 두레, 1998.

박명림,《한국전쟁의 발발과 기원》, 나남. 1996.

I. F. 스토운, 백외경 역,《비사 한국전쟁》, 신학문사, 1988.

예프게니 바자노프 · 나딸리아 바자노파, 김광린 역,《소련의 자료로 본 한국전쟁의 전말》, 열림, 1998.

와다 하루끼 · 서동만 역,《한국전쟁》, 창작과비평사, 1999.

윌리엄 스툭, 김형인 · 김남균 · 조성규 · 김재민 공역,《한국전쟁의 국제사》푸른역사, 2001.

이완범,《한국전쟁 : 국제전적 조망》, 백산서당, 2000.

정병준,《한국전쟁 : 38선 충돌과 전쟁의 형성》, 돌베개, 2006.

제임스 I. 메트레이, 구대열 역,《한반도의 분단과 미국 : 미국의 대한정책, 1941-1950》, 을유문화사, 1989.

존 메릴, 이종찬 · 김충남 공역,《한국전쟁의 기원과 진실》, 두산동아, 2004.

주젠룽(朱建榮), 서각수 역,《모택동은 왜 한국전쟁에 개입했을까》, 역사넷, 2005.

A. V. 토르쿠노프, 구종서 역,《한국전쟁의 진실과 수수께끼》, 에디터 , 2003.

하기와라 료, 최태순 역,《한국전쟁 : 김일성과 스탈린의 음모》, 한국논단, 1995.

Bruce Cumings, *The Origins of the Korean War, Volume Ⅰ : Liberation and the Emergence of Separate Regimes, 1945-1947*, Princeton University Press, 1981(브루스 커밍스, 김주환 역,《한국전쟁의 기원》상 · 하, 청사, 1986) ; *Volume Ⅱ : The Roaring of the Cataract, 1946-1950*, Princeton University Press, 1990.

Chen Jian, *China's Road to the Korean War, The Making of the Sino-American Confrontation*, Columbia University Press, 1994.

Kathyn Weathersby, "Korea, 1949-50 : To Attack, or Not to Attack · Stalin, Kim Il Sung, and the Prelude to War," CWIHPB Issue 5(Spring 1995); "New Russian Documents on the Korean War, introduction and translations by Kathryn Weathersby," CWIHPB Issue 6-7(Winter 1995/1996)

Sergei N. Goncharov, John W. Lewis, and Xue Litai, *Uncertain Partners : Stalin, Mao, and the Korean War*, Stanford University Press, 1993.

沈志華 編,《朝鮮戰爭 : 俄國 · 案館的解密文件(上册)》, 中央硏究院近代史硏究所 史料叢幹(48), 2003

——— ,《毛澤東 · 四達林與韓戰》, 天地圖書有限公司, 1998.

和田春樹,《朝鮮戰爭全史》, 岩波書店, 2002.

분단과 전쟁기의 국가와 시민, 대중생활

김영미(국민대 일본학연구소)

머리말

해방에서 한국전쟁까지 약 8년 동안은 식민지 지배체제가 붕괴하고 지연되었던 근대국민국가가 수립된 시기이다. 국가건설 방향을 둘러싸고 정치세력은 좌와 우로 대립하였으며, 미국과 소련 또한 자국의 이해를 고수함으로써 한반도 국가수립의 일정은 3년 동안이나 유예되었다. 해방공간의 격렬한 좌우대립을 미봉하면서 38선 이남과 이북에 수립된 불완전한 두 개의 국가는 한국전쟁을 겪으면서 상호 적대감을 내면화한 분단국가로 자리 잡았다. 한국근현대사의 희비가 응축된 이 시기는 결국 국가사의 관점에서 보면 분단체제 아래서의 근대국민국가 형성기라고 할 것이다.

이러한 분단국가의 형성과정은 국가수립의 정치적 일정과 맞물려서 사회적 차원에서 국민 만들기 과정을 수반하고 있었다. 해방 직후 소련군의 간접통치 아래 있던 38선 이북지역은 이른바 민주기지노선에서서 정치 · 경제 · 사회 각 부분에 걸쳐 반제 반봉건 개혁이 단행되고 사회주의 정부수립의 물적 토대가 마련되었다. 이와 달리 좌우대립이 격렬하였던 이남에서는 미군정의 정치력은 좌익세력에 대한 탄압과 민중항쟁의 봉쇄에 집중되었다. 식민잔재의 미청산과 미군정의 식량 정책 실패, 적산관리의 부실 등으로 남한민중들은 식량과 생필품의 부족, 만성적 실업, 극심한 인플레로 일제 말기보다 더한 생활고에 시달리고 있었다. 남한에서 미군정이 주민에 대한 통제를 강화하는 조처는 1947년 봄부터 시작되었다. 주민에 대한 일제등록과 등록표의 발급이 시행되었으며 하부 행정기구의 정비가 이루어졌다. 이는 남한정부 수립의 물적 토대를 갖추는 작업이었다. 그리고 1948년 10월 여순사건은 남한사회에서 반공체제가 형성되는 중요한 계기가 되었다. 이 사건 직후 반공주의는 남한 국민 정체성으로 강요되었으며 경찰의 주민에 대한 감시와 통제장치가 강화되었다.

한편 적대적인 두 개의 정부 수립은 해방 직후 좌우 정치적 대립을 국가 공권력에 따른 대규모의 유혈충돌로 발전시켰다. 이는 수많은 민중들의 목숨과 생활터전이 이념대립의 희생물이 되는 비극을 가져왔다. 우파 정부로 탄생한 이승만 정권은 취약한 정치기반을 강화하고자 좌익무장대 색출을 명분으로 정부수립 직후부터 한국전쟁까지 민간인 대량 학살을 자행하였다. 이와 달리 무력을 강화한 북한정부는 이승만 정권의 붕괴와 북한 정치체제의 확대를 위해 전면 남침을 감행하였다. 3년이 지나 마침내 승자와 패자도 없이 전투가 끝난 한국전쟁은 수백만 명의 생명을 앗아갔다. 그러나 전쟁을 계기로 국가의 주민에 대한 통제력은 현저히 강화되었으며 전쟁은 공포 상황에서 주민들에게 충성심과 국가 이데올로기를 내면화하는 중요한 계기가 되었다.

1. 해방공간의 대중생활

해방이 되자 전국은 축제 분위기였다. 돈과 물자에 여유가 생기고 미래에 대한 전망까지 낙관적이었으므로 사람들은 먹고 마시고 이리저리 몰려다니면서 해방의 환희를 만끽하였다. 〈직장으로 도라 가라〉는 9월 22일자 《매일신보》 사설은 이제 그만 놀 만큼 놀았으니 흥분을 가라앉히고 예전과 같이 생업에 종사할 것을 촉구하고 있다.

그러나 해방이 가져다 준 정신적 · 물질적 기쁨과 풍요는 '해방특수'라고 일컬을 만큼 짧은 순간이었다. 1945년 10월 초 미군정은 1942년 이후 실시되어 오던 식량통제정책을 폐지하고 미곡의 자유거래를 허용하였다. 이 조치 직후 일시적으로 하락하던 쌀값은 11월부터 상승 조짐을 보였으며 연말부터는 걷잡을 수 없이 올라가기 시작하였다. 쌀값 등귀를 막고자 실시한 미군정의 미가 최고가격제로 식량위기는 더욱 악화했다. 시장에서 쌀은 자취를 감추었으며 주민들은 돈을 들고도 쌀을 살 수 없는 심각한 상황에 놓이게 되었다. 제1차 미소공동위원회가 열리고 있던 1946년 3~5월의 서울과 부산의 식량난은 극도에 이르렀다.

1946년 4월 미군정은 대도시 식량문제 해결을 위해 일제 말기의 식량공출제도를 전면 부활하였다. 미군정의 미곡공출정책은 도시민의 식량 확보를 최우선 목표로 삼고 농민의 희생을 강요하는 방식이었다. 농민들은 쌀을 팔아서 각종 생활용품을 사야 했으며 공산품은 쌀값보다 더 급격한 속도로 올라 있었다. 그런데 1946년부터 1948년까지 공출 미가는 자유시장 미가의 22.3퍼센트에 지나지 않았으며 이 가격은 농업경제국에서 산출한 생산비에 크게 미치지 못한 것이었다. 미군정은 자가용 미곡과 종곡을 제외한 전량을 공출대상으로 지정하고 경찰과 미군을 동원한 강제적 방식을 채택함으로써 마침내 10월 추수봉기라는 전국적 농민항쟁을 불러일으켰다.

짧은 해방특수가 지나가자 도시나 농촌이나 할 것 없이 식량뿐만 아니라 생활필수품의 전반에 걸친 공급 부족과 가격 등귀로 민중들은 만성적인 생활고에 시달렸다. 특히 대도시의 경우 귀환민과 월남민의 대거 유입으로 식량난에 주택난까지 가중되었다. 일제 말기에 파 놓은 방공호도 주택으로 거래되었다. 해방 직후 남한으로 유입된 귀환민의 수는 약 350만 명에 이르렀으며 이들의 상당수는 식량배급과 일자리를 찾기 위해 도시에 정착하였다. 인구의 약 16퍼센트를 차지하고 있던 일본인들이 귀환하였음에도 해방 직후 서울의 인구는 일제 말기의 98만 8천 명에서 1949년 143만 8천 명으로 급증하였다. 이 시기 서울 인구의 연평균 성장률은 14.85퍼센트였다. 1947년 미군정 공보부의 보도에 따르면 공무원을 제외하면 서울주민 가운데 정규직 노동자는 남성경제연령 인구의 18퍼센트에 지나지 않았다. 서울 주민의 상당수가 실업자이거나 거리의 난전을 주도하는 영세소상인, 지게꾼과 같은 일용노무자로 살아가고 있었음을 알 수 있다. 1946년 4월 10일자 미군정 정보보고서는 서울시민 640명을 대상으로 한 여론조사에서 군정이 일본총독부보다 못하다는 응답이 42퍼센트가 나왔다고 적고 있다. 극심한 물가고와 높은 실업률은 해방공간의 주민들의 생존조건이 오히려 일제 말기보다 더 열악하였음을 말해 준다.

도시로 몰린 전재민들과 월남민들은 상당수가 도시의 최하층 빈민층을 이루고 있었다. 해방 직후 도시에서 발생하는 대부분의 범죄는 이들의 생계형 범죄였다. 식민 지배의 최대 피해자로서 초기에는 '전재민' 으로 불리면서 따뜻한 구호의 대상이 되었던 이들은 점차 도시문제의 주범으로 지목되었으며 마침내 서울거주 자체를 불법화 하기에 이르렀다.

2. 분단국가의 대민통제, 국민 만들기

미군정이 남한 주민을 관리하고 통제하기 위한 시스템을 본격적으로 정비하기 시작하는 것은 1947년 초부터였다. 1947년 2월 미군정은 '인구 동태의 정확성'을 기하며 '투표' 등을 위해서 전 주민이 거주등록을 하고 '등록표'를 발급받는 제도를 시행하였다. '등록표' 제도는 1946년 9월부터 실시되고 있던 북한의 주민증명서 제도인 공민증에 대응하기 위한 것이기도 했다. 결국 제2차 미소공동위원회가 열리기 이전부터 남북한 주민들은 서로 다른 주민정체성을 부여받고 있었다. 주민들의 거주정보를 파악하고 하부 행정기구를 정비하는 작업은 자발적인 신고로만 수행되지 않았다. 미군정은 1947년 중반부터 유령인구 퇴치를 위한 '식량사찰대'를 조직하고 가가호호 방문하여 주민들의 거주사항을 확인하였다. 식량사찰대의 활동은 보통선거 실시를 앞두고 더욱 강화되었다. 이 과정에서 주민의 상호감시와 연대책임 조직으로 일제 말기의 애국반이 부활하였다.

1948년 10월의 여순사건은 남한정부의 국민 만들기 정책이 본격화하는 계기였다. 군인 봉기를 진압한 이승만 정권은 일반 시민들이 군인 봉기에 참여하게 된 원인에 대한 근본적인 해결책이 필요하다고 보았다. 여순사건 직후 문인조사반을 사건 발생지역에 파견하여 봉기의 주도자를 비국민으로 이미지화하는 작업을 수행토록 했다. 문인조사반의 문학적 수사에 따라 봉기군을 인간이 아니라 잔인한 짐승이며 '절대 악'으로 형상화하였다. 이로써 공산주의자들을 민족의 범주에서 배제하였으며 여순사건을 빌미로 이승만 정권은 '반공민족주의'를 탄생시킬 수 있었다. 반공민족의 완성을 위해서는 민중의 계몽과 교육이 필요하다고 역설하였으며 이에 따라 각급 학교에 학도호국단을 창설하였다.

여순사건 직후 주민통제를 위한 실질적인 장치들도 강화하였다. 1948년 12월 1일자로 국가보안법이 통과되었으며 주민들을 사찰하는 일련의 제도들이 도입되었다. 1949년 여름 유숙계의 시행과 애국반의 개편이 대표적이다. 유숙계(留宿屆)는 외박이나 방문 등 거주사항을 항상 소관경찰서에 신고하도록 한 제도이며 애국반은 이를 서로 감시하는 단위가 되었다. 이와 함께 1949년 '공비토벌(共匪討伐)' 지역에서는 새로운 주민증이 발급되었다. 이 시기 도입한 양민증(良民證)으로서의 주민증은 한국전쟁과 함께 '시 · 도민증'이라는 이름으로 전국적으로 확대 시행되었다. 이 제도는 이후 한국 주민등록증의 시원이 되었다.

1949년 이승만정권이 국민 만들기의 일환으로 전개한 또 하나의 정책은 국민보도연맹(國民保導聯盟)의 조직이었다. 좌익단체에 가담하고 있거나 가담했던 사람들을 반공국민으로 '보호하고 이끌기' 위한 것이 이 조직의 명분이었다. 국민으로 포섭되어 조국을 위해 충성을 맹세한 이들은 한국전쟁 발발 직후 소집되어 영문도 모른 채 집단학살 당했다. 이들은 반공민족의 사수를 위해 죽음으로 국가에 동원된 존재들이었다.

대한민국 국민의 형성은 한국전쟁을 거치면서 비로소 완성될 수 있었다. 한국전쟁은 국민형성과 국민통합의 결정적 계기로 작용하였다. 전쟁 이전의 계급적 구분에 따른 사회 조직은 강제적으로 해체되었으며 전통적 공동체들의 구속력도 약해졌다. 탈계급화 탈정치화 과정을 거쳐 파편화한 시민사회의 성원들은 전쟁을 통해 '국민'으로 호명되었으며 사회적으로 재통합되었다. 이러한 국민적 통합을 가능하게 한 가장 중요한 사회적 기제는 국민개병제(國民皆兵制) · 의무교육제 · 문맹퇴치운동 · 지방자치제의 도입 등이었다. 특히 아동과 청소년에게 부여되는 모두 9년 동안에 걸친 학교와 군대의 경험은 일종의 새로운 통과의례로 작용하면서 이들로 하여금 국민으로서의 정체성을 확립하게 하는 핵심적인 기제로 기능했다.

3. 한국전쟁과 민간인 학살

민간인의 집단 학살은 정당한 법적 절차나 재판 절차를 거치지 않고서 국가권력 및 그와 연관된 권력체가 정치적 이유에 따라 자신과 적대하는 비무장 민간인 집단을 일방적이고 의도적으로 살해하는 것이다. 이러한 유형의 학살은 전쟁 전부터 시작되었다. 1948년 제주 4.3항쟁과 10월의 여순사건 그리고 좌익의 유격투쟁 진압과정에서 벌어진 민간인 학살의 규모는 약 10만에 이르렀다. 전쟁이라는 국가의 비상상황은 학살에 더욱 유리한 환경이기 때문에 이전 시기에 시작된 학살은 전쟁을 계기로 전국적으로 확대되는 양상을 보였다. 이는 한국전쟁기 민간인 학살의 기원이 해방 직후 좌우 정치세력의 대립과 갈등에서 비롯됨을 말해 준다. 국가수립 초기에 국가권력을 장악한 정치세력이 나머지 정치세력에 대해 공권력으로 저지르는 보복이 곧 국가수립 직후와 한국전쟁 시기에 발생하는 민간인 학살의 기본성격이라고 볼 수 있다.

민간인 학살은 크게 세 가지 유형으로 구분된다. 하나는 군사작전의 수행과정에서 발생하는 학살이다. 작전 명령을 발동하는 최고 권력자 또는 군 수뇌부의 공식적인 재가를 얻어서 작전을 수행한 것과 그 작전이 수행되는 과정에서 일어날 수 있는 학살에 대해 작전 명령자가 묵인하는 것까지 포함한다. 전쟁 전 민간인 학살의 대표적인 유형이다. 가장 많은 인명피해가 발생한 것은 1948년 4.3항쟁을 진압하고자 저지른 제주도 중산간마을의 '초토화' 작전이다. 1948년 11월부터 1949년 3월까지 5개월 동안 토벌군은 게릴라들의 피난처와 물자공급원을 제거한다는 구실로 100여 곳의 중산간마을을 모두 불태웠으며 이 과정에서 약 3만 여 명의 주민들을 살해했다. 여순사건 또한 좌익 군인들의 '반란' 으로 알려져 있지만 반란군이 물러간 다음에 진압군이 대량 학살을 자행하였다. 국가보안법 제정 이후 유격대들이 활동하는 지리산 주변과 태백산맥 산간지역에서 자행한 민간인 학살도 이 유형에 속한다. 이러한 작전 수행으로서의 학살은 6 · 25 발발 이후 전면적으로 확대되었다. 전선이 끊임 없이 이동하게 되자 지리산 지역을 거점으로 한 잔류 인민군이 지방 좌익과 합세하여 유격전을 전개하였고 전쟁은 사실상 누가 적인지 누가 아군인지 거의 구별하기 어려운 내전의 양상으로 전개되었다. 작전이라는 이름으로 조직적으로 저지른 학살에는 미군이 저지른 학살과 잔류 인민군이 활동하던 지리산 주변 지역의 주민에 대한 한국군이 저지른 학살이 대표적이다. 전자의 경우 현재 밝혀진 것으로는 전쟁 전에 일어난 전남 화순의 학살과 전쟁 동안에 일어난 충북 영동 노근리와 경남 마산 · 의령 · 창원 등지의 학살, 그리고 북한 지역인 신천 등지에서의 학살이 있다. 후자에 속한 것으로는 경남 거창 · 산청 · 함양, 전남 함평 · 남원 · 순창 등지의 학살이 대표적이다.

둘째는 처형으로 저지른 학살이다. 군사작전이 진행되고 있는 후방에서 아군을 보호하고자, 적과 내통했거나 적에게 도움을 주었거나 장차 줄 것으로 예상되는 사람들을 '사법적으로 처리' 하는 과정에서 일어난 학살이다. 남한을 점령한 김일성정권은 초기에 인민재판으로 우익인사와 지주세력 등을 처형하였으며, 남한 또한 전쟁 발발 직후 형무소에 수감되어 있던 정치범들을 재판 절차를 거치지 않고 처형하였다. 남한정부가 계엄령을 명분으로 '적으로 의심되는 사람' 을 학살한 대표적인 예는 수감된 정치범이나 국민보도연맹원을 집단적으로 처형한 일이다. 보도연맹원에 대한 학살은 6.25전쟁 발발 직후에 이루어진 것으로 알려져 있으나, 대구 · 경북 · 경남 지역에서는 1949년 말부터 학살이 시작되었다고 한다. 6.25전쟁의 발발은 그것을 전면화 · 전국화하는 계기가 된 것이다.

셋째 보복으로 저지른 학살이다. 한국전쟁 당시 점령과 수복이 반복되는 과정에서 자연스럽게 결성된 치안대, 청년단 등의 조직들이 자신과 대립하는 진영의 민간인들을 학살하는 경우가 여기에 해당한다. 보복으로 저지른 학살은 그 실태와 규모를 정확히 파악할 수 없으나 한국전쟁시 발생한 학살 가운데 상당한 비중을 차지하고 있다. 특히 '국가' 가 바뀌는 과정에서 군 · 경의 부역자들에 대한 보복과 좌우 양측에 가담한 민간인들 사이의 사적 보복이 대단히 광범위하게 일어났다.

4. 전쟁과 가족, 여성

한국전쟁을 거치면서 한국의 전통적인 가족, 친족질서는 크게 바뀌었다. 전쟁 이후 가장 뚜렷한 변화는 3대 이상이 거주하는 직계가족이 크게 줄고 핵가족이 늘어났다는 점이다. 전쟁 뒤의 급속한 인구의 증가, 가족의 해체, 농지개혁으로 말미암은 지주세력의 물적 기반의 와해 등과 맞물려 부부와 자녀만으로 구성되는 가족이 보편화하였다. 핵가족의 확산은 직계 남성가장의 권위를 약화시켰지만 개별가족 안에서의 가장의 권위 약화와 여성의 권리 신장을 뜻하지는 않았다. 비참한 전쟁을 경험하면서 사람들은 이제 믿을 곳은 가족밖에 없다고 생각하여 가족의 안전과 복리를 추구하는 '가족주의' 가 정착하기 시작하였다. 1950년대 가족주의가 드러낸 가장 중요한 사회현상은 교육열이었다. 고등교육을 받아 출세와 사회적 희소가치들에 접근하려는 열망이야말로 가족주의가 전후 한국사회에 뿌리내린 원동력이었다.

핵가족의 증가는 전통적 가족제도의 변화를 의미하지만 그러나 농촌지역에서 전통적 친족적 · 씨족적 질서가 전후에 오히려 강화되는 모습이 나타났다. '농촌의 재전통화(再傳統化)' 라고도 일컬어지는 이러한 현상은 탈계급화 · 탈정치화한 농민들의 연고주의적 투표행태로 나타났다. 1950년대 선거과정에서 특정 문중집단이 대세를 판가름하는 '씨족투표' 의 양상은 전국적으로 매우 흔하게 나타났다. 농지개혁으로 물적인 기반은 와해되었다 해도 여전히 지주층이 지역사회에서 영향력을 행사하고 있는 점, 전쟁으로 좌파가 주도권을 상실함으로써 구지배세력이 권력을 회복한 것, 전통적 질서에 반발하는 이질적인 계층들이 이촌(移村)함으로써 전통 강화 효과가 발생한 것, 그리고 탈전통화로 치닫고 있는 도시문화에 대한 반발 등을 그 배경으로 지적하고 있다.

한국전쟁시기 남성 부재의 공간에서 가족의 생계에 대한 책임은 전적으로 여성들의 몫이었다. 여성들은 전쟁터에 불려가지는 않았지만 힘겨운 삶을 감내해야 했다. 특히 약 30만 명으로 추산되는 전쟁미망인들에게 생계문제는 더욱 절박한 것이었다. 이 때문에 한국전쟁을 빌미로 여성들은 비록 '생계유지형' 일지라도 다양한 형태의 경제활동에 나섰다. 여성노동의 범주는 행상이나 좌판 등의 영세 상업이나 서비스업, 가사노동의 연장인 삯바느질과 식모살이 등이었다. 1947년 '공창제(公娼制) 폐지령' 으로 일단 사라진 성매매는 전쟁을 빌미로 급속도로 확대되었으며 준공식적인 존재가 되었다. 극도의 생활난과 남성의 부재라는 현실 속에서 가난한 여성들이 택할 수밖에 없었던 노동의 한 형태가 전시 성매매였던 것으로 볼 수 있다. 이와 같은 전시 여성들의 경제활동은 전쟁의 피해상이면서 또 한편으로는 전후 여성들의 권리 향상에 일정한 구실을 하고 있었다. 1953년 국회를 통과한 간통쌍벌죄는 축첩문제를 법으로 제동을 가함으로써 남성들의 중혼을 금지하는 것이었다. 사회적인 격렬한 논쟁이 벌어졌으나 이 법이 시행된 것은 전후 여성의 지위에 대한 사회적 인식에 일정한 변화가 일어났음을 말해준다.

맺음말

그동안 한국현대사에 대한 연구는 대부분이 정치세력의 정책과 노선에 대한 부분에 집중해 있었다. 이는 한편으로 해방 직후의 사회가 '정치가 일상을 지배했던 시기'라고 할 만큼 정치행위가 과잉되어 있었던 것에서도 말미암은 것이며 또 한편으로는 남북분단이라는 한국현대사의 중요한 모순이 형성된 시기이므로 이 문제에 대한 원인규명에 연구가 집중되어 있었기 때문이기도 하다. 그러나 격동적인 정치 이면에서 그 시대의 민중들은 일상생활을 영위하고 있었다. 그들의 일상생활의 조건은 당시의 정치행위를 규정하고 있었으며 또 상층의 정치행위는 각 주체들의 일상생활을 새롭게 재편하고 있었다. 1990년대 후반부터 사회상과 민중들의 경험에 주목하려는 연구들이 나타나고 있는 것은 이 시기 역사의 총체성에 접근하려는 자연스런 흐름이라고 볼 수 있다. 사회사라고 일컬을 수 있는 이 분야에 대한 연구는 아직은 시작 단계이며 연구 성과가 많지 않다. 식민지 주민 동원, 통제기구의 재조직 문제, 이승만정권시기 반공체제 구축과정, 한국전쟁과 국민의 형성, 여성 · 마을 · 가족의 전쟁 경험 등이 중심적으로 분석되었다. 많은 경험자가 생존해 있는 이 분야의 연구는 구술사 방법론의 활성화와 함께 앞으로 더욱 활발하게 이루어질 것으로 보인다.

■ 참고문헌

김동춘, 〈1950년대 한국 농촌에서의 가족과 국가〉, 《1950년대 남북한의 선택과 굴절》, 역사비평사, 1998.

최봉대, 〈농지개혁 이후 농촌사회의 정치적 지배집단의 형성〉, 《1950년대 남북한의 선택과 굴절》, 역사비평사, 1998.

강인철, 〈한국전쟁과 사회의식 및 문화의 변화〉, 《한국전쟁과 사회구조의 변화》, 백산서당, 1999.

김동춘, 《전쟁과 사회》, 돌베개, 2000.

김영미, 〈해방직후 정회를 통해서 본 도시기층사회의 변화〉, 《역사와 현실》 35, 한국역사연구회, 2000.

이용기, 〈미군정기의 새로운 이해와 '사회사' 적 접근의 모색〉, 《역사와 현실》 35, 한국역사연구회, 2000.

——— · 배경식 · 김재용 · 이신철, 〈특집: 한국전쟁과 민중〉, 《역사문제연구》 6, 역사비평사, 2001.

윤택림, 《인류학자의 과거여행-한 빨갱이 마을의 역사를 찾아서》, 역사비평사, 2003.

표인주 · 염미경 외, 《전쟁과 사람들》, 한울아카데미, 2003.

이임화, 《여성, 전쟁을 넘어 일어서다》, 서해문집, 2004.

김득중 · 강성현 · 이임하 · 김학재 · 연정은 · 후지이 다케시, 〈특집 : 1950년대 반공이데올로기와 감시 · 동원체제〉, 《역사연구》 14, 역사학연구소, 2004.

최정기 · 노영기 · 정호기 · 김권호, 〈특집: 한국 전쟁과 지역 공동체〉, 《사회와 역사》 68, 한국사회사학회, 2005.

김영미, 〈해방이후 주민등록제도의 변화와 그 성격〉, 《한국사연구》 136, 한국사연구회, 2007.

전후 한국사회와 4 · 19

이현진(국민대 일본학연구소)

머리말

전후(戰後) 한국 사회는 냉전의 골이 깊어가는 시기였으며, 한편으로는 전후 복구의 과제를 안고 새로운 출발을 향해 나아갔던 시기였다. 정치면에서는 보수 양당체제가 형성되었고, 경제면에서는 미국의 원조를 통한 대외의존적 성장의 틀이 마련되었으며, 사회적으로는 공동체의 붕괴와 가치규범의 혼란으로 전통적 가족관계에 새로운 변화가 일어나고 있었다. 또한 문화적으로도 미국식 대중문화가 확산되고 냉전적 인식이 심화하는 가운데 한편에서는 사회의 구조적 부패를 인식하고 새로운 모색을 시도하는 움직임도 일어났다.

전후 한국 사회를 포함한 1950년대에 대한 연구는 4 · 19항쟁에 대한 원인과 배경을 분석하는 과정에서 주목받기 시작했고, 한국의 자본축적 과정에서 진행된 원조경제에 대한 실증적인 연구의 일환으로 나온 연구들을 비롯하여, 이승만 정권의 구조와 성격, 1950년대의 한미관계 등에 관한 연구들이 이루어졌다. 이들 연구에서 1950년대에 대한 인식은 주로 어두운 시대라는 부정적인 시각에서 출발하거나, 1960년대의 배경으로서 의미를 부여하는 것이 일반적이었다. 그러나 1950년대는 위에서 지적한 바와 같이 다양한 가능성을 지니고 있던 시기였다. 따라서 1950년대에 대한 연구에서는 기존의 일면적인 시각에서 벗어나 새로운 변화를 모색하는 다양성에 주목할 필요가 있으며 정치·경제·사회 각 분야에 대한 종합적인 이해를 바탕으로 역사적 위상을 찾아가는 작업이 필요하다.

아래에서는 전후 한국 사회와 4·19에 대한 연관성에 주목하면서, 기존의 연구 성과를 바탕으로, 1950년대 정치·경제·사회분야의 변화한 내용을 중점적으로 서술하려 한다. 이를 통해 전후 한국 사회에 대한 전반적인 이해를 돕고자 한다.

1. 1950년대의 정치구조

1950년대 한국 사회는 분단 상황이 가져온 모순된 구조들이 중층적으로 작용하면서 정치적으로는 이승만 정권의 권력기반을 강화하기 위해 파행적인 정치운영이 이루어졌고, 반공이라는 이름 아래 정권에 대한 도전세력들을 제거하며 불완전한 보수 양당구조를 정착시켰다.

1952년 부산 정치파동, 1954년의 사사오입 개헌 등은 1950년대 정치운영의 특징을 단적으로 보여준다. 특히 1952년의 부산 정치파동은 반공 이데올로기의 활용, 경찰 같은 억압 기구의 동원, 관제민의의 동원이라는 이승만 시대의 파행적인 정치운영의 모습을 그대로 보여주고 있다. 자유당 창당 이후 이승만은 집권연장의 발판을 마련하고자 대통령 직선제 개헌안을 추진하였고, 이를 통과시키려고 부산에 계엄령을 선포하고 국제공산당 프락치 사건을 급조하여 국회의원을 구속하였으며, 이승만 지지를 외치는 관제민의를 동원하여 국회를 위협하는 등 헌정질서를 유린하는 행동을 서슴지 않았다. 1954년에도 이승만은 장기집권을 위한 2차 개헌 작업을 진행하였는데, '초대 대통령 중임제한 철폐' 조항을 핵심으로 하는 이 개헌안은 국회에 상정되어 정족수 1표가 모자라 부결처리된 것이었지만 자유당은 사사오입이라는 황당한 논리를 내세워 개헌안을 통과시켰다. 이와 같이 이승만 정권은 강력한 경찰과 군대 · 청년단체 · 자유당 등을 정권 유지도구로 적극 이용하면서 자유민주주의의 정치규범을 스스로 파괴하는 행위로 장기집권을 위한 기반을 구축해 갔다.

이승만의 집권연장을 위한 파행적인 정국운영으로 1950년대 정당정치는 자유당 대 민주당이라는 보수양당체제로 자리잡아 가기 시작했다. 자유당은 정책정당이 아닌 이승만의 사당으로서의 성격을 띠고 출범했다. 이승만은 1954년 초까지 이범석의 족청(조선민족청년단)세력을 제거하여 자유당을 이승만 일인단독체제로 일원화했고, 후기에는 이기붕을 중심으로 한 과두체제로 개편하였다. 자유당의 조직과 운영에는 대한국민회 · 대한청년단 · 대한부인회 · 대한노동총연맹 · 대한농민총연맹 등 이승만을 지지하는 사회단체들을 동원하였고, 경찰과 관료조직을 활용하였다. 자유당은 반공주의와 자유민주주의를 자기정당화의 상징체계로 내세우면서 관제민의를 동원하여 독재와 부정부패를 은폐하려 했고, 원조물자 배분과 금융특혜 등을 이용하여 일부기업가들과 정경유착 구조를 형성하며 장기집권을 이어갔다.

한편 민주당은 사사오입 개헌파동 이후 민주국민당(민국당)과 자유당에서 탈당한 소장파 의원들, 무소속 의원들을 중심으로 결성되었다. 민주당은 자유당과 마찬가지로 반공과 자유민주주의를 중요시하였지만 자유당과는 달리 내각책임제에 따른 책임정치를 강조했고, 자유당의 자유민주주의의 허구성을 공격하며 도시지역을 중심으로 지지를 얻었다. 그러나 민주당 또한 자유당과 마찬가지로 대중민주주의의 기초를 갖추지는 못했고, 구파와 신파로 분열하여 지도적 인물에 대한 개별적인 유대관계에 의존하며 당내 주도권 장악을 위해 경쟁했다. 민주당은 당시의 정치적 상황에서 야당이라는 위상과 대중들의 반정부 성향, 도시 중산층들의 불만을 대변하며 일정한 지지를 끌어모았지만 진보당의 조봉암에 대한 거부 태도, 통일논의 유보론, 1958년 자유당과의 선거법 협상 등에서 보였듯이 극우 반공체제의 유지와 온존을 위해서는 자유당과 공동보조를 취했다.

혁신정당의 성격을 내세우고 등장한 진보당은 1954년 범야권의 대동단결 과정에서 민주대동파의 일부 세력에 의해 창설되었다. 그러나 진보당 또한 대중적 기반을 지닌 당이라기보다는 조봉암을 중심으로 한 인물중심적인 조직이었다. 진보당은 사회민주주의 · 자유제계획경제 · 평화통일론을 내세우며 이승만 정권에 도전했다. 이에 이승만 정권은 보수 양당구조에 일정한 균열을 가할 수 있는 진보당에 대해 평화통일론이 반공의 국시에 위배된다며 정당등록을 취소하고, 조봉암에게 간첩혐의로 사형을 선고함으로써 불완전한 보수 양당구조를 이어갔다. 또한 부산 정치파동이나 조봉암 사건 등에서와 같이 1950년대 반공 이데올로기 공세는 이승만 정권을 유지하는 효과적인 수단이 되었다. 이승만 정권은 반공 이데올로기와 이를 보조하는 이념으로서 북진통일론, 반일주의 등을 적극 활용하며 정치적 위기를 극복해 갔다. 국가보안법을 제정하고 증강된 군대와 경찰, 행정기구들을 동원하여 대중들을 통제하고 반공체제를 강화했다. 1950년대 이러한 국가차원에서의 대대적인 반공 이데올로기 공세가 가능할 수 있었던 것은 전쟁 이후 한반도의 상황과 관련이 있다고 할 수 있다. 전쟁을 거치면서 한반도는 미국의 대소 전진기지라는 위상을 부여받게 되었고, 이러한 미국의 냉전전략 아래서 이승만 정권의 반공 이데올로기 공세는 힘을 받을 수 있었던 것이다.

1950년대 정치사 연구는 이승만의 권력기반의 성격과 특징을 밝히는 과정에서 이뤄졌다. 이승만 개인에 대한 분석에서부터 자유당 · 민주당 · 진보당 등 각 정당들에 대한 연구들과 이승만 정부의 지배 이데올로기, 미국과의 관계 등 다양한 주제들이 다루어졌다. 그러나 전반적인 논의의 토대가 아직 충실하지 못한 편이어서 1950년대 정치구조의 전체상을 그리기 위해서는 각각의 세부 주제들에 대한 구체적이고 실증적인 연구와 더불어 이승만 정권의 구조를 이루는 여러 요소들이 어떻게 상호작용하는지에 대해서도 좀 더 심도 깊은 분석이 필요하다.

2. 1950년대 미국의 대한 경제원조정책

1950년대는 원조경제의 시대라 일컬을 만큼 미국의 대한 원조가 본격화하고 이를 바탕으로 한국 경제의 물적 토대가 조성된 시기이다. 이러한 사정을 반영하여 1950년대 한국 경제에 대한 연구는 이 시기 도입된 미국의 경제원조가 한국의 자본축적 과정에 미친 영향을 분석하는 실증적인 연구들이 주를 이루었다. 따라서 연구의 내용도 원조의 도입과정, 원조가 한국 자본주의에 미친 영향, 원조 운영에 나타난 한국 정부의 역할 등에 집중되었다. 이들 연구들을 통해 이 시기 미국의 대한 경제원조가 한국 자본주의의 대외종속성을 강화했고, 농업을 크게 위축시키고 산업 간 불균형을 초래하였으며, 원조특혜로 재벌이 형성되는 등 국내 경제구조의 왜곡과 사회적 불평등의 심화를 가져왔다는 점 등이 지적되었다.

그러나 이 시기 미국에서 도입되는 경제원조의 성격을 좀 더 분명히 이해하기 위해서는 1950년대 미국의 대한 경제원조정책의 내용을 먼저 살펴볼 필요가 있다.

1950년대 미국의 대외 원조정책은 미국이 가진 세계 인식에 기초하여 공산권과의 세력 균형, 또는 세력 확대를 위한 요건으로서 집단 방위력 강화에 대한 필요성에 바탕을 두고 있었고 미국의 대한 경제원조정책도 이 틀을 벗어나지 못했다. 한국전쟁 이후 미국 행정부는 아이젠하워 행정부로 바뀌면서 군사비의 감축과 재정균형정책을 강조하는 뉴룩(New Look)정책을 제창했다. 아이젠하워 행정부의 뉴룩정책은 전후 계속되는 재정적자를 줄이고자 하는 전반적인 원조의 감축정책이라고 말할 수 있다. 군사적인 측면에서는 병력의 감축을 주장했고 경제적인 측면에서는 원조보다는 무역을, 그리고 사적자본의 투자를 강조했다. 전반적인 원조의 삭감을 추구하는 뉴룩정책은 휴전협정 체결 이후 한국의 상황에서는 다소 변용된 모습을 보였다. 즉 공산 중국의 위협 아래 한국의 안보적 중요성이 고려되면서 한국에 대한 군사비의 감축문제는 오히려 한국군의 강화방침으로 나타났고, 이로써 과도하게 책정된 군사력을 유지하고자 한국에 대한 경제원조는 군사비에 충당될 수 있도록 하는 방위지원 원조의 성격을 띠고 진행되었다. 다시 말해 한국에 대한 경제원조는 군사적인 목적을 위한 수단으로, 직접적인 군사원조가 줄어들 경우를 대비한 2차적인 수단으로 설정되었던 것이다. 따라서 1950년대 미국의 대한 경제원조정책은 1953년에 체결된 백두진-우드(Wood) 협정에서도 확인할 수 있듯이 군사원조를 우선하면서 인플레를 억제하고 재정을 균형화하여 경제를 안정시키는 데 주안점을 두었고, 원조물자도 이러한 목적을 달성하기 위해 최종 소비재가 주종을 이루었다. 또한 원조물자의 판매대금으로 이루어지는 대충자금도 대부분 국방비를 보전하는데 사용되었다. 1955년 중반 이후부터 한국에 도입된 미공법 480호(PL 480호)에 따른 미 잉여농산물 원조의 경우는 1950년대 미국 원조의 특징을 잘 보여준다. PL480호에 따른 잉여농산물 도입은 1960년까지 약 1억 5천7백만 달러에 이르렀는데 주요 품목은 소맥 · 원면 · 보리 등이었다. 이 원조는 미국의 잉여농산물의 재고처리와 그것을 통한 대외 군수물자 판매를 주목적으로 하는 것으로, PL 480호 원조물자의 판매대전 가운데 미국 측 사용분은 주한 미 대사관 경비로 지출되었고, 한국 측 사용분은 80~90퍼센트가 국방비로 전입되었다.

또한 미국의 대한 원조정책의 특징은 당시 원조운영의 책임을 지는 원조기구의 설치 과정과 이의 활동을 통해서도 확인할 수 있다. 한국전쟁 이후 한국에 도입된 원조는 미국뿐 아니라 유엔계통의 유엔한국재건단(UNKRA), 유엔한국민사처(KCAC) 등 복잡한 경로를 거친 것이었다. 따라서 한국의 경우에는 미국의 다른 원조 수혜국들과 달리 미국의 원조와 유엔의 원조를 함께 조정하고 집행할 별도의 기관이 필요하게 되었고, 이에 경제조정관실(OEC)이라는 기구를 설치하게 되었다. 더구나 전쟁 상황에서 경제원조는 군사원조와 밀접한 관련을 갖지 않을 수 없었고, 당시 경제원조의 군사적 성격을 반영하여 한국의 경제조정관실은 유엔군 총사령관의 관할 아래 배치되었다. 이는 한국의 원조문제에서 미 군부의 영향력을 높이는 결과를 가져왔다. 그리고 이 관계는 경제조정관실이 1959년 주한 미 대사관 산하의 주한 미국 경제협조처(USOM)로 변경될 때까지 계속 유지되었다. 경제조정관실은 1950년대 현지 원조관리 기구로서 기능하면서 합동경제위원회 및 한국 경제 관료들과의 긴밀한 협력체제를 유지하며 한국 경제계획 수립과정에 깊이 관여했다.

또한 미국은 원조가 미국의 의도대로 효율적으로 사용되도록 하고자 여러 협정 체결과 기구 설치로 한국의 경제정책 전반에 대해 영향력을 행사하고자 했다. 1952년의 마이어협정에 따라 설치한 한미 합동

경제위원회(CEB, 이하 합경위로 약칭)는 미국의 이러한 목적을 수행하기 위한 한미 사이의 원조조정기구이다. 합경위에서 주요 논의는 일차적으로 미국의 대한 원조프로그램과 연관 속에서 진행되었고, 한미 사이의 원조협정으로 제시된 기본 방침을 더욱 구체화하는 과정에서 합경위는 1952년부터 1961년 해체될 때까지 원조운영 뿐 아니라 1950년대 한국 경제정책 전반에 걸쳐 영향력을 행사했다. 곧 합경위를 거쳐 원조물자의 가격 및 배분, 대충자금의 방출 등이 결정되었고, 재정안정계획을 비롯한 한국 경제계획 전반에 걸친 논의가 이루어졌다. 형식적으로는 자문기관에 지나지 않은 합경위가 한국 경제정책 전반에 걸쳐 이러한 영향력을 행사할 수 있었던 것은 당시 한국 경제가 전적으로 원조에 의존하는 구조였기 때문이었다. 한국 정부가 원조에 의존하는 한 미국이 원조를 매개로 요구하는 정책은 수용될 수밖에 없었고, 이러한 한미관계가 지속되는 속에서 1950년대 한국 경제는 미국 원조의 내용에 일차적으로 규정받았다.

1950년대 경제사연구는 다른 분야에 견주어 전반적으로 부진한 편이어서 다양한 소재의 개발과 구체적 자료의 발굴로 연구가 활성화할 필요가 있다. 한국 자본주의의 발전과정에서 1950년대가 갖는 의의를 명확히 하기 위해 당시 경제실태에 대한 좀 더 구체적이고 세부적인 분석들이 계속 이루어져야 할 것이다.

3. 1950년대 사회변동과 4 · 19

1950년대 사회 · 문화 변동과 관련해서는 주로 농촌사회의 피폐와 농촌사회 구조 변화, 서울을 중심으로 한 도시화의 양상, 지성계의 냉전인식 등에 관한 연구들이 진행되었다. 아래에서는 이러한 연구 성과를 바탕으로 4 · 19 항쟁의 배경으로 지적할 수 있는 도시화의 문제와 1950년대 교육의 확대를 거쳐 성장한 지식인들의 동향을 중심으로 1950년대 사회 변동의 모습을 살펴보고 4 · 19 이후 한국 사회의 동향에 대해서도 정리해 보도록 하겠다.

한국전쟁을 거치면서 한국 사회는 대규모의 인구이동을 경험하며 도시화가 급속하게 진행되었다. 농지개혁의 실패로 생산력이 저하된 상태에서 필요 이상으로 도입되는 미국의 잉여농산물은 저곡가를 강요하였고, 농촌경제의 극심한 피폐화를 가져왔다. 이러한 농촌사회의 몰락은 잠재적 실업군을 양산하였고, 결국 이농현상을 가속화하였다. 또한 휴전 이후에는 국내 피난민들의 귀환 이동과 이북으로부터 내려온 피난민들의 재정착 이동이 점증하였고, 1950년대 후반 제대군인들이 증가하면서 도시인구는 급증하였다. 그러나 공업화에 따른 도시로의 흡인요인이 부족한 상태에서 이러한 이동은 결국 광범한 도시빈민층을 형성하는 요인이 되었다. 이와 같이 1950년대 도시화 경향은 경제성장 및 도시적 성장과 병행한 인구 성장이라기보다는 전쟁과 농촌의 피폐로 말미암은 것이었고 그 결과 도시빈민을 양산하는 것으로 귀결되었다. 이 과정에서 전통적인 가족공동체의 규범도 소가족과 개인으로 변해 갔으며 도시민들의 현실에 대한 불만도 차츰 커졌다.

한편 1950년대에는 학교교육에서도 폭발적인 팽창현상이 나타났다. 초등학교 의무교육이 확대 실시되면서 학생 수도 1945년의 136만여 명에서 1960년 362만여 명으로 2배 이상 증가했고 문맹률도 크게 낮아졌다. 또한 대학교육도 양적으로 급격하게 확대되었다. 1960년의 대학생과 대학출신자 수는 거의 38만여 명에 이르렀는데, 대학생 수의 급격한 증가는 기본적으로는 취업난과 계층상승의 욕구가 작용한 것이지만 전쟁 동안에 대학이 징집회피의 수단이 되면서 더욱 늘어난 것이기도 했다. 여기에 더하여 대학과 교육엘리트들에 대한 미국의 교육

원조가 주어지면서 미국 유학생 수도 증가했다. 그리고 이러한 교육의 양적인 성장은 4 · 19 발발의 한 요인이 되기도 했다. 이들은 미국식 민주주의 이념교육을 받은 세대로 자유민주주의의 보편성과 우월성을 주장하면서 공산주의를 비판하기도 했지만, 한편으로는 민주주의의 보편적 원리의 실현을 주장하며 최소한의 민주주의적 절차조차 무시되는 현실에 궐기했던 것이다.

4 · 19는 1950년대의 정치 · 경제적인 문제뿐아니라 이상에서 살펴본 여러 사회변동의 요소들을 배경으로 발발했다. 이승만 정권은 한국사회의 경제적 정체와 사회적 혼란을 수습하지 못한 채 정권 유지를 위해 더욱 폭압적인 물리력을 행사하며 부정부패를 만연시켰으며 이에 민중들의 불만은 팽배해갔다. 정권의 한계를 드러내며 안팎의 위기가 증폭되는 가운데 1960년 3월과 4월에 걸쳐 이루어진 3 · 15부정선거는 이승만 독재체제에 대한 총체적인 불만을 표출하는 계기가 되었다. 1960년 2월 28일 대구시내의 고등학생들로부터 시작된 시위는 3월 15일 마산 봉기를 거쳐 4월 주요 도시를 중심으로 확산되었고, 대학생들과 교수, 시민들이 참여하며 대대적인 군중시위로 확대되었다. 이 항쟁으로 말미암아 이승만 정권은 4월 26일 마침내 붕괴하였다. 그런데 여기서 이승만 정권의 붕괴는 전적으로 민중항쟁의 결과라기보다는 미국의 개입과도 밀접한 관계가 있는 것이었다. 최근 공개된 미국측 자료 분석을 바탕으로 한 연구에서는 이승만의 하야 결심에 미국의 구실이 주요했음을 밝히고 있다. 1950년대 후반 미국은 만성적인 재정적자와 공산권과의 체제 경쟁에 맞서 한국전쟁 이후 추구해 온 동북아시아지역에서 한 · 미 · 일을 잇는 지역통합전략을 현실화할 필요성이 더욱 높아지고 있었다. 그러나 이승만의 감정적 반일은 이러한 전략구축에 차츰 장애로 느껴졌고, 남한에서 미국의 안보와 이익을 지키기 위한 안정적 정권의 창출이라는 측면에서도 이승만 정권에 대한 재검

토가 제기되었다. 특히 3 · 15선거 이후 미국은 부정선거에 대한 국민의 반대가 결국 민중항쟁으로 발전해 가자 더 이상의 사태악화를 막고자 신속하게 개입했다. 미국은 이승만의 하야만이 사태를 진정시키는 길이라고 입장을 굳히고 이승만이 스스로 물러나도록 압력을 가했다. 결국 이승만 정권의 퇴진은 부패한 정권에 대한 민중들의 저항과 보수 집권세력 내부의 갈등, 미국의 개입 등이 작용하여 이루어진 결과라고 볼 수 있다.

이에 이승만의 하야 뒤 권력재편 문제는 항쟁의 주체 세력들이 권력을 대체할 실질적 힘을 갖지 못한 상황에서 기득권을 가진 세력에 의해 이루어졌다. 이승만의 하야 뒤 구성된 허정 과도정부와 국회는 내각책임제 개헌을 단행하고 7월 29일 총선거를 실시했다. 선거는 민주당의 승리로 귀결되었고, 민주당은 신파와 구파로 나뉘어 대립하다가 구파의 윤보선이 대통령에 신파의 장면이 국무총리에 선출되어 새로운 정권을 출범시켰다. 이로써 3, 4월에 걸친 4 · 19항쟁은 기존 체제 내의 정권교체로 일단락되었지만 그 뒤 새로운 차원에서 질적인 발전이 이루어졌다.

1950년대 말과 1960년대 초는 밖으로 미 · 소 양진영의 공존이 정착하면서 기존 냉전체제에 변동이 일어나고 있었고, 안으로도 4 · 19항쟁과 같은 정치적 격변을 경험한 시기였다. 따라서 이러한 현실의 변화에 적응하여 여러 정치세력들은 새로운 전망을 모색하지 않을 수 없었다. 민주당 정권은 반공주의라는 기본 틀에는 변함이 없지만 과거의 극단적인 냉전논리가 아닌 새로운 지배 이데올로기를 창출하고자 했다. 이에 경제개발 5개년 계획의 작성과 국토개발사업에서 보여지듯 경제제일주의로 표현되는 근대화론을 집권의 명분으로 내세웠다. 한편 혁신계의 활동도 이전의 변혁운동의 흐름을 계승하면서도 새롭게 성장해 갔다. 혁신세력을 중심으로 올바른 운동이념을 정립하고 기층

민중과 지식인을 조직하기 위한 노력들이 있었고, 진보적 사회단체와 교원노조를 비롯한 각종 노동조합이 결성되었다. 또한 혁신세력은 장면 정권의 소극적인 통일론을 비판하면서 민족자주적 관점에서 평화적 통일론을 주장하며 적극적인 남북교류를 모색하였는데, 이의 영향으로 민중 차원의 통일운동이 활발히 전개되었다. 4·19항쟁의 주도세력 가운데 하나인 학생들의 운동도 초기의 계몽운동, 학원민주화운동 차원에서 벗어나 1960년 11월 서울대 민족통일연맹의 창립을 계기로 통일문제 등 한국사회의 구조적인 문제를 제기하는 방향으로 바뀌었다. 이와 같이 4·19 이후 급격히 성장한 각계각층의 민중운동은 대중조직 건설의 밑거름이 되었고, 전쟁 이후 침체에 빠졌던 변혁운동이 새롭게 전진할 수 있는 계기를 만들어 주었다.

이승만 정권의 퇴진 이후 한국 사회가 새로운 발전을 모색하는 과정에서 겪게 되는 사회변동에 대해서는 여러 차원에서의 논의가 진척되고 있지만 아직도 연구가 부족한 실정이다. 사회변동과 관련하여 보수, 혁신세력, 사회운동세력들의 활동을 전후 맥락과 연결하여 그 의미와 한계를 면밀히 분석하는 작업이 필요하다 하겠다.

맺음말

한국전쟁을 거치면서 바뀐 전후 한국 사회의 모습들은 여러 정치·사회구조의 모순들과 상충하면서 4·19로 이어졌고, 결국 이승만 정권의 붕괴를 가져왔다. 기존 연구에서 전후 한국 사회 곧 1950년대에 대한 연구는 해방 3년사나 한국전쟁에 대한 연구에 견주어 별로 주목받지 못했고, 연구의 공백기라고 할 만큼 그다지 많은 연구가 축적되어 있지도 못한 실정이다. 이는 1950년대에 대한 부정적인 시각과 자료의 부족에 말미암은 것이다.

전후 한국사회의 변화의 모습들은 결국 4 · 19로 이어졌고 1960년대와 연속성을 지니고 있는 것이었다. 1950년대는 부정적인 이미지들만이 존재한 것이 아니라 부정적인 현상 속에서도 새로운 국면으로 전환하기 위한 에너지가 분출한 시기이기도 한 것이다. 따라서 1950년대에 대한 인식은 단절적인 한 시대사로서 이해하기 보다는 한국 현대사의 흐름 속에서 거시적인 안목을 가지고 이해하는 것이 필요하다. 이에 세부적인 주제들에 대한 연구가 쌓여 이 시대에 대한 역사상을 풍부하게 하는 작업이 계속 진행되어야 할 것이다.

또한 1950년대 한국 사회 연구에서 중요한 것은 새로운 자료의 발굴과 이를 바탕으로 한 학문적이고 실증적인 분석이 이루어져야 한다는 점이다. 1950년대에 관한 연구들은 그동안 자료의 부족으로 활발히 진행되지 못한 측면이 있으며, 기존의 연구들도 신문이나 회고록 등 단편적인 자료에 의존하고 있는 실정이다. 최근에는 1960년까지의 미국측 자료들이 공개되고, 한국 외무부에서도 일부 자료를 공개했으며, 각 기관들에서도 여러 차원으로 자료들을 수집 · 공개하고 있다. 이에 연구자들은 더욱 많은 자료를 발굴 · 확보하고 실증에 바탕을 둔, 더욱 구체적이고 체계적인 양질의 연구 성과를 위해 노력해야 할 것이다.

한편 1950년대 한국 사회의 모습은 남한만의 한정된 틀에서만 파악할 수 있는 것이 아니다. 당시 사회구조는 냉전체제의 강한 영향 가운데 놓여 있었고, 분단이라는 상황은 사회 · 문화 전반에 걸쳐 상당한 규정력을 가지고 있었다. 따라서 1950년대 한국 사회에 대한 좀 더 객관적인 분석을 위해서는 시야를 확대하여 한반도 전체와 동북아시아 질서, 국제관계와 관련하여 조명해 보려는 작업이 필요하다.

■ 참고문헌

박태균,《조봉암연구》, 창작과 비평사, 1995.

李鍾元,《東アジア 冷戰と韓米日關係》, 東京大 出版會, 1996.

역사문제연구소 편,《1950년대 남북한의 선택과 굴절》, 역사비평사, 1998.

한국정신문화연구원 현대사연구소 편,《한국현대사의 재인식4 : 1950년대 후반기의 한국사회와 이승만정부의 붕괴》, 오름, 1998.

서중석,《조봉암과 1950년대(상 · 하)》, 역사비평사, 1999.

한국정신문화연구원 편,《한국전쟁과 사회구조의 변화》, 백산서당, 1999.

도널드 스턴 맥도날드, 한국역사연구회 1950년대반 역,《한미관계20년사(1945~1965)》, 한울아카데미, 2001.

한국역사연구회 4월민중항쟁연구반,《4 · 19와 남북관계》, 민연, 2001.

홍석률,《통일문제와 정치 · 사회적 갈등 : 1953~1961》, 서울대 출판부, 2001.

신용옥,〈1950년대 대충자금 및 미국 대한원조의 경제적 성격〉,《한국민족운동사연구》 31, 2002.

이대근,《해방후~1950년대의 경제-공업화의 사적배경 연구》, 삼성경제연구소, 2002.

문정인 · 김세중 편,《1950년대 한국사의 재조명》, 선인, 2004.

허 은,〈미국의 대한문화활동과 한국사회의 반응-1950년대 미국 정부의 문화활동과 지식인의 대미인식을 중심으로〉, 고려대 박사논문, 2004.

김수자,《이승만의 집권초기 권력기반연구》, 경인문화사, 2005.

서중석,《이승만의 정치이데올로기》, 역사비평사, 2005.

이현진,《제1공화국기 미국의 대한경제원조정책연구》, 이화여대 박사논문, 2005.

——,〈1950년대 한미합동경제위원회의 운영과 역할〉,《한국민족운동사연구》 48, 2006.

박정희 정부 시기의 한국 사회

박태균(서울대 국제대학원)

머리말

1960년대와 1970년대는 한국 사회의 모든 분야에서 거대한 전환이 일어나는 시기였다. 문민통치의 전통을 지닌 한국 사회에 쿠데타로 집권한 군인들에 따른 통치가 이뤄졌다. 이들이 쿠데타와 연이은 선거부정으로 말미암아 정치적 정통성을 결여하고 있었음에도, 이 시기의 급속한 경제성장은 박정희 정부에 대한 서로 상반된 두 가지 평가를 가능하게 하고 있다. 현재 진행되고 있는 박정희 재평가 작업은 이 시기의 상반된 두 가지 사실에 대한 '정치적' 이해관계와 무관하지 않다.

또한 1960, 70년대에는 한반도를 둘러싼 국제적 환경에서도 변화가 적지 않았다. 1960년대 미국의 민주당 정부는 한국을 비롯한 저개발국의 경제개발계획을 지원하면서, 베트남 전쟁에 깊숙이 개입하였다. 그러나 1969년의 닉슨 독트린은 미국의 저개발국에 대한 개입의 최소화, 그리고 다면화한 세계질서를 인정하면서 데탕트를 추진하는 계기가 되었다. 이로 말미암아 동아시아의 냉전체제에 의지하고 있었던 박정희 정부는 대외정책뿐만 아니라 안보 · 군사정책에서도 변화를 모색하게 되었다.

1960년대와 1970년대의 한국 사회와 한반도를 둘러싼 국제정세가 급변하였음에도, 이 시기에 대한 연구는 이제 출발선에 서 있다. 주제의 중요성에 견주어 연구의 진행이 늦었던 것은 무엇보다도 자료의 한계 때문이었다. 한국 현대사 연구에서 중요한 자료로 이용되었던 미국 정부의 자료들이 최근에야 공개되고 있으며, 한국 또한 최근 이 시기 자료들을 공개하고 있다.

1. 정치적 소용돌이: 5 · 16 쿠데타, 부정선거 시비, 지역주의, 유신체제, 그리고 10 · 26

1960, 70년대에는 박정희 정부가 강력하게 사회를 통제하고 있었음에도, 사회 · 정치적으로 많은 갈등이 불거졌다. 정치적 갈등은 한편으로는 야당과 재야, 그리고 학생들의 민주화운동으로 촉발되었지만, 다른 한편으로는 한국의 모든 분야에 개입하고 있었던 미국과의 갈등에 따른 것이기도 했다.

1961년 5 · 16 쿠데타는 한국 사회의 변화를 알린 신호탄이었다. 박정희와 육사 5기 · 8기생들이 주축이 된 일부 군인들이 3,400여 명의 병력을 동원하여, 행정부와 언론사를 비롯한 서울의 주요 기관들을 장악하였다. 60만이 넘는 한국군의 5퍼센트에 지나지 않는 병력으로 이루어진 쿠데타를 진압하려는 움직임이 없지 않았지만, 쿠데타 세력들은 내각과 의회를 해산하고 국가재건최고회의를 조직하면서 행정 · 입법 · 사법의 모든 권력을 장악하였다.

특히 쿠데타 직후에 조직된 중앙정보부는 권력 장악의 핵심적인 구실을 수행했다. 쿠데타의 핵심이었던 김종필이 주도하여 창설한 중앙정보부는 나라 안팎의 모든 정보를 독점함으로써 명실상부한 국가권력의 핵이자 상징이 되었다. 대외적으로는 북한과의 대치를 명분으로 하였지만, 정치 · 경제 · 사회의 모든 부문에 깊숙이 개입함으로써 군사정부와 뒤이은 박정희 정부의 권력 유지에 핵심적인 기능을 하였다. 정치적으로는 중앙정보부가 개입했던 민주공화당이 박정희 정부를 뒷받침했다.

그렇다면 불법적인 5 · 16 쿠데타와 군사정부의 수립이 어떻게 커다란 반대 없이 성공할 수 있었을까? 이 문제에 대해서 두 가지 주장이 제기되고 있다. 하나는 이미 쿠데타 이전부터 허약한 장면 정부를 대체할 새로운 정치세력을 찾고 있었던 케네디 행정부가 군사정부의 성공적인 집권에 결정적인 구실을 했다는 주장이며, 다른 하나는 민주당 정부와 한국 사회의 무기력한 대응이 더 결정적인 조건이 되었다는 주장이다.

이 문제는 1962년과 1963년 군사정부와 미 행정부의 갈등과도 연결되는 문제이다. 쿠데타 직후 미 행정부는 군사정부의 경제개발계획의 수정과 민간 정부로 권력 이양을 강력하게 요구했다. 처음에는 군사정부가 미국의 요구를 적극적으로 받아들이지 않았지만, 1963년 미국이 원조를 수단으로 압력을 넣었기 때문에 군사정부는 미국의 요구를 받아들일 수밖에 없었다. 이 과정에서 군사정부는 민정이양 작업을 진행했지만, 허약한 야당의 분열은 군복에서 민간인 복장으로 갈아입은 군인들이 민간정부를 다시 장악하는 결과를 가져왔다.

박정희 정부는 1963년의 민정이양과 1964년 한일협정 반대운동의 위기를 넘기면서 1967년 대통령 선거와 국회의원 총선거에서 무난하게 정권을 연장할 수 있었다. 1964년부터 시작된 경제성장의 성과가 가시화하면서 박정희 정부는 국민들로부터 안정적인 지지를 받을 수 있었다.

그러나 박정희 정부 시기 모든 선거는 부정선거 시비에 휘말렸다. 1967년과 1971년의 국회의원 총선거는 관권의 개입과 투 · 개표 과정의 문제로 말미암아 야당과 학생들이 대규모 선거무효 운동을 전개하였으며, 1971년 대통령 선거 또한 박정희 후보와 김대중 후보의 박빙의 승부 사이에서 부정 선거 시비가 일어났다.

또 하나 이 시기 선거에서 나타났던 중요한 이슈는 지역주의의 문제였다. 1967년까지 여당은 농촌에서 표를 많이 얻고, 야당은 도시에서 표를 많이 얻는 이른바 '여촌야도(與村野都)' 현상이 나타났지만, 1971년 대통령 선거에서 경상도 출신의 박정희 후보와 전라도 출신의 김대중 후보 사이에서 표의 편중 현상이 나타났다. 경상도 지역에서 72대 28로 박정희에 대한 지지율이 높았지만, 호남에서는 63대 35로 김대중 후보에 대한 지지율이 높았다. 이러한 현상을 한국 정치에서 현재까지도 나타나고 있는 지역주의의 기원으로 보는 견해가 많지만, 1971년부터 1985년까지 총선거에서 지역주의 현상이 나타나지 않았다는 점 또한 고려해야 한다.

한편 박정희 정부는 1972년 유신체제를 선포하였다. 유신체제는 대통령에게 모든 권력을 집중시켰으며, 한 사람이 종신토록 대통령직을 유지할 수 있도록 고안되었다. 체육관에서 대통령을 선출하는 통일주체국민회의의 대의원은 정당에 소속하지 못하도록 규정했고, 현직 대통령만이 후보로 입후보하여, 99퍼센트의 찬성에 따라 대통령직을 계속 유지하였다. 또한 유정회라는 조직에 전체 국회의원의 1/3이 소속되고, 이들을 대통령이 지명하도록 하는 제도가 도입되어 삼권분립을 무력화하였다. 아울러 대통령이 긴급조치를 선포할 수 있는 권한을 확대하여 유신체제에 대한 반대의 움직임이 나타날 때 긴급조치 선포로 국민의 기본권을 제한할 수 있도록 하였다.

학계에서는 유신체제의 배경에 초점을 맞춘 연구들이 있다. 대부분의 연구들은 유신체제가 능동적이기보다는 정권 외부의 환경변화에 따라 어쩔 수 없이 성립한 체제로 보고 있다. 즉, 1968년 이후의 안보위기와 사회 · 경제적인 문제들이 폭발함으로써 안정적으로 집권하는 것이 불가능하다고 판단한 박정희 정부가 종신 집권을 위해 변칙적으로 정치체제의 변화를 추구했다는 것이 일반적인 견해이다. 그러나 최근에는 1965년 베트남 파병을 하면서부터 사회적인 통제를 강화하려고 한 움직임이 있었으며, 1968년 안보위기 이전에 이른바 '제2경제론'을 주장하면서 박정희 정부에서 능동적으로 유신체제와 같은 강력한 사회통제의 시스템을 형성하려고 했다는 견해도 나오고 있다.

유신체제는 국민들의 민주화를 위한 열망을 억압하면서 1979년까지 유지되었지만, 역설적이게도 정부 안의 이견이 대립하는 과정에서 박정희 대통령이 살해되면서 막을 내렸다. 중앙정보부와 대통령 경호실은 유신체제 시기에 권력의 가장 막강한 두 축이었는데, 양자의 대립 과정에서 1979년 10월 26일 중앙정보부장이 대통령과 경호실장을 살해한 것이다. 물론 이 사건의 배경에는 부마항쟁이 자리잡고 있기 때문에 단순한 권력 다툼으로만 평가할 수는 없다. 또한 아직 구체적인 연구가 진행되지는 않았지만, 10 · 26 사건에 대한 평가문제와 함께 10 · 26 사건에 미국의 개입 여부가 회자되고 있다.

2. 대외관계와 남북관계: 한일협정, 베트남 파병, 7 · 4공동성명, 그리고 핵 개발

1960년대 한국 사회의 변화에 가장 큰 영향을 주었던 두 사건은 한일협정과 베트남 파병이었다. 한국과 일본 사이의 국교정상화는 이미 샌프란시스코 강화조약 직후인 1952년부터 논의가 시작되었다. 그러나 1950년대 한일회담은 답보를 거듭하다가, 민주당 정부 시기 급진전하기 시작했다.

1950년대 말부터 경제전문가들 사이에서는 한일 사이에 국교정상화가 필요하다는 견해가 나오기 시작했는데, 이것은 1958년부터 시작된 미국의 한국에 대한 원조의 감소 때문이었다. 당시 한국 정부는 재정의 40퍼센트 이상, 국방비의 50퍼센트 이상을 미국의 원조에 의존하고 있었기 때문에 미국의 원조 감소는 곧 경제위기를 의미하는 것이었다. 따라서 한국전쟁과 1950년대를 거치면서 부흥에 성공한 일본과 관계정상화로 경제위기를 극복해야 한다는 견해가 나오기 시작한 것이다.

민주당 정부에서 한일회담은 쿠데타로 말미암아 중단되었지만, 군사정부는 경제개발 자금을 마련하기 위하여 한일관계 정상화를 적극 추진하였다. 특히 군사정부는 미국의 원조가 감소하고 있는 상황에서 일본으로부터 일제 강점기 피해에 대한 배상금이 필요했다. 미국 또한 한국에 대한 원조의 부담을 일본에게 넘기고, 일본을 중심으로 동아시아 지역을 재편하고자 한일국교 정상화를 적극적으로 중재했다.

그러나 야당과 학생, 그리고 시민들은 한일국교 정상화에 대한 반대운동을 펼쳤다. 김종필과 오히라 일본 외상 사이에서 이루어진 밀실협상은 반대운동의 기폭제가 되었다. 시민들은 한국과 일본의 관계정상화를 반대하는 것이 아니라 밀실에서 진행된 졸속적인 협상과 함께 미국의 개입에 대해 반대했던 것이다. 일본은 불행했던 과거에 대해 공식적으로 사과하지 않았고, 배상금이 아닌 경제협조 자금이라는 명목의 '청구권' 자금이라는 애매한 이름으로 한국 정부에 돈을 지불하였다.

결국 1965년 한일관계 정상화가 이루어졌지만, 한국과 일본 사이에 불행했던 과거의 문제는 전혀 해결되지 못했다. 재일동포 문제와 문화재 반환 문제는 미봉에 그쳤고, 독도 문제는 협정문 속에 언급조차 되지 않았으며, 식민지의 법적 처리 문제는 한국과 일본 정부가 각각 나름대로 해석하는 것으로 결정되었다. 한일관계 정상화로 말미암아 박정희 정부는 경제개발계획을 실시할 수 있는 자금을 확보하였지만, 과거 문제들을 제대로 처리하지 못함으로 말미암아 지금도 한일관계의 진전에 발목을 잡고 있다.

한편 한국군의 베트남 파병은 1964년 초 미국 존슨 행정부의 요구로 전격적으로 이루어졌다. 미국이 베트남 전쟁에 본격적으로 개입하면서, 주한미군을 감축하고 한국에 대한 원조를 축소할 가능성이 있었기 때문에 박정희 정부는 미국의 요청을 적극 받아들였다. 초기에는 비전투부대를 보냈지만, 1965년 이후 전투부대를 파병하였다. 한국은 연인원 5만여 명을 보내 미국 다음으로 큰 규모의 전투부대를 베트남에 파병한 것이다.

파병의 대가로 한국 정부는 미국으로부터 거액의 경제 · 군사 원조를 받았다. 또한 파병된 한국군의 병참과 월급을 통한 지원 또한 적지 않은 규모였다. 정확히 어느 정도의 규모였는가는 알려져 있지 않지만, 파병을 대가로 한 원조는 한국의 경제개발계획 추진을 위한 자금으로 사용되었다. 전쟁 기간 베트남에 진출했던 한국의 건설기업들은 1970년대 오일달러를 배경으로 중동에 진출하여 건설 특수를 누리기도 했다.

그러나 베트남 파병으로 말미암아 수많은 젊은이들이 희생되었으며, 미군이 사용한 고엽제로 말미암아 지금도 피해를 겪고 있는 사람들이 적지 않다. 최근 한국군의 베트남 민간인 학살문제가 제기되었으며, 참전했던 군인들이 지금까지도 정신적인 고통을 받고 있다. 그리고 무엇보다도 중요한 문제는 베트남 파병이 장기적으로 한국에게 커다란 불명예를 안겨주었다는 점이다. 미국의 용병이라는 인식과 함께 비동맹, 제3세계 국가들로부터 많은 비난을 받았다.

아울러 베트남 전쟁 파병이 미국의 요청에 따라 이루어졌음에도, 한국과 미국 사이에는 서로 신뢰를 쌓지 못하고 이전의 상태가 그대로 유지되었다는 사실 또한 주목된다. 1968년 이후 미 행정부는 박정희 정부의 북한에 대한 강경 정책에 불만을 표시하기 시작했고, 1969년 닉슨 행정부가 들어선 이후 한미관계는 갈등으로 치달았다. 동북아시아에서 화해 분위기를 모색했던 닉슨 행정부와 냉전체제로 정권을 유지하고 있었던 박정희 정부 사이에 갈등이 커져갔다.

닉슨 행정부는 한국전쟁 이후 20년 동안 갈등했던 중국과 국교를 수립하면서, 한국 정부에게 북한과 관계를 개선할 것을 요구했다. 박정희 정부는 남북 적십자 회담과 7.4 공동성명으로 미국의 요구를 일부 수용했지만, 유신체제 이후 남북 사이에는 다시 긴장관계가 조성되었다. 미국은 남북한을 미국 · 일본 · 중국 · 소련이 교차 승인하는 방안을 내놓았지만, 결국 성공할 수 없었다. 7 · 4 공동성명과 관련해서 그 동인이 어디에 있었는가에 대한 연구가 진행되고 있다.

한국과 미국 사이의 갈등의 골은 카터 행정부가 등장하면서 더욱 깊어졌다. 카터 대통령은 주한미군의 철수를 주장했을 뿐만 아니라 인권외교를 표방했기 때문에 유신체제의 독재적 전횡 또한 문제가 되었다. 그리고 결정적으로 '코리아게이트'가 한국과 미국 사이의 불신을 더욱 깊게 만들었다. 미국 안에서 한국에 유리한 여론을 만들고자 한국 정부가 미 의회의 의원들에게 로비 자금을 제공한 혐의가 밝혀졌고, 유신체제에 반대하는 재미동포들을 불법적으로 사찰해 온 사실도 미국에 망명한 한국인들에 의해서 폭로되었던 것이다. '코리아게이트'로 불린 이 사건으로 말미암아 한국 정부의 도덕성은 땅에 떨어졌다.

김대중 납치사건과 문세광 사건으로 말미암아 한일관계가 좋지 않았던 상황에서 한미관계마저 악화하면서 박정희 정부는 자주외교와 자주국방 정책을 추진했다. 자주외교를 위해 비동맹국가와 수교를 추진했지만, 비동맹 국가들은 베트남 전쟁에 참전한 한국을 반기지 않았다. 자주국방을 위해서 미사일을 개발하였으며, 핵무기의 개발도 추진하였다. 현재까지 자세한 내막이 밝혀져 있지 않지만, 미국이 핵확산금지조약에 한국 정부가 가입하도록 조였기 때문에 핵무기 개발은 한미관계를 파국으로 몰아가는 계기가 되었다고 알려지고 있다.

3. 경제정책과 경제성장: 빛과 그늘

1962년부터 시작된 경제개발계획은 한국 사회를 크게 바꾸어 놓는 계기가 됐다. 1950년대 한국은 1인당 국민소득이 100달러도 되지 않는 최빈국 가운데 하나였다. 그러나 겨우 20년 만에 1인당 국민소득이 1,000달러를 돌파했다. 1964년 1억 달러에 지나지 않았던 수출액 또한 1977년 100억 달러를 넘어섰다. 가장 빈곤한 나라에서 '아시아의 네 마리 용'(타이완, 홍콩, 싱가포르, 한국) 가운데 하나가 된 것이다.

이러한 한국의 경제성장이 1960년대 초부터 시작된 것으로 알려져 있지만, 실제로 초기 경제개발계획은 성공적이지 못했다. 1962년 군사정부는 경제개발계획을 추진하기 위한 경제기획원을 창설하고 처음으로 경제개발 5개년계획을 입안 · 실시하였다. 그러나 이 계획은 미국의 반대에 부딪혔다. 외국과의 교역보다는 한국 내부의 균형성장을 목표로 했던 초기 경제개발계획에 대해 미국은 민족주의적이면서도 사회주의적이라고 반대했다. 특히 국내에서 자본을 동원하기 위해 실시했던 통화개혁은 미국의 반대로 말미암아 한 달 만에 실패로 끝나고 말았다.

이러한 미국의 정책은 로스토우에 따라 주창되고 케네디 행정부가 도입한 새로운 저개발국 정책에 근거하고 있었다. 새로운 정책은 저개발국가들이 경제계획으로 성장하는 것을 미국이 도와야 하지만, 외국의 자본을 많이 이용하고, 외국과 교역을 강화함으로써 양자 사이의 관계가 끊어지지 않도록 만들어야 한다는 것을 골자로 했다. 케네디 행정부는 군사정부에 압력을 넣었고, 한국정부는 1963년 경제개발계획을 수정해서 1964년 초 '보완계획' 을 발표하였다.

또 하나 최근 연구를 통해 밝혀지고 있는 것은, 경제개발계획이 처음부터 수출주도형 계획이 아니었다는 사실이다. 초기 계획은 국내에 제철소와 종합기계제작소를 비롯한 기반산업들을 만드는 것을 골자로 한 정책이었다. 수출주도형 산업화전략이 본격적으로 시작된 것은 1965년을 전후한 시기이며, 1960년대 후반에 가서야 '수출입국' 이라는 말이 처음으로 나오기 시작했다.

초기 한국의 주요 수출품은 가발, 이쑤시개, 섬유제품과 가공무역을 중심으로 한 경공업 제품이었으며, 1971년 제3차 경제개발5개년계획이 시작되면서부터 중화학공업을 중심으로 한 정책이 추진되었다. 중화학공업 추진전략은 선진국에서 여러 가지 문제 때문에 퇴화하고 있었던 산업을 유치한다는 측면과 함께 자주국방을 위한 전략과 맞물려서 진행되었다. 그 결과 1970년대 중반 이후 섬유산업을 제외하고, 수출의 많은 부분을 중화학공업 제품들이 차지하게 되었다.

이러한 과정을 통해 1960, 70년대 한국은 연평균 10퍼센트를 전후하는 급성장을 이룩하게 되었다. 북한과 경제규모 격차는 1970년대 초를 전후하여 역전되었으며, 한국은 아시아의 신흥 공업국이 되었다. 또한 경제 분야의 전문관료들이 등용되기 시작했다. 이들은 한국개발연구원(KDI)과 한국과학기술원(KIST)의 전문가들과 함께 1970년대 후반 이후 한국의 경제정책을 이끌었다.

그러나 한국의 경제성장이 겉으로 보이는 것처럼 화려한 것만은 아니었다. 무리하게 추진한 수출주도 산업화는 경제구조에서 많은 문제들을 일으켰다. 첫째로 국내에 자원과 기술이 부족했던 한국은 수출을 늘리기 위하여 수입을 많이 해야 했다. 이로 말미암아 교역은 항상 만성적인 적자에 시달렸으며, 이것은 외환위기를 불러온 하나의 원인이 되었다. 한국은 경제성장의 과정에서 1969년과 1980년 두 차례 외환위기를 겪었으며, 1997년 금융위기 또한 무리한 경제성장에 그 기원을 두고 있었다.

또한 정부가 은행을 소유하면서 특혜 대출이 계속되었다. 은행이 기업의 지불 능력에 대한 평가 없이 정부의 압력에 따라 대출을 결정하면서, 대출을 받은 기업은 압력을 행사한 정부 기관에게 대가를 지불하는 부패 구조가 굳어져 갔다. 중소기업이나 일반 기업들이 대출을 받는 것은 어려웠던 반면, 부실기업들도 정부와 연결되어 있으면 쉽게 대출을 받았다. 결국 부실기업이 제대로 돈을 갚지 못하는 사태가 왔고, 이것은 은행의 부실화로 이어졌다.

둘째로 공정경쟁을 바탕으로 한 건전한 기업 질서가 자리잡지 못했다. 한국 경제성장의 특징 가운데 하나는 중소기업이나 대기업이 아닌 재벌들이 주도했다는 사실이다. 한국의 재벌은 정부의 특혜 속에서 성장했다. 쿠데타 직후 군사정부는 부정축재자들을 처벌하려고 재벌 기업인들을 구속하였지만, 경제개발계획에 있는 산업부문에 투자한다는 조건으로 이들을 풀어주었다. 또한 1972년의 8·3 조치로 재벌이 안고 있었던 사채(私債)의 부담을 덜어줌으로써 또 한 번 재벌이 성장할 수 있는 발판을 만들어 주었다. 또한 재벌들은 정부의 비호 아래 독과점으로 부를 축적할 수 있었다.

8·3 조치가 중요했던 이유는 사채의 부담을 덜어주었다는 점에만 있었던 것은 아니다. 당시 기업주들은 자신의 돈을 자기 회사에 투자

하는 것이 아니라 사채로 빌려줌으로써 높은 이자를 받았다. 이것을 '위장사채(僞裝私債)' 라고 한다. 사채와 위장사채로 말미암아 기업 구조가 부실하게 되었고, 기업이 망해도 위장사채를 갖고 있었던 기업주들은 망하지 않았다. 결국 8·3 조치는 위장사채를 갖고 있었던 기업주들을 사면해 준 결과를 가져왔다. 정부는 1970년대 초 부실기업을 정리하는 정책을 실행했지만, 기업 구조는 결코 건전해지지 않았다.

셋째로 경제정책의 무리한 추진으로 말미암아 특정 분야에 대한 과도한 투자의 현상이 나타났다. 이것은 특히 1970년대 중화학공업의 추진과정에서 일어났다. 정부의 특혜로 말미암아 재벌은 무리하게 중화학공업 분야에 투자했다. 국내와 해외의 수요를 제대로 예측하지 못한 채 이루어진 과도한 투자로 말미암아 중화학공업에 투자한 재벌들은 점차 어려움에 빠지게 됐고, 1980년대 초 또 한 번 위기를 맞게 됐다.

4. 삶의 변화, 그리고 민주화 운동

일제 강점 시기 일부 지식인들은 조선이 식민지가 된 이유에 대해 한국인들이 나태하기 때문이라고 지적하면서 민족성을 바꾸어야 한다〔민족개조론〕고 주장하기도 했다. 그러나 채 50년도 지나지 않아 한국인들은 세계에서 가장 부지런한 민족이라는 명예를 얻게 되었다. 이것은 경제성장을 추진하는 과정에서 한국인들의 생활 습관이 변했기 때문이다.

이 시기 박정희 정부는 국가와 민족을 위하여 개인을 희생해야 한다는 국가주의적 사상을 국민들에게 불어넣기 시작했다. 1968년 국민교육헌장과 국기에 대한 맹세가 제정되었으며, 1970년대 초에 시작된 새마을 운동은 도시뿐만 아니라 농촌에서도 모든 국민들이 열심히 일해야 한다는 사상을 전파했다. 높은 경제성장률로 자신을 얻은 국민들은 정부의 이러한 정책을 대부분 받아들였고, 퇴근 시간 이후에도 일하고 주말에도 일하는 것을 자랑으로 아는 한국인들을 만들어 냈다.

경제성장 과정에서 나타난 또 다른 변화는 인구성장 억제정책이었다. 아들을 선호하고, 노동력 때문에 다산(多産)을 추구했던 과거와는 달리 경제성장률을 높이고자 인구성장을 억제하는 정책을 실시하였다. 이를 위해 정부는 '둘만 낳아 잘 기르자' 는 가족계획을 적극적으로 추진하였다. 아울러 허례허식을 없앤다는 취지 아래 '가정의례준칙' 을 제정하여 전통적인 한국인들의 관습을 바꾸려고 하였다.

식생활에서도 변화가 나타났다. 쌀을 자급하기 위하여 정부는 쌀과 보리를 섞어 먹는 혼식을 장려하였으며, 일주일에 두 번 밀가루로 만든 분식을 먹도록 했다. 한국인의 식습관이 바뀌기 시작했으며, 혼식과 분식의 장려로 말미암아 1970년대 후반 쌀 자급을 이룰 수 있었다. 그러나 값싼 밀가루가 들어옴에 따라 한국에서는 더 이상 밀밭을 볼 수 없게 되었다.

베트남 전쟁 참여와 라디오 · TV 보급으로 말미암은 서구 문화의 도입 또한 이 시기 한국인들의 삶을 바꾸어 놓았다. 막걸리와 소주 문화가 생맥주 문화로 바뀌었으며, '뽕짝' 을 즐겼던 한국인들은 이제 미8군의 클럽에서 유명해진 가수들과 통기타 가수들을 접하게 되었다. 라디오의 음악 프로그램이 대중문화를 선도하게 되었다. 또한 베트남 전쟁 과정에서 들어온 미국산 · 일본산 제품들은 부의 상징이 되었다.

그러나 경제성장 정책으로 말미암아 나타난 무엇보다도 중요한 변화는 도시화였다. 전통적으로 농업국가였던 한국이 산업화를 거치면서, 농촌의 노동력을 공장이 흡수하기 시작했다. 값싼 경공업 제품의 수출을 위해서 저임금의 노동력이 필요했고, 이를 위해 농촌의 젊은이들, 특히 여성들이 도시로 나가 공장에 취직하기 시작했다.

값싼 노동력이 필요했던 기업들은 노동자들에게 적절한 노동 조건을 제공하지 않았다. 이로 말미암아 노사 분규가 계속되었지만, 수출 증대만을 목표로 했던 정부는 노동자보다 기업 편을 들어주었다. 이 과정에서 1971년 청계천에서 재단사로 일했던 전태일이 노동 조건의 개선을 요구하는 편지를 대통령에게 보내고 분신하는 사건이 일어났고, 1970년대 후반에는 여성노동자들이 중심이 된 동일방직 파업 사건과 YH 사건이 터졌다.

경제성장 과정에서 나타난 사회적 조건의 악화 속에서 '재야'라는 새로운 그룹이 형성되었다. '재야'는 주로 정부의 탄압으로 말미암아 합법으로 활동할 수 없었던 정치인 · 지식인 · 종교인들을 일컬었다. 이들은 학생과 함께 유신체제 아래서 민주화운동을 이끌었다. 정부는 연이은 긴급조치로 민청학련 사건과 제2차 인혁당 사건 등 극단적인 조치를 취했지만, 민주화를 위한 국민들의 열망은 점차 커져 갔고, 결국 1979년 부산과 마산에서 일어난 부마항쟁은 유신체제가 무너지는 직접적인 계기가 되었다.

맺음말

1960, 70년대에 대한 연구는 2000년 이후 본격적으로 시작되었다. 최근 한국 정부와 미국 정부에서 공개한 자료들이 본격적인 연구를 시작하는 데 중요한 동인이 되었다. 따라서 대부분의 연구는 국내정치와 국제관계에 집중되어 있다. 또한 한일국교 정상화에 대한 연구는 국가의 지원으로 다른 분야에 견주어 활발하게 진행되었다.

그러나 전체적으로 각 분야에 대한 깊이 있는 연구가 진행될 필요가 있다. 우선 국제관계의 연구도 한미관계에 관한 연구는 많지만, 한일관계의 연구는 1965년 이전에만 집중되고 있다. 1965년 이후 한국은 일본으로부터 자본뿐만 아니라 기술 · 경영 등 많은 분야에서 영향을 받았지만, 이에 대한 연구는 거의 없다. 베트남 전쟁과 관련해서도 최근 일부 연구들이 나오고 있지만, 구체적인 경제적 영향, 한국군 참전에 대한 외국의 평가, 그리고 베트남 전쟁 참전이 대외관계에 미친 영향에 대해서는 좀 더 세밀한 연구가 필요하다.

경제적 측면에서도 1960년대 후반의 제1차 외환위기와 1970년대 초 부실기업 정리의 사례, 1972년 8 · 3 조치의 내용과 영향, 1970년대 중 · 후반 이중가격제와 경제안정화조치의 문제 등 다양한 사례들에 대한 실증적 연구가 필요하다. 이러한 작업들은 현재 논란이 되고 있는 '개발독재'의 이론적인 논쟁을 생산적으로 진행하기 위한 바탕이 될 것이며, 동시에 1997년 금융위기의 기원을 밝히는 작업이 될 것이다.

셋째로 당시 한국 사회의 변화에 대한 연구가 필요하다. 최근 유신체제의 해석을 둘러싸고 '대중독재'와 관련된 점이 있었지만, 그때의 한국 사회를 객관적으로 조명하면서 한국인들의 삶이 어떻게 바뀌었는가를 추적하는 것이 필요하다. 1960, 70년대는 오늘날 한국인들의 삶에서 원형을 이루는 것이기도 하다.

마지막으로 현재 정부가 진행하고 있는 과거사 문제와 관련한 주제들에 대한 연구가 필요하다. 현재 부각되고 있는 것은 군사정부의 강압적인 개인재산 압수문제, 인혁당 사건을 비롯한 인권탄압의 문제 등이지만, 박정희 정부 시기에 이루어졌던 다양한 부패와 공작정치를 감안한다면, 앞으로도 더 밝혀져야 할 부분들이 적지 않다.

■ 참고문헌

조철호, 〈박정희 핵 외교와 한미관계 변화〉, 고려대 박사논문, 2001.

홍석률, 〈1970년대 전반 동북아 데탕트와 한국 통일문제: 미 · 중 간의 한국문제에 대한 비밀 협상을 중심으로〉, 《역사와현실》 42, 2001.

한국정신문화연구원 편, 《한국현대사의 재인식: 박정희 시대 연구》, 백산서당, 2002.

김기원 외, 《한국 자본주의 발전 모델의 역사와 위기》, 함께 읽는 책, 2003.

이병천 편, 《개발독재와 박정희 시대: 우리 시대의 정치경제적 기원》, 창작과비평사, 2003.

유철규 편, 《박정희 모델과 신자유주의 사이에서》, 함께읽는책, 2004.

리영희, 《대화: 한 지식인의 삶과 사상》, 한길사, 2005.

박태균, 〈1960년대 중반 안보위기와 제2경제론〉, 《역사비평》 72, 2005.

안병욱 외, 《유신과 반유신》, 민주화운동기념사업회, 2005.

정성화 편, 《박정희 시대 연구의 쟁점과 과제》, 선인, 2005.

한일역사공동위원회 편, 《해방 후 한일관계의 쟁점과 전망》. 경인문화사, 2005.

박원순, 《야민시대의 기록》, 역사비평사, 2006.

박태균, 《우방과 제국, 한미관계의 두 신화: 8 · 15에서 5.18까지》, 창비, 2006.

신욱희, 〈기회에서 교착상태로: 데탕트 시기 한미관계와 한반도의 국제정치〉, 《북한체제의 형성과 한반도 국제정치》, 서울대 출판부, 2006.

이완범, 《박정희와 한강의 기적》, 선인, 2006.

임지현 외, 《근대의 경계에서 독재를 읽다: 대중독재와 박정희 체제》, 그린비, 2006.

김 원, 《여공 1970, 그녀들의 역사》, 이매진, 2006.

정일준, 〈유신체제의 모순과 한미관계: 민주주의 없는 국가안보〉, 《사회와역사》 70, 2006.

박태균, 《원형과 변형: 한국 경제개발계획의 기원》, 서울대 출판부, 2007.

개발독재시기 한국의 사회와 문화

허 은(고려대 BK21 한국사학 교육연구단)

머리말

1960, 70년대 국가주도 아래 단기간에 추진된 고도산업화는 한국사회의 모든 분야에 급격한 변화를 가져왔다. 기존 생활양식, 사상, 가치관 등은 산업화에 따른 도시화, 인구변동, 매스미디어의 확산 등과 밀접한 관계를 맺으며 급변했다. 그리고 이 시기 사회, 문화의 변화 방향은 분단 국가주의 지향 속에서 대중의 의식과 행위를 철저히 통제하고자 한 박정희 정권과, 억압을 거부하며 민족 · 민주 · 민중의 새로운 내용을 모색한 반대세력 사이에 길항관계 속에서 결정되었다.

한일협정 반대의 파고를 넘은 박정희 정권은 1960년대 후반부터 '조국근대화' 달성에 전력을 기울였다. 박정희 정권은 '조국근대화' 를 위해 새로운 이념과 국민상을 제시했고, '새마을운동' 은 이를 전파하는 계기였다. 이 과정에서 '문화' 는 박정희 정권에게 근대화의 방향설정과 근대주체의 형성을 담당하는 영역으로 떠올랐다. 박정희 정권이

'문화'를 주창할 때 이는 더 이상 '권력'과 무관하지 않았다. '문화'는 개인의 신체에서부터 가치관, 사상 그리고 생활양식을 만들어 가는 것으로 이해되었으며, 따라서 이제 '문화'는 지배권력이 '통치성'을 구축하는 핵심 영역으로 간주되었다.

냉전분단시대의 근대화프로젝트에 대한 근본적인 성찰을 요구하는 탈냉전시대와 서구학계의 탈근대론 흡수 등은 한국사회의 근대성, 권력편재, 대중의식 등에 대한 관심을 높였다. 이는 특히 박정희 권위주의 정권의 강압과 사회적 동의에 대한 논쟁을 일으키며, 개발독재시기 사회 · 문화 분야 연구를 촉진하고 있다. 그 결과 최근 연구들은 박정희 정권의 '병영사회' 구축을 보여주는 것에 그치지 않고 '권력과 지식인의 관계', '권력과 대중과의 관계', '권력-지식인-대중의 결합 속에서 추진된 국민운동', '하위 주체' 들의 다양한 존재양태와 인식, 그리고 이 속에서 '생산된 지배/대항 담론' 등에 대한 분석으로 그 범위를 넓히고 있다.

1. 박정희 정권과 지식인의 결합 : '조국근대화' 통치이념 및 국민상 창출

박정희 정권은 1965년 한일협정 체결로 들어오기 시작한 일본의 경제협력 자금과 베트남전 개입에 따른 특수경기에 힘입으며 1960년대 중반 이후 경제성장에 본격적인 가속도를 낼 수 있었다. 이 시기 박정희 정권은 국가의 정책을 고도 경제성장 달성에 맞추었고, 사회의 모든 역량도 여기에 집중할 것을 요구했다. 지식인들 또한 여기서 예외일 수 없었다.

5 · 16군사쿠데타 직후 군사정권은 각종 자문위원회와 재건국민운

동 등에 학자, 언론인 등의 동참을 유도하며 지식인과 권력 사이의 관계를 밀착시켜 나갔다. 군사정권 시기 지식인과 권력의 결합은 구체적인 정책대안과 대중적 지지기반 확대를 모색했던 쿠데타 군인들과 이를 지지한 지식인들의 결합이었다. 이와 달리 1960년대 경제개발이 본격적으로 추진되던 시기 박정희 정권과 지식인의 결합은 전문 지식인을 광범하게 경제개발계획 추진에 참여시키고 지식인들로부터 '조국근대화' 달성에 따르는 이데올로기를 확보하는 데 초점이 맞춰졌다.

대학에서는 경제개발계획 추진에 요청되는 인구변동 · 도시화 · 지역사회개발 · 국제무역 · 기업관리 · 공공행정 관련 학과들이 신설되어 관련 연구를 활발하게 추진했다. 1960년대 다수의 대학교수들은 '근대화' 달성을 위해 정부와 관계를 맺는 것을 사회봉사의 주요한 부분으로 인식했다. 여기에 박정희 정권은 사회모순을 비판하는 '총체적 지식인' 상보다 전문성 · 효율성을 갖춘 '기능적 지식인' 상이 시대에 부합하는 지식인상이라고 강조했다. 대학의 비판기능 부정과 기능적 지식인의 일방적 강조는, 대학의 자주성 상실을 의미하는 것이었다. 박정희 정권은 조국근대화에 대한 대학의 기여를 강조했던 것과 별개로 대학을 사찰의 대상으로 여겼다. 특히 민주주의를 부정하는 삼선개헌안 통과 이후 분출되는 비판을 억누르기 위해 대학의 통제에 더욱 박차를 가했다.

박정희 정권의 조국근대화 이데올로기 만들기에 '전통'을 중시하는 지식인과 '근대화'를 중시하는 지식인이 결합했고, 그 결과물이 국민교육헌장(1968. 12. 5.)이었다. 두 지식인 집단은 전통과 근대화를 바라보는 관점은 달랐지만 탈정치화한 근대 주체 양성, 분단체제 유지에 기여하는 이념을 마련하는 데 서로 일치했다. 이들 지식인들 중 일부는 베트남 참전을 국위선양과 국익확보라는 차원에서 적극 지지하고 대중에게 참전의 정당성의 설파했다. 이와 같은 지식인들의 태도는 베트남전 참전 희생자에 대한 사회적 관심과 참전에 대한 근본적인 성찰이 전쟁특수와 참전용사를 부르는 가요 속에 묻히는데 일조했다.

박정희 정권은 헌장선포 이후 국가주의를 효과적으로 불어넣기 위해 관련 교육제도를 개편했다. 1970년 2월부터 전문대학을 포함한 모든 대학에서 '국민윤리'가 필수과목이 됐고, 유신체제 수립 이후인 1974년 6월 18일에는 국민윤리가 인문계 고교의 독립교과로 지정됐다.

1960년대 후반 '조국근대화' 추진에 동참하거나 비판에 소극적이었던 지식인들을 중심으로 근대화의 추진방식 및 그 담당주체와 관련하여 논쟁을 벌였으나, 이들 논의는 박정희 정권의 국가주도 공업화 정책, 재벌중심 경제성장 정책을 정면비판하며 새로운 대안을 제시하는 차원까지는 나아가지 못했다.

1960, 70년대 박정희 정권 아래서 모든 지식인이 기능적 지식인으로 자족하며 소시민으로 안주하거나 '유신정우회'에 참여하며 유신체제에 정당성을 부여하는 어용 지식인의 길을 선택했던 것은 아니다. 1971년 국·공립 대학교수들이 대학의 자주화 선언을 했다. 이들은 '조국근대화' 추진 속에서 오히려 대학의 발전이 지체되고, 학원의 자주권이 말살되고 있음을 비판했다. 또한 일부 지식인들은 유신체제의 억압 아래서 과감히 한발 더 나아가 '민주 지향적이며 통일 지향적인 학문'의 발전을 주창했다.

2. 국민운동 전개와 농촌사회 : 사회적 지지기반 확보와 균열의 봉합

미국의 잉여농산물 도입으로 1950년대 이승만 정부는 국방비와 국가재정을 확보할 수 있었으나, 농촌은 고리대에 멍이 들고, 다수의 잠재실업자를 떠안고 있었다. 더 이상 농촌문제를 방치할 수 없었던 군사정권은 농촌문제 해결방안으로 고리채 정리사업과 같은 농촌구제책과 농촌 '의식혁명' 을 병행하여 추진했다.

군사정권은 집권 직후 일부 지식인들과 연대하여 '재건국민운동' 을 대대적으로 전개했다. 단기간에 모든 읍 · 면 · 동 · 리에 재건국민운동 기구가 하향식으로 조직되고 '국가를 먼저 생각하는 국민', '의무를 먼저 생각하는 국민' 의 자세를 대중에게 교육했다. 또한 표준 간소복, 의례간소화 운동 등 생활양식의 변화를 강제하는 사업을 추진했다.

1950년대까지 국가권력이 농촌사회와 대면하는 접점은 조세수취, 징병, 미곡수집 등에 한정되었다면, 군사쿠데타 정권 수립 이후 국가의 영향력은 재건국민운동을 매개로 대중의 일상 생활규범에까지 통제력을 확대해 갔다. 군사정권이 지지기반의 확대와 대중에 대한 통제를 강화하고자 추진한 재건국민운동은 대중적인 동참을 지속적으로 끌어내지 못했다. 더구나 1963년 대통령 선거를 통해 재집권에 성공한 박정희 정권은 재건국민운동에 대한 지원을 철회해 버렸다.

1960년대 후반 이후 농촌인구의 도시 집중현상은 급속히 진행되었다. 구직과 교육을 위해 가족을 이끌고 상경한 농촌 출신 가장들은 연령, 기술, 학력 등 때문에 행상이나 막노동으로 생계를 마련하며 도시빈민으로 전락했다. 농촌인구의 급격한 도시유출은 농촌에서는 농촌 노동력 부족을 일으켰고, 도시에서는 과잉도시화를 초래했다. 급증하는 도시인구는 저임금 노동을 제공하며 고도성장의 실질적인 밑거름이 되었다. 1960년대 후반부터 서울은 도시빈민 문제에 부딪혔다. 정부는 천변, 산기슭과 같은 곳에 무허가촌을 형성한 도시빈민들을 '사회불안 요소' 로 규정하며 도심재개발 추진이란 명목 아래 주변 외곽으로 밀어냈다. 권위주의정권의 성장제일주의 정책이 낳은 음영이었다.

한편 박정희 정권은 1970년대 들어서면서 '새마을운동' 을 대대적으로 전개했다. 1960년대 불균형 성장정책을 취한 경제개발계획 결과 1960년대 전반까지만 해도 도시근로자 가구소득을 상회하던 농가소득이 1960년대 말에는 오히려 도시근로자의 90퍼센트 수준으로 낮아졌다. 이는 곧 여당의 전통적 지지기반이었던 농촌에 대한 영향력 약화로 나타났다. 박정희 정권은 집권의 안정된 토대를 구축하고자 집권여당의 정치기반이었던 농촌의 지지를 다시 다질 필요가 있었다.

'새마을운동' 은 최근 박정희 시대의 강압과 동의를 평가하는 지표로서 주목을 받고 있다. 새마을운동은 농촌의 환경개선에 큰 기여를 하고, 사업진행 과정에서 다양한 물질적, 정신적 동기유발 요인을 활용하여 농민들의 적극적인 참여와 지지를 이끌어냈다. 그러나 새마을운동은 내무부와 산하 농촌행정 공무원이 주축이 되어 추진한 관청이 주도한 운동임은 분명하다. '새마을중앙협의회' 에서부터 '읍면추진위원회' 까지 책임자는 행정관료였으며 최말단기구인 리 · 동개발위원회도 하향식으로 조직되었다. 따라서 대중의 자발성도 이 조건 속에서 평가되어야 할 것이다.

'농촌사회 개발사업' 으로 출발했던 새마을운동은 유신체제 수립 이후 '정치적 국민운동' 으로 그 성격이 바뀌어 갔다. 새마을운동은 농촌에서 도시로 확장되었고, 농민 · 노동자 · 여성 등이 새마을운동과 조국발전의 일원으로서 호명되었다. 새마을지도자들은 유신체제의 정당성을 선전하는 한편, 일부는 통일주체국민회의 대의원으로 뽑혀 유신체제의 적극적 지지세력이 되었다.

관 주도의 새마을운동은 농촌마을 현장에서 농민들의 의사가 어느 정도 반영되었는가와 상관없이 국가권력의 의지에 따라 전체 운동의 향배가 좌우될 수밖에 없었다. 게다가 농촌사회가 당면한 문제의 구조적 해결을 모색하지 않는 운동은 농촌부흥운동으로서나 국민운동으로서나 생명력을 확보하는 데 한계를 가질 수밖에 없었다.

3. 매스미디어의 확산 : 국가의 언론통제 강화와 언론의 기업화

1960, 70년대에 매스미디어는 눈부신 양적 성장을 이루었다. 박정희 정권은 언론을 대자본으로 육성하면서 국가정책을 선전하는 이데올로기 기구로 만들어 나갔다. 이 과정에서 국가정책에 순응하는 언론에게는 특혜를 준 반면 개발정책이나 정권의 독재화를 비판하는 언론인의 행위에 대해서는 강력한 탄압을 가했다.

1960년대 초반 언론계는 1964년 정부가 한일회담 시기 언론규제를 위해 추진한 '언론윤리위원회법' 제정을 강력히 반대하여 정부의 언론통제 시도를 좌절시키고, 나아가 이를 계기로 한국기자협회를 창립하기도 했다. 그러나 1960년대 후반 언론은 밖으로는 '조국근대화'에 동참할 것을 요구하는 정부에 의해, 안으로는 언론의 기업화를 추구하는 경영주들에 의해 언론 본연의 비판기능을 급격히 상실해 갔다.

박정희 정권은 체제유지를 위해 언론에 대한 규제와 통제를 강화했다. 유신체제 이후 정보기관의 상주를 통한 언론사찰이 일상화했고, 긴급조치 9호를 선포하여 유신헌법에 대한 그 어떠한 언급도 용납하지 않음으로써 언론의 유신체제에 대한 비판을 원천적으로 봉쇄하고자 했다.

하지만 정권의 언론에 대한 규제강화가 곧 언론사 성장의 위축으로 직결되었던 것은 아니다. 유신체제 아래 언론의 자유가 극도로 위축된 상황에서도 언론사의 경영규모는 급속도로 팽창했다. 주요 언론사들은 정부로부터 시설확장을 위한 자금융자, 신문용지 구입 등에 대한 특혜를 받으며 경제적 고도성장의 혜택을 누구보다 많이 받았다. 게다가 언론사들은 광고수입으로 급성장해 나갔는데, 1966년 약 30억 원 정도였던 광고비 총액은 1970년대 이후 폭발적으로 늘어나 1979년에는 2천억 원이 훨씬 넘는 규모로 증대했다.

1960년 후반부터 언론사들은 주간지, 월간지, 소년신문, 스포츠 신문 등 이종매체를 대거 발행하고 다각경영 등으로 사업규모를 확장해 나갔다. 한편 기업의 언론사 경영참여가 허용됨으로써 '언론의 기업화' 와 함께 '기업의 언론화' 가 진행되었다. 결국 이 시기는 '권력, 언론, 기업' 삼자 사이의 유착관계가 본격화한 시기였다.

한편, 출판계도 1970년대에 괄목할 만한 성장을 이루어 1969년에 2천2백 여 종이었던 도서 발행종수가 1979년에 1만 7천여 종으로 늘어났다. 이처럼 출판계가 영세성을 탈피해 급성장을 할 수 있었던 배경은 경제성장에 따른 새로운 소비시장 형성에 있었다. 여기에 해직 언론인, 교수 등 비판적 지식인들의 활발한 지적활동이 출판계에 새로운 바람을 불어 넣었다는 점도 간과할 수 없다.

라디오, 특히 텔레비전과 같은 전파매체의 확산은 박정희 정권의 매스미디어 확산정책과 경제성장에 따른 대중사회 등장이 맞물리면서 급속히 이루어졌다. 박정희 정권은 군사쿠데타 집권의 정당성과 '반공 · 근대화' 의 지배이데올로기를 확산시키고자 매스컴 체제의 정비와 확산을 서둘렀다. 군사정권은 1961년 12월 KBS-TV를 개국하고, 이어 민영 텔레비전 방송을 허가했다. 1964년 12월 7일에 동양방송이 첫 민영 텔레비전 방송으로 개국했으며 이어 문화방송이 1969년 개국하여 민영방송 시대가 본격적으로 열렸다.

군사정권은 농촌에 앰프와 스피커를 설치하고 농어촌에 라디오 보내기 운동을 전개하였다. 정책선전과 대중동원을 위해서는 매스미디어의 보급이 필수였기 때문이다. 1960년 초까지만 하더라도 농어촌의 경우 라디오 수신기가 한 대도 보급되지 않은 마을이 대부분이었으나, 국산라디오 보급이 시작된 1960년대 중반부터는 라디오수신기의 보유가 급증했다. 1970년대에 접어들어 매스미디어의 보급은 엄청난 속도로 이루어졌다. 1970년에서 1979년까지 라디오의 보급은 3.7배, TV의 보급은 13.5배가 늘어났다. 텔레비전의 사회적 영향력을 본 박정희 정권은 방송 프로그램에 대한 지속적인 개입과 통제를 가했다. '국민의 건전한 윤리관 확립을 위한 방송 프로그램 정화지침' (1971), '유신 방송법 이행과 방송내용의 심의' (1973), '편성시간대 지침' (1976)이 그 대표적인 사례이다.

대중의 일상생활에 깊게 파고들었던 매스미디어는 독점자본의 이해를 반영한 소비주의를 확산하는 데 커다란 기여를 했다. 더불어 국가 정책의 정당성을 신속히 전파하고 대중의 일상생활을 효과적으로 통제하는 도구로서 기능을 수행했다.

4. 유신체제 병영사회의 문화 : 상업적 소비문화와 국가 주도 대중문화의 결합

대중은 신문, 라디오, 텔레비전, 영화 등과 같이 매스미디어가 조성한 '대중문화'의 자극 속으로 빨려 들어갔다. 이제 평범한 도시 직장인이라면 신문 · 라디오 · 텔레비전 등의 매체를 통해 수많은 광고를 일상적으로 접하지 않을 수 없었다. 영리를 추구하는 방송사들은 대중의 시청률을 높이기 위해 자극적이며 퇴폐적인 프로그램을 경쟁적으로 제작했다. 비정상적 윤리관계를 내용으로 하는 방송극과 신문연재소설이 대중문화의 중심 소재가 되었다.

1960년대에 전성시대를 열고 산업사회 대중의 삶을 전달하던 영화는 유신체제 아래 급변하였다. 박정희 정권이 1973년 개정 발표한 영화 검열방침과 '우수 영화' 정책에 따라 한국영화는 철저히 탈정치적인 내용으로 채워졌다. 스크린이 보여주는 공간은 창녀촌, 여관, 룸살

룽과 카바레 등 성적 욕구가 소비되는 공간뿐이었다. 고도 경제성장이 낳은 도시빈민들의 거주 구역인 달동네나 열악한 노동현장 그리고 이 속에서 일상을 영위하는 '하위주체' 들은 스크린에서 배제되거나 낭만적 존재로 왜곡되어 전달되었다.

'근대화' 의 특징적인 양상 가운데 하나는 '노동' 과 '여가' 가 명백히 구분된다는 것이다. 농경사회에서 산업사회로 이행하면서 '노동' 과 '여가' 가 시간적, 공간적으로 엄격히 구분되어진다. 하지만 열악한 노동조건과 유신정권의 통제 아래서 대중의 여가문화는 자유롭게 발양 될 수 없었다. 여가를 위한 영화 관람 시간조차도 애국가가 울릴 때 일동기립을 해야 하는 병영사회였다.

한국사회의 병영화는 베트남전 참전시점으로 거슬러 올라간다. '6 · 25전쟁' 이후 10년을 약간 넘는 짧은 휴지기를 가졌던 한국사회는 베트남전 참전으로 다시 '전쟁' 을 안고 사는 사회된 것이다. 베트남전 참전은 1960년대 말 남북한 군사적 긴장관계의 급격한 고조를 초래했고, 이를 박정희 정권은 안보위기론과 연결시키며 장기집권의 기반 조성에 활용했다. 이제 조국근대화 달성과정은 "싸우면서 일하며, 일하면서 싸우는" 즉, 군사, 사상, 경제가 결합된 '총력전' 으로 제시되었고, 대민통제와 사회 병영화의 기제들이 본격적으로 만들어졌다.

병영사회의 억압적인 생활규율과 문화정책은 개인의 창발성에 따른 지적 문화의 발전을 억누르고, 표피적이며 획일적인 소비문화로 사람들을 더 기울게 만들었다. 1970년대 대부분의 사람들은 신문 · 라디오 · 텔레비전 등과 같은 매스미디어의 접촉으로 여가를 보내거나 아니면 음주문화가 여가를 대신했다.

이처럼 대중문화의 소비 향락주의가 넘쳐날 때, 박정희 정권은 '도덕적 엄숙주의' 를 잣대로 삼아 대중 문화예술 활동을 규제해 나갔다. 그 결과 한편에서는 상업주의가 지배하는 매스미디어를 통해 서구 지향적 대중소비문화가 범람하고 다른 한편에서는 국가 공권력이 퇴폐풍조를 조장하는 개인행위와 문화예술 활동을 규제 · 단속했다. 하지만 국가가 윤리적 잣대로 대중문화를 더욱 엄하게 규정할수록 대중문화의 퇴폐적 경향은 더욱 짙어졌다. 이것들은 현실에서 상호배제적이기보다 유신체제의 병영사회를 지탱해 주는 문화의 양 축이었다.

한편, 1960년대 후반부터 '민족사'와 '전통문화'는 근대화의 지도이념을 제공하는 원천으로서 동원되었고, 유신체제 아래서는 정권유지를 위한 반공 안보의식 고취에 크게 활용되었다. 전통문화의 유산과 호국의 얼을 국민의 정신적 지주로 삼을 것이 강조되었고, 국가의 존립과 발전에 헌신하는 보수적 가치관은 대중문화의 중요한 내용이 되었다. 관변적인 역사 교양프로그램이 증편되었고, 각 지역에서 성역화 사업이 본격 추진되었다. 1966년 현충사 성역화 사업을 필두로 각 지역에서 전개된 성역화 사업은 정권유지와 긴밀한 국가주의 담론을 교육하기 위한 도량을 조성하는 사업이었다.

유신체제의 철저한 억압 속에서도 비판적 지식인 · 대학생 · 노동자 · 농민들은 저항적 정체성을 표현할 수 있는 문화를 모색해 나갔다. 반독재 민주화 운동을 펼치며 학생들은 기성세대에 대한 거부감을 표현하는 데 그친 낭만적 '청년문화'를 극복해 갔다. 이들은 대중문화가 가진 지배 이데올로기적 속성에 대한 비판적 인식을 가졌고, 풍물 · 가면극 · 마당극 등으로 전통문화를 재발견하며 새로운 저항문화를 만들어 갔다. 이러한 문화예술운동은 중앙인 서울에 국한되지 않고 각 지역으로 확산되어 갔다.

한편, 반유신체제 운동에 참여했던 문인 · 교수 · 언론인 · 학생들은 제도권 밖에서 예술문학 · 사회과학 · 인문학 등에 새로운 에너지를 불어넣었고 대중에게 냉전 · 분단체제를 비판할 수 있는 지적 토양을 제공해 주었다.

맺음말

이상 박정희 정권이 '조국근대화'를 추진하던 시기의 사회, 문화상을 선행연구들에 힘입어 개괄적으로 살펴보았다. 제3공화국 개발독재 시기의 사회, 문화 관련 연구는 이제 시작이다. 부족하나마 몇 가지 제언을 함으로써 결론을 대신하고자 한다.

첫째, 구술 및 문헌자료의 발굴 그리고 문화인류학 등 인접 학문의 연구 방법론 등을 받아들여 이 시기 여러 층위의 주체들이 겪었던 다양하고 생생한 事實들을 史實로서 기록하는 일차적인 작업을 꾸준히 추진해야 할 것이다.

둘째, 이러한 기초 연구와 함께 이 시기 사회 · 문화 분야에 대한 연구는 1945년 이후 한국현대사에서 진행된 탈식민화와 근대화의 성격을 명료하게 드러내는 작업의 일환이 되어야 한다. 이를 위해서는 개별행위자를 둘러싼 역사 구조적 조건을 놓쳐서는 안 될 것이다. 1945년 이후 분할점령과 탈식민화의 과정, 미국의 냉전 헤게모니 구축과 영향 그리고 남북 분단국가 사이의 '경쟁적 공존' 등의 조건을 분명히 고려하면서 사회 · 문화 분야의 연구를 심화시켜 나갈 필요가 있다.

셋째, 권위주의 박정희 정권의 문화에 대한 이해, 그리고 다양한 문화적 소재를 통해 지식인 · 여성 · 농민 · 노동자 등 각 계급, 계층별 주체들에게 적절한 위치를 부여하며 권력 안으로 통합하려는 시도들을 더 면밀하게 검토할 필요가 있다. 또한 이것이 바탕이 될 때 개발독재 시기 '근대성'에 대한 역사적 규정으로까지 연구를 진척시킬 수 있을 것이다. 동시에 사회 · 문화 연구는 '파시즘적 근대'가 유발한 다양한 층위의 균열과 충돌 지점들을 검토하여 '왜 박정희 정권이 대중을 궁극에는 통합해 낼 수 없었는가'를 설명해야 할 것이다.

끝으로 박정희 정권 아래 고도산업화 과정에서 뿌리내린 사회 문화적 제도와 가치가 이후 어떠한 영향을 미쳤는지 검토해야 할 것이다. 이는 탈냉전 이후 한반도와 동북아시아 관계의 급변, IMF사태 경과와 신자유주의 강화 등에 따른 한국사회의 대응 양상을 이해하기 위한 출발점이기 때문이다.

■ 참고문헌

강상현, 〈1960년대 한국언론의 특성과 그 변화〉, 《1960년대 사회변화연구 : 1963~1970》, 백산서당, 1999.

김대영, 〈박정희 정권의 국가동원 메카니즘에 관한 연구-새마을운동을 중심으로 -〉, 《경제와 사회》 61, 2004.

김민환, 《한국언론사》, 나남출판사, 2002.

김용근, 〈서울시민의 여가생활 변천〉, 《서울20세기 생활 · 문화변천사》, 서울시정개발연구원 · 서울학연구소 , 2001.

김 원, 〈박정희 시기 도시하층민 : 부마항쟁을 중심으로〉, 《근대의 경계에서 독재를 읽다》, 그린비, 2006.

김창남, 〈 '유신문화' 의 이중성과 대항문화〉, 《역사비평》 32, 1995.

김소영, 〈이미지와 공간 : 영화 속의 서울〉, 《서울20세기 생활 · 문화변천사》, 서울시정개발연구원 · 서울학연구소 , 2001.

김한종, 〈학교교육을 통한 국민교육헌장 이념의 보급〉, 《역사문제연구》 15, 2005.

박진도 · 한도현, 〈새마을운동과 유신체제- 박정희 정권의 농촌 새마을운동을 중심으로 -〉, 《역사비평》 47, 1999.

오성철, 〈박정희 국가주의 교육론과 경제성장〉, 《역사문제연구》 11, 2003.

은정태, 〈박정희시대 성역화사업의 추이와 성격〉, 《역사문제연구》 15, 2005.

이상록, 〈박정희 체제의 '사회정화' 담론과 청년문화〉, 《근대의 경계에서 독재를 읽다》, 그린비, 2006.

김정화, 〈1960년대 기혼여성의 노동-도시빈민을 중심으로-〉, 《역사연구》 15, 2005.

문현아, 〈박정희 시대 영화를 통해 구현된 여성이미지 되짚어 보기〉, 《박정희시대 연구》, 백산서당 , 2002.

박태균, 〈1960년대 중반 안보위기와 제2경제론〉, 《역사비평》 72, 2005.

임대식, 〈1960년대 초반 지식인들의 현실인식〉, 《역사비평》 65, 2003.

임종수, 〈방송 미디어와 근대적 시간의 구조화에 관한 연구〉, 《언론과 사회》 14-3, 2006.

전국철학교육자 연대회의, 《한국「도덕 · 윤리」 교육백서》, 한울, 2001.

전인권, 〈박정희의 정치사상과 행동에 관한 전기적 연구〉, 서울대 박사논문, 2001.

전재호, 《반동적 근대주의자 박정희》, 책세상, 2000.

조희연, 〈박정희시대의 강압과 동의 -지배 · 전통 · 강압과 동의의 관계를 다시 생각한다〉, 《역사비평》 67, 2004.

주강현, 〈반유신과 문화예술운동〉, 《유신과 반유신》, 민주화운동기념사업회, 2005.

허 은, 〈'5 · 16군정기' 재건국민운동의 성격- '분단국가 국민운동' 노선의 결합과 분화-〉, 《역사문제연구》 11, 2003.

——, 〈미국의 對韓 文化活動과 韓國社會의 反應〉, 고려대 박사논문, 2004.

——, 〈1960년대 후반 '조국근대화' 이데올로기 주조와 담당지식인의 인식〉, 《사학연구》 86, 2007.

홍석률, 〈1960년대 지성계의 동향-산업화와 근대화론의 대두와 지식인사회의 변동-〉, 《1960년대 사회변화연구 : 1963~1970》, 백산서당, 1999.

한도현, 〈1960년대 농촌사회의 구조와 변화〉, 《1960년대 사회변화연구 : 1963~1970》, 백산서당, 1999.

한홍구, 〈박정희 정권의 베트남 파병과 병영국가화〉, 《역사비평》 62, 2003.

황병주, 〈국민교육헌장과 박정희제제의 지배담론〉, 《역사문제연구》 15, 2005.

민주화운동과 시민 · 민중운동

정해구(성공회대 사회과학부)

머리말 — '운동에 의한 민주화'

민주주의가 먼저 발전한 서구의 경우 민주주의의 출발은 시민혁명으로 구체제가 붕괴하거나 변화함으로써 시작되었다. 이후 서구 민주주의의 발전은 아래로부터의 사회운동과 근대적 정당정치에 의해 자유권과 참정권 그리고 사회권 등 국민의 시민권이 점차 확대됨으로써 이루어졌다. 그러나 서구에 견주어 제3세계 나라들의 민주주의의 출발은 매우 늦게 이루어졌다. 그것은 뒤늦은 근대 진입과 더불어 그 대부분이 서구 제국주의의 식민지 경험을 거치지 않을 수 없었던 제3세계에서 민주주의가 늦게 시작될 수밖에 없었기 때문이다. 한국도 그 예외가 아니다. 뒤늦은 근대 진입과 더불어 일제의 식민지배를 겪음으로써 한국의 민주주의는 일제로부터 해방된 이후에야 비로소 시작될 수 있었기 때문이다.

그러나 해방과 더불어 한국의 민주주의가 출발했다 하더라도 그것이 처음부터 정상적으로 작동했던 것은 아니다. 우선 미 군정 시기 외부로부터 도입되어 제도와 형식만으로 위로부터 부과되었던 민주주의가 우리 사회에 쉽게 정착되기는 어려웠다. 뿐만 아니라, 일제 식민지배의 강한 국가적 전통에 더해 해방 뒤 분단과 전쟁의 과정에서 그 강제력을 더욱 증대했던 강력한 국가의 존재는 민주주의의 정착을 더욱 어렵게 만들었다. 그 결과 한국전쟁 이후 드러났던 한국 민주주의는 민주주의의 외피를 쓴 권위주의였다. 전후 이승만 반공독재와 이후 박정희 개발독재는 바로 그 연장선 위에 있었다.

그러나 1987년, 오랜 민주화운동의 결과 발생한 6월민주항쟁은 권위주의체제의 민주화를 가능하게 만들었다. 그리고 민주화 이후 20년의 시간이 흐른 지금 한국의 민주주의는 여러 문제에 직면하고 있지만 그럼에도 큰 발전을 보이고 있다. 그렇다면 비교적 짧은 시간 안에 한국 민주주의의 이 같은 비약적 발전을 가능하게 했던 것은 무엇이었나? 그것은 4 · 19 이후 권위주의체제에 저항하며 발전했던 민주화운동 때문이었다. 그리고 민주화 이후 그 연장선 위에서 전개되었던 사회운동의 역할 때문이었다. 곧 '운동에 의한 민주화'가 한국 민주주의 발전의 가장 커다란 특징인 것이다.

1. 권위주의 시기의 민주화운동

1960년 4 · 19혁명은, 위로부터 제도와 형식만으로 부과되었고 이승만 반공독재에 의해 그 외피만이 남겨진 한국 민주주의를 진정 아래로부터의 민주주의로 바꾼 일대 전기(轉機)가 되었다. 그러나 그것은 1년만에 다시 좌절하지 않을 수 없었다. 5 · 16군사쿠데타로 박정희 군사정권이 등장했고, 이로써 개발독재의 권위주의체제가 새롭게 시작되었기 때문이다.

1) 박정희정권 시기의 민주화운동

박정희 독재정권에 저항했던 1960년대 민주화운동은 한일회담 반대투쟁과 3선개헌 반대투쟁으로 이어졌다. 우선 한일회담 반대투쟁은 박정희정권의 굴욕적인 한일 국교정상화 추진에 반대하여 1964년 3월부터 이듬해 8월에 이르기까지 전개되었다. 이를 위해 야당과 재야는 '대일굴욕외교반대 범국민투쟁위원회' 를 결성했고, 학생들은 반대시위의 전면에 나섰다. 한일회담 반대투쟁에 이어 1960년대 후반의 민주화운동은 1969년 3선개헌 반대투쟁을 중심으로 이루어졌다. 여기에서도 야당과 재야는 '3선개헌반대 범국민투쟁위원회' 를 결성했고, 학생들은 3선개헌 반대시위의 중심에 섰다. 물론 1960년대 한일회담 반대투쟁과 3선개헌 반대투쟁이 성공했던 것은 아니다. 그러나 그것은 4 · 19 이후 민주화운동의 흐름을 이어가는 것이었다.

박정희정권이 장기집권을 도모하는 가운데 1960년대 민주화운동은 1971년 제7대 대통령선거 감시를 계기로 1970년대 초의 민주수호운동으로 이어졌다. 그러나 이후 1970년대 민주화운동의 저항은 더욱 격렬해지지 않을 수 없었다. 그것은 유신체제의 등장 이후 더욱 강화되었던 박정희정권의 독재와 억압에 대항하여 민주화운동의 저항 또한 더욱 거세졌다.

우선 1970년대 전반기 민주화운동은 1973년 10월 초 서울문리대 학생들의 시위 이후 헌법개정청원 100만인 서명운동을 계기로 본격화하였고, 그것은 이듬해 12월 '민주회복국민회의' 의 결성으로 이어졌다. 이에 박정희정권은 '민청학련사건' 과 '인혁당사건' , 동아일보 광고탄압, 인혁당 및 민청학련 관련자 8명에 대한 전격적인 사형집행 등 그 억압을 강화하는 것으로 대응했다. 나아가, 박정희정권은 1975년 5월 마침내 긴급조치 9호를 발령했는데, 인도차이나 공산화의 분위기를 이용하여 유신헌법에 반대하는 일체의 활동을 금지했던 이 조치는 민주화운동을 원천적으로 봉쇄하려는 시도였다.

긴급조치 9호 이후 민주화운동은 한동안 침체되었다. 그러나 1977년 가을 이후 유신독재에 대한 저항은 다시 분출하기 시작했다. 그 결과 1978년 7월 '민주주의국민연합'이 결성되고, 이듬해 3월 '민주주의와 민족통일을 위한 국민연합'으로 발전했다. 한편 1970년대 후반의 민주화운동은 과거와는 또 다른 특징을 보여 주었는데, 그것은 전태일의 분신 이후 종교계를 비롯한 외부의 지원 아래 차츰 성장하기 시작했던 사회운동이 민주화운동에 가세하기 시작했다는 점이다. 동일방직 노동자투쟁과 함평고구마사건 등이 그 대표적 사례였다.

이처럼, 박정희정권과 민주화운동은 서로 극과 극에 서서 그 억압과 저항을 거듭하며 그 대립의 도를 더해 갔다. 그 결과 1970년 말의 시점에서 양자의 파국적 충돌은 더 이상 피하기 어렵게 되었는데, 그 파국의 출발은 1979년 8월 YH여성노동자들의 신민당사 농성으로부터 시작되었다. 곧, 이를 계기로 박정희정권은 김영삼 신민당총재를 국회에서 제명시켰고, 그것은 10월에 이에 항의하는 부마항쟁으로 이어졌던 것이다. 바로 이 같은 상황에서 박정희 피격 · 사망의 10 · 26사건이 발생했는데, 그것은 부마항쟁의 압력 속에서 독재권력의 최상층부가 분열한 결과였다.

2) 광주민중항쟁

10 · 26사건으로 박정희가 사망하자 민주화에 대한 기대와 희망은 이제 현실로 될 것 같았다. 1980년 '서울의 봄'은 그러한 기대와 희망 속에서 시작되었다. 그러나 그것이 현실로 되기 위해서는 무엇보다도 민선정부 수립의 일정이 투명하고도 조속하게 진척되어야 했다. 그런

점에서 '서울의 봄' 시기 전개되었던 학생운동 등 민주화운동은 민주정부 수립의 불투명한 일정과 그 지연에 대한 항의와 압박의 의미를 지니고 있었다.

이와 관련하여 당시 민주화를 가로 막을 가장 잠재적인 세력은 군부였는데, 그러한 우려는 곧 현실이 되었다. 이미 12 · 12사태로 군 내부를 장악했던 신군부세력은 집권의 기회를 노렸고, 그것은 마침내 1980년 5 · 17쿠데타로 나타났다. 그러나 사태는 이에 그치지 않았다. 5 · 17쿠데타에 저항했던 광주시민들에 대한 신군부세력의 과잉 진압은 이에 항거하는 광주시민들의 민중항쟁으로 이어졌기 때문이다. 곧 5월 18일부터 27일까지 10일 동안 외부로부터 고립된 채 펼쳤던 광주민중항쟁은, 신군부세력의 유혈 진압에 맞서 광주시민이 그들 자신의 생명과 인간 존엄성을 지키기 위해 결연히 나서 싸웠던 투쟁이었다. 그러나 그것은 수많은 희생을 남기고 꺾였다.

그리하여 독재정권의 오랜 장기집권을 마감하고 민주화의 기대와 꿈이 실현될 찰나에, '서울의 봄' 은 광주민중항쟁의 뼈아픈 상처만을 남긴 채 유산된 민주화로 끝나지 않을 수 없었다. 물론 광주민중항쟁의 좌절과 희생의 경험은 이후 1980년대 민주화운동의 폭발적 확산을 가능케 하고, 궁극적으로는 1987년 6월민주항쟁의 성공을 뒷받침했던 정신적 원천을 제공하였다. 그러나 당시로서 남겨진 것은 깊은 좌절과 분노뿐이었다.

2. 전두환정권 시기의 민주화운동

광주항쟁 진압 이후 신군부세력은 국가보위비상대책위원회를 만들고 정권 장악에 나섰다. 우선 그들은 헌법을 개정하는 한편 전두환을 새 대통령으로 선출함으로써 5공화국 정권을 수립했다. 이어 그들은 자신들이 원하는 정당체제를 만드는 한편 '정화' 와 '숙정' 의 이름으로 정치와 사회 각 부문에서 그들에게 비판적인 사람들을 제거했다. 신군부세력이 체제 정비에 나섰던 이 기간 동안 민주화운동이 제대로 이루어질 수 없었음은 물론이다.

그러나 체제 정비가 어느 정도 마무리되었던 1983년 말 전두환정권은 제적학생의 복적과 해직교수의 복직을 허용하는 등 그 억압을 완화하였다. 이로부터 1985년 중반에 이르도록 이른바 유화국면이 전개되었는데, 이 기간 동안 학생운동, 노동운동, 농민과 도시빈민들의 생존권투쟁 등 사회 각 부문의 민주화운동은 폭발적으로 확산되고 성장하는 모습을 보여주었다. 또한 민주화운동의 중심 조직으로 1985년 9월 '민주통일민중운동연합' (민통련)이 결성되었다. 한편 전두환정권에 의해 배제되었던 정치인들 또한 1984년 5월 '민주화추진협의회' (민추협)를 결성했고, 이들을 중심으로 만들어진 신민당은 1985년 2 · 12 총선에서 제1야당으로 떠올랐다. 한편 광주민중항쟁 진압에 대한 미국의 지원에 항거하는 반미운동도 등장했는데, 그것은 1985년 5월 미 문화원 점거농성사건으로 나타났다.

따라서 정국의 유화국면이 진행되는 동안 폭발적으로 성장한 민주화운동은 1985년 중반 무렵 전두환정권과 전면 대치할 수 있게 됐다. 이후 민주화세력은 운동의 초점을 대통령 직선제 쟁취에 맞췄고 그것은 민주헌법쟁취 천만인 서명운동으로 이어졌다. 따라서 개헌국면이 전개되었던 이 기간에 직선제 개헌을 요구하는 민주화운동진영과 이를 억누르고자 했던 전두환정권 사이에 첨예한 갈등이 전개되었다. 특히 이 과정에서 전두환정권은 내각제 개헌을 내세워 국회 내 개헌협상을 시도하는 한편 재야 운동권에 대해서는 그 탄압의 강도를 높였다.

그러나 1987년에 들어가 숨겨져 있었던 박종철 군 고문치사사건이 드러나고 개헌협상 또한 4 · 13호헌조치로 무산되자 전두환정권에 대한 대중적 반감과 분노는 급속히 높아졌다. 이 같은 상황에서 5월 천주교정의구현사제단은 박종철군 고문치사사건에 대한 은폐 시도를 폭로했고, 이에 재야와 통일민주당 중심으로 결성된 '호헌반대민주헌법쟁취 국민운동본부' (국민운동본부)는 그에 항의하고자 6월 10일 '박종철군고문살인은폐조작 규탄 및 민주헌법쟁취범국민대회' 개최를 결정했다.

3. 6월민주항쟁과 민주화 이행

1987년 6월 10일 국민운동본부의 주도로 '박종철군 고문살인 은폐조작 규탄 및 민주헌법 쟁취 범국민대회' 가 열렸다. 그것은 이로부터 29일에 이르도록 약 20일 동안에 걸쳐 수백만 명이 서울과 지방 주요도시 거리에 쏟아져 나와 호헌철폐와 독재타도를 외친 민주화의 대드라마, 즉 6월민주항쟁의 시작이었다.

6월민주항쟁은 3단계를 거쳐 전개되었다. 첫 단계는 6 · 10대회로부터 6월 18일 '최루탄 추방 결의대회' 까지의 기간이다. 전국 22개 지역에서 24만여 명이 참여했던 6 · 10대회는 항쟁의 성공 가능성을 보여주었을 뿐만 아니라, 특히 서울에서는 이후 항쟁 확대의 도화선이 되었던 명동성당 농성으로 이어졌다. 두 번째 단계는 18일의 대회로부터 26일 '국민평화대행진' 까지의 기간이다. 30~40여만 명이 참여했던 부산을 비롯, 전국 16개 지역에서 50여만 명이 참여했던 18일 대회는 사실상 경찰 진압을 무력화시켰다. 항쟁의 세 번째 단계는 26일 대회로부터 29일의 6 · 29선언까지이다. 전국 34개 시와 4개 군에서 140여만 명이 참여한 가운데 전개되었던 26일의 대회는 전두환정권을 막다른 골목으로 내몰았다. 그 결과 전두환정권은 마침내 대통령 직선제 등 민주화의 요구를 수용한 8개항의 6 · 29선언을 발표했다.

한편 6월항쟁의 영향과 6 · 29선언에 따른 정치적 개방은, 그동안 억눌렸던 노동자들의 요구를 한꺼번에 분출시킴으로써 7 · 8 · 9월 노동자대투쟁으로 이어졌다. 7월 초 울산에서부터 시작하여 수도권에 이르기까지 노동자가 밀집한 전국의 거의 대부분 지역에서 전개된 노동자대투쟁은 3,255건의 파업과 122만 명의 파업 참가자수를 보여줬다.

아무튼, 대통령 직선제 등 6월항쟁의 핵심적 요구들을 전두환정권이 받아들임으로써 이후 민주화 이행의 일정이 계속되었다. 그리하여 정치권의 협상에 따라 대통령 임기 5년 단임의 직선제 개헌안이 국회 통과와 국민투표를 거쳐 10월 29일 공포되었고, 직선제에 따른 대통령선거 또한 준비되었다. 이와 관련하여 대통령 직선제를 받아들인 전두환정권의 6 · 29선언은 민주화의 요구를 수용한 것이기도 하지만, 그것은 민주화운동진영의 잠재적 대통령후보였던 김영삼 김대중 양 김의 분열을 의도한 것이기도 했다.

양 김이 분열하자 이와 더불어 민주적인 야당이 분열했고 재야세력 또한 분열했다. 뿐만 아니라 대통령선거를 앞두고 전면 동원되었던 지역주의는 민주화 요구의 국민을 지역적으로 분열시켰다. 따라서 6월항쟁 직전 최대 민주화연합을 구축할 수 있었던 민주화운동진영은 대통령선거를 앞두고 심각한 분열상을 드러냈다. 그리고 그것은 12월 제13대 대통령선거에서 독재세력의 후보인 노태우가 승리하고 양 김이 패배하는 결과로 이어졌다.

결국 6월항쟁의 성공으로 가능했던 민주화 이행은 민주정부 수립 실패의 결과로 귀결되었다. 그러나 그것은 절차상 합법적이고 민주적인 것이었다. 그런 점에서 양 김의 분열을 비롯한 민주화운동진영의 분열은 민주화 이행 과정에서 독재세력이 청산되지 않고 오히려 합법적으로 재집권할 수 있는 기회를 제공해 주었다고 할 수 있다. 6월항쟁에 따른 민주화 이행이 독재 청산 없는 이행이 되었던 것은 바로 이 때문이었다.

4. 민주화 이후의 시민운동 · 민중운동

민주화 이행 과정에서 민주정부 수립에 실패하고 그 소용돌이 속에서 분열하지 않을 수 없었던 민주화운동진영은 대선 직후 민주화운동 전체를 아우르는 전국적 조직을 새롭게 꾸리고자 했다. 그 결과 전국의 부문단체와 지역단체가 거의 망라된 민주화운동의 연합체가 만들어졌는데, 1989년 1월에 결성된 전국민족민주운동연합(전민련)과 이를 뒤이은 1991년 12월 결성의 민주주의민족통일전국연합(전국연합)이 그것이었다. 그러나 민주화 이전과는 달리 이 같은 연합체적 운동은 이후 활성화하지 못했고 따라서 그 힘은 약화하지 않을 수 없었다.

그 원인 가운데 하나는 정치세력화 등 노선을 둘러싸고 불거진 내부의 이견과 갈등 때문이었다. 그렇지만 더욱 결정적인 원인은 구조적인 것이었다. 비록 독재세력의 후계세력일지라도 그것이 합법적인 정부인 한 그에 대한 저항은 그 효용성이 약화될 수밖에 없었다. 운동의 효용성 약화는 민주화를 전후하여 등장했던 남한사회주의노동자동맹(사노맹) 등 비합법적 운동에서도 마찬가지였다. 물론 비합법적 운동의 약화는 정부의 탄압 때문이기도 했다. 그렇지만 민주화 자체는 비합법적 운동의 필요성을 약화시켰다. 반면 연합체적 운동이나 비합법적 운동 대신 민주화 이후 새롭게 떠올랐던 운동은 그 자율성이 증대한 시민사회를 배경으로 등장한 사회운동, 곧 시민운동과 민중운동이었다. 특히 시민운동의 발전은 두드러졌다.

우선 민주화 이후 본격적인 시민운동은 경제정의를 내걸고 1989년 7월에 결성된 경제정의실천연합(경실련)에서 시작되어 1993년 환경운동연합, 1994년 참여연대 등의 창립에 의해 이루어졌다. 《한국민간단체 총람》에 따르면, 시민단체 수는 1999년에 1,235개, 2002년에 3,937개, 2005년에는 5,556개로 나타났으며, 2005년을 기준으로 할 때 그 가운데 40.35퍼센트는 2000년 총선연대의 낙천낙선운동 이후에 등장했다. 그런 점에서 민주화 이후 활성화하기 시작했던 시민운동은 그 양적인 규모에서 2000년 이후에 급속히 확대되었다고 할 수 있다.

시민운동은 그 영역에서도 공익적 성격의 종합운동에서 시작하여 사회 각 부문의 운동으로 확산되었을 뿐만 아니라, 그것은 환경 · 여성 · 평화 · 소수자운동 등 신사회운동의 영역으로까지 확산되었다. 한편 이 같은 사회 각 부문의 시민운동은 2000년과 2004년에 낙천낙선운동과 같은 새로운 방식의 운동정치를 시도하기도 했다. 한편으로는 국제적인 시민운동으로, 다른 한편으로는 지역적인 풀뿌리운동으로도 그 영역을 확대하고 있다.

다음으로 민중운동의 주축인 노동운동은 민주화 직후 6월민주항쟁과 7 · 8 · 9월 노동자대투쟁의 여파 속에서 급성장했다. 그 결과 1989년 말 노동운동은 193만 명의 조합원수를 기록, 민주화 이후 최대의 조직률(18.6퍼센트)을 보여 주었다. 그러나 민주화에도 노동운동은 여전히 정부의 탄압에서 자유롭지 못했는데, 1989년 이후에도 빈번하게 이루어졌던 노동운동에 대한 정부의 탄압이 그러하였다. 하지만 이 같은 탄압 아래에서도 민주노조운동은 지속되었고, 그것은 마침내 1995년 11월 42만여 명의 조합원을 거느린 전국민주노동조합총연맹(민주노총)을 출범시키기에 이르렀다.

이후 민주노총은 1996년 말에 이루어졌던 김영삼정부의 노동법 날치기 처리에 항의하여 연인원 500만 명이 참여하는 총파업투쟁을 펼쳤고, 이로써 노동법 개정을 이루어 낼 수 있었다. 그러나 1997년 IMF 위기와 이를 계기로 전면 받아들였던 신자유주의적 세계화는 노동운동의 환경을 크게 바꾸었고, 이 같이 바뀐 상황에서 이후의 노동운동은 혼선을 면치 못하고 있다. 물론 그것은 노동운동의 대응 전략 자체에서 비롯된 것이기도 하다. 그러나 그것은 대기업과 중소기업의 노동자, 정규직과 비정규직의 노동자 등 노동계급 내부의 분열과 노동운동의 사회적 고립 등 신자유주의적 세계화의 결과에 말미암은 바 크다. 다른 한편, 급속한 개방화의 진전과 신자유주의적 세계화의 전면적인 수용 속에서 민주화 이후의 농민운동 또한 1990년 4월에 결성된 전국농민회총연맹(전농)을 중심으로 이에 힘겹게 맞서고 있다.

맺음말 — 민주화의 성과와 한계

비교적 짧은 기간 동안에 한국 민주주의가 이렇듯 비약적인 발전을 이룰 수 있었던 것은 '운동에 의한 민주화' 때문이었다. '운동에 의한 민주화' 의 테제가 가장 잘 들어맞는 시기는 1987년 6월민주항쟁 이전까지의 시기였다. 4 · 19 이후 줄곧 발전해 왔던 민주화운동이 광주의 좌절에도 불구하고 1987년 반독재 민주화의 국민적인 항쟁으로 이어짐으로써 마침내 권위주의체제의 민주화를 가능하게 했기 때문이다. 그러나 1987년 민주화 이후에도 운동이 한국 민주주의의 진전에 영향을 미치지 않았던 것은 아니다. 민주화운동의 연장선 위에서 펼쳐졌던 시민운동과 민중운동의 사회운동이 정당정치와 더불어 한국 민주주의의 발전에 이바지했기 때문이다.

그러나 열정과 헌신으로 무장된 운동이 언제까지나 가능한 것은 아니다. 운동의 목적이 이루어짐에 따라 그 운동은 점차 탈동원화할 수

밖에 없기 때문이다. 또한 민주화 이후 한국의 민주주의 환경도 크게 바뀌었는데, 특히 신자유주의적 세계화가 미친 영향은 매우 컸다. 뿐만 아니라, 시간이 흐름에 따라 반독재 민주화운동을 경험했던 세대보다 그것을 경험하지 못한 사람들이 차츰 다수를 차지해 가고 있다. 이 같은 상황에서 과거와 같은 '운동에 의한 민주화' 만으로 민주주의를 진전시키기란 쉽지 않다. 그런 점에서 우리는 '운동에 의한 민주화' 와 더불어 한국 민주주의를 더욱 발전시킬 새로운 수단과 대안을 찾을 필요가 있다. '운동에 의한 민주화' 의 한 주기가 마무리되고 있는 지금 그것은 더욱 긴급한 일이 아닐 수 없다.

■ 참고문헌

6월민주항쟁계승사업회 · 민주화운동기념사업회, 《6월항쟁을 기록하다》 1~4권, 2007.

광주광역시5 · 18사료편찬위원회, 《5 · 18민중항쟁사》, 2001.

김정남, 《진실, 광장에 서다》, 창비, 2005.

박현채 엮음, 《청년을 위한 한국현대사》, 소나무, 1992.

서중석, 《사진과 그림으로 보는 한국현대사》, 웅진씽크빅, 2005.

——, 《한국현대사》, 역사비평사, 2007.

안병욱 외, 《유신과 반유신》, 민주화운동기념사업회, 2005.

정해구 외, 《한국정치와 비제도적 운동정치》, 한울, 2007.

—— · 김혜진 · 정상호, 《6월항쟁과 한국의 민주주의》, 민주화운동기념사업회, 2004.

조희연 엮음, 《한국사회운동사》, 한울, 1995.

최장집, 《민주화 이후의 민주주의》, 후마니타스, 2005.

최정운, 《오월의 사회과학》, 풀빛, 1999.

학술단체협의회, 《6월민주항쟁과 한국사회 10년》 1,2, 당대, 1997.

한국시민사회연감 편찬위원회, 《한국민간단체총람 2006》, 시민의 신문 · 시민운동 정보센타, 2004.

―――――――, 《한국시민사회운동 15년사》, 시민의 신문, 2004.

―――――――, 《한국시민사회연감 2006》, 시민의 신문, 2006.

전후 북한사회의 변천

김광운(국사편찬위원회)

머리말

북한의 공식명칭은 "조선민주주의인민공화국(Democratic People's Republic of Korea)"이다. 38도선(1953년 이후 군사분계선) 이북 한반도 북쪽 지역을 범위로 1948년 9월 9일에 정부 수립을 선포하였다. 면적은 한반도 전체의 약 55퍼센트인 12만 2천 762㎢이며, 2006년 말 현재 인구는 약 2천 2백만이다. 행정구역은 2직할시(평양 · 나선) 9도 1특급시(남포) 24시 148군 267노동자구이다. 150여 나라와 국교를 맺고 있지만, 대한민국과는 정치 · 군사적으로 대결상태에 있으면서, 2000년 6 · 15공동선언 이후 하나의 민족공동체 형성을 위해 협력해 나가는 동반자이기도 하다.

분단 60여 년이 지난 현재의 시점에서 되돌아 볼 때, 북한의 역사는 1974년 2월, 김정일 비서의 '유일지도체제' 구축과 '온 사회의 주체사상화 강령' 선포를 분기점으로 크게 전기와 후기로 나눌 수 있다. 전기는 신 국가 건설, 6·25전쟁, 전쟁 복구, 사회주의의 건설기로, 후기는 1994년 김일성 주석의 사망을 앞뒤로 다시 소시기 구분이 가능할 것이다.

북한 관련 연구 성과는 한국사의 어느 시기보다도 양이 많다. 북한에서 가장 많이 연구되었지만, 자기 지역 이외에서 학문으로서 보편성을 아직 인정받지 못하고 있다. 남한의 경우, 석·박사 학위논문만 해도 지금까지 2천여 편이 훨씬 넘게 나왔지만, 양이 질을 담보하지 못하면서 학문사회에서 시민권을 제대로 확보하지 못하고 있다. 정책적 관심에서 비롯된 개설서가 많으며, 부분적인 현상 또는 특정 문제만을 부각한 '장님 코끼리 만지기식' 논의도 되풀이되고 있다. 다른 분야에서는 상상할 수 없겠지만, 자신의 연구 결과 또는 주장에 관하여 나중에 전혀 책임지지 않으며, 남의 성과를 베끼는 일도 서슴지 않는 연구 풍토의 반영 때문일 것이다. 미국·일본에서도 주목할 만한 연구 성과가 일부 나왔지만, 북한과 관계가 밀접한 중국과 러시아에서는 오히려 이렇다 할 연구 성과가 거의 없다.

북한 관련 사료는 6·25전쟁 시기까지가 상대적으로 풍부하며, 전쟁 이후 시기는 크게 부족하다. 그 결과 상당수의 연구 성과들이 1945년 해방 전후에 몰려 있다. 아래에서는 연구 성과가 어느 정도 축적된 핵심주제를 중심으로 전후 북한사회의 변천을 이해하는 데 꼭 필요한 주제들을 정리하고자 한다.

1. 연구 방법과 관점을 둘러싼 논쟁

북한 이해와 관련하여 학계에서 논쟁이 집중된 문제는 연구방법과 관점이었다. 실증적 연구의 부족이 관점 차이를 더욱 크게 드러냈기 때문이다.

북한의 변천과정을 이해하기 위한 학문 차원의 연구방법은 크게 외재적 접근법과 내재적 접근법으로 나눌 수 있다. 전자는 북한이라는 대상을 자유민주주의 · 자본주의 등 외부사회의 가치와 기준으로 분석하는 인식 틀이며, 후자는 북한체제가 스스로 설정했던 이념과 목표를 기준으로 접근하는 인식 모형이다. 외재적 접근법은 북한의 특수한 현실을 잘못된 것 또는 틀린 것으로 보기 때문에 대체로 부정적 측면을 부각시킨다. 이와 달리 내재적 접근법은 북한사회 발전에서 긍정적인 계기들만을 재구성하기 쉽다는 비판을 받곤 하였다.

모든 연구에는 연구자의 관점이 반영되는 것이므로, 각각의 시각은 개별 연구자들이 속한 공동체가 공유하는 가치 또는 가정들로 이루어진다. 특별히 북한사 연구처럼 결과의 정책적 함의가 사실을 담은 내용보다 우선시되는 경우, 연구자의 이념적 지향이 연구 주제의 선택과 접근방법을 크게 좌우할 수 있다. 그러나 더 큰 문제는 연구관점과 방법론에서 일관성이 없이 필요에 따라 오락가락하는 것이다. 예컨대, 북한에 살고 있는 연구자들은 긍정적인 것은 자력혁명의 결과이고, 부정적인 것은 외래의 침략과 간섭 때문이었다고 단정한다. 이와 달리 반공주의 입장에 선 연구자들은 그럭저럭 사는 것은 남의 원조 덕분이고, 어려움은 자체 모순 때문으로 설명한다.

북한에 살고 있는 연구자들은 자신들의 현대사를 1926년부터로 보고 있으며, 주체사상의 구현과 선군혁명이라는 두 가지 핵심요소를 통해 이해하고 있다. 1945년부터 1960년대 말까지 북한 이외의 나라에서 북한 연구의 주요 내용은 '위성국가론' 증명과 북한 내부 권력투쟁에 집중되었고, 소비에트론과 전체주의론을 이론적 자원과 방법으로 접근하였다. 그러나 1968년 푸에블로 호 사건의 해결 과정은 북한이 과연 위성국가인지에 강한 의혹을 제기하였다. 사건을 마무리하면서,

미국 대통령 존슨이 "북한은 소련의 압력이 먹히지 않는 국가인 것 같다"고 공개적으로 밝혔기 때문이었다. 그 결과 1970년대 데탕트 시기에는 한국공산주의운동의 역사적 맥락에서 김일성과 조선노동당을 분석하고 평가하는 연구들이 이어졌다. 1980년대에는 북한의 체제, 경제발전 노선, 주체사상 등으로 연구주제가 넓어졌으며, 소련 · 동유럽 사회주의국가들의 몰락 이후에는 북한의 붕괴, 개혁 · 개방, 핵 · 미사일 문제 등으로 관심이 빠르게 이동하였다. 1980년대 이후 등장한 연구자들은 기존의 반공 이데올로기가 아닌, 자유주의 또는 다원주의를 이념적 배경으로 1차 자료와 증언을 폭넓게 활용하고 있다.

지금까지의 연구를 크게 나누어 보면, 북한학자들은 식민지 경험과 반외세 자주화 과제로부터 비롯하는 북한사회의 집체성(collectivism)을 역사적으로 정당화하고자 연구하였다. 이와 달리 다른 국가의 대부분 연구자들은 냉전적 적대감과 '안보 패러다임(security paradigm)' 에 결박된 채, 북한체제 그 자체를 북한문제의 핵심으로 부각하기 위해 노력하였다. 그 결과 자료 무시와 이론 과잉의 환경에서 '교시' 를 바탕으로 삼거나, 아니면 북한역사에 대한 분석을 결여한 채 전체주의와 같은 개념을 선험적 잣대로 동원하는 연구들이 많을 수밖에 없었다.

1990년대 이후부터 실증을 우선시하는 연구자들이 늘어나면서, 북한체제의 특수성을 균형 잡힌 시각에서 있는 그대로 인식하려는 태도가 차츰 자리잡고 있다. 그러나 아직 진보적 시각과 보수적 시각, 국가 또는 세대 사이의 차이 등으로 소통에 어려움이 많다. 북한사 연구가 과학으로 평가받기 위해서는 1차 자료에 바탕을 두고, 역사적 · 구조적 맥락에서 논리적 일관성을 유지한 분석으로 자신의 설명을 논증해야 할 것이다.

2. 통치이념과 정치체제

오늘날 북한의 통치이념은 주체사상이다. 북한학계의 주장에 따르면, 주체사상은 "사람 중심의 세계관이고 인민대중의 자주성을 실현하기 위한 혁명사상"이다. 1950년대 중반까지 북한의 통치이념은 마르크스-레닌주의였으나, 이후 주체사상이 조선노동당의 지도이념으로 함께 자리매김 되었고, 1970년대 전반기에 주체사상이 '김일성주의'로 천명되면서 조선노동당의 공식 지도지침으로 자리 잡았다.

주체사상 확립과정에 대한 논의와 관련하여, 일제 식민지시기부터 그 시원을 찾을 수도 있다. 하지만 1950년대 중반, 사회주의국가들 사이에서 큰 나라가 작은 나라를 통합 · 예속하려는 움직임에 대응하면서 '주체' 개념이 등장하고, 대외관계에서 '자주성'을 확보 · 강화해 왔다고 보는 편에 더 많은 사람들이 동의한다. 북한 공산주의자들은 민족적 · 유토피아적 지향이 강했기 때문에 소련이 지도하는 국제공산주의운동과 연계보다도 북한사회 자체의 실정이 요구하는 발전전략을 선택했던 것이다. 그리하여 1955년 '사상에서 주체' 확립을 분수령으로, 1956년 '경제에서 자립', 1957년 '정치에서 자주', 1962년 '국방에서 자위' 등을 거치며 주체사상을 이론적으로 체계화하였다. 나아가 1980년대에 이르면 주체사상의 사회역사원리가 '지도와 대중의 결합테제'를 매개로 유일지도체계의 이론적 틀인 '혁명적 수령관'과 결합함으로써 주체사상은 북한정치체제의 지배담론으로 굳어졌다.

북한 정치체제 또한 계속 변천해 왔지만, 외부에서 북한에 대한 '이름 붙이기'가 시작된 뒤 지금까지 그것을 일컫는 표현들은 '위성국가', '전체주의', '김일성왕조' 등으로 거의 바뀌지 않았다. 많은 학자들이 지적하였듯이 북한 정치체제의 구조와 운영방식은 다른 사회주의 국가들의 경험과는 다른 독특한 특징을 보여 준다. 북한 정치체제에서 가장 핵심적인 요소는 모든 것이 수령으로부터 비롯되고 집중되는 '수령론', 수령에 대한 절대적 충성을 보장하는 '수령관', 혁명위업과 혁명전통의 무조건적 계승을 매개로 한 '후계자론'과 '영도예술' 등이다. 그 밖에 철저한 중앙집권적 유일지도체계와 유일사상체계, 북한 고유의 사상사업과 정치생활체계 등을 다른 나라와 견주면 다르다. 자유주의국가와 비교하면, 틀린 것이 아니라 상당히 크게 다른 것이다.

북한 정치체제의 성격과 관련하여, 북한 이외의 지역에 살고 있는 사람들은 일반적으로 '전체주의 독재국가'로 생각한다. 여기에 김일성 · 김정일에 대한 북한 주민의 숭배와 권력의 후계승계까지 부각되면, 김일성의 권력 공고화 과정과 후계체제 구축 과정에 관한 역사적 접근 없이 '문화론적 관점' 또는 '권력 중심적 관점'에서 편하게 재단하기에 이를 것이다.

북한 정치체제 형성문제와 관련하여 최근 일부의 연구자들은 북한이 처했던 역사적 환경과 함께 김일성 · 김정일 개인의 능력에 주목하기도 한다. 이들에 따르면, 정권 출범 직후부터 북한 내부 모든 정파 사이에는 대립과 갈등이 지속되었고, 1950년대 발전노선을 둘러싼 사활적 투쟁의 결과 강력한 지도력이 창출되었으며, 그것이 주체 확립과 지도자에 대한 충성이라는 형태로 귀결되었다고 설명한다. 이 같은 체제에 대하여 연구자들은 나름대로 '신전체주의', '사회주의적 조합주의', '유격대국가', '수령제 사회주의' 등 다양하게 규정하였다. 어떤 이는 북한이라는 대상에서 전체주의체제의 일탈된 모습을 읽고, 다른 사람은 동심원적 사회구조에 주목하며, 또 다른 사람은 항일무장투쟁의 역사와 북한정권의 사회조직 원리를 결합하거나, 사회주의와 유교문화적 전통의 공명에 초점을 맞췄던 것이다.

현 단계에서 학계의 공통분모를 묶어 낸다면 북한체제를 수령제 정치체제로 잠정 규정할 수 있을 것이다. 또한 그것은 북한이 처했던 안팎의 조건에서 개인주의 · 수정주의 등과 끊임없는 갈등을 거쳐 집단주의적 발전전략을 추진하는 과정에서 형성된 것으로 정리할 수 있을 것이다.

이제 그 과정을 좀 더 구체적으로 살펴보자. 지금까지 역사에서 사회주의혁명은 저발전국가에서만 실험됐다. 그 결과 이들 국가들은 유토피아사회의 실현과 경제발전 추구라는 상반된 정책목표 사이에서 선택을 강요받았다. 여기에 더하여 소련이 사회주의블럭으로 편입을 강제하자, 북한 지도부는 소련 및 동유럽과는 다른 자력갱생의 험로를 택했다. 한 세대에 두 개의 강대국과 전쟁을 치룬 경험, 분단과 안보위기의 상존, 유토피아 민족공동체 건설에 대한 남다른 의지 등이 북한을 '물질' 보다 '사상' 을, '동맹' 보다 '전통' 을 우선하도록 만들었다.

이후 북한정권은 사상혁명으로 주민을 '주체형 공산주의자' 로 개조하고자 끊임없이 노력하였다. 그런데 '속도와 균형 논쟁' 으로 포장된 발전전략의 충돌이 발생하였고, 사대주의와 개인주의의 확산에 따라 사회적 이완 현상도 늘어갔다. 북한당국은 사회 전체를 하나의 유기적 조직으로 구성하면, 이 위기에서 벗어날 수 있을 것으로 판단하였다. 이것이 곧 수령-당-대중의 통일 단결체를 하나의 유기체로 엮어 낸 '수령제' 였다. 수령제의 출현은 당내 권력투쟁의 결과이기도 했지만, 권력 그 자체의 강화가 목적이 아닌, '주체' 의 확립을 위한 전 사회의 동심원적 조직화였던 것이다.

1970년대 북한 사회는 흐트러진 사회조직을 재정비하면서, 주체사상의 이론적 체계화와 집체적 문화예술의 창조에 힘을 기울였다. 정치구조에서도 수령의 지도를 보장하려는 구조로서 '주석제' 가 신설되고, 당-행정부-군에 걸쳐 수령의 유일적 영도체계를 구축하고자 했으며, 수령에 대한 절대적인 충성을 최고의 가치관으로 설정하였다. 이에 따라 북한 주민은 자기 운명을 집단과 결부시켜야만 했으며, 북한 방식의 수령 · 사상 · 군대 · 제도에 누구도 의문을 품을 수 없도록, 무조건적으로 반응하도록 교양 받았다.

수령제가 안착되면서, 북한은 외형적으로 강한 집체적 결속력을 갖추었다. 하지만 왜 자신들이 수령제를 선택했었는지에 대한 처음의 문제의식을 일부 잃으면서, 정치적 획일화를 피할 수 없었다. 그 결과 개인의 창발성은 일정 부분 제약을 받았고, 사회적 약자에 대한 배려까지 무뎌져 갔다. 여기서 김일성 주석의 사망은 북한사회 변천의 또 다른 분기점이었다. 당시는 미국과 핵 · 미사일 문제로 전쟁 발발 직전까지 갔고, 최악의 식량난 · 에너지난 속에 엄청난 아사자(餓死者)와 탈북자가 발생하였다. 북한당국이 위기에서 벗어나고자 선택한 것은 수령제 정치체제의 계승과 함께 고난의 공유와 분배의 투명성 등이었다. 북한의 최고지도자 김정일 국방위원장은 1990년대 중반, 심각한 문제들을 풀기 위한 열쇠로 경제문제 해결에의 역량 집중이 아닌 군대를 강화하는 '선군 정치' 를 내세웠고, '사회주의 강성대국' 건설 목표를 제시하며 현재까지 나름의 체제를 유지하고 있다.

3. 경제상황과 핵개발

북한은 생산수단을 국가와 협동단체가 소유하는 사회주의적 소유제도와 '개방형 민족경제건설노선' 을 표방하는 중앙집권적 계획경제제도를 채택하고 있다. 물론 북한에서도 제한적이지만 개인소유를 인정하며, 상속도 가능하다.

북한은 6 · 25전쟁 이후 중공업을 우선으로, 경공업과 농업을 동시에 발전시킨다는 발전전략을 추진하였다. 중공업 육성에 중점을 둔 이유는 내포적 자립경제를 갖겠다는 목적과 함께 군사적 요인 때문이었다. 당시 북한은 소련과 갈등 때문에 소련의 원조가 급격히 줄었고, 중국으로부터도 지원을 받기 어려운 상황에서 '자력갱생' 이외에 다른 선택의 여지가 없었다. 또한 북한 스스로 자기 체제를 지켜나가기 위해서 중공업 건설이 필수적이었다.

'경제건설과 국방건설의 병진노선' 은 이후에도 지속되었다. 북한은 경제규모에 견주어 과다한 국방비를 지출할 수밖에 없었고, 전체 인구 가운데 6퍼센트를 군인으로 유지하였다. 그 결과 경제성장에 커다란 장애가 조성되었다. 이 같은 현상은 북한경제가 군수산업과 전쟁 준비 중심으로 이루어졌다고 추론하는 근거가 되었다.

북한당국은 경제적 어려움을 풀고자 경제관리 방식을 계속 바꿔 갔다. 1960년대 초에 추진한 '청산리 정신' 과 방법, 그리고 '대안의 사업체계' 는 소련의 강제된 협동농장화와 공장 운영에서 1인 지배인 체제를, 집단운영 관리체계로 바꿔서 경제건설 속도를 높이고자 기획된 것이었다. 1984년 '8 · 3 인민소비품 창조운동' 을 시작하는데, 그 내용은 시장경제의 맹아 형태를 담고 있었다. 시장 성격이 짙은 메커니즘의 도입은 국내경제뿐 아니라 대외경제에서도 나타난다. 북한은 1984년 다른 국가가 북한에 직접 투자할 수 있는 '합영법' 을 시행하였다. 또한 1991년 중국 · 러시아와 국경을 접하고 있는 나진 · 선봉지역에 '자유경제무역지대' 를 설치하였지만 성과가 저조하였다.

북한의 경제성장은 1970년대 중반을 기점으로 둔화하였고, 1990년대 들어서는 마이너스로 돌아섰다. 북한은 1990년대에 연평균 -3.8퍼센트의 경제성장을 겪은 결과 식량난 · 에너지난 · 원자재난 등 심각한 경제위기를 겪었다. 새로운 돌파구로서 북한의 정책입안자들은 2002년 '경제관리 개선조치' 로 분권화 · 자율화 · 물질적 인센티브를 강화하였고, '개성공업지구법' 을 제정하여 외부인에게 토지를 장기 임대

할 수 있도록 하였다.

그러나 북한은 중국이나 베트남과 같은 처지가 아니었다. 과거나 지금이나 북한은 자주노선을 지탱하기 위하여 상당한 비용을 치러야만 했다. 이 같은 상황이 북한으로 하여금 핵개발에 매달리도록 하였을 것으로 추측한다. 북한당국은 핵만 개발하면, 그들의 가장 심각하고 어려운 문제들을 동시에 해결할 수 있다고 판단하였을 것이다. 북한에게 핵무기는 가장 강력한 전략무기로서 과다한 국방비를 줄여줄 것이고, 핵발전소를 이용해 스스로 에너지도 공급할 수 있기 때문이었다. 결국 북한의 핵 개발은 공격적인 의도에서 기획된 호전책이 아닌, 위기에 대응이라는 자구책이었다. 따라서 현재의 체제가 보장되고, 에너지가 원활하게 공급된다면 굳이 핵개발에 사활을 걸 필요가 없는 것이다. 북한은 2005년 6자회담 공동성명에서 현존하는 핵무기와 모든 핵계획을 포기한다는 원칙에 합의함으로써 조미관계 정상화와 한반도 평화정착의 바탕을 조심스럽게 만들어 나가고 있다.

북한경제는 1999년 이후 지속적인 플러스 경제성장으로 돌아섰다. 그렇지만 아직 '빈곤의 함정' 에서 빠져나오지 못하고 있다. 최근 북한 경제정책의 기본노선은 실리 · 실적 · 실력을 강조하는 '실리사회주의' 이다. 시장이 확대되고, 상품-화폐관계가 강화되었지만, 연구자들에게 그것은 아직 '그럭저럭 버티기(Muddling Through)' 로 폄하될 뿐이다. 북한은 남한의 경제성장 성공모델에 견줄 만한 그 어떤 것도 보여주지 못했기 때문이다. 해방 직후부터 일정기간까지, 토지를 밭갈이하는 농민에게 돌려주고, 노동자의 권리를 보호하며, 남녀평등의 새로운 사회를 건설하겠다는 구호로써 '북풍' 을 일으켰지만, 거기에는 '절차적 민주주의' 도 경제적 성공도 빠져 있었다. 그 결과 연구자들이 내린 결론은 북한의 경제제도와 운영에 근본적으로 비효율성이 있다는 점이다.

현재 북한경제를 연구할 때, 활용 가능한 정량(定量) 자료는 턱없이 부족하다. 때문에 실증적 연구가 어렵고, 대부분 연구자들은 연역적 방법을 이용한다. 이와 관련하여 북한경제를 '부족경제(不足經濟, economics of shortage)'로 설명하는 분석이 유행하고 있다. 노동계급의 지도자들이 모든 것을 생각하였지만, 단 하나 노동자 자체만은 제대로 생각하지 못한다고 가정하면, 노동조건이 전혀 개선되지 못한 가운데 노동자들은 노동의 질을 떨어뜨릴 것이고, 결과적으로 상품과 노동이 부족 상태로 전환되어 경제가 만성적인 저성장 상태로 고착될 수밖에 없다는 것이 '부족경제'이다. 상당수 북한경제 연구자들에게 '부족경제'는 연구의 출발점이며, 확인되지 않은 가정을 바탕으로 추측하여 '북한 붕괴'라는 결론에 이르도록 하고 있다. 그러나 북한경제는 이미 중요하며 의미 있는 변화의 과도기 양상을 보여주고 있다. 그것이 과연 근본적인 변화까지로 연결될 수 있을지는 좀 더 지켜봐야 할 것이다.

4. 역사학계 구성과 활동

북한에서 역사학은 사회과학에 속하며, 크게 혁명역사와 일반역사로 구별된다. 일반적인 역사학은 서술형식에 따라 역사발전의 전 시기를 개괄 서술하는 '통사'와 어느 한 시기의 역사만을 서술하는 '단대사'로 나뉘며, 사회의 어느 한 분야의 역사만을 다루는 '부문사'의 경우 크게 정치사 · 사회경제사 · 문화사 등으로 구분한다.

북한 역사학계는 어떤 우여곡절을 거쳐 현재에 이르렀는지 살펴보자. 해방 직후 북조선임시인민위원회가 역사교과서를 새롭게 편찬하고, 대학을 만들어 연구와 교육을 하고자 했다. 그러나 필요한 전문연구자가 매우 부족하였다. 연구역량이 뒷받침되지 못한 상태에서 역사책을 편찬하면서, 러시아 역사책이나 일제의 자료를 주어와 술어만 바꿔 그대로 베끼는 경우까지 있었고, "가위와 풀로써 역사를 쓰고 있다"는 비판까지 나왔다.

북한당국은 6 · 25전쟁 시기, 과학연구사업을 목적으로 국가과학원과 그 산하에 역사학연구소를 만들었다. 하지만, "사료학적 토대의 부족과 논거의 부족"을 하루아침에 해결할 수 없었다. 조선노동당과 역사학자들은 '집체연구'로 역사학을 비약적으로 성장시키고자 하였다. 그 결과 10여 년 간 토론해 온 삼국의 사회경제 구성에 관한 문제를 1958년에 일단락 지었으며, 1959년《자유와 독립을 위한 조선인민의 정의의 조국해방전쟁》을 편찬하였고, 이어서 1961년《조선근대혁명운동사》를 세상에 내놓았다. 1964년 사회과학원을 창립하고, 역사 관련 산하기구로 조선역사학회와 역사연구소 · 고고학연구소 · 민족고전연구소를 설립하였다. 같은 해, 역사연구소는 '조선에서 자본주의 발생에 관한 학술토론회'를 열었다.

1960년대 후반을 전환점으로 북한 역사학자들의 사회적 위상과 역할은 점차 축소되었다. 북한당국이 주민 의식화 매체를 다각화하면서 영화나 집단공연의 비중이 높아졌고, 역사학분야에서 혁명역사를 분리 · 독립시켰기 때문이었다. 이후 개인 연구자들의 주목할 만한 연구성과는 줄어들었다.

1970년대 중반부터 북한 역사학자들은 우리역사를 주체사상에 바탕을 두고 새롭게 체계화하려는 연구사업에 집중하였다. 그들은 혁명역사와 혁명전통을 연구하는 데 최대의 역량을 투입하면서 동시에 "정체성론, 타율성론 등에 근거하여 왜곡돼 온 민족사를 역사발전의 합법칙성에 따라 체계화"하고자 노력하였다. 논쟁이 집중됐던 주제들은 원시사회의 발전과정과 조선사람의 기원, 고조선과 노예사회, 삼국의 사회경제구성체와 봉건화 과정, 고구려사 체계화, 초기 조일관계, 조선에서의 첫 통일국가 형성, 발해 연구, 우리나라에서의 자본주의적 관계의 발생과 부르주아 개혁운동, 현대사의 시점, 민족주의운동으로부터 공산주의운동으로의 방향전환시기의 역사, 항일혁명투쟁사, 6 · 25 전쟁사, 민주주의혁명과 사회주의혁명사, 사회주의 건설사 그리고 통일운동사, 남한반미투쟁사, 해외동포사 등이었다.

북한 역사학계는 1980년대 들어 집체적인 공동연구를 거쳐 원시사회로부터 현재에 이르기까지의 역사를 체계화한 《조선전사》(전34권, 연표 2권)와 《조선부문사》(전60권) 등을 편찬하였다. 사회과학원 민족고전연구소는 1981년에 《이조실록》 번역사업을 완료하였으며, 《팔만대장경 해제》(전15권)를 출판하였다. 혁명역사연구소에서도 《항일무장투쟁사》(전10권) 등을 펴냈다. 1956년 조선노동당 중앙위원회 직속기관으로 설치된 당역사연구소는 '당 역사'를 전문적으로 연구하며, 연구자들을 통일적으로 지도하는 한편 《항일빨치산 참가자들의 회상기》, 《조선노동당정책사》, 《조선노동당역사》 등의 편찬사업도 추진하였다.

현재 북한 역사학계는 새 세대들을 '수령과 당에 끝없이 충직한 공산주의 혁명가'로 양성하고자 혁명전통교양 등에서 중요한 구실을 맡고 있다. 혁명역사는 인민학교 단계부터 배우고, 조선사와 세계사를 내용으로 하는 일반역사는 중고등학교에서 학습한다. 대학에서는 역사지리학부 등에서 전공별로 역사 관련 전문가와 교원을 키우고 있으며, 학과 특성에 따라 그에 맞는 역사를 가르친다. 북한의 초 · 중등학교에서 역사과목의 비중은 남한에 견주어 높은 편이며, 대학과 '평생교육'에서도 사정은 마찬가지이다.

맺음말

이전 세대의 한국인에게는 한국역사가 무엇인가라는 것이 전혀 의문의 대상이 아니었다. '한국역사'는 단군에서 비롯하여 동해의 떠오르는 태양과 함께 5천 년을 찬란하게 이어온 역사였다. 지금은 상황이 전과 많이 달라졌다. 남한 주민은 민족 정체성에 대해 아예 관심이 없거나, 저마다 다른 반응을 보인다. 그 같은 다양성을 미덕이라고까지 믿고 있다. 이와 달리 북한 주민은 조선노동당의 역사가들이 만들어 의식화한 역사를 전체가 하나처럼 무조건 받아들인다.

1945년 8월 이후 한반도에서는 외세의 점령과 분단 그리고 동족상쟁의 비극을 경험하였다. 이후 하나의 민족사는 두 개의 국민국가 역사로 배타적으로 기억, 서술되었다. 분단된 한국이 하나의 미래를 만들어 나가려면, 원래 하나였던, 그러나 따로 떨어져 살고 있는 현재를 만들었던 과거를 제대로 알아야만 할 것이다. 앞으로 펼쳐질 우리의 장래에는 과거와 단절된 전혀 새로운 것은 없기 때문이다.

북한의 역사는 남한의 역사와 함께 분명 우리 민족사이다. 1980년대 중반, 남한의 사학계는 관점의 과잉과 연구방법의 편향 때문에 역사적 사실의 선택과 해석에서 일부 문제가 있었던 적이 있다. 지금은 실증에 바탕을 둔 과학적 역사학을 체계화하려는 노력으로 상당부분 해결되었다. 이 경험을 북한사 연구에서도 살려 나가야 할 것이다. 현재 북한과 관련된 편파적 정보는 많지만, 학문적으로 선택된 역사적 사실은 별반 축적되지 않았고, 대상에 대한 총체적인 이해도 턱없이 부족한 형편이다.

남한에서 나온 북한역사 관련 박사학위논문이 10편도 안 되는 현실에서 향후 연구과제를 말하기는 곤란하다. 전망은 더욱 불투명하다. 북한이 지향하는 고유한 논리를 우선 인정하면서도, 그 한계까지 지적

할 수 있는 관점과 연구방법을 찾아내면서, 관점으로부터 실증으로, 다시 심층적 분석으로 착실하게 전진해 나간다면, 그때 가서야 우리는 과제와 전망을 제대로 세울 수 있을 것이다.

■ 참고문헌

이종석,《새로 쓴 현대북한의 이해》, 역사비평사, 2000.

김성보,《남북한 경제구조의 기원과 전개》, 역사비평사, 2000.

Noland,《Avoiding the Apocalypse : The Future of the Two Koreas》, Washington DC ; IIE Press, 2000.

이태섭,《김일성 리더십연구》, 들녘, 2001.

Park Phillip, "The Future of the Democratic People' s Republic of Korea", *Journal of Contemporary Asia*, Vol.31 No.1, 2001.

김연철 · 박순성 편,《북한 경제개혁연구》, 후마니타스, 2002.

和田春樹, 서동만 · 남기정 역,《북조선》, 돌베개, 2002.

한국역사연구회 북한사학사연구반,《북한의 역사 만들기》, 푸른역사, 2003.

김광운,《북한정치사연구 1》, 선인, 2003.

김성보 · 기광서 · 이신철,《북한현대사》, 웅진지식하우스, 2004.

서동만,《북조선사회주의체제성립사》, 선인, 2005.

정영철,〈집단주의 발전전략으로서 '수령제' 정치체제〉,《현대사의 제문제》 창간호, 국사편찬위원회, 2005.

브루스 커밍스, 남성욱 역,《김정일코드 : 브루스 커밍스의 북한》, 따뜻한 손, 2005.

정창현,《변화하는 북한, 변하지 않는 북한》, 선인, 2005.

고유환 편,《로동신문을 통해 본 북한 변화》, 선인, 2006.

현성일,《북한의 국가전략과 파워엘리트》, 선인, 2007.

남북관계의 변화와 통일정책

홍석률(성신여대 사학과)

머리말

남북관계의 성격에 대해서는 양측 사이에 합의된 견해가 있다. 1991년 12월 채택된 〈남북기본합의서〉에서 "쌍방 사이의 관계가 나라와 나라 사이의 관계가 아닌 통일을 지향하는 과정에서 잠정적으로 형성되는 특수관계"라고 규정했다. 통일을 지향하려면 남과 북은 상대방을 완전히 별개의 국가로 다룰 수 없다. 그렇다고 실질적으로 존재하는 상대방의 국가적 실체를 부정한다면 관계개선과 평화적 통일은 불가능하다. 상대방을 완전히 국가로 인정할 수도 없고, 안할 수도 없는 특수성이 있다. 현재 한반도는 공식적으로는 정전(停戰)상태이다. 세계역사에서 유례가 없는 오랜 기간의 정전상태 아래 양측은 좁은 지역에 엄청난 병력과 무기를 집결해 놓고 대치하고 있다. 남북관계에는 여전히 적대적 측면이 있다. 그러나 한편으로는 남북의 협력적 관계를 구축하는 작업이 점진적으로 진행되어 왔으며, 일정 부분 결실을 거두고 있다.

남북관계에는 여러 변수들이 매우 직접적으로 개입되고, 교차되는 것이 또한 특징이다. 남북관계는 한반도를 둘러싼 국가들 사이의 외교관계와 직접적으로 결부된다. 이는 주변 강대국 사이의 관계와 남북 두 국가와 주변 강대국 사이의 관계로 구분할 수 있다. 처음에는 강대국 사이의 관계가 남북관계를 일방적으로 규정했지만, 남북 두 국가가 자리를 잡고 성장해 가면서 두 분단국가와 주변 강대국 사이의 외교관계도 남북관계에 중요한 변수로 작용하고 있다. 이 점은 현재 핵문제를 둘러싼 북미관계가 남북관계에 어떠한 영향을 미치는지 생각해 보면 쉽게 실감이 간다. 또한 남북관계는 분단국가 내부에서 끊임없이 정치 · 경제 · 사회적 쟁점과 갈등을 유발하며, 이에 분단국가 내부의 다양한 정치 · 사회 집단 사이의 관계와 맞물리며 움직여 간다.

남북관계는 그 자체에 특수성과 다면성을 내포하고 있고, 다양한 변수의 개입 속에서 주조되어 간다. 그런 만큼 남북관계는 분단 이후 한반도와 그 주변 정세의 변화에 따라 민감하게 반응하며 변화해 왔다. 이러한 변화의 추세를 제대로 분석해 내고, 분단과 관련되어 나타나는 다양한 문제들을 종합적으로 인식하는 작업은 한국현대사를 체계적으로 분석하고, 나아가 분단극복을 기획해 나가는 데 매우 핵심적인 문제라 할 수 있다. 남북관계는 여러 차원의 특수성이 있고, 여러 가지 변수에 따라 끊임없이 움직이므로 이것을 제대로 파악하려면 그야말로 역사적 사고가 필요한 것이다.

1. 냉전시기의 남북대결

한반도의 분단은 미 · 소의 분할점령 과정에서 이루어졌으며, 한국전쟁 3년 동안의 치열한 전쟁을 거쳐 점차 고착화하는 길로 접어들었다. 한국전쟁은 전 세계적으로 냉전대립을 격화시킨 "냉전(冷戰) 속의 열전(熱戰)이었다". 엄청난 규모의 전쟁을 치르면서 적대감이 증폭되었다는 면에서 남북관계는 동서독 관계와는 큰 차이가 난다.

1950, 60년대 냉전시기 남북한은 실질적으로 자신의 체제와 정통성을 상대방 지역에 비타협적으로 확대하려고 했다. 전쟁 직후 남한의 이승만 정부는 공산주의자와의 모든 종류의 타협과 협상은 무의미하며, 나아가 위험하다는 차원에서 무력북진통일론을 주장했다. 또한 통일방안으로는 유엔감시 아래 북한만의 총선거론을 내세웠다. 대한민국 정부가 유엔의 관여 속에서 수립되었고, 유엔으로부터 승인을 받았던 만큼 이는 남한 정부의 체제 및 정통성을 강조하는 논리의 연장선위에 있었다. 한편 북한은 외세를 배격하고, 남북협상을 통해 총선거를 하자고 주장했다. 북한은 남북협상을 정통성의 바탕으로 삼았던 만큼 이 또한 자신의 유일 정통성을 강조하는 논리였다.

1960년 4월혁명으로 한국 역사상 처음으로 대중적 저항으로 정권이 무너지는 일이 일어났다. 4월혁명 직후 남한사회에서는 민간 차원의 통일운동이 분출되었다. 한국을 스위스, 오스트리아 방식으로 영세중립화하는 방향에서 통일하자는 중립화통일론과, 외세의 간섭 없이 민족자주적 입장에서 남북협상으로 통일하자는 남북협상론 등 기존의 냉전논리와 반공이념을 벗어난 통일방안들이 논의되었고, '민족자주통일중앙협의회' 등 민간통일운동 단체들이 결성되었다. 나아가 남북교류를 촉구하는 목소리도 나와, 사회의 주목을 받았다. 이와 같은 상황은 남북한 모두의 통일정책에 영향을 미쳤다.

4월혁명으로 집권한 장면정부는 북진통일론을 공식적으로 폐기하고, 유엔감시 아래 실시하는 남북한총선거론을 공식 통일방안으로 내세웠다. 장면정부는 북의 정부를 철저히 인정하지 않았고, 북한과의 접촉 · 교류 · 협상 모두를 거부하면서 반공통일의 원칙을 고수했다. 그리고 일단 먼저 남한을 경제적으로 부흥시켜 북한 주민을 남한체제로 유인할 수 있는 실력을 양성해야 한다는 '선건설 후통일론' 을 주장했다. 5 · 16 쿠데타로 집권한 박정희 군사정부도 이와 같은 통일방안과 '선건설 후통일론' 의 기조를 그대로 이어받았다. 선건설 후통일론은 체제 우위, 경제력 우위를 바탕으로 상대방을 유인하여 흡수한다는 측면에서 사실상 뒷날 독일식 흡수통일론과 일맥상통하는 것이었다.

4월혁명 직후인 1960년 8월 14일 김일성 수상은 이른바 '과도적 연방제' 통일방안을 제안하였다. 외세의 간섭 없는 총선거로 통일을 달성하되 남측이 이러한 제안을 당장 수용하기 어렵다면, 과도기적 조치로 남북 두 정부의 대표로 구성되는 '최고민족위원회' 를 조직하여 남북의 경제문화 발전을 통일적으로 조절하자는 제안이었다. 전에도 북한은 남북 의회 차원의 합작을 이야기한 적이 있지만 정부 차원의 합작 제안은 이것이 처음이었다. 1960년 남북한의 상황은 현재와는 커다란 차이가 있었다. 남한 정부기관이 추산한 통계에 따르더라도 1960년 북한의 1인당 GNP는 137달러였던 반면, 남한은 94달러에 지나지 않았다. 북한의 이러한 제안은 경제적 우월성을 바탕으로 남한에 영향력을 미치려는 의도를 품고 있었다.

해방 직후부터 북의 지도집단들은 이른바 '민주기지론' 을 내세우며 혁명을 남쪽으로 확산하는 데 관심을 보였다. 북한의 대남정책은 혁명의 확산문제와 무관할 수 없었다. 북한의 대남정책과 통일정책은 1960년대에 접어들면서 '남조선 혁명' 을 강조하고, 더욱 공식화하는 방향으로 갔다. 1961년 9월 4차 조선로동당 대회에서 김일성은 남한에도 독자적으로 혁명을 수행할 수 있는 전위정당이 필요하다며 '남조선 혁명론' 을 거론하였다. 한편 1964년에는 통일을 위해서는 '북조선의 혁명역량', '남조선의 혁명역량', '국제적 혁명역량' 이 결합되어야 한다는 이른바 '3대혁명 역량론' 을 주장하였다.

남한의 '선건설 후통일론' 이 뒷날의 독일식 흡수통일 구도를 보여준 것이라면, 북의 '남조선 혁명론' 은 베트남식 통일구도를 보여준 것이었다. 이처럼 남북은 냉전체제 아래 1960년대를 거치면서 독일식 통일과 베트남식 통일 구도를 놓고 서로 경쟁하는 양상을 보였다. 이와 같은 양측의 기본 전략은 실질적으로 데탕트 이후에도 여전히 내면적으로 유지되고 있었다. 또한 이러한 기본 전략은 탈냉전기에도 정부차원의 통일방안에서는 공식적으로 배제되었지만, 남북한 사회체제를 주도하고 있는 주류 집단들의 의식과 전략 속에는 여전히 남아 있음을 부인하기 어렵다. 국제적 탈냉전에도 불구하고, 한반도에 존재하는 두 체제 사이의 대립구도는 아직도 근본적인 변화가 없기 때문이다.

2. 데탕트기의 남북대화와 남북한 통일방안의 변화

1970년대 초 동서 양 진영 사이에서 데탕트 분위기가 조성되었다. 특히 한국전쟁 때 한반도에서 대결했던 미국과 중국이 관계 개선에 나섬에 따라 한반도 주변 외교관계도 급변했다. 이러한 상황에서 1971년 8월부터 남북은 분단 이후 처음으로 접촉과 대화를 시작하였다. 이산가족의 재회를 위한 남북적십자회담 예비회담이 진행되면서, 한편으로 양측의 수뇌부들은 비밀접촉 통로를 열었고 상호 밀사 교환을 거쳐, 마침내 1972년 7월 4일 자주 · 평화 · 민족대단결 등 통일 3원칙에 합의하는 남북공동성명을 발표하였다. 이후 적십자 본회담과 남북한 사이의 여러 가지 현안문제를 논의하는 남북조절위원회 회담이 서울과 평양을 오가며 열리게 되었다.

1970년대 초 남북대화는 주변 강대국 사이의 관계와 직결되었을 뿐만 아니라 두 분단국가와 강대국 관계에도 변화를 불러일으켰다. 남한은 소련 · 중국 등 공산권 국가에 접근하기 시작했고, 이는 1973년 공산권에 대한 문호개방과 남북한 유엔동시가입론을 천명한 '6.23선언'으로 공식화하였다. 한편 이 무렵 북한은 공식 · 비공식적으로 미국과 일본 등 서방국가에 접근하였고, 이미 남한을 승인했던 일부 유럽국가와도 관계를 정상화했다. 또한 유엔 산하기관인 국제보건기구(WHO)에도 가입하는 데 성공하였다.

그런데 북한은 1973년 8월 남북대화 중단 선언을 하고, 1974년 3월부터는 북미 평화협정 체결을 주장하였다. 그때부터 최근까지 북한 정부는 통일문제는 남한과 함께 민족내부에서 풀어야 하지만 평화정착의 문제는 미국과 직접 담판하겠다는 주장을 이어오고 있다.

한편 1970년대 초 남북대화의 과정에서 남한에는 박정희 대통령의 종신집권을 보장하는 유신헌법이 공포되었고, 북한에서는 주석제의 신설 등 유일체제를 법제화하는 사회주의 헌법이 공포되었다. 1970년대 초 남북대화의 전개과정은 이처럼 한반도 주변 외교관계와 분단국가 내부의 정치관계가 복잡하게 얽히면서 남북관계의 특수성과 다면성을 잘 보여주었다.

1980년대에 접어들어 미 · 소 냉전관계는 다시 경색되었고, 남북관계도 좀처럼 개선의 실마리를 잡지 못했다. 다만 1985년 일시적으로 남북적십자 회담이 성사되어 분단 이후 처음으로 고향방문단이 오가면서 이산가족이 재회하는 등의 성과를 거두었다. 1980년대에 남북의 통일정책은 중요한 변화를 보여주었다. 이미 분단이 되고, 한 세대가 넘어가는 상황에서 과거처럼 총선거를 거쳐 통일하자는 주장은 더 이상 현실성을 확보하기 어려웠다.

1980년 10월 북의 김일성 주석은 이른바 '고려연방제' 통일안을 제안하였다. 그 내용은 남북의 상이한 두 체제를 그대로 인정하고 각자 지역 자치를 하는 바탕 위에서, '고려민주연방공화국' 을 수립하자는 것이었다. 이때 연방국가는 군사와 외교를 전담하고, 나머지 문제는 체제를 달리하는 남북 지역 자치체가 각자 처리한다는 것이었다. 이와 같은 연방제는 통일로 가는 과도기적인 조치가 아니라 그 자체를 통일의 달성으로 본다는 것이었다. 곧 1국가 2체제를 바탕으로 하는 통일을 제안한 것으로 과거 북한의 통일방안과는 큰 차이가 있다. 이와 같은 연방제 통일안은 북한의 공식 통일방안으로 현재까지도 유지되고 있다.

북의 연방제안에 대비되는 남측의 통일방안은 1989년 노태우 정부가 제안한 국가연합을 골자로 하는 '한민족공동체통일방안' 이라 할 수 있다. 곧 남북은 화해 협력 단계와 두 국가가 그대로 존재하면서 통일을 위해 연합해 가는 국가연합의 과도기적 단계를 거쳐, 궁극적으로는 1국가 1체제를 바탕으로 하는 통일을 이루자는 제안이었다. 이때 국가연합은 남북의 두 정부는 그대로 두고 최고 결정기구로 남북정상회의를 두며, 남북 각료회의와 양측 국회의원으로 구성하는 '남북평의회' 를 만들어 서로 협력하는 단계로 상정되었다. 이러한 통일방안은 김영삼정부 때 부분적으로 보완된 이래 김대중, 노무현 정부를 거쳐 지금까지도 남한의 공식 통일방안으로 남아 있다.

남북 모두 1990년대에 접어들어 현재까지 이미 제안된 연방제와 국가연합제 이외의 새로운 통일방안을 공식적으로 새로 제안한 바는 없다. 다만 1991년 신년사에서 김일성 주석은 연방제 초기에는 일단 군사·외교권의 일정 부분도 남북의 지역 자치정부가 갖고, 점진적으로 중앙 연방정부의 권한을 확대하는 방향으로 통일을 모색해 볼 수도 있다고 했다. 이는 "느슨한 연방제" 또는 "낮은 단계의 연방제"라고 일컬어 진다. 이에 2000년 6월 15일 김대중 대통령과 김정일 국방위원장이 남북정상회담을 갖고 통일방안에 대해 "남과 북은 나라의 통일을 위한 남측의 연합제 안과 북측의 낮은 단계의 연방제안이 서로 공통성이 있다고 인정하고 앞으로 이 방향에서 통일을 지향해 나가기로 하였다"는 공동선언을 발표하였다.

북의 연방제안과 남의 국가연합안은 과거와 견주어 볼 때 그 격차가 줄어든 것은 사실이지만 연방제안은 1국가 2체제를 지향하는 것과 달리 국가연합안은 궁극적으로 1국가 1체제의 통일을 지향한다는 면에서 근본적인 차이가 있다. 남측의 일부 사람들은 연방제안에 대해 남측의 독자적인 군사권과 외교권을 연방국가에 묶어 두고, 결국은 전복활동으로 남측 체제를 붕괴시켜 적화하려는 의도라며 의구심을 나타내고 있다. 또한 일부 인사들은 북의 연방제안은 통일보다는 공산주의 체제 유지에 더 초점을 둔 통일방안이라고 주장한다. 이와 달리 경제개발로 남측의 경제력이 북을 추월하기 시작하여 현재는 남북한 사이에 측량 불가능한 엄청난 경제력 격차가 있는 상황에서 북한은 남한의 1국가 1체제안이 결국 흡수통일을 추구하는 것이 아니냐는 의구심을 피력하고 있다.

3. 탈냉전과 남북관계의 새로운 양상

1989년 베를린 장벽이 무너지고, 이듬해 동서독이 통일되었다. 이후 소련과 동구권 사회주의 국가들이 몰락하면서 세계질서는 탈냉전이라는 거대한 변화를 맞이하였다. 남북한도 이러한 기운에 힘입어 양측의 총리를 단장으로 하는 남북 고위급 회담을 열었고, 마침내 1991년 12월 남북기본합의서를 채택하였다. 이는 남북관계의 기본적인 성격 규정, 무력충돌 방지와 평화유지 같은 군사적 문제, 경제와 사회문화 교류·협력 문제 등 남북관계의 여러 쟁점을 포괄적으로 다루어 합의한 것으로 남북관계의 획기적인 진전을 예비하는 것이었다. 그러나 국제적 탈냉전이 남북한 사이의 평화공존과 통일을 자동적으로 보장하는 것은 아니었다.

남북기본합의서가 발효되고 그것이 실행되려는 즈음에 남북관계는 북한 핵개발 문제로 다시 경색되기 시작하였다. 핵개발 문제를 둘러싼 북한과 미국의 갈등은 1994년 10월 제네바 합의로 일단락을 보았다. 김영삼정부 때에는 이와 같은 북한 핵 위기 파동과 합의된 남북정상회담을 앞두고 갑자기 북한의 김일성 주석이 사망하는 상황에서 남북관계가 심각하게 동요하는 양상을 보였다.

1998년 시작된 김대중정부는 집권 초기부터 '햇볕정책'이라 일컬었던 대북 포용정책을 적극 추진하였다. 김대중정부는 통일을 앞세우기보다는 남북의 화해와 협력, 평화정착을 우선시했다. 1998년 11월부터는 금강산 관광이 시작되고, 2000년 6월에는 앞에서 말한 대로 남북정상회담이 성사되었다. 남북정상회담 이후 남북관계는 급진전하였다. 그 이전에는 단 한 차례 밖에 성사되지 못한 이산가족 재회가 2006년 2월까지 제14차에 걸쳐 이루어져 총 1만 6천여 명의 상봉이 이루어졌으며, 2006년 한 해 동안 금강산 관광을 포함하여 육로로 DMZ를 건너간 인원만 35만여 명에 이르고 있다. 개성에는 특별 공단지구가 조성되어 남한기업이 진출하여 활동하고 있고, 2007년 6월 현재 총 1만 5천 명의 북측 근로자가 그곳에서 일하고 있다. 과거와 견주어 볼 때 엄청난 변화가 일어나고 있다.

그러나 탈냉전 이후에도 남북관계는 부단히 동요하는 상태를 아직도 완전히 벗어나지 못하고 있다. 노무현 정부가 들어서도 기본적인 대북포용정책의 기조가 유지되고, 남북관계 개선에 진전이 있었지만 북한 핵 위기가 다시 재연되어 북한이 핵무기를 실험하는 사태로까지 악화하였다가 다시 6자회담을 거쳐 봉합되는 양상을 보였다. 또한 최근에도 두 차례 서해 지역에서 사망자를 내는 무력 충돌이 일어나는 등 완전한 평화정책은 이루어지지 못하고 있다. 이와 같은 상태에서 남북관계와 대북정책을 둘러싼 남한 내부의 정치 · 사회 집단 사이의 갈등도 여전히 극단적인 양상을 벗어나지 못하고 있다.

맺음말

장기적인 역사의 흐름을 볼 때 남북관계는 서로 실체를 인정하고 교류 · 협력하며 의견 차이를 좁혀가는 방향으로 발전해 왔다고 할 수 있다. 냉전시기 적대적 대결을 거쳐 실질적으로 공존을 인정하는 단계로, 데탕트와 탈냉전 시기에는 적대적 공존을 넘어 평화적 공존을 모색하는 단계로 나아갔다. 이 과정에서 남북의 접근방식도 통일방안을 위주로 한 선전공세에서 실질적인 화해와 협력을 앞세우는 방식으로 나아가는 양상을 보였다.

분단문제의 해결에서 통일방안을 중심으로 한 논의는 그리 유용한 것이라 할 수 없다. 분단극복을 평화적으로 달성한다면 그 절차와 과정에 대한 문제는 기본적으로 남북이 타협하면서 형성할 수 있는 것이지 어떤 특정 방안을 한쪽에 강요하거나 그 합리성을 경쟁하는 방식으로 해결할 수는 없다. 어느 일방이 특정 통일방안을 발표했다고 했을 때 그것이 아무리 합리적인 것이라 하더라도 상대방이 그러한 제안을 했다는 이유 때문에 그것을 제안 받는 쪽에서는 가장 위험한 통일방안이 되기도 하는 것이 남북관계의 현실이었다.

역사의 경험은 남북관계 그 자체가 미묘한 특수성과 다면성을 갖고 있으며, 여러 변수가 얽히는 지점에서 주조된다는 것을 잘 보여주고 있다. 그렇기 때문에 남북관계는 여러 정세와 변수에 따라 끊임없이 동요해가며 그 진폭도 작지 않다. 의도적으로 명확하게 어떤 단계와 성격을 규정하여 이를 재단하여 기획하는 것 자체가 실질적으로 어려울 수 있다. 남북관계와 연계된 여러 쟁점과 관계들을 종합적으로 파악하고, 이를 연계시켜 대처하면서 하나의 그물망을 형성하며 유연하게 에워싸는 방식으로 이 문제에 접근할 필요가 있다. 그러려면 최근 일부 연구에서 지적하였듯이 남북 두 국가의 관계뿐만이 아니라 두 지역의 사람들이 서로 차이를 알고 이해하며, 화합할 수 있는 사회적 · 문화적 관계의 개선도 다방면에서 서둘러야 할 필요가 있다.

최근 일부 논자들은 연방제나 국가연합이냐, 평화공존이나 통일이냐라는 여러 문제들을 미리 규정짓지 말고, 남북한 사이에 다방면으로 가능한 수준에서부터 교류와 협력을 발전시켜, 자연스럽게 사실상의 통일 상황(de facto unification)을 지향하자는 제안을 하고 있다. 분단문제는 강령과 정책, 전략과 전술이라는 차원에서는 해결하기 어렵다. 이는 좀 더 긴 호흡 속에서 종합적으로 사고해야 하며, 특정한 이념 또는 이론적 틀을 놓고 현실에 접근하는 것이 아니라 개별적이고, 구체적으로 발현되는 현실 속에서 여기에 관철되는 커다란 맥락과 흐름을 읽어내는 방식으로 접근해야 한다. 그 어느 문제보다도 역사적 접근과 사고 · 연구가 필요한 것이다.

■ 참고문헌

강광식, 〈1960년대의 남북관계와 통일정책〉, 한국정신문화연구원 편, 《1960년대의 대외관계와 남북문제》, 백산서당, 1999.

강만길, 《역사는 이상의 현실화 과정이다》, 창작과 비평사, 2002.

경남대 북한대학원 편, 《남북한 관계론》, 한울아카데미, 2005.

김보영, 〈1960년대 군사정전위원회와 정전체제〉, 《역사와 현실》 제50호, 한국역사연구회, 2003.

김지형, 〈1970년대 초 남북대화와 7 · 4공동성명〉, 한양대 박사논문, 2006.

노중선, 《남북한 통일정책과 통일운동 50년》, 사계절출판사, 1996.

서중석, 〈한국전쟁 후 통일사상의 전개와 민족공동체의 모색〉, 《분단50년과 통일시대의 과제》, 역사비평사, 1995.

안병욱, 〈민족통일과 한국사학의 과제〉, 《한국사 인식과 역사이론》, 지식산업사, 1997.

심지연, 《남북한 통일방안의 전개와 수렴》, 돌베개, 2001.

양영식, 《통일정책론》, 박영사, 1997.

이삼성 외, 《평화통일을 위한 남북대결》, 소화, 1996.

우승지, 〈남북화해와 한미동맹관계의 이해: 1969-1973〉, 《한국정치외교사논총》 제26집 1호, 한국정치외교사학회 , 2004.

이명례, 〈1960년대 남북한 관계의 변화와 성격〉, 숙명여대 박사논문, 2001.

이신철, 〈북의 통일정책과 월,납북인의 통일운동(1948-1961)〉, 성균관대 박사논문, 2005.

정봉화, 《북한의 대남정책: 지속성과 변화 1948-2004》, 한울아카데미, 2000.

한국역사연구회 4월민중항쟁연구반, 《4.19와 남북관계》, 민연, 2001.

한모니까, 〈1960년대 북한의 경제,국방 병진노선의 채택과 대남정책〉, 《역사와 현실》 제50호, 한국역사연구회, 2003.

홍석률, 《통일문제와 정치, 사회적 갈등: 1953-1961》, 서울대 출판부, 2001.

——, 〈1970년대 전반 북미관계: 남북대화, 미중관계 개선과의 관련 하에서〉, 《국제정치논총》 제44집 2호, 국제정치학회, 2004.

Dong, Wonmo. ed., *The Two Koreas and the United States*, New York : M. E. Sharp, 2000.

Oberdorfer, Don., *The Two Koreas*, New York : Basic Books, 1997(돈 오버도퍼, 《두 개의 코리아》, 중앙일보, 1998).